장애와 텔레비전 문화

스텔라와 코너에게

장애와 텔레비전 문화

케이티 엘리스 지음
하종원·박기성 옮김

디지털 시대의 재현, 접근, 수용

Disability and Digital Television Cultures

컬처룩 미디어 총서 025

culture look

컬처룩 미디어 총서 025
장애와 텔레비전 문화
디지털 시대의 재현, 접근, 수용

지은이 케이티 엘리스
옮긴이 하종원 박기성
펴낸이 이리라

책임편집 이여진
표지 디자인 엄혜리

2022년 7월 15일 1판 1쇄 펴냄

펴낸곳 컬처룩
등록 번호 제2011-000149
주소 03993 서울시 마포구 동교로 27길 12 씨티빌딩 302호
전화 02.322.7019 | 팩스 070.8257.7019 | culturelook@daum.net
www.culturelook.net

Disability and Digital Television Cultures
by Katie Ellis

ISBN 979-11-92090-09-2 94300
ISBN 979-11-85521-06-0 (세트)

culturelook

차례

2부 접근

한국의 독자들에게

《장애와 텔레비전 문화》를 내놓은 지 이제 3년이 되어 갑니다. 이 책을 비롯해 그동안 비판 장애학에서 내가 해 왔던 모든 작업의 목표는 장애에 대한 개인적인 경험으로부터 시작된 것입니다. 나는 10대 시절에 장애를 갖게 되었습니다. 그 이후 장애로 인해 내가 겪은 여러 경험이 텔레비전이나 영화에서 제대로 반영되고 있지 않다는 것을 깨닫게 되었습니다. 또한 감화의 틀로 장애가 재현될 경우에만 비장애인이나 영화 제작자들이 안도하는 것 같았습니다. 나는 그런 사실에 주목하게 되었으며, 바로 그것이 대학원 시절에 관심을 가졌던 주제입니다. 박사 학위를 받은 후 나는 지역 사회에서 장애가 있는 청소년에게 영상 제작하는 법을 가르치게 되면서, 그들이 강의 자료에 접근할 방법을 찾는 작업을 함께하였습니다. 그 과정에서 디지털화, 자막, 화면 해설을 접하고 배웠습니다. 이 책의 영감은 바로 그 시절에 가졌던 관심에다, 호주가 마침내 디지털 텔레비전으로 전환하게 되면 장애에 대한 재현과 장애인의 접근성이 나아질 것이라는 낙관적인 희망에서 나왔습니다.

하지만 이 책을 읽게 되면 여러분도 알 수 있듯이 그 기대와 우려가 공존할뿐더러 각기 나름의 논거를 갖고 있습니다. 일전에 하종원 교수가 한국의 장애인 방송접근권에 관한 자료를 보내 주었습니다. 그에 따르면, 한국은 2011년 개정된 방송법을 토대로 자막, 화면 해설, 수어의 이용 가능성이 증진된 것으로 보입니다. 하지만 오랫동안 호주는 텔레비전 방송에서 화면 해설이 제공되지 않았습니다. 다행히도 내가 이 책을 마무리한 이후인 2020년 마침내 호주의 공영 방송에 화면 해설이 도입되었습니다. 이는 매우 고무적인 성과이지만, 사실 그렇게까지 오래 걸릴 일도 아니었습니다. 장애인도 비장애인과 마찬가지로 텔레비전을 비롯하여 다양한 미디어에 대해 접근할 수 있어야 한다는 것은 너무나 당연하기 때문입니다.

오늘날 인터넷과 스트리밍 서비스를 포함한 미디어 산업의 성장과 기기 보급은 인류의 삶에 다양성을 확장하는 공간을 제공한다는 점에서 매우 중요합니다. 하지만 장애가 있는 사람들은 좋아하는 텔레비전 프로그램이나 영화, 애니메이션 또는 팟캐스트에서 당당하게 자신을 표현하는 존재로 묘사되는 장애인을 평생 보지 못한 채 살아갈 수도 있습니다. 대부분의 경우 그들은 비극적인 상실감과 나약함을 갖고 있거나 자신의 삶에 무책임한 모습으로 비추어지기도 합니다. 또한 자막과 화면 해설이 제공되지 않으면 많은 장애인 공동체와 장애인은 오늘날의 다양한 미디어를 즐기고 참여하는 데 벽에 부딪히게 됩니다. 이러한 서비스는 상대적으로 큰돈을 들이지 않고도 제공할 수 있는 것이며, 더욱이 장애인뿐만 아니라 비장애인에게도 혜택을 줄 수 있는 필수적인 보조 기술이라는 사실이 이미 입증되었습니다. 그럼에도 불구하고 아직 우리 사회에서는 이를 제대로 정착시키지 못하고 있으며, 여전히 풀어야 할 과제가 남아 있습니다.

이번 기회를 통해 나의 연구 결과를 한국에 있는 여러분과 공유할 수 있게 된 것을 매우 기쁘게 생각합니다. 제 책에 관심을 가져 주신 것에 감사드리며, 아울러 이를 통해 두 나라의 장애인 권리에 대해 대화를 나눌 수 있기를 바랍니다. 특히 디지털 환경에서 한국의 장애인 권리에 관한 이야기를 더욱 많이 들을 수 있기를 기대합니다.

2022년

케이티 엘리스

일러두기

• 한글 전용을 원칙으로 하되, 필요한 경우 원어나 한자를 병기하였다.
• 한글 맞춤법은 '한글 맞춤법' 및 '표준어 규정'(1988), '표준어 모음'(1990)을 적용하였다.
• 외국의 인명, 지명 등은 국립국어원의 외래어 표기법을 따랐으며, 관례로 굳어진 경우는 예외를 두었다.
• 본문의 각주는 옮긴이가 본문의 이해를 돕기 위해 달았다.
• 사용된 기호는 다음과 같다.

신문 및 잡지 등 정기 간행물, 영화, TV 프로그램 제목 등: 〈 〉

책(단행본): 《 》

1장

디지털 텔레비전은 장애인의 인권을 확장하는가

2017년 11월 26일, 호주 청각장애인주간National Deaf Week 축하 행사가 거행되었다. 호주 공영 방송 ABC(Australian Broadcasting Corporation)는 저녁 6시 뉴스를 통해 이 행사를 보도하면서 실시간 호주 수어Auslan 통역 방송을 내보냈다. 이는 다양한 사람이 함께 모여 색다른 방식으로 방송을 내보낸 호주 최초의 뉴스 수어 방송이었다. ABC로서는 사회적 인식을 제고하는 중요한 시도였다는 점에서, 이를 준비하는 데 힘을 보탠 빅데프(Victorian Deaf Society: VicDeaf)[1]로서는 호주의 많은 청각 장애인에게 그들의 제1 언어인 수어를 통해 이 행사에 접근할 수 있게 해 주었다는 점에서 의미가 있다(ABC News, 2017). 소셜 미디어를 통해 확인할 수 있었던 수어 방송에 대한 반응은 청각 장애인뿐 아니라 ABC 뉴스를 본 비장애인 시청자에게도 모두 긍정적으로 나타났다. 이와 같은 시도는 호주

1 빅데프는 청각 장애인의 삶의 질 향상을 목표로 1884년 호주 빅토리아주에 설립된 비영리 단체다.

의 청각 장애인 공동체에게 그동안 제한적이었다는 점에서 그럴 만도 하였다.

이 뉴스 보도가 있기 7년 전쯤, 디지털 텔레비전이라는 새로운 기술이 등장하였고, 이로 인해 장애인 방송접근권이 획기적인 전기를 맞게 되리라는 희망을 품게 되었다. 물론 당시에도 "텔레비전에서 제대로 된 수어 방송을 하는 것은 시기상조"(Slater, Astbrink, & Lindström, 2010: 13)라는 지적이 있었지만, 언젠가는 폐쇄형 수어closed signing[2]도 이루어질 것이라는 기대를 내려놓지 않았다. 하지만 그런 기회는 쉽게 찾아오지 않았고 2017년이 되어서야 비로소 유사한 형태나마 가능하게 된 것이다. 이미 영국의 공영 방송 BBC가 정규 방송 프로그램에 수어 통역을 일부 편성한 것(BBC, 2018)[3]에 비해 호주에서 재난 방송이나 일회성 장애인 주간 행사를 제외하고 정기적으로 호주 수어가 제공되는 것은 ABC의 어린이 프로그램 〈샐리와 포섬*Sally and Possum*〉[4]이 유일하다. 그 외에는 〈플레이스쿨*Playschool*〉, 〈위글즈*The Wiggles*〉 등의 ABC 어린이 프로그램에

---

2 장애인 방송접근권 서비스는 모든 이용자에게 전달되는 '개방형'과 이용자에게 선택권이 주어지는 '폐쇄형'으로 나뉜다. 현재 자막 방송은 이 두 가지 방식으로 이루어지지만 수어 방송의 경우 아직 개방형으로만 제공되기 때문에 수어 통역사로 인해 화면의 일정 부분이 가려지는 것에 대한 비장애인의 불만이 제기되기도 한다. 하지만 디지털 기술의 발전에 따라 수어 영상의 크기나 위치를 조정할 수 있는 폐쇄형 수어가 현실화되고 있다.

3 영국의 지상파 텔레비전 경우, 전체 방송량 중 5%의 수어 방송을 편성하도록 법률로 의무화하고 있다.

4 ABC에서 2016년 9월부터 방영하는 유아 대상의 교육 프로그램이다. 샐리와 그녀의 정원에 사는 주머니쥐 포섬이 벌이는 일상을 다룬다. 모든 대화를 호주 수어로 나누며 성우의 더빙으로 동시 방송하고 간단한 수어도 가르쳐 줌으로써 비장애 및 청각 장애 어린이 모두에게 공감을 주며 장애 인식 개선을 도모하고 있다. 샐리 역을 맡은 배우는 실제로 청각 장애인이며, 포섬 역의 배우도 부모가 청각 장애인인 코다(Children of Deaf Adults: CODA)다(자세한 내용은 https://www.youtube.com/watch?v=awwxh4raFjg 참조).

서 필요에 따라 그때그때 수어 방송을 하는 정도에 불과하다.

이처럼 열악한 텔레비전 접근의 사정은 다른 장애가 있는 시청자의 경우에도 별반 다르지 않다. 2012년 ABC는 시각 장애인이 텔레비전에 접근할 수 있게 12주 동안 주 14시간 분량의 화면 해설 시험 방송을 시도한 바 있다. 화면 해설이란 TV 프로그램, 영화, 공연 등의 주요한 시각적 요소를 대화 사이에 음성으로 묘사하는 해설 트랙을 말한다. 시험 방송에 대한 반응은 좋았지만, 후속적인 화면 해설 서비스는 제공되지 않았다. 디지털 방송의 도입에 따라 모든 이에게 지금보다 향상된 접근권이 마련될 것이라는 일반적인 예측도 적어도 호주에서는 공수표가 되어 버렸다. 결국 현재까지 호주는 텔레비전에서 화면 해설이 제공되지 않는 유일한 영어권 국가로 남아 있다.[5] 더욱이 화면 해설은 규제 대상도 아니기 때문에 분명히 존재하고 있음에도 불구하고 겉으로는 드러나지 않는 수용자를 위한 고가의 서비스로 각인되어 있다.

이에 반해 청각 장애인을 위해 텔레비전 화면의 하단에 음성 정보를 문자로 치환하여 제공하는 폐쇄형 자막은 1980년대에 시작되었고 1992년 제정된 호주의 방송서비스법(Broadcasting Service Act: BSA)에 의해 규제되고 있다. 그 이전에는 특정 프로그램의 경우만 자막이 제공되었을 뿐 모든 플랫폼에서 늘 가능한 것은 아니었다. 그러나 자막 도입이 확정되고 정부가 자막 제공 목표치를 정한 이후에는 지속적으로 증가하여 오늘날에는 지상파 주요 디지털 채널의 모든 프로그램에 자막이 제공되고 있다. 더욱이 청각 장애인뿐만 아니라 누구나 이용할 수 있

5 이 책이 발간된 이후 2020년 9월부터 공영 방송인 ABC와 SBS가 드라마, 다큐멘터리, 생활정보 그리고 어린이 프로그램에 매주 약 14시간의 화면 해설을 제공하기 시작함으로써 이 불명예를 벗어났다.

는 주류 도구로까지 인식되고 있다. 하지만 이러한 진전에도 불구하고 접근성의 문제는 여전히 남아 있다. 예를 들어 디지털 텔레비전의 프로그램이 온라인으로 이전할 경우에도 그에 상응하는 자막 서비스가 제공되어야 한다는 점 때문이다.

이런 가운데 텔레비전을 충분히 즐기기 위해서는 접근성 기능이 반드시 필요한 장애인에게 이러한 장벽이 어떤 의미인지를 대다수의 호주 국민은 제대로 이해하지 못하고 있다. 호주의 대중문화와 문화적 정체성 내에서 대체로 장애인 집단은 불리한 환경에 처해 있는 존재가 아니라 오히려 본인 스스로가 긍정적인 태도로 시련과 역경을 극복하는 데 최종적인 책임감이 있는 전사로 그려진다. 열악한 환경과 불리한 조건에도 불구하고 인내하는 오지 배틀러Aussie battler[6]인 것이다.

호주의 장애인을 대변한 쿠엔틴 케니한Quentin Kenihan은 일찍부터 오지 배틀러의 전형을 보여 주었다. 뼈가 쉽게 부러지는 골형성부전증을 앓는 그의 경험이 1980년대의 다큐멘터리와 시사 프로그램에서 방영되었다. 그의 가족이 바라는 유일한 희망은 그저 그가 걸을 수 있으면 하는 것뿐이었다. 오랫동안 호주인에게 감화를 주는 존재였던 그는 블록버스터 영화인 〈매드 맥스: 분노의 도로*Mad Max: Fury Road*〉(2015)[7]에서 코르푸스 콜로서스[8] 역할을 맡아 출연하였다. 그는 이 영화가 어린

6 역경에도 불구하고 포기하지 않고 인내하여 헌신적인 노력으로 이겨내는 노동자 계급을 가리키는 호주의 구어다. 1890년대 대공황에서 사용된 이 용어는 힘을 실어주는 응원의 의미를 담고 있다.

7 〈매드 맥스*Mad Max*〉 3부작(1979, 1981, 1985)에 이어 30년 만에 제작된 네 번째 작품이다. 자원을 둘러싼 전쟁으로 세상이 몰락하면서 사막의 황무지로 변해 버린 종말론 이후의 세계를 그린 호주의 액션 영화다. 조지 밀러George Miller가 감독과 공동 각본 및 제작을 맡았다. 유색인종, 장애인, 여성 등의 사회적 소수자의 존재를 잘 녹아들게 한 것으로 평가된다.

8 '거인의 신체'라는 반어적 의미를 가진 코르푸스 콜로서스Corpus Colossus는 독재자 임모

시절부터 자신에게 부여된 오지 배틀러의 정체성으로부터 벗어나는 전기가 되었다고 털어놓았다.

> 사람들은 더 이상 나를 '용감한 작은 체구의 소년'으로 보지 않아요…… 그들은 '아! 그 영화에 나왔던 사람'이라고 말해요…… 휠체어에 앉아 있는 사람이 아닌, 연기자로 봐주는 것, 그것이 바로 내가 늘 원했던 것입니다. (Mott & Dillon, 2018)

호주의 배우 케이트 후드Kate Hood도 장애가 있는 배우에게 불리한 열악한 환경을 바꾸기로 마음먹는다. 그녀는 1970년대 말부터 방영된 호주의 상징적인 시리즈 〈프리즈너*Prisoner*〉[9]에 출연했다. 그러나 2002년 사고로 하반신이 마비되어 장애인이 되었고, 2016년까지 그 어떤 오디션도 응하지 않았다(Clements, 2015). 그동안 그녀는 활동가로 변신하여 호주 연기자 조합인 에쿼티Equity의 다양성위원회를 설립하였다. 후드는 호주의 미디어가 장애를 어떻게 포용해야 하는지에 대해 다음과 같이 밝힌다.

> 내가 꿈꾸는 이상적인 세상은 모든 직종에서 평등이 보장되는 곳이에요. 드라마 학교에서 공부하는 장애인이 있고, 장애인 텔레비전 작가가 있고, 연극과 영화를 연출하는 장애인이 있는 세상 말이에요. 무대나 스크린에

탄 조의 첫째 아들로서 수염 난 아저씨의 얼굴에 갓난아이 정도의 몸을 하고 있으며 혼자서는 거동이 불가능한 캐릭터다. 쿠엔틴 케니한은 특수 분장이나 컴퓨터 그래픽이 아닌 실제 모습으로 등장하여 호평받았다. 이 작품에 출연한 이후 2018년 43세의 나이로 세상을 떠났다.

9 1979년 2월부터 1986년 12월까지 채널 10에서 방영된 호주의 솝오페라로, 여성 교도소의 수감자와 교도관의 삶을 그렸다. 호주 드라마로는 최초로 국제적으로 큰 인기를 얻었다.

서 장애인이 등장하고 연기하는 모습을 보는 것이 호주인에게 일상이 되는 세상 말이에요. (Hood, 2015)

장애인 호주 전사들이 여러 프로그램에 등장하기는 하지만, 후드의 희망과는 달리 일반적으로 비장애인이 장애인 역할을 맡는다. 이러한 추세에 반하여 그녀는 에쿼티의 활동에 이어 2016년 호주의 또 다른 상징적 솝오페라인 〈네이버즈*Neighbours*〉[10]에서 배역을 맡았다. 출연이 결정된 것을 자축하면서 자신의 페이스북에 "전 세계적으로 방영되는 호주의 중요한 TV 시리즈에 드디어 장애인이 장애인의 역할을 하게 되었다"고 썼다(Dow, 2016). 하지만 유감스럽게도 호주의 텔레비전에서 장애 다양성이 반영된 진정 어린 캐스팅은 여전히 드문 것이 현실이다.

UN 장애인권리협약(Convention on the Rights of People with Disabilities: CRPD)은 장애인의 인권 측면에서 텔레비전의 중요성을 강조한다. 제30조는 장애인의 텔레비전 접근을 인권으로 규정하고 있으며, 제8조는 "모든 미디어 기관은 동 협약이 정하는 목적에 부합하는 방향으로 장애인을 묘사해야 한다"고 독려한다(United Nations, 2006). 그러므로 텔레비전에 나타난 '재현representation'과 그에 대한 '접근access'은 모두 장애 연구의 두 가지 중요한 축이라 할 수 있다. 하지만 가장 중요한 커뮤니케이션 미디어임에도 불구하고 텔레비전은 지금까지 오랫동안 화면 속의 재현과 그 미디어에 대한 낮은 접근성을 통해 장애인을 변방으로 밀어 냈다(Goggin & Newell, 2003). 따라서 신체적 차이와 사회적 낙

10 1985년 3월 채널 7에서 처음 시작된 후, 1986년부터 채널 10에서, 2011년부터는 10 피치10 Peach에서 현재까지 방영하는 호주에서 가장 오래된 솝오페라다. 가족 문제, 세대 간의 충돌, 연애, 학교 문제 등에 초점을 맞추어 전개되며 건강과 장애 문제도 언급된다.

인을 모두 포괄하는 복잡한 정체성을 가진 장애에 있어 텔레비전이 어떤 역할을 해야 하는지에 대한 사회적 이해를 제고하려면 동일한 연구에서 재현과 접근 양자를 모두 고찰하는 것이 중요하다. 그동안 미디어 연구 내에서 이루어진 장애 분석이 재현에 초점을 두고 정책과 역사에 의해 그것이 어떻게 형성되는지를 살펴보았다면, 보다 최근의 이론은 디지털 플랫폼에 있어 재현과 접근의 상호 중요성을 인정하고 있다. 나아가 디지털 포맷으로 텔레비전이 전환됨에 따라 접근성의 선택지가 점차 많아지고 또한 보편화되는 것은 분명하다. 하지만 텔레비전의 재현에 관한 수용자 연구는 반드시 그에 상응하는 접근에 대해서도 고찰해야 한다. 기술의 창조는 사회 과정이며, 그것을 통해 장애 역시 공공 정책과 상업적 결정에 의한 일련의 사회적 권력 관계에 연루되기 때문이다(Goggin & Newell, 2003).

'장애와 텔레비전 문화'라는 제목이 말해 주듯 이 책은 재현과 접근에 관한 것이며 그것이 텔레비전 및 장애와 어떻게 연관되어 있는가를 보여 주려 한다. 우선 오늘날 텔레비전을 어떻게 정의 내려야 하고, 나아가 장애는 어떻게 정의되어야 하는가를 생각해 보고자 한다. 과거에는 텔레비전과 장애가 이렇고 또 저러한 의미를 갖는다고 어느 정도 확실하게 말할 수 있었지만, 지금은 더 이상 그리하기 힘들다. 예를 들어 2차 세계 대전 이후 시기에는 텔레비전이 같은 공간에 사람들을 모아놓고 프로그램을 함께 시청하도록 해 주는 사회적 기능이 있는 것으로 인식했다(Spiegel, 1992). 하지만 20세기 말에 들어서면서 연구자들은 이러한 사회적 기능이 물리적 공간이 아닌 문화적 영역에서 작동하는 것으로 보았다(Lorisé, 2011; Newcomb & Hirsch, 1994). 또한 텔레비전은 사회적이고 집단적이기보다 개인화되고 개별화된 경험이며(Rodan, 2009), 사회적이라고 착각하도록 만드는 환상을 주는 것에 불과하다는 주장

(Bugeja, 2005; Hoynes, 2009)도 제기되었다. 텔레비전은 우리 모두를 동일한 대중 수용자라고 말해 주는 거실의 장식품을 넘어선다. 텔레비전은 전화이기도 하고, 컴퓨터이기도 하며, 벽에 영상을 쏘는 프로젝터이기도 하다. 아니 어쩌면 진짜로 거실의 멋진 미적 대상인지도 모른다. 기술적인 차원을 넘어 텔레비전은 또한 콘텐츠를 의미하며, 그것은 더 이상 전체 대중을 대상으로 하지 않는다. 도리어 수용자는 틈새시장의 공략 대상이 되었으며, 그들을 모두 합치면 전통적인 대중 수용자와 견줄 만하다. 최근 들어서는 전통적인 텔레비전 시청 양식이 소셜 미디어와 결합됨으로써 텔레비전이 사회적 경험을 제공한다는 주장이 다시 힘을 얻고 있기도 하다(Hartley, 2010; Vance, 2010; Williams, 2009).

텔레비전의 사회적 기능이라는 개념에 대해 논의하면서 토비 밀러 Toby Miller는 모든 학문에 걸쳐 적용되는 텔레비전 연구의 세 가지 주요한 주제를 제시한다. 첫째는 기술로서 텔레비전을 고찰하고, 누가 그것을 소유하고 통제하는가에 초점을 둔 정치경제학적 텔레비전 연구다. 예를 들어 이러한 연구는 부르주아적 미디어가 사회정치적 의제를 어떻게 통제하는지에 초점을 둔 마르크스주의적 비판과는 달리 신자유주의적 시각으로 제한적인 국가 규제하에서 작동하는 미디어 기업의 역할을 인정한다. 둘째는 텔레비전의 내용, 즉 그것의 텍스트성에 중점을 둔 연구로서 내용 분석이나 다양한 텍스트에 걸쳐 드러나는 패턴의 탐색과 해석학적 연구 등을 통해 특정 텍스트의 의미를 보다 광범위한 사회문화적 환경과 연계한다. 마지막으로 텔레비전 수용자 혹은 공중에 대한 분석으로 이는 미디어의 부정적 효과와 수용자 단체의 역할을 다룬다(Miller, 2010).

밀러는 또한 이러한 학문적 관심 분야를 세 단계로 나누어 텔레비전 연구 1.0, 2.0 그리고 3.0으로 설명한다(Miller, 2010). 텔레비전 연구

1.0은 미디어의 부정적 효과와 텔레비전 스튜디오의 총체적인 영향력에 관심을 가졌다. 이러한 첫 번째 텔레비전 연구 시기에는 제작과 산업에 중점을 두었다. 이에 반해 텔레비전 연구 2.0은 초점이 산업의 영향력으로부터 수용자 단체로 이동된 것이 특징이다. 이러한 전통은 1980년대 말에 이르러 다음과 같은 특정 영역에 집중하게 된다.

> 미디어의 문화적 및 정치적 기능은 재현의 차원에서 제대로 평가될 수 있다는 점에는 대체로 의견이 일치한다. 상충되는 이해관계와 권력의 원천을 미디어가 '중재'하고 있기 때문에 그에 필요한 의미가 어떤 식으로 절충되고 있는지 텍스트 분석을 통해 밝힐 수 있다. (Turner, 2016)

밀러는 마지막 텔레비전 연구 3.0에 대해 다양한 이질적인 (민족지적, 정치적, 경제적, 환경적, 지리적) 접근법을 망라하여 종합적인 텔레비전 연구를 시행할 수 있는 방안이라 상정하며 다음과 같이 설명한다.

> 텔레비전 연구 3.0은 학문적 영역뿐만 아니라 사회 운동에서도 의제를 취하기 때문에 그 방법론은 경제학, 정치학, 커뮤니케이션학, 사회학, 문학, 법학, 과학, 의학, 인류학, 역사학, 환경과학, 예술 분야 등에 의존하게 될 것이다. 또한 관심 주제도 젠더, 인종, 계급, 종교, 연령, 섹슈얼리티 등 국경을 넘어 전 세계의 모든 일상이 포함된다. 게다가 비관론, 낙관론, 수용자, 소유주, 국가, 기술 혹은 노동 등 어느 쪽에도 치우치지 않으며 오히려 이들 간의 상호 중첩적 연계성을 강조한다. (Miller, 2010: 187)

장애는 우리 일상생활의 관심 목록에 추가되어야 한다. 텔레비전에 대한 장애 연구의 접근법은 비관론적 입장을 선호하는 경향이 있다. 특히 텔레비전 연구 1.0 및 2.0의 접근법에서 두드러져 수용자 단체나 텔레비전 접근보다는 제작이나 재현에 대한 분석이 주를 이루었다. 따라서 이제는 텔레비전의 장애에 대한 사회 모델의 스테레오타입에서 벗어나 총체적 문화 회로circuit of culture, 즉 재현, 정체성, 제작, 소비, 규제 등의 교차점과 상호 간의 영향을 숙고해야 할 시점이라는 것을 주장하고자 한다. 텔레비전이 그러하듯 장애에 대한 정의도 계속 변하고 있다. 한때는 신체적 손상의 견지에서 장애는 의학적 문제로 간주되어 인권이 아닌 의학의 영역에 존재했다. 시간이 흐르면서 이러한 정의는 조금씩 변하여 이제는 문화적 정체성 혹은 사회적으로 구성되는 것으로 인식된다. 이른바 장애의 사회 모델은 사람에게 장애가 발생하고 무력해지는 것은 신체의 문제가 아니라 오히려 이러한 신체적 장애를 열등한 것으로 간주하는 경직된 사회적 관행과 힘의 불균형으로 인해 발생한다고 주장한다. UN 장애인권리협약에 따르면, 장애는 "장기간 신체적, 정신적, 지적 혹은 감각적 손상이 있어 여러 장벽에 부딪히고 그로 인해 다른 사람과 동등한 자격으로 완전하고 효과적인 사회 참여를 하는 데 방해받는 사람"을 포함한다(United Nations, 2006).[11] UN은 협약에서 장애에 대한 정의를 내리지 않는다는 입장을 보이지만, 이러한 표현은 손상의 영향과 사회적 장애화를 인식하는 데 유효한 기반이 된다.

이 책은 장애인에 대한 텔레비전의 재현과 접근이라는 주요한 주제를 분석하는 데 앞서 언급한 인권 기반 접근Human Rights Approach[12]의

---

11 한국은 「장애인복지법」 제2조에서 장애인을 "신체적 · 정신적 장애로 인하여 장기간에 걸쳐 일상생활 또는 사회생활에 상당한 제약을 받는 자"라고 정의하고 있다.

12 장애인을 이른바 '정상적인 신체able-bodied'를 가진 다수의 반대편에 있는, 사회적으로 분리된 소수의 집단으로 간주했던 종전의 시각을 벗어나 새로운 인식 전환을 도모하는 관

중요성을 강조하며 미디어와 문화연구의 틀에서 논의를 전개한다. 그 가운데 폴 두 게이Paul Du Gay 등이 주창한 문화 회로 개념은 장애와 디지털 텔레비전 문화에 대해 상당히 유용한 통찰력을 준다. 문화 회로는 재현, 정체성, 제작, 소비, 규제를 아우르는 5개의 지점을 갖는 분석틀로서 이를 통해 문화연구를 시도한다(Du Gay et al., 1997). 이와 같은 접근법은 "권력, 문화 그리고 정체성에 대한 인식뿐만 아니라 그 의미 구축의 유동적 속성을 드러나게" 해 준다(Tombleson & Wolf, 2017). 이러한 회로는 장애와 텔레비전에 대한 문화연구와 관련이 있다. 장애는 문화적으로 구축되기 때문이다(Shakespeare, 1994). 즉 "한 사회에서 의미가 생성되고, 유통되고, 소비되고, 상품화되며, 끊임없이 재생산되고 재조정되는 과정"을 겪어 이루어진다(Curtin & Gaither, 2007: 35).

따라서 문화 회로는 이 책 전체를 관통하여 적용된다. 장애 그 자체, 텔레비전 속의 장애 재현, 장애인과의 인터뷰를 통해 얻은 통찰력, 텔레비전 텍스트에 관한 온라인 토론뿐 아니라 자막과 화면 해설 등 텔레비전에 접근하는 데 활용되는 보조적 수단을 비롯한 여러 기술에서도 적용된다. 문화 회로는 앞서 언급한 다섯 가지 문화적 과정이 만나게 되는 지점을 살펴보는 기회를 준다. 그것은 각기 개별적으로 존재하지만 한편 서로 교차하며 다양한 방식으로 영향을 주고 호주의 장애와 텔레비전에 대한 의미를 만들어 낸다.

이러한 회로 안에는 더 작은 회로가 존재한다. 자막이나 화면 해설과 관련된 회로가 그 예다. 호주의 자막 방송은 1992년 방송서비스법에 의해 규제되고 있지만, 지금까지 특정 프로그램에서만 이루어졌

점이다. 이는 장애인에 대한 혜택과 복지 수혜자라는 수동적 차원을 넘어 주요한 '행위자'로 장애인을 바라보고 권리 보유자로서의 지위를 갖는 주체적 존재로 접근하는 것이다.

을 뿐 모든 플랫폼에서 제공되는 것은 아니다. 그러나 점차 자막 방송은 텔레비전을 이해하는 데 활용할 수 있는 주류 도구로 부상하고 있다. 그와 반대로 화면 해설 방송은 규제 대상도 아니며 겉으로는 존재하지 않는 텔레비전 수용자를 위한 고비용의 접근성 기능으로 낙인찍혀 있다. 이러한 이슈에 대해서도 이 책에서 다룰 것이다.

이 책에서 언급하는 대부분의 연구는 호주의 상황에서 이루어진 것이다. 서구의 많은 나라에서 시행한 디지털 텔레비전 전환은 국가 주도로 추진되었으며, 호주의 경우도 예외가 아니다. 특히 공영 및 상업 텔레비전 모두에 대해 정부가 지속적으로 지원하는 호주 텔레비전의 지형은 텔레비전의 장애에 대한 비판적 분석을 진전시키는 데 국가와 법률이 맡아야 할 역할을 살펴볼 수 있는 기회를 제공한다. 물론 이 책은 디지털 플랫폼으로 기술이 전환되는 과정에서 호주의 장애인이 겪는 텔레비전 경험에 초점을 두고 있지만, 한편으로 전 세계적으로 디지털 텔레비전 전환이 이루어지는 동안 행해진 연구를 통해서도 논의를 전개한다는 점에서 국제적인 시각도 견지하고 있다. 예를 들어 해외의 사례 연구와 미디어 보고서는 호주의 디지털 텔레비전 전환과 온라인 플랫폼으로의 이행이 이루어지는 시기에 포착된 접근성 및 재현에 대한 이용자 중심의 연구 결과로 보완된다. 호주의 상황은 특히 전 지구적 수용자와 관련이 있다. 호주는 미국과 영국이 디지털 전환을 마친 후 디지털 텔레비전을 도입했기 때문에 그러한 전환기에 그 나라의 장애인이 이미 겪었던 문제를 알 수 있었다. 따라서 호주 정부는 그런 것을 피하여 정책을 시행할 수 있었으며, 그렇지 않았다면 똑같은 실수를 저지를 수도 있었을 것이다. 물론 호주는 UN 장애인권리협약의 비준 국가이기도 하다.

UN의 협약

장애인권리협약은 50개의 조항으로 구성된 국제 협약으로 장애인의 기본적인 인권에 대해 규정하고 있다. 예를 들어 교육, 공동체, 보건, 미디어 등에 대한 접근을 명시하고 있다. 특히 'TV 프로그램에 대한 접근'은 제30조에서 언급된다. 또한 제4조, 8조, 9조, 21조 등 여러 조항에서도 미디어 접근과 관련된 논의를 하고 있다. 장애에 대한 인권 기반 접근은 장애인이 모든 사람과 똑같은 권리를 가진다는 전제에서 출발하지만 환경적, 태도적, 조직적 장벽으로 인해 장애인이 인권을 제대로 누리지 못하고 있다는 점도 인식한다. 미디어는 이러한 권리의 실현에 걸림돌이 되는 사회 환경을 만드는 가장 핵심적인 존재다(Dimopoulos, 2017). 따라서 UN 장애인권리협약이나 세계인권선언(Universal Declaration of Human Rights: UDHR)[13]과 같은 공식적인 국제 헌장은 모두 텔레비전 접근을 인권으로 설정하고 그에 대한 장벽을 줄이기 위해 중요한 역할을 수행한다. 우선 세계인권선언 제19조는 표현의 자유에 대한 권리를 규정하면서 특히 미디어에 대해 다음과 같이 특별한 가치를 부여한다.

> 모든 사람은 의견과 표현의 자유라는 권리를 가진다. 이 권리는 방해받지 않고 의견을 가질 수 있는 자유를 말하고 **어떤 미디어를 통해서든**[저자 강조] 그리고 국경에 상관없이 정보나 사상을 구하고, 수용하며, 전할 수

13 1948년 12월 10일 제정된 세계인권선언의 제1조("모든 사람은 태어날 때부터 자유롭고, 존엄하며, 평등하다")는 장애에 대한 전통적인 시혜적 관점에서 벗어나 인권의 증진과 보호에 초점을 맞추는 인권 기반 접근의 가장 중요한 토대가 된다.

있는 자유를 말한다. (제19조, United Nations, 1948)

미디어 일반, 특히 텔레비전은 세계인권선언 제22조와 27조를 실현시키는 데 중추적인 역할을 한다(Ellis & Goggin, 2015). 제22조가 문화적 권리에 초점을 둔 반면, 제27조는 예술을 즐기고 과학의 발전에 따른 혜택을 누릴 수 있도록 "모든 사람은 **자유롭게 공동체의 문화생활에 참여할 수 있는 권리**[저자 강조]를 가져야 한다"는 점을 지적한다.

…… 1948년 세계인권선언이 규정하고 있는 표현과 참여의 자유에 대한 권리는 특히 장애인에게 더욱 해당된다. (제21조, United Nations, 2006)

호주는 세계인권선언과 장애인권리협약을 모두 비준하였으며, 따라서 사회 통합을 이루기 위한 수단으로 특히 텔레비전 접근과 재현을 언급한 이 선언과 협약이 정한 의무 사항을 충족하기 위한 노력을 기울여야 한다. 호주 의회는 그에 대한 입법적인 조치와 더불어 2011년 2월 '호주장애인전략National Disability Strategy 2010－2020'을 출범시켰다.[14] 이는 "장애인은 물론 그들의 가족이나 간병인의 삶을 향상시키기 위한 일련의 모든 정부 시책에 대한 조정안"이라 할 수 있다(Australian Government, 2011). 이 전략에서는 "DVD, **TV 프로그램**[저자 강조], 비디오테이프를 포함한 모든 시각적 영상물"(Commonwealth of Australia, 2011: 30)의 자막에 초점을 둠으로써 텔레비전 접근을 공공장소에 대한 접근과

14 한국의 경우, 2021년 10월 21일 방송통신위원회가 '미디어 격차 없는 행복한 포용 국가 실현'이라는 기치 아래 발표한 「소외계층을 위한 미디어포용 종합 계획」이 이와 비슷한 성격의 국가 정책이라 하겠다.

같은 맥락으로 다룬다. 따라서 텔레비전에 대한 접근은 장애인이 호주 사회로 들어갈 수 있는 토대가 되는 것이다.

텔레비전 속의 재현과 인권

재현은 중요한 문제다. 커뮤니케이션 학자 세드릭 클라크Cedric Clark는 1969년 〈텔레비전 쿼털리*Television Quarterly*〉에 "텔레비전과 사회적 통제: 소수 인종의 묘사에 대한 몇 가지 고찰Television and Social Controls: Some Observations on the Portrayals of Ethnic Minorities"이라는 논문을 발표했다. 이 논문은 미디어, 특히 텔레비전에서 소수 인종을 재현하는 방식에 있어 오래된 원칙이 있음을 밝힌다. 그에 따르면, 재현은 네 단계의 진화 과정을 거친다고 한다. 즉 불인정non-recognition, 조롱ridicule, 규제regulation 그리고 최종적으로 존경respect의 단계다(Clark, 1969). 장애에 대한 텔레비전의 재현은 여전히 여러 문제가 드러난다. 장애의 사회적 구성에 대해서는 외면하고 대신에 지나치게 의학적인 문제에 치우치거나, 감화적이거나 혹은 역경을 극복하고 성공을 거두는 내러티브로 장애를 그려내기 때문이다(3장 참조). 그럼에도 불구하고 또한 존경의 분위기를 담아 장애를 재현하는 텔레비전 내러티브의 사례도 살펴볼 것이다(4장 참조).

장애의 재현에 대한 연구는 텍스트에 담겨 있는 의미의 수준에서, 특히 텔레비전 분석에 머무르는 경향이 있다. 미디어 재현의 문제 혹은 부재가 장애인 집단에 대한 사회적 장애화를 강화시키는 기제로 작동한다는 점은 오래전부터 지적되어 왔다. 예를 들어 배우 지망생이자 모델인 줄리언 토머스Julian Thomas는 텔레비전이 장애를 재현할 때 장애인에 대한 스테레오타입은 말할 것도 없고 장애인이 스스로를 하찮게 여기거나 존재하지 않은 대상으로 느끼게 할 만큼 그들에 대한 재현 자체를 아예 하지 않는다는 점을 지적한다(Thomas, 2016). 토머스는 장애가 있는 배우로서 연예 산업에 들어가기가 얼마나 힘들었는지 유튜브를 통해 보여 준다. 그의 영상물에는 오디션을 볼 때 겪어야 했던 어려움이 상세하게 그려진다. 특히 캐스팅 에이전트에게 사진을 보낼 때 장애 부분의 이미지를 흐릿하게 해야만 오디션을 볼 기회를 가질 수 있었다고 말한다. 그리고 장애인에게 주어지는 전형적인 역할도 '감동을 줄 수 있는 인물이나 악당, 혹은 참전 용사'만이었고, '일상적인 삶을 살아가는 인물'로 묘사되는 기회는 전혀 가질 수 없었다는 것이다. 이렇듯 장애인을 제대로 재현하지 않는 미디어가 사회적으로 어떤 영향을 미칠 것인가에 대해 그는 다양성에 관한 일반 대중의 경험과 텔레비전에서 자신의 존재를 확인할 수 없는 장애인의 자의식의 견지에서 살펴본다. 마이클 올리버Michael Oliver도 일찍이 장애의 사회 모델에 대해 같은 점을 언급한다. 장애인은 결코 일상적인 문제를 안고 살아가는 보통 사람으로 묘사된 적이 없으며, 항상 인간 이상 또는 그 이하로만 재현될 뿐이라는 것이다(Oliver, 1990). 프라임 타임 프로그램을 한 번이라도 보았다면 토머스와 올리버의 주장이 과장된 것이 아님을 알 수 있을 것이다. 빅 핑켈스타인Vic Finkelstein도 휠체어 이용자를 위해 혹은 그들에 의해 만들어진 공동체에 대한 사고 실험thought experiment[15]을 통해 이 개념을 살펴본다. 휠체어를 전혀 사용하지 않았던 이가 휠체어를 타고 움직이려 할 때, 기존의 환경과 사람들의 부정적인 태도로 인해 자신이 얼마나 무력해지는지를 깨닫게 되고, 그러한 점들이 텔레비전에서는 전혀 드러나지 않는다는 것을 알게 된다(Finkelstein, 1987). 1990년대를 통해 장애와 미디어에 대한 연구는 스테레오타입

15 머릿속에서 상상력을 동원하여 실제로 만들 수 없는 장치와 조건을 단순하게 가정한 후 이론을 바탕으로 일어날 현상을 예측하는 실험 방식을 말한다.

연구(Barnes, 1992), 전형archetype 연구(Darke, 1998), 소외 전략 연구(Norden, 1994) 등으로 전개되었다.

UN 장애인권리협약은 장애인에 대한 이런 스테레오타입의 영향을 인식하고, 제8조를 통해 비준 국가에게 인권의 실현에 방해가 되는 태도적 차원의 장벽을 무너뜨리는 데 힘을 쏟을 것을 독려한다.[16] 사회적 장애화는 장애인이 인간으로서 본래부터 지니는 존엄성에 대한 사람들의 태도를 통해 만들어지고 지속되는 것이다. 장애에 대한 인권 기반 접근이 장애나 손상의 유무와 관계없이 인간의 내재적 가치를 전제로 하고 있음에도 불구하고 사회와 문화에서 통용되는 태도는 비우호적이고 접근하기 어려운 환경을 조장한다. 안드레아 디모풀로스Andrea Dimopoulos는 장애인권리협약 제8조를 이러한 태도나 사회적 환경의 조성에 관한 조항으로 설명한다. 그는 제8조가 협약의 목적을 규정한 제1조와 보조를 맞추어 접근해야 한다고 주장한다(Dimopoulos, 2017). 제1조에서는 협약의 목적을 다음과 같이 정리하고 있다.

> 장애인이 모든 인권과 기본적인 자유를 완전하고 평등하게 누릴 수 있도록 증진하고, 보호하며, 보장하고, 또한 모든 장애인의 본연의 존엄성에 대한 존중을 촉진시키고자 한다. (제1조, United Nations, 2006)

따라서 제8조의 중요성은 사회 정의, 사회 통합 그리고 방송 미디어가 지켜야 할 범위와 관련된다. 그것은 협약에서 언급한 특정한 조

16 '인식 제고'를 다룬 제8조는 장애인의 권리와 존엄성에 대한 존중을 함양하고, 스테레오타입, 편견 및 유해한 관행에 대처하고, 장애인의 능력과 기여에 대한 인식을 제고한다는 취지를 담고 있다.

치를 넘어 협약의 관심사가 반드시 실현될 수 있도록 태도를 변화시키는 방법까지 지적한다. 현재는 제8조와 관련하여 일반적인 논평이 없지만, 인식 제고와 관련된 초안 과정에서는 미디어 재현에 관한 지속적인 관심사가 상세히 열거되었다. 예를 들어 2004년의 토의에서 호주와 베네수엘라는 협약상에 미디어 재현에 대해 명확하고 구체적으로 언급할 필요가 있다는 점을 표명하였다(Dimopoulos, 2017: 47). 엄밀하게 보자면 인식 제고는 권리의 대상이 아니다. 하지만 제8조는 비준국에 대해 인권을 증진하기 위한 방법으로 장애에 대한 스테레오타입을 방지하기 위해 싸워야 한다는 것을 강조한다. 호주의 텔레비전 환경에서는 이 점에 대해 주류 미디어를 통해 접근하기보다는 대체로 정부가 장애인 단체와 연대하여 인식 제고 캠페인을 홍보하는 것으로 대처하고 있다.

텔레비전에 대한 접근과 인권

장애와 텔레비전에 관한 대부분의 연구는 장애에 대한 잠재적인 편견에 집중되어 있다. 이러한 편견은 화면을 통해 지속적으로 나타난다. 예를 들어 슈퍼히어로, 악당 혹은 비극적인 개인에게 나타나는 장애와 융합된다. 반면 디지털 텔레비전의 기술 변화는 장애인을 어떻게 텔레비전에 접근하게 하느냐라는 문제와 연계된다. 장애의 재현을 둘러싼 통찰력도 여전히 중요하지만, 텔레비전 기술 자체가 장애에 미치는 영향력 또한 무시할 수 없다.

장애인은 접근권이 무엇인지 잘 알고 있으며 공적 영역, 기술, 사회 전반에 대한 접근이 충족되지 못하고 있다는 점도 알고 있다. 접근권은 장애를 겪으면서 알게 되는 가장 중요한 경험이다. 예를 들어 계단을 통해서만 접근이 가능한 건물에 휠체어 이용자가 들어가고자 할 경우, 걷지 못한다는 것 때문이 아니라 경사로가 없다는 사실에 무력해진다. 마찬가지로 시청각 미디어인 텔레비전도 보거나 들을 수 없는 사람을 무기력하게 만든다. UN 장애인권리협약에서는 환경의 구축이 늘 사회의 통제를 받는 것이기 때문에 비접근성은 관습과 태도를 비롯한 사회적 및 문화적 요인과 관련이 있다고 본다. 따라서 낙인을 언급하고 변화를 도모하는 인식 제고 활동은 접근성을 증진할 수 있는 잠재력을 갖는다. 휠체어와 경사로의 경우처럼 그러한 조정을 이해하고 이용 가능한 것으로 만들 수 있다면 텔레비전도 다양한 방식으로 접근할 수 있다.

앞서 정리하였듯이 접근성이라는 개념은 이 책의 중요한 주제의 하나다. 나는 마이크 켄트Mike Kent와 함께 쓴 《장애와 뉴 미디어 *Disability and New Media*》에서 장애인의 접근성을 좀 더 증진하기 위해서는 일반적으로 세 가지 기술 발전 단계를 거친다고 주장했다. 먼저 상대적으로 누구나 접근이 가능한 상태에서 기술이 시작되고, 그다음에는 일반 대중은 보다 널리 채택할 수 있으나 장애인이 배제되는 방식으로 바뀌며, 마지막으로 장애인에게도 접근이 허용되는 방식으로 재장착된다는 것이다(Ellis & Kent, 2011). 그러나 텔레비전은 다른 길을 따라갔다. 그것은 처음부터 장애인이 전혀 이용할 수 없는 상태로 시작되었고, 그 후 기술이 발전함에 따라 비장애인의 텔레비전 접근성만 더 용이해지고 더 광범위하게 이용되고 있다. 텔레비전 수용자가 틈새시장을 표적으로 한 프로그램을 통해 자신의 경험을 개인화하고, 개별화된 모바일 미디어의 접근성이 각자의 선택 영역으로 진입하는 시기로 접어듦에 따라 디지털화는 텔레비전의 개인화로 나타나고 있다. 2018년이라는 시점에서 텔레비전을 본다는 것은 극히 원시적인 형태의 1920년대 텔레비전의 경우와 매우 다르다. 사실상 오늘날 텔레비전을 접하는 방식은 '본다watching'라고 하기보다 '접근한다accessing'가 더 적절한 표현일지 모른다.

또한 새로운 디지털 텔레비전의 무대는 이전보다 더 커다란 유연성을 제공한다. 특히 프로그램이 제공되는 방식에서 그러하며 다양한 형식으로 접근이 가능하다. 예를 들어 농인이나 난청인은 자막을 통해 디지털 텔레비전의 지원을 받을 수 있다. 마찬가지로 전맹이나 저시력자는 화면 해설을 통해 중요한 시각 정보를 전달받는 혜택을 누릴 수 있다. 이와 같은 번역이나 묘사는 공동체의 많은 사람에게 유용한 의미가 된다. 그것은 시각이나 청각 장애를 갖고 있는 사람뿐 아니라 주로 수어로 소통하는 사람이나 혹은 손을 잘 사용할 수 없어 다른 대안적 커뮤니케이션 수단이 필요한 사람까지 포함하며(Pedlow, 2008), 나아가 다수의 주류 수용자인 비장애인에게도 해당된다. 하지만 이러한 새로운 환경이 중요한 의미를 내포하고 있다 하더라도, 기술이 장애의 한계를 저절로 해결해 줄 수 있을 것이라는 믿음은 허상이라는 점을 간과해서는 안 된다(Goggin & Newell, 2003). 디지털 텔레비전과 같은 기술이 본질적으로 제약을 풀어 주는 수단으로 종종 제시되지만, 새로운 기술로 인해 장애화 메커니즘이 계속 재생산될 수 있다는 점도 주목해야 한다. 장애는 인종, 계급 그리고 젠더 같은 문화적 정체성과는 다른 방식으로 간주되기 때문이다. 따라서 인식 제고를 위한 노력이 더욱 필요하고 중요하다.

호주의 텔레비전 지형

《세계의 텔레비전 산업: 경제적 분석*The World Television Industry: An Economic Analysis*》에서 피터 두네트Peter Dunnett는 텔레비전 산업을 의도치 않았던 결과의 사례로 설명한다. 새로운 시장을 예상치 못했으며 시장 규모에 대해서도 잘못 계산했다는 점 때문이다. 또한 다양한 방식으로 진입하는 새로운 사업자가 텔레비전 산업에 미치는 영향에 대해서도 파악하지 못했다고 본다(Dunnett, 1990). 그런 점에서 2차 세계 대전 이후에 텔레비전이 도입된 호주는 그 대표적인 사례가 된다. 당시 방송 업무를 관장하던 우정국은 텔레비전의 도입을 강력하게 반대하였다. 텔레비전이라는 미디어가 결코 '대중 커뮤니케이션 미디어'가 될 수 없다고 예측했기 때문이다(Curthoys, 1991). 1941년 텔레비전의 도입을 두고 의회에 합동위원회가 결성되어 논의를 거듭하였지만, 1956년이 되어서야 비로소 호주에 텔레비전이 도입되었다. 현재 호주의 지상파 텔레비전은 두 개의 공영 방송(ABC, SBS[17])과 세 개의 상업 방송(7, 9, 10)[18]으로 이루어져 있다.

유료 방송의 경우에도 비슷한 경로를 밟아 도입이 늦어졌다. 미국은 1970년대부터 유료 방송을 운영하였지만, 호주는 1980년대에 들어와서 정부의 조사를 거쳐 유료 방송의 도입이 권고되었고 1995년이 되어서야 이용이 가능하게 되었다. 마찬가지로 디지털 텔레비전도 2001년 도입이 논의되었지만, 정치인, 미디어 기업, TV 수상기 제조사 간의 이해 충돌과 갈등 때문에(Tate, 2015) 2013년이 되어서야 비로소 본격적인 이용이 가능해졌다. 유료 방송의 경우와 마찬가지로 호주의 디지털 텔레비전의 전개가 이렇게 더디게 진행된 것은 호주의 산업적, 사

17 SBS(Special Broadcasting Service)는 다민족·다문화·다언어 방송을 하는 호주의 공영 방송이다. 1975년 개국하여 TV, 라디오, 온라인으로 프로그램을 송출하고 있다. 특히 라디오는 74개 언어로 호주 전역에 서비스를 제공되며, 그중에는 한국어 방송(www.sbs.com.au/korean)도 매일 오후 9시부터 1시간씩 방송한다.

18 이들 상업 방송은 나인 네트워크Nine Network(1956. 9 개국) 혹은 채널 9Channel 9, 세븐 네트워크Seven Network(1956. 11 개국) 혹은 채널 7Channel 7, 네트워크 10Network 10(1964. 8 개국) 혹은 채널 10Channel 10으로 불린다.

회적, 정책적 의제 때문이다(Given, 2013). 한 예로 1997년 설립된 주문형 비디오(video on demand: VOD) 제공자인 넷플릭스Netflix는 2015년까지 호주에서 법적으로 사업 허가가 나지 않았다. 오늘날 유료 방송의 환경은 호주의 유료 방송 사업자인 폭스텔Foxtel[19]을 중심으로 방송 사업자들이 디지털 멀티채널로 많이 진출해 있는 상황이다. VOD 시장은 넷플릭스 오스트레일리아Netflix Australia, 아마존 프라임Amazon Prime, 스탠Stan 등 3개 사업자로 구성되어 있다.

역사적으로 볼 때, 호주의 TV 방송 사업자는 1964년 제정된 텔레비전면허료법Television License Fees Act에 따라 정부에 면허료를 의무적으로 납부해야 했다. 그러나 2010년부터 면허료는 지속적으로 감액되었고, 방송 사업자의 제안과 정부의 검토를 거쳐 2016년에 결국 폐지되었다. 현재 호주의 상업 지상파 방송 사업자를 대표하는 기관은 프리TV 오스트레일리아Free TV Australia로서 광고 및 기술 기준에 관한 회원 방송사의 이해관계를 대변한다. 이 기관은 상업 텔레비전 산업 실천 강령Commercial Television Industry Code of Practice을 통해 "호주의 현대 디지털 미디어 지형에서 준수해야 할 공동체 기준은 무엇이며, 시청자 보호를 위해서는 어떻게 해야 하는지"를 규정하고 있다(Free TV Australia, 2010). 이 강령에는 제작자가 텔레비전에서 장애를 재현할 때 지켜야 할 권고 사항이 포함되어 있다. 예를 들어 장애인을 정형화하여 묘사하지 않도록 권장하며, 연민과 자선 그리고 감화와 관련된 스테레오타입의 사례를 밝힌다(Free TV, 시기 불명). 하지만 접근권과 관련해서는 별

19 케이블 텔레비전, 직접 방송 위성 텔레비전 및 IPTV 스트리밍 서비스를 운영하는 호주의 유료 텔레비전 회사다. 뉴스 코프 오스트레일리아News Corp Australia와 텔스트라Telstra가 각각 65%와 35%의 지분을 보유하고 있다.

로 다루지 않고 있다.

하지만 호주 텔레비전 산업은 여전히 정부의 지원에 상당 부분 의존하고 있다. 따라서 제작자는 드라마나 여타의 프로그램 제작을 위해 2008년 스크린오스트레일리아법Screen Australia Act에 의해 설립된 연방정부 기관인 스크린 오스트레일리아를 통해 재정적 지원을 받는다. 이 기관은 호주에 특별한 의미가 있는 내용을 담거나 다른 나라와 공동 제작하는 호주 영상물을 호주적인 프로그램으로 정의 내리고 있다. 그중에서도 다큐멘터리와 어린이 프로그램 그리고 "고품질의 예술적 혹은 문화적 가치"를 지니는 프로그램을 지원하도록 규정한다. 스크린 오스트레일리아는 이 책의 두 가지 초점인 재현과 접근을 호주 영상 산업의 과제로 부과한다. 재현의 경우, 스크린 오스트레일리아는 광범위한 국가 정체성과 장애 다양성을 포함한 문화 다양성을 지닌 호주의 영상 문화의 발전에 초점을 맞추는 것을 목표로 한다. 그러나 스크린 오스트레일리아가 단일한 문화 정체성을 선호한다는 비판이 종종 제기된다. 마찬가지로 접근권을 증진하려는 노력을 기울이고는 있으나 텔레비전에서 늘 실현되는 것은 아니다. 자막과 화면 해설의 구축을 규정하는 정책이 있기는 하나 이러한 액세스 기능이 모든 플랫폼에 적용되지 않기 때문이다.

책의 구성

이 책은 재현과 접근이라는 두 개의 부분으로 구성된다. 문화 회로와 마찬가지로 텔레비전 연구에 대한 이러한 두 접근법은 분리되어 있지만 또한 늘 연결되고 서로 영향을 주어 장애와 텔레비전에 의미를 만들어 낸다. 따라서 이 책의 분석 역시 이 두 가지 개념을 별개로 처리하지 않으며, 정책에 대한 분석과 호주의 장애인과의 인터뷰를 통해 얻은 통찰력에 의존한다.

재현에 관한 1부는 텔레비전의 장애 재현을 다룬 4개의 장으로 구성된다. 2장 '영상 속의 스테레오타입'은 내용 분석에 초점을 두고 미디어에 나타난 장애에 대한 스테레오타입을 살펴볼 것이다. 또한 미디어 분야의 장애인 고용을 소개하고 방송이 점차 협송narrowcasting과 개인화됨에 따라 디지털 텔레비전 환경에서 중요한 분석 대상으로 부상한 온라인 토론도 다룰 것이다.

3장 '확대되는 정의'는 스크린 오스트레일리아의 지원을 받은 호주 텔레비전 드라마의 장애 재현에 대해 내용 분석을 시도한다. 이러한 분석은 스테레오타입에 초점을 두면서도 더 나아가 어떤 점에서 장애인권리협약의 의도에 위배되는지 살펴보면서, 비판 장애학 내에서 트라우마에 대해 좀 더 폭넓은 인식이 필요하다는 점도 강조한다. 4장 '온라인 비디오의 문화적 접근성'은 고용뿐만 아니라 장애 재현의 주요 통로가 되는 온라인 비디오를 살펴본다. 이 장에서는 오늘날의 확장 미디어 시대에 텔레비전의 공유성을 재점화하는 세 가지 사례로 넷플릭스, TED 토론, 웹 시리즈에 초점을 둔다. 5장 '집단 지성'은 이러한 논의를 확대해 의미 구축, 장애 재현, 텔레비전 텍스트의 한계 등의 견지에서 온라인 토론의 역할을 살펴볼 것이다. 특히 드라마 〈왕좌의 게임*Game of Thrones*〉이 새로운 텔레비전 양식의 중요한 사례라는 점을 밝히고자 한다. 이를 통해 디지털 수용자가 지리적 경계를 넘어 일종의 집단 지성의 양식인 온라인 포럼에서 장애를 포함한 다양한 재현을 다루며 서로 협력하여 의미를 만들어 가는 과정을 보여 준다. 이는 공간적으로 떨어져 있는 수용자가 함께 모여 자신의 경험과 세계관에 따라 장애에 대해 보다 포괄적인 재현을 만들어 낸다는 점에서 텔레비전의 장애 재현에 커다란 의미를 갖는다.

2부에서는 접근에 대한 구체적인 탐색이 이루어진다. 6장 ‘디지털 다양성’에서는 변화하는 디지털 텔레비전 환경을 조망하는 것으로 시작하여, 전 지구적인 디지털 텔레비전의 도입과 함께 개인화된 모델로 현저하게 바뀌고 있는 텔레비전의 수용에 대해 초점을 둔다. 7장 ‘화면 해설’은 번역에 대한 고전적 접근법의 연장선상에서 주요 정책 이슈인 화면 해설의 이용 가능성을 살펴본다. 이 장에서는 지난 20년 동안 텔레비전에 화면 해설의 제공을 지속적으로 요구해 왔던 호주의 시각장애인과의 인터뷰를 기반으로 한다. 8장 ‘자막’에서는 호주는 물론 전 세계의 자막 이용 상황에 대해 알아본다. 자막의 제공을 출범시킨 법적 장치는 효과적으로 마련되었지만, 그에 맞는 기술적 변화나 사회적 인식은 충분히 이루어지지 않았음을 확인할 수 있다. 이러한 논의는 9장 ‘해석적 유연성’으로 이어진다. 이 장에서는 장애인에서 비장애인으로 초점을 옮겨 자막, 화면 해설, 클린 오디오clean audio 등과 같은 접근성 기능이 주류 사회에서 어떻게 활용되는지를 살펴본다. 이 장을 통해 이런 혁신적인 잠재력이 다수의 비장애인 집단과 더불어 시청각 영상물의 목록을 늘리고자 하는 텔레비전 제작자에게 어떤 의미를 갖는지 밝히고자 한다. 물론 텔레비전에 대한 접근은 여전히 인권 차원의 이슈로서 반드시 담보되어야 할 것이다.

마지막 결론으로 10장에서는 하나의 기술이자 문화 양식인 텔레비전에 있어 이 작업이 수행되는 과정에서 나타난 변화를 되돌아본다. 아울러 이 책을 위해 인터뷰한 장애인이 그리는 궁극적인 텔레비전에 대한 예측이 산업계에서 바라보는 것과 어떻게 조화를 이룰지 논의할 것이다.

1부

재현

2장

영상 속의 스테레오타입 혹은 문화적 접근성

장애에 대한 텔레비전의 낙인과 재현

UN 장애인권리협약의 제8조는 "모든 미디어 기관은 동 협약이 정하는 목적에 부합하는 방향으로 장애인을 묘사"하도록 독려함으로써 "장애인에 대한 스테레오타입, 편견 그리고 유해한 관행과의 전쟁"을 선언하였다(UN, 2006). 하지만 텔레비전은 오히려 이러한 스테레오타입과 편견을 영속시키고 장애를 정상 상태를 벗어난 것으로 묘사한다고 끊임없이 비판받고 있다. 텔레비전에서 장애는 두드러진 특징이며 모든 장르에 걸쳐 드러난다. 꾸준히 발전하는 미디어로서 텔레비전에 나타난 이러한 재현은 하나의 문화적 데이터베이스를 제공하며 이를 통해 우리 사회에서 장애가 어떻게 만들어지는지(그리고 이해되는지)에 대한 태도를 읽을 수 있다. 제라드 고긴Gerard Goggin과 나는 장애에 대한 미디어의 접근법을 "말도 안 되는 헛소리"라고 언급한 바 있다(Ellis & Goggin, 2015: 117). 마찬가지로 조 샤츠Joe Schatz와 앰버 조지Amber George 역시 "미디어의 재현이 장애인 차별주의를 강화한다"고 주장한다(Schatz & George, 2018). 페트라 쿠퍼스Petra Kuppers는 미국 TV 시리즈 〈오즈Oz〉[20]를 분석하면서 텔레비전에서 장애를 어떻게 묘사할지는 "우리 문화에서 부여하는 장애의 의미에 의해 결정된다"고 설명한다(Kuppers, 2013). 앞서 서론에서 언급했듯이 우리 문화에서 장애에 대해 부여하는 의미는 문제가 많을 수밖에 없다. 실제로 많은 연구자가 텔레비전에서 장애를 정형화하여 낙인찍고 폄하시켜 묘사하는 방식에 대해 지적해 왔다. 빌 커크패트릭Bill Kirkpatrick과 엘리자베스 엘세서Elizabeth Ellcessor는 텔레비전의 재현은 "복잡한" 것이라고 하면서 "장애 재현의 문제는 시급히 해결해야 할 과제가 되고 있기 때문에 미디어 연구와 장애학이 공동 작업을 통해 생산적인 논의를 할 필요가 있다"고 강력히 권고한다(Kirkpatrick & Ellcessor, 2017: 2).

오늘날 미디어 재현과 관련된 논의에 있어 다양성은 주요한 관심사다. 이는 영화와 텔레비전 모두에 있어 다양성이 결여된 관행이 나타난다고 비판한 여러 대중적 테스트를 통해 입증된다. 예를 들어 벡델-월리스 테스트Bechdel-Wallace Test와 마코 모리 테스트Mako Mori Test는 영화의 이야기 전개에서 여성 인물이 중요한 역할을 맡는지 아니면 장식적인 역할에 불과한 것인지 살펴본다.[21] 벡델-월리스 테스트는 세 가지 기준(영화에서 실명의 여성 인물이 두 명 이상 등장하는지, 서로 간에 대화를 나누는지, 남성 이외의 소재에 대해 이야기하는지)으로 양성 평등을 평가한다. 마찬

20 1997년 7월부터 2003년 2월까지 방영된 미국 HBO의 텔레비전 드라마 시리즈다. 오스왈드 주립교도소라는 가상의 남자 교도소의 별칭인 '오즈'는 "집만 한 곳은 없다"는 영화 〈오즈의 마법사*The Wizard of Oz*〉(1939)에서 가져왔지만 역설적으로 이곳은 "집 같은 곳이 아니다"라는 의미를 담고 있다.

21 벡델-월리스 테스트는 영화나 소설 등 픽션물의 성 평등도를 평가하기 위한 것으로 여성의 적극적인 존재감을 보여 주는 지표로 활용한다. 한편 마코 모리 테스트는 벡델-월리스 테스트의 정량적인 특성과는 달리 여성 스스로가 독립적인 줄거리 흐름 속에서 존재해야 된다는 것에 초점을 두고 여성 캐릭터라는 실체의 중요성을 밝히고자 한다.

가지로 비토 루소 테스트Vito Russo Test[22]는 다양한 성적 취향과 젠더의 인물이 극적 구성에 있어 중요한 역할을 하는지 아니면 그 성적 취향으로 인해 극의 흐름에서 배제되는지에 초점을 둔다. 이 세 조사는 모두 등장인물의 수와 그들이 등장하는 상황을 고려하여 이루어진다. 한편 장애의 다양성에 대한 조사는 별로 알려진 바 없다. 하지만 미국의 여러 기관(GLAAD로부터 루더먼재단Ruderman Family Foundation[23]에 이르기까지)이 텔레비전에 등장하는 장애인의 양적 빈도에 대한 내용 분석을 착수하였다. 마찬가지로 호주에서도 최근에 스크린 오스트레일리아가 호주의 텔레비전 드라마에 나타난 장애에 대한 내용 분석을 실시하였다. GLAAD(Gay and Lesbian Alliance Against Discrimination)의 조사가 내용 분석에 국한된 반면, 루더먼재단과 스크린 오스트레일리아의 조사는 방송국에서 일하는 장애인과의 인터뷰도 포함시켜 진행하였다.

벡델-월리스 방식의 조사는 아니지만 내용 분석은 미디어에 표출되는 장애의 재현에 관심이 있는 연구자가 선호해 왔던 방법론이다. 이 장에서는 그 역사를 소개하고, 장애 연구에 있어 내용 분석의 중요성을 되돌아보려 한다. 특히 이 장은 낙인의 개념과 그것이 장애 미디어 연구의 주요한 세 지점에 미친 영향에 초점을 두고 살펴보고자 한다. 그것은 미디어 업계 내 장애인 고용 및 접근의 한계, 텔레비전에 나타난 장애인 재현의 정형화된 프레임, 장애와 내러티브 그리고 미디어에 대한 문화적 접근에 근거하여 사회가 어떻게 이러한 재현에 영향을 미

22 성소수자를 명예 훼손적이고 선정적으로 보도한 미디어에 항의하기 위해 뉴욕에서 결성한 모니터링 NGO인 미국의 GLAAD가 공동 창립자인 비토 루소의 이름을 따서 자체 개발한 테스트다.

23 미국의 변호사이며 장애인 인권 운동가인 제이 루더먼Jay Ruderman이 2002년 보스턴에 설립한 국제 NGO 자선 재단이다.

치는가 등이다. 그러고 나서 텔레비전의 장애 재현에 대한 최근의 모니터링 방법과, 앞서 말한 세 기관(GLAAD, 루더먼재단, 스크린 오스트레일리아)의 조사를 사례로 내용 분석의 부활에 대해 살펴보고자 한다. 그 후 네 번째 영역의 분석으로 온라인 토론을 통한 텔레비전 텍스트성 연구, 특히 이러한 텔레비전의 수용과 재현의 형식이 장애 연구와 어떻게 궤를 같이할 수 있는지 논의할 것이다. 그다음 UN 장애인권리협약의 견지에서 콜린 반스Colin Barnes의 스테레오타입을 재검토하여 그것의 적절성이 지속될 수 있는지를 설명하고 아울러 스테레오타입의 수준을 넘어 미디어 텍스트를 심층적으로 분석할 필요성도 지적할 것이다. 마지막으로 꾸준히 발전하는 텔레비전이라는 미디어를 살펴보는 데 총체적 문화 회로, 즉 재현, 제작, 소비, 정체성, 규제 등을 고려하는 것이 얼마나 중요한지 논의할 것이다.

장애의 스테레오타입 및 낙인과 관련된 텔레비전의 텍스트성

텔레비전은 대부분 시각적으로 이루어진 미디어다. 그것은 소리와 결합된 일련의 움직이는 이미지로 구성된다. 또한 상당 부분 전통적으로 거실에 자리한 가정의 미디어다. 텔레비전은 우리 곁에 있다. 하지만 너무 가까이하지 말라는 충고를 끊임없이 듣는다. 우리의 삶에 부정적인 영향을 끼칠 수 있다는 두려움 때문이다. 실제로 인간관계에서 텔레비전이 갖는 역할과 그것이 우리의 삶에 미치는 영향은 오랫동안 쟁점이 되어 왔다. 텔레비전을 집안 어디에 놓는지, 어느 시간에 텔레비전을 켜 두는지, 누가 시청하는지 그리고 이러한 이미지, 소리와 메시지가 우리에게 어떤 영향을 주는지 주의를 기울여야 한다. 건강의 관점에서 우리(혹은 우리 아이)에게 야외 활동이 필요할 때 집 안에 박혀 텔레비전을 보는 데 너무 많은 시간을 허비하지 말아야 하며, 밤에 텔레비전을 볼 때 그것이 발산하는 빛이 우리의 수면 패턴이나 신생아에게 필요한 생체 피드백을 방해하지 않도록 주의해야 한다는 경고를 받는다.

또한 텔레비전의 크기는 점점 커지면서 동시에 좀 더 작아지고 있다. 한편으로는 현대식 주택에 대형 화면의 텔레비전, 프로젝터, 홈시어터 등이 확산되면서 집 밖의 영화관과 집 안의 다른 것과 공간을 두고 경쟁이 벌어진다. 다른 한편으로는 모바일 미디어가 발달하면서 스마트폰과 태블릿 등으로 언제 어디서든지 텔레비전을 볼 수 있다. 이러한 방식을 통해 텔레비전은 이제 우리 가정과 휴대용 기기 모두를 지배한다. 게다가 무개념의 저급한 오락물이라고 오랫동안 혹평을 받아왔던 텔레비전이 우리 일상의 대화 주제와 취향을 결정짓는 특별한 프로그램과 채널을 구비한 이른바 '명품 텔레비전prestige television'[24]으로 등장하여 전례 없이 존중받으며 황금기를 구가하고 있다. 우리의 삶, 우리의 집, 우리의 핸드백에서 매우 중요한 존재가 된 텔레비전이 세상과 그 안에 있는 사람들의 다양성을 이해하는 방식에 어떤 영향을 줄까? 텔레비전의 텍스트성에 대한 연구는 바로 우리가 텔레비전을 통해 접하는 이미지와 소리가 어떤 의미를 갖는지에 대한 해답을 얻으려는 시도다.

어빙 고프먼Erving Goffman의 "낙인에 대한 주석Notes on Stigma"은

---

24 'prestige'에 대해 아직까지 보편적으로 통용되는 용어가 없기 때문에 여기에서는 '명품'으로 지칭한다. '명품 텔레비전'의 개념을 명확하게 규정할 수는 없으나, 대체로 영화에 버금가는 복잡다단한 스토리와 수많은 캐릭터의 등장, 다양한 장소의 야외 촬영 등을 특징으로 한 대형 드라마를 갖춘 텔레비전을 의미하는 것으로 볼 수 있다. 아울러 텔레비전 수상기를 넘어선 다양한 플랫폼을 통한 접근 방식 등의 시청 환경의 변화도 포함한다.

장애와 텔레비전을 탐색하는 데 중요한 출발점이 된다(Goffman, 1974). 그에 따르면 '낙인'은 '대단히 불명예스러운' 속성을 지닌다. 그것이 신체적 장애이든, '인격의 오점'(예를 들어 범죄 행위) 혹은 출신의 낙인(예를 들어 어떤 인종)이든 간에 낙인은 개인과 집단이 상호 작용하는 방식에 영향을 미친다. 고프먼은 반어적 표현으로 정상인과 '정상이 아닌 사람 notnormals'을 구별하여 낙인의 결과로 발생하는 차이와 긴장을 파악한다. 그러므로 낙인은 자신을 정상이라고 생각하는 사람들이 정상이 아니라고 여기는 사람들에 대해 갖는 두려움을 정당화하기 위해 만들어낸 이데올로기가 된다. 텔레비전은 사회에서 장애인이 겪는 낙인을 반영하고 도전하는 데 중요한 역할을 한다. 데이비드 볼트David Bolt는 인문학에 나타난 장애를 검토하면서 고프먼의 용어를 빌려 "만일 이른바 '정상인'과 낙인이 붙은 사람이 서로 상대방의 회사에 있게 되면 무슨 일이 일어날까?"를 생각해 본다. 볼트에게 이러한 상호 작용은 문화적 재현의 영향을 상당히 받는 사안이다. 장애에 대한 스테레오타입이 일상생활에서 어떻게 작동하는가에 대한 그의 논의(Bolt, 2012)는 다음 장에서 살펴볼 정형화된 미디어 재현의 잠재적 영향에 대한 반스의 분석(Barnes, 1992)과 맥을 같이한다.

낙인의 개념과 그것이 장애 및 텔레비전과 갖는 관계는 세 가지 주요 영역으로 나누어 살펴볼 수 있다. 빠르게 진행되며 때론 접근하기 힘든 미디어 기업의 인력에 장애인을 포함시키는 것, 장애에 대한 텔레비전의 정형화된 재현, 그리고 재현과 참여의 과정을 통해 보다 포괄적인 텔레비전 환경을 여는 데 미치는 문화적 접근성의 영향 등이 그것이다.

장애에 대한 텔레비전의 정형화된 틀 짜기

1985년 처음 출간된 후 거듭 재간행된(2017년 출간 포함) 폴 롱모어Paul Longmore의 《영상 속의 스테레오타입*Screening Stereotypes*》은 장애 미디어 연구에 커다란 영향을 미친다. 그는 두 가지 '놀라운 사실'에 주목한다(Longmore, 1987: 131). 첫째는 영화나 텔레비전에 장애인이 적지 않게 등장한다는 것, 둘째는 그럼에도 불구하고 수용자는 그들을 알아차리지 못한다는 점이다. 또 다른 연구자들이 여러 다양한 미디어에 나타난 장애의 문화적 재현을 분석함에 따라 특정 스테레오타입이 장애인에 대한 부정적인 낙인을 영속시키는 방식에 주목하게 되었다.

장애인은 대체로 텔레비전에서 정형화되어 그려진다. 그 결과 사회·문화 모델보다는 장애로 인해 치료받아야 할 대상으로 간주되는 의료 모델이 강화된다. 내용 분석은 다양한 텍스트에 걸쳐 주제나 이미지에 대한 체계적인 코딩을 포함하는 질적 및 양적 연구 기법이라는 점에서 각광을 받는다. 이 방법을 통해 직접 관찰할 수 있는 '현재적顯在的' 내용뿐 아니라 연구자나 시청자의 해석이 필요한 '잠재적潛在的' 내용도 수집할 수 있다(Haller, 2010: 26).

내용 분석은 1980년대 이후 장애 연구에서 선호되는 미디어 분석 방법이다(Zhang & Haller, 2013). 내용 분석에 대한 접근 방식과 코딩된 주제 또는 이미지의 유형은 연구자의 이론적 입장에 따라 달라진다. 대체로 장애 연구자는 방향적 접근법 혹은 종합적 접근법으로 내용 분석을 수행한다. 방향적 접근법으로 진행하는 연구자는 기존의 이론과 관행을 통해 자신의 연구 문제와 주제에 대한 코딩을 발전시키는 연역적 방법을 취한다. 종합적 접근법의 내용 분석도 그와 비슷하게 연구자의 관심 주제와 관련된 문헌의 고찰을 토대로 키워드나 내용을 집계하여 비교한 후 그 밑에 깔려 있는 맥락의 의미를 해석한다(Hsieh &

Shannon, 2005 참조).

많은 연구에 걸쳐 비슷한 주제나 스테레오타입이 나타나면서 특히 의료 모델과 대조를 보이는 사회 모델이 강세를 보이고 있다. 그중에서도 두 가지 중요한 연구가 장애 미디어 연구의 내용 분석에 큰 영향을 미친다. 첫 번째는 롱모어의 분류를 확장시켜 영국의 미디어에 나타난 장애 재현을 다룬 반스(Barnes, 1992)의 연구다. 그는 사회 모델에 기반을 두고 미디어에서 흔히 묘사되는 장애의 스테레오타입을 다음의 11가지 유형으로 제시한다.

- 불쌍하고 애처로운 장애인
- 폭력의 대상으로서의 장애인
- 사악하고 악랄한 장애인
- 분위기가 있거나 호기심을 불러일으키는 장애인
- 초능력적인 장애인
- 조롱의 대상으로서의 장애인
- 자신에 대한 혐오와 장애에 대한 분노로 가득한 장애인
- 부담되는 존재로서의 장애인
- 성적으로 비정상적인 장애인
- 공동체 생활에 충분하게 참여할 수 없는 장애인
- 평범한 장애인

반스는 장애인 공동체에 관한 왜곡된 정보로 인해 이러한 스테레오타입이 유발되고 끊임없이 재생산된다고 본다. 따라서 그는 장애인에 대한 사회적 장애화의 책임이 미디어에 있다고 주장한다. 이러한 스테레오타입은 장르와 장소를 불문하고 텔레비전에서 분명하게 인식되

는데, 이에 대해서는 3장에서 좀 더 살펴볼 것이다. 반스는 장애인에 대한 미디어의 묘사를 개선하기 위해 필요한 몇 가지 권고안을 제시하면서 마무리한다. 그의 권고안에는 재현의 정확성을 점검한 후 공론장에 내놓아야 하며, 주류 언론 미디어에서 장애인을 영입해 함께 일할 수 있도록 하는 방안 등이 포함된다.

그러나 이전 연구들을 살펴보면 이는 말처럼 쉽지 않다. 커뮤니케이션 연구에서 재현에 대한 초점을 바로잡으려 했던, 장애와 미디어에 관한 몇몇 중요한 초기 연구는 미디어 산업이 접근하기 어려운 작업 환경이라는 점을 확인하였다(Popovich, Willis & Blevens, 1988). 미디어 기업의 장애인 고용에 대해 장애와 미디어 연구의 문헌은 네 가지 관심사(즉 기회, 직무 성과, 실무 전문가로서의 경력 그리고 장애에 대한 대중의 태도를 변화시켜 고용의 가능성을 잠재적으로 증진시키는 미디어의 역할)에 초점을 맞추었다. 그러한 점을 주시하면서 제프리 앨런 존Jeffrey Alan John은 시간과 비용에 따른 압박을 감지하기 때문에 부정적인 낙인을 찍어 잠재적 장애가 있는 직원의 고용을 꺼리는 태도가 "훨씬 더 큰 문제"라고 밝힌다(John, 1993: 9). 실제로 이 분야의 최근 연구를 보면, 장애인의 미디어 노동을 훨씬 용이하게 해 줄 수 있는 기술이 발전하고 있음에도 불구하고 그러한 부정적인 태도가 여전히 지속된다는 것을 보여 준다(Ellis, 2016; Sgroi, 2016).

1990년대 주로 미국을 중심으로 이루어진 두 번째 연구는 전통적 신문으로부터 뉴 미디어인 트위터에 이르기까지 모든 미디어 양식과 포맷에 걸친 다양한 장애 재현의 연구에 지속적으로 영향을 준다. 존 클로그스톤John Clogston은 신체적 장애를 다룬 신문 기사 363건을 대상으로 구사된 언어, 보도한 이슈, 장애에 대한 전반적인 묘사 등을 살펴보았다(Clogston, 1991). 그는 신문이 장애를 다루는 두 가지 방식을 전통적 모델과 진보적 모델로 나눈다. 전통적인 접근법은 각 개인의 차이에 초점을 맞추는 반면, 진보적인 기사는 그 차이를 제대로 다루지 못하는 사회의 무능력에 중점을 둔다. 넓게 보면 이러한 프레임은 대체로 장애의 개인 모델과 사회 모델로 분류할 수 있다. 개인 모델(전통적 프레임)은 장애의 문제를 개인에 두고 있으며 자신의 장애에 대해 스스로 책임을 져야 한다는 논리다. 그에 대한 대안으로 등장한 사회 모델(진보적 프레임)은 접근할 수 없는 환경과 부정적인 태도를 통해 장애를 만들어 내는 사회의 역할을 강조한다(Oliver, 1990). 클로그스톤의 분석틀은 여전히 장애의 이론화를 구축하는 중요한 토대로서 존재하며, 베스 핼러Beth Haller를 비롯한 여러 연구자가 그것을 활용하여 연구한다.

2013년 9월부터 11월까지 호주의 장애인을 대상으로 디지털 텔레비전 전환의 잠재적 이익과 문제점을 얼마나 이해하는지에 대한 온라인 조사가 시행되었다. 그 조사는 접근성, 재현, 미디어 참여, 온라인 미디어 등에 관한 질문을 다루었다. 장애인 단체, 장애인 정책 담당자, 소셜 미디어 그룹 광고 담당자에게 이메일을 통해 협조를 요청하여 총 341명이 참여하였다.

이 조사에서는 장애인 텔레비전 수용자에게 재현에 관한 여러 질문을 던져 낙인을 찍는 스테레오타입 형태로 장애가 재현된다는 학문적 논의에 동의하는지 알아보았다. 오락 프로그램과 뉴스 프로그램으로 나누어 조사한 결과 장애와 텔레비전에 관한 기존 연구를 더욱 강화하는 쪽으로 나타났다. 조사 참여자의 대부분은 뉴스뿐만 아니라 오락 프로그램에서도 텔레비전이 장애를 제대로 재현하지 못한다고 느꼈다. 텔레비전 오락 프로그램에서 나타난 묘사가 일반 대중이 장애인의 경험을 이해하도록 도움을 주느냐에 80% 이상이 동의하지 않거나 결코 동의하지 않는다고 답했다. 마찬가지로 참여자의 80%가 텔레비전 뉴스가 장애인이 직면한 사회 문제를 대중이 이해할 수 있도록 하는데 충분한 역할을 수행하지 못한다고 보았다. 대체로 이들은 텔레비전이 객관적인 정보를 제공하지도 못하고, 장애의 이슈를 공정하게 보도하지도 않음으로써 장애와 장애인에 대해 부정확한 묘사를 하는 것으로 인식했다. 따라서 그들은 장애인이 실생활에서 어떻게 살아가는지를 반영하는 데 텔레비전이 실패했다고 여겼다.

이 조사에 도움을 준 또 다른 중요한 연구로 1988년에 시행된 텔레비전 장애 연구를 들 수 있다. 이는 가이 컴버배치Guy Cumberbatch와 랠프 네그린Ralph Negrine이 6주 동안 영국의 프라임 타임 TV 프로그램에 나타난 장애 재현에 대해 내용 분석을 시도한 것이다(Cumberbatch & Negrine, 1992). 이 질적 및 양적 연구는 스테레오타입과 불일치성을 강조한다. 예를 들어 솝오페라에 나타난 장애 묘사(단지 8%에 불과)와 다른 사회적 이슈에 대한 묘사 간에 현격한 차이가 나타났다고 지적한다. 그들은 장애인이 텔레비전 주인공이 될 경우에만 사회 변화가 일어날 것이며, 그럴 때 대중이 장애를 일상적인 경험으로 간주할 수 있을 것이라고 주장한다. 또한 그들은 만일 장애인을 '인간 중심'의 시각으로 바라보았다면, 텔레비전에서도 그들을 재현할 때 같은 방식으로 묘사해야 한다고 강조한다. 그러나 인간 중심의 정신을 따랐지만 장애는 사회에 존재하고 신체에 발생하는 것은 손상이라고 보는 엄격한 사회 모델을 받아들이지 않았다는 점에서 이 연구에 대해 비판이 제기되기도 하였다(Barnes, 1992).

이들 연구는 모두 상당히 오래전에 이루어진 것으로 한동안 법적 장치나 미디어 연구 모두를 진전시킬 만큼 포괄적인 후속 연구가 진행되지 않았다. 대부분의 서구 사회에서 장애에 관한 법률 제정이 이루어지기 시작하면서 비로소 미디어와 문화연구에서 장애를 한 사회의 문화 정체성과 사회 권력의 작동 방식을 파악하기 위한 방안의 하나로 인식하기 시작했다. 5장에서 밝히듯이 그러한 연구들이 진행된 이후 장애인이 텔레비전 주인공의 하나가 되었다. 하지만 장애인의 사회적 지위는 컴버배치와 네그린이 예측한 바와 같이 그리 현격한 변화가 이루어지지 않고 있다.

반스, 클로그스톤 그리고 컴버배치와 네그린은 장애 재현의 영향을 장기적 차원에서 누적 효과 모델로 접근한다. 그들은 충실하게 연구를 반복하여 시행함으로써 장애에 대한 문화적 이해에 도움을 준다. 하지만 1999년 올란 파널Olan Farnall과 킴 스미스Kim Smith는 그와 다른 대안을 내놓았다(Farnall & Smith, 1999). 그들은 누적 효과 대신에 수용자에게 미치는 '흠뻑 젖기 효과drench effect'를 제시하면서 어떤 재현은 다른 것보다 더 중요할 수 있다고 보았다. 예를 들어 어떤 묘사는 수용자로 하여금 장애 차별을 인식하게 하고 장애인을 덜 불편하게 느끼도록 자극한다는 것이다.

문화적 접근성: 의미의 형성

문화적 접근성에 대한 엘세서의 최근 연구는 제작, 소비, 재현의 견지에서 장애의 이론화에 유용한 틀을 제공한다.

> 주류 미디어의 재현만으로는 장애를 대중문화에 포함시키기에 충분치 않다. 장애의 이미지에 대한 접근은 두말할 나위 없이 중요하며, 그것은 미디어를 통한 매개 민주주의mediated democracies에서 장애인이 자신의 신분을 증명하고 정체성을 가질 수 있도록 해 준다. 아울러 그것은 비장애인으로 하여금 다양한 형태로 구현된 정체성을 접하게 해 준다. 그러나 미디어에 대한 접근(그리고 그것의 문화적 및 정치적 이익)을 감안한다면, 재현을 넘어 '접근성'과 '제작 과정에 대한 접근' 모두를 고려하는 것은 대단

히 중요하다. (Ellcessor, 2017: 34)

따라서 엘세서는 문화적 접근성을 장애 미디어 연구의 중요한 방향이라고 간주한다. 문화적으로 접근 가능한 미디어란 사실상 미디어 제작과 재현 양자의 규범 내에서 장애를 새롭게 재해석reimagining하는 것을 의미한다. 이러한 재해석의 핵심은 협업과 참여다. 장애에 대한 부정적인 스테레오타입을 찾아내는 것은 장애 연구에서 인기 있고 가치 있는 수단이지만, 일부 연구자는 스테레오타입을 지속적으로 밝혀내는 것만으로는 단지 허용 가능한 것과 용납되지 않는 것을 범주화하는 수준에 그쳐 재현을 제한하는 결과를 낳을 수 있다고 경고한다 (Ellis, 2015b; Mallett, 2009; Shakespeare, 1999; Wilde, 2004). 따라서 장애 미디어 분석에 있어 두 가지 접근법을 추가적으로 생각해 볼 수 있다. 첫째는 텍스트에 내포된 의미의 문학 분석 및 문화연구이며, 둘째는 재현에 대한 수용자의 인식 분석이다.

우리 문화에서 정상임을 규정할 때 신체의 장애 여부는 가장 핵심이 된다. 예를 들어 댄 구드리Dan Goodley는 《장애 연구: 학제적 서론 *Disability studies: An interdisciplinary introduction*》에서 장애는 "불길하고, 사악하고, 경건하지 않고, 부족하고, 두려움이 없고, 분열적이고, 발전할 수 없다는 것에 대한 은유"로 종종 사용된다고 주장한다. 대중문화의 텍스트에 반영되고 강화된 장애에 대한 이런 부정적인 연상은 "뿌리 깊은 문화적 갈등"을 드러낸다(Goodley, 2011). 이와 같이 우리는 장애가 있는 신체에 대해 동정심과 거북함 그리고 탈동일시disidentification[25] 등이

25 정신 통합psychosynthesis의 창시자인 이탈리아 정신과 의사 로베르토 아사지올리Roberto Assagioli가 제안한 개념으로, 의식의 흐름과 그 의식의 흐름을 관찰하는 자기를 분명하게 구별

뒤섞인 심정으로 반응하도록 문화적인 훈련을 받는다(Davis, 1995). 장애는 인간이란 어떤 의미인가에 대해 문제를 던진다. 하지만 장애는 정상성의 영역 밖에 존재한다. 정상성의 이데올로기는 특히 텔레비전 드라마에서 두드러지게 나타난다. 데이비드 미첼David Mitchell과 샤론 스나이더Sharon Snyder는 장애가 서사적 장치로 작용한다는 것을 시사하는 장애 재현 이론을 제시한다.

> …… 작가의 무기고에는 비유적으로 인물의 성격을 묘사하는 여러 무기가 있다. 일탈의 사회적 범주로서, 의미 구축 및 문화적 비평의 상징적 장치로서, 그리고 주관적인 시각으로 장애를 내러티브에 녹여내는 작가의 선택이 그것이다. (Mitchell & Snyder, 2000: 1)

그들의 분석은 이야기를 받쳐 주기 위해 내러티브가 장애에 의존하는 방식을 보여 준다. 미첼과 스나이더가 재현이 어떻게 역사적 맥락과 연계되어 이루어지고 장애 재현에 대한 어떤 분석에 있어서도 늘 시대적 한계가 작동한다는 점을 밝혀낸 것은 중요한 의미를 지닌다. 그들은 또한 기존 관습과는 다른 과정을 통해 재전유화reappropriation[26]되는 장애 재현의 잠재력을 강조한다. 미첼과 스나이더가 설명하듯이 관습에 반하는 재전유는 장애인에게 문화적 상상의 세계에서 자신의 위치를 되찾을 수 있는 기회를 제공한다. 예를 들어 '절름발이gimp'와 같

하는 현상을 말한다. 동일시가 특정한 이미지에 지배받는 심리적 현상이라면, 탈동일시는 자신의 생각과 감정 그리고 행동 등을 객관적으로 관찰할 수 있는 능력이라 할 수 있다.

26 재전유는 기호가 차지하는 문맥 또는 맥락을 변경하여 특정한 기호를 다른 기호로 작용하게 만들거나 다른 의미를 갖도록 만드는 행위를 가리킨다. 이는 억압적인 지배 문화에 대한 도전과 위반을 특징으로 하는 하위문화의 독특한 존재 방식을 구성하는 데 활용된다.

이 이전에 혐오적 의미를 내포했던 용어를 재활용하는 것이다(이에 대해서는 4장에서 〈나의 절름발이 인생*My Gimpy Life*〉이라는 웹 시리즈를 통해 살펴볼 것이다). 이러한 개념은 다른 연구자에게도 영향을 준다. 예를 들어 레베카 말레Rebecca Mallet(2009)는 롱모어나 반스가 논의한 바와 같이 장애인이 기존의 경계를 벗어났을 때 어떤 일이 벌어지는지 살펴본다. 장애, 텔레비전, 재현을 심층적으로 고찰하기 위해 말레는 텔레비전 애니메이션 〈사우스 파크*South Park*〉[27]의 작가가 장애에 대한 스테레오타입을 어떻게 전복시키는지를 분석한다. 한 에피소드에서 장애 어린이가 동호회를 만든 후에 비장애 어린이의 가입을 거부하는 내용이 그려진다. 또한 가입 자격은 '선천적인' 장애의 경우에만 허용된다고 선언했기 때문에 우연한 사고로 장애가 된 크리스토퍼 리브즈라는 소년은 거부되었다.[28] 이 에피소드는 또한 일찍이 반스와 클로그스톤 모두가 확인한 초능력적 장애인Supercrip[29] 스테레오타입에 대해 이의를 제기한다(표 2-2 참조). 그러한 내러티브는 초창기 장애 연구의 중요한 이론을 반영한다. 일례로 종종 인용되는 핑켈스타인의 사고 실험을 들 수 있다. 비장애인 방문객에게 장애가 되는 환경으로 고안된 실험의 세계에서 그들은 휠체어를 타고 이동하려 애쓰지만 결국 그런 환경에서는 자신이

27 1997년에 제작되어 지금까지 방영되는 미국의 케이블 채널 코미디 센트럴Comedy Central의 애니메이션 시트콤이다. 콜로라도주의 가상의 한 마을을 무대로 네 명의 소년을 중심으로 이야기가 전개되는데, 성인의 삶과 관련된 다양한 주제를 풍자하는 불경스럽고 어둡고 초현실적인 유머로 악명이 높다.

28 이는 미국 배우 크리스토퍼 리브Christopher Reeve를 패러디한 것으로 보인다. 〈슈퍼맨*Superman*〉 시리즈(1978~1987)의 주인공인 리브는 1995년 승마 경기를 하다가 떨어져 전신마비 장애인이 되었다. 그 후 크리스토퍼 리브 재단을 설립해 마비 환자의 치료와 재활을 위한 사회 활동에 참여하였으며 2004년 세상을 떠났다.

29 초능력적으로 부단히 노력하여 장애를 극복하는 장애인을 일컫는다.

장애인이 될 수밖에 없음을 깨닫게 된다(Finkelstein, 1987).

로버트 맥루어Robert McRuer도 무결함의 정상적 신체라는 틀에서 문화적으로 접근 가능한 텔레비전에 대한 분석을 시도함으로써 중요한 기여를 한다. 그는 〈퀴어 아이*Queer Eye for the Straight Guy*〉[30] 시청의 즐거움을 살펴보면서 단순한 스테레오타입을 넘어선 미디어 분석을 통해 그러한 재현이 어떤 방식으로 결함 없는 정상적 신체의 필요성을 강화하는지를 탐색한다. 특히 맥루어는 장애와 동성애 정체성 간의 교차점에 관심을 갖고 장애와 동성애에 대한 재현이 언제 어떤 식으로 정상화되는지, 그리고 그것들이 특정한 유형의 재현으로 간소화되거나 축소되는지를 밝힌다. 그렇게 함으로써 결국 동성애와 장애인의 대안적 정체성이나 의미가 감소된다는 것을 보여 준다.

캐슬린 레베스코Kathleen LeBesco는 표피적인 텔레비전 텍스트 분석을 확장하여 내용 분석에 해석학을 결합함으로써 '또 다른 삶의 현실'로서 〈소프라노스*The Sopranos*〉[31]에 나타난 장애 재현의 특징을 탐구한다(LeBesco, 2006). 마찬가지로 섀넌 월터스Shannon Walters(2013)는 〈빅뱅 이론*The Big Bang Theory*〉과 〈커뮤니티*Community*〉[32]를 변화를 촉발하는 텍

---

30 미국의 케이블 텔레비전 네트워크 브라보Bravo에서 2003년 7월부터 2007년 10월까지 다섯 시즌을 방영한 리얼리티 TV 시리즈다. 뉴욕시를 주 무대로 패션, 미용, 인테리어, 연예, 문화 등 다섯 분야의 남성 동성애자인 전문가로 구성된 '팹 파이브Fab Five'라는 팀이 이성애자 남성을 변신시켜 주는 과정을 그린다.

31 미국 HBO에서 1999년 1월부터 시작해 2007년 6월까지 여섯 시즌을 방영한 범죄 드라마 시리즈다. 마피아 조직의 두목인 이탈리아계 미국인 토니 소프라노가 가정과 조직을 이끌어가면서 겪는 삶의 여러 모습이 그려진다. 특히 등장인물들의 다양한 장애와 질병이 일상으로 나타난다.

32 미국 NBC에서 2009년 가을 시즌부터 다섯 시즌을, 2015년 야후TV에서 마지막 시즌을 방영한 시트콤이다. 콜로라도주 가상 마을 그린데일의 한 커뮤니티 칼리지를 배경으로 일반적인 기준으로 볼 때 모자란 듯한 인간 군상의 삶을 담았다.

스트로 바라본다. 그에게 그 두 프로그램은 '자폐적인 것'과 '정상적인 것,' '비장애인'과 '장애인'에 대해 새롭고 예상치 못한 방식으로 이해하게 해 주고, 그들 간의 구분이 모호하다는 것을 알려주는 프로그램으로 인식된다(Walters, 2013). 그러나 〈와이어*The Wire*〉[33]에 대한 라비아 벨트Rabia Belt의 분석에서는 '주인공들에게 교훈을 주기' 위해 활용된 두 명의 조연에만 주목한다. 그의 분석에 따르면, 장애는 두려움, 연약함, 의료화, 유아화의 담론 내에 머무르고 있다(Belt, 2012).

이렇듯 TV 프로그램에 대해서는 많은 분석이 이루어진 반면, 텔레비전 장애인 수용자 연구는 장애 미디어 연구에서 그리 흔치 않다. 그러나 2015년 〈대중문화*Journal of Popular Culture*〉 특별호는 그러한 격차를 해소하는 데 큰 진전을 이루었다. 그 호에 게재된 대부분의 논문에는 텔레비전 장애인 수용자나 제작자의 참여가 포함되었다. 예를 들어 접근성과 예측 가능성이라는 시청 동기의 견지에서 살펴본 텔레비전 범죄 드라마의 수용자 연구(Ellis, 2015b)부터 영국의 텔레비전 코미디에 대한 장애인 코미디언의 시각(Lockyer, 2015) 그리고 호주 영상 산업의 장애인 고용(Barton, 2015)에 이르기까지 다양한 주제가 다루어진다.

캐런 로스Karen Ross와 앨리슨 와일드Alison Wilde 역시 텔레비전 재현에 대한 장애인 수용자의 인식 연구에 커다란 영향을 주고 있다. 그들의 공통된 주 관심사는 자기 동일시와 미디어 리터러시다. 나의 경우에도 그렇지만, 로스의 연구에 참여한 응답자는 텔레비전의 스테레오타입에 대해 깊이 이해하고 있으며, 제작자에게 장애의 다양성을 존중

33 미국 HBO에서 2002년 6월부터 2008년 3월까지 다섯 시즌을 방영한 범죄 드라마다. 메릴랜드주 볼티모어를 무대로 매 시즌마다 법의 집행을 두고 상이한 기관과의 관계를 사실적으로 다루어 좋은 평가를 받았다.

해 주길 요청한다. 이러한 조사 결과를 토대로 로스는 제작자가 장애인 수용자의 자문을 구해야만 하고 그들의 경험을 보다 정확하게 묘사할 수 있도록 결연한 노력을 해야 한다고 주장한다(Ross, 1997). 한편 와일드(Wilde, 2004)는 솝오페라 장르의 장애인 수용자를 인터뷰했는데, 자신의 연구에 참여한 장애인이 텔레비전에서 재현된 장애인의 경험에 공감하지 않는다고 전한다. 그녀의 연구도 미국의 비판 장애학 연구자(Davis, 1995; Garland-Thomson, 1997)가 명확히 밝혔던 정상성 구축을 이해하는 데 도움을 준다. 그녀 역시 말레와 마찬가지로 연구자가 부정적인 형상화의 동일시를 넘어서야 한다고 주장한다.

> [……] 스테레오타입에 초점을 맞추는 대신에 [……] 장애인에 대한 묘사를 좀 더 개선하고 장애 이슈에 대한 사회적 참여를 높이기 위한 핵심 문제는 어떻게 비장애인에게 사용하는 것과 동일한 용어로 문화적 인정을 획득하고, 다양한 문화적 이미지(착하거나, 사악하거나, 현명하거나, 평범하거나, 비범하거나, 혹은 변덕이 심한 등)를 갖도록 하느냐이며, 비장애인에게 가능한 것을 장애를 지닌 이에게도 가능하도록 만드는 것이다. (Wilde, 2004)

이들의 주장은 장애와 텔레비전에 대한 내 작업에도 영향을 미쳐 텔레비전 및 대중문화의 즐거움과 더불어 재현이 장애에 대한 지배적인 문화 관념을 강화하거나 도전하는 방식을 살펴보는 데 도움을 주었다(Ellis, 2012, 2015a, 2015b). 텔레비전의 재현에 대한 이러한 접근법은 이즈음의 명품 텔레비전 시대에 특히 적절하다. 온라인 자료를 광범위하게 접할 경우에만 방송 프로그램 편성, 내러티브, 여러 배경 정보 등을 알 수 있고 깊숙이 참여할 수 있기 때문이다. 그 이전에는 시리즈 전개를 통해 등장인물의 캐릭터 발전과 확장이 어려웠지만, 오늘날에는 그러한 것이 가능하고 실제로 이루어지고 있다. 성장의 새로운 기회에 대해서는 이 책 전체를 통해 스테레오타입과 함께 논의할 것이다.

재현에 대한 모니터링

텔레비전의 장애 재현을 모니터하기 위해 최근 내용 분석에 다시 초점을 맞추는 시도가 이루어지고 있다. GLAAD는 에이즈의 위기에 대한 〈뉴욕 타임스*New York Times*〉의 동성애 혐오적인 보도에 항의하기 위해 1995년에 결성되었다. 처음에는 '게이와레즈비언명예훼손방지연맹the Gay & Lesbian Anti-Defamation League'으로 출발하여 동성애자에 대한 미디어의 재현을 모니터하고 사용된 언어 유형의 변화를 강력히 요구하였다. "공격하는 것이 여전히 바람직한 집단을 옹호한다"(Larry Gross: Zonana, 1990에서 인용)는 지적을 처음에 받은 이 조직은 1996년 텔레비전에 등장하는 게이와 레즈비언의 수에 주목하기 시작하여 〈우리는 텔레비전에서 어디에 자리하는가Where we are on TV〉라는 보고서를 내놓았다. 첫 보고서에서 1996~1997년 동안 텔레비전에 34명의 성소수자가 등장했다고 밝혔다. GLAAD는 내용 분석을 통해 이 중요한 작업을 꾸준히 진행하면서 다른 소수자 집단도 이 연구에 포함시켰는데, 2010년 장애인이 추가되었다. 이러한 작업은 영화배우조합Screen Actor's Guild(SAG), 미국텔레비전및라디오예술가연맹the American Federation of Television and Radio Artists(AFTRA), 배우평등협회the Actors' Equity Association 등이 공동으로 주관한 'I AM PWD(Persons with disabilities)' 캠페인[34] 등과

34 오락 산업과 뉴스 미디어 분야에서 장애인의 동등한 고용 기회를 증진하기 위한 전 세계적인 인권 캠페인이다.

표 2-1 GLAAD 분석에 따른 TV 시리즈의 고정 등장인물의 추이

연도	시리즈 고정 등장인물의 총 인원 수	장애인 고정 등장인물의 비율
2010	587	1.0%
2011	647	0.8%
2012	701	0.6%
2013	796	1.0%
2014	813	1.4%
2015	881	0.9%
2016	895	1.7%
2017	901	1.8%

연대되면서 예술과 미디어 분야의 장애인을 포함시키고 있다.

이 보고서는 먼저 미국의 네트워크 TV 시리즈에 고정적으로 등장하는 캐릭터의 총 숫자에 주목한 후, 미국 장애인법Americans with Disability Act(ADA)에서 규정하는 장애인의 수를 알아보았다. 2015년에는 아마존Amazon, 훌루Hulu, 넷플릭스 등 스트리밍 서비스의 오리지널 프로그램까지 포함시켜 이 방법론을 적용하였다. 표 2-1은 GLAAD가 2010년 처음 장애인의 수를 집계한 이후의 추이를 보여 준다.

이러한 추이를 살펴보면 세 가지 중요한 점을 주목할 수 있다. 첫째는 시리즈의 고정 캐릭터의 수가 전반적으로 상당히 증가한다는 것이다. 2010년 587명에서 2017년 901명으로 매년 조금씩 늘어난다. 하지만 고정적인 장애인 캐릭터는 2%에 육박한 최근 2년을 제외하고는 약 1% 전후를 보이며 별 변화가 없다. 미국의 총 인구 중에 장애인의 비율도 비교적 달라지지 않아 전 시기에 걸쳐 약 20% 정도로 나타나는데,

이와 비교하면 이 수치는 받아들이기 어려울 정도로 낮은 편이다.

역시 미국에 본부를 둔 루더먼재단도 연구를 시행하여 텔레비전의 장애인 역할에 실제로 장애인이 얼마나 캐스팅되는지 살펴보았다. 이 재단은 닐슨Nielson 시청률 조사에 의거하여 시청률 10위권 텔레비전 네트워크 프로그램과, 유명한 TV 프로그램 비평 블로그인 톰스 가이드Tom's Guide에 따라 가장 인기 있는 스트리밍 프로그램 시리즈를 연구 대상으로 선정하였다. 네트워크 시리즈의 경우, 장애인법에 의거하여 사회적 불안부터 다발성 경화증에 이르기까지 장애에 대한 21개의 재현을 밝혀냈다. 단지 3개의 경우에만 가시적인 장애가 나타났기 때문에 연구자들은 현재적 및 잠재적 의미를 모두 통합하여 살펴보았다. 스트리밍 서비스의 경우에는 16개의 재현이 발견되었다. 그러나 장애가 있는 캐릭터의 5%만이 장애 경험이 있는 배우가 맡는다는 것을 발견하고(Woodburn & Kopić, 2016) 그들은 다음과 같은 행동 지침을 결론으로 제시한다.

> 대본을 토대로 극화한 이야기로 구성되는 텔레비전 대중오락에서 우리 인구의 적지 않은 부분을 차지하는 이들을 제대로 재현하는 것은 사회 정의의 문제다. 장애인 배우가 장애인 역할을 맡을 수 있는 환경이 조성되어야 한다. 또한 중독과 정신 질환처럼 '비가시적인' 장애를 둘러싼 낙인을 줄이는 것도 필요하다. 이러한 장애에 대해 열린 마음을 가진 배우를 통해서만 우리 인구의 많은 부분을 차지하는 사람을 피하거나 수치스럽지 않게 여기는 사회를 점진적으로 이루어낼 수 있을 것이다. 우리는 다양한 장애를 지닌 사람들에 대한 이야기를 만들어 내야 하며, 그들을 정확하게 재현하는 데 공정해야 한다. 그때 비로소 우리 사회를 반영하는 좀 더 현실적인 이야기를 가질 수 있게 될 것이다. (Woodburn & Kopić, 2016: 26)

호주에서는 스크린 오스트레일리아가 5년(2011~2015)에 걸쳐 호주의 텔레비전 드라마를 다양하게 검토하는 작업을 시행하였다. 그들은 문화적 배경, 성적 지향 및 성 정체성, 장애 등의 세 가지 다양성에 초점을 맞추었다. 실제 세계에서는 "5명 중 1명 미만 정도가 장애인"(Screen Australia, 2016: 1)으로 나타났는데, 이는 호주 인구의 약 18.3%에 해당되는 것이다(p.7). 그럼에도 불구하고, 호주 텔레비전에 나타난 장애인의 수는 그것을 제대로 반영하지 않고 있다는 점이 지적되었다. 그 보고서는 "실제 호주의 인구 분포와 비교할 때 장애는 텔레비전 드라마에서 훨씬 낮게 재현되고" 있는 것이 현실이라고 주장한다(p.4). 예를 들어 주요 인물의 4%(2011년부터 2015년 동안 방영된 199편의 호주 텔레비전 드라마 속 주요 인물 1,961명 중 72명)만이 장애를 지닌 것으로 확인할 수 있다고 밝힌다(p.15). 이 중에서 25명이 감각 기관 또는 신체적 장애가 있고, 47명은 정신 질환, 신경계 또는 인지 장애가 있는 것으로 나타난다(p.15). 심지어 이러한 인물의 77%가 단 두 프로그램(〈네이버즈〉와 〈홈 앤 어웨이*Home and Away*〉[35])에 집중되어 있다.

내용 분석을 통해 얻은 이런 수치는 많은 것을 생각하게 해 준다. 하지만 대체로 이 보고서들은 장애가 '어떻게' 표현되고 어떤 맥락에서 캐릭터가 등장하는지에 대해서는 의미 있는 분석을 시도하지 않고 있다. 2015년 GLAAD 보고서는 미국의 훌루를 통해 방영된 호주의 텔레비전 솝오페라 〈네이버즈〉의 외상후스트레스장애(Post-Traumatic Stress Disorder: PTSD) 징후를 가진 인물의 묘사에 대해 언급한다

35 채널 7에서 1988년 1월에 시작하여 현재까지 34개 시즌이 방영되고 있는, 호주에서 두 번째로 오래된 장수 솝오페라다. 전 세계 80개 이상의 국가에 판매되어 가장 성공적인 호주의 미디어 수출품 중 하나로 평가받는다. 다양한 인간관계와 사회 문제와 더불어 알코올 중독, 기억상실, 자폐증, 폭식증이나 거식증, 에이즈, 외상후스트레스장애, 뇌졸중 등 여러 건강 문제도 다룬다.

(GLAAD, 2015: 24). 하지만 텔레비전 연구자 조너선 그레이Jonathan Gray는 GLAAD와 같은 기관이 수행한 통계적 연구는 동일한 프로그램에 나타난 다른 묘사와 비교해야 하고, 또한 동종의 다른 프로그램에서 나타난 묘사와 상호 텍스트적으로 비교해야 한다고 주장한다(Gray, 2008). 예를 들어 2015년 GLAAD가 주목한 외상후스트레스장애를 앓고 있는 〈네이버즈〉의 등장인물 지크 킨스키의 경우, 〈네이버즈〉의 다른 등장인물과 비교하여 어떻게 달리 재현되는지 그리고 비슷한 유형의 솝 오페라인 〈홈 앤 어웨이〉와 상호 텍스트적으로 비교하는 좀 더 종합적인 분석이 이루어져야 한다는 것이다. 마찬가지로 〈네이버즈〉가 해외로 유통되는 국제적 상황을 감안한다면, 미국이나 영국의 솝오페라 캐릭터의 성격 묘사와 비교하는 것도 도움이 된다고 본다.

비슷한 맥락에서 텔레비전의 다양성을 상세하게 기록하는 작업이 영국에서는 다이아몬드Diamond에 의해 주도적으로 수행되고 있다. 다이아몬드는 BBC, 채널 4Channel 4, ITV, 스카이Sky 등 경쟁 방송 사업자들이 결성한 공동 사업이다. 이 사업은 팩Pact과 크리에이티브 스킬셋Creative Skillset[36]의 재정적 후원을 받아 CDN(Creative Diversity Network)[37]이 주관하여 영국 텔레비전 산업 전반에 걸쳐 화면 안팎의 다양성에 대해 모니터링하려는 목적이 있다. 장기적인 모니터링 기구를 지향하면서 다이아몬드는 2018년 5월 첫 번째 결과물을 내놓았다. 이 보고서는 한정된 기간의 다양성에 대해 간략하게 언급하는 것에 그쳤지만, 지속적으로 이러한 모니터링 작업을 추진할 것이라는 점을 밝히고 있

36 영국의 영화 및 TV 산업의 전문가와 기업에게 교육비를 지원하고 인턴십 및 교육 과정을 제공하는 기관이다.

37 영국 방송 산업의 다양성을 높이고 통합을 도모하는 것을 목표로 그와 관련된 바람직한 관행을 공유하고 공동 작업을 할 수 있는 포럼을 운영하는 기관이다.

다. 앞서 언급한 호주의 스크린 오스트레일리아 보고서와 마찬가지로 다이아몬드도 다양성을 모니터링하기 위해 광범위한 접근법을 택하여 젠더, 연령, 인종, 성적 지향, 장애 등의 사례에 주목한다. 이 보고서는 특정 장르 내에서의 다양성에 대한 종합적인 분석을 보여 주며, 방송 산업 종사자의 관점뿐 아니라 텔레비전 시청자의 인식이라는 측면에서 문제에 접근하고 있다. 이 보고서의 대략적 수치에 따르면, 화면에 표출된 장애인의 비율이 6.8%인 반면, 제작 현장에 일하는 장애인의 비율은 4.5%로 나타난다(Creative Diversity Network, 2018). 이 보고서 이후 영국의 규제 기관 오프콤Ofcom이 두 번째 다양성 보고서를 발표했는데, 이 역시 비슷한 결과를 보인다. 텔레비전에서 일하는 장애인 노동력의 비율은 불과 1년 사이에 3%에서 6%로 두 배가 증가했지만, 이는 여전히 영국 인구에서 차지하는 장애인 평균 비율인 18%에 훨씬 못 미치는 것이다(Ofcom, 2018).

장애인 재현의 양적 부족(앞서 언급한 대로 미국 2%, 영국 6%, 호주 4%)은 장애에 대한 텔레비전의 묘사에 커다란 영향을 준다. 그레이는 또한 텔레비전에서 장애인의 모습을 너무 제한적으로 재현하기 때문에 극히 소수의 캐릭터만이 재현과 대표성의 무게를 감당하고 있다고 설명한다(Gray, 2008). 미국의 몇몇 주요 연구는 텔레비전의 재현이 파넬과 스미스(Farnall & Smith, 1999)가 언급한 이른바 '흠뻑 젖기 효과'를 수용자에게 미친다는 점을 밝힌다. 할러는 여러 중요한 사례에 주목했는데, 그중 하나가 1980년부터 1984년까지 〈팩츠 오프 라이프*Facts of Life*〉[38]에

38 미국 NBC에서 1979년 8월부터 1988년 5월까지 9개 시즌 동안 방영된 텔레비전 시트콤이다. 뉴욕주의 여학생 기숙학교를 무대로 약물 복용, 섹스, 섭식 장애, 부모 관계, 또래 집단의 압력 등을 포함한 여러 문제가 조명된다.

출연한 게리 주얼Geri Jewel 사례다. 뇌성마비를 앓고 있는 그녀는 미국의 프라임 타임 TV 시리즈에서 고정 역할을 맡은 첫 번째 장애인 배우였다(Haller, 2018). 마찬가지로 1980년대 한 연구는 〈모크와 민디*Mork and Mindy*〉[39]의 한 단역 인물을 통해 장애와 시각 장애에 대한 재현이 어떠한 영향을 주는지 살펴보았다. 연구자들은 시각 장애인 배우인 톰 설리번Tom Sullivan이 출연한 한 에피소드를 인터뷰 참여자에게 보여 준 후 시각 장애에 대한 오해와 스테레오타입에 대해 토론하도록 하였다. 그 결과 그들은 편안한 환경하에서 자신의 오해를 바꾸고 장애에 대한 정확한 정보를 받아들였다(Elliott & Byrd, 1984). 이와 같은 방법론은 여전히 쓸모 있기는 하다. 하지만 이 방법론이 개발되었던 때는 텔레비전 방송이 가능한 많은 대중을 끌어들일 수 있는 프로그램을 주로 제작하는 시기였고, 특정 장르의 소수 마니아층을 고려하거나 다양한 채널을 통해 캐릭터와 스토리를 확장할 수 있는 방송 환경이 제한적이었던 디지털 시대 이전이었다.

이 책에서도 탐색하고 있듯이 최근의 연구는 온라인 토론이라는 궁극의 비옥한 분석 사이트를 제안하고 있다(Hartley, 2010). 이러한 방식의 토론은 중요한 문화적 통찰력을 제공하며 이 시대의 텔레비전 팬덤의 필수적인 한 요소로 존재한다. 오늘날의 텔레비전은 대체로 동일한 에피소드를 여러 번 시청하고, 공식 및 비공식적인 인터넷 정보를 통해 파라텍스트paratext[40]를 접하는 즐거움을 보상하는 방식으로 구성된다.

---

39 미국 ABC에서 1978년 9월부터 1982년 5월까지 방영한 시트콤 시리즈다. 외계에서 지구로 온 모크가 미국 생활에 적응하면서 민디를 만나 결혼하고 가정을 이루는 이야기다.

40 텍스트 자체를 넘어선 의미와 해석을 말한다. 파라텍스트para-texte는 제라르 주네트 Gérard Genette의 《문턱*Seuils*》(1987)에서 처음 사용된 개념으로 제목, 저자 이름, 장르 표시, 서문, 발문, 각주 등으로서 본문인 텍스트를 보완하는 부수적인 텍스트를 가리킨다.

명품 텔레비전 시대에는 배경 정보가 길고 복잡하기 때문에 텔레비전 텍스트 자체만으로는 부족하다. 그 대신 TV 프로그램을 종합적으로 이해하기 위해서는 시청자와 팬은 별도의 자료를 얻거나 온라인을 통해 서로 교류해야 한다. 대체로 명품 프로그램에서 나타나는 장애 재현에 있어 이렇듯 TV 시청을 넘어 온라인을 통한 정보 습득과 의견 공유 등이 특히 중요하다. 이는 장애 연구자에게 재현과 수용의 순간이 언제 시작되고 언제 끝나는지에 대한 중요한 질문을 제기하기 때문이다.

사회 모델의 스테레오타입과 장애인의 인권

25년 전에 이루어졌지만 반스의 사회 모델이 제시한 스테레오타입은 오늘날의 미디어에도 여전히 유효하며, 이 연구가 진행되는 시기의 호주의 텔레비전도 예외가 아니다(3장 참조). 이 연구에서 코드화한 스테레오타입은 UN 장애인권리협약에서 명시적이며 또한 암시적으로 언급한 것이다. UN 장애인권리협약의 제8조는 협약의 광범위한 목표에 부합하는 방식으로 미디어가 장애인을 묘사하도록 권장함으로써 스테레오타입을 방지할 필요성에 대해 언급한다(United Nations, 2006). 사회 모델의 스테레오타입이 분석에 활용된 것은 후속 연구에 많은 정보를 제공하는 것으로 인식되기 때문이다(Ellis & Goggin, 2015; Mallett, 2009; Mitchell & Snyder, 2000; Nelson, 2000). 게다가 원래 영국의 상황에서 개발된 것임에도 불구하고 호주의 여러 연구에도 적용되어 왔다(Ellis, 2008; Ellis & Goggin, 2015; Goggin & Newell, 2005). 마찬가지로, 그것은 다른 역사적 시기(예를 들어 1920년대부터 1970년대까지[Baldwinson, 2012], 2000년대 초반[Ellis, 2008])과, 다양한 미디어 양식(예를 들어 사진[Baldwinson, 2012], 영화[Ellis, 2008], 텔레비전[Nelson, 2000], 라디오[O'Malley, 2009])에도 적용된다. 또한 최근에는 TV 트로프스(www.tvtropes.org)와 같은 인기 있는 웹 사이트에서 시행된 장

표 2-2 스테레오타입과 UN 장애인권리협약의 조항 간의 관계

반스의 스테레오타입	UN 장애인권리협약의 조항
부담: 장애인은 무력하며 비장애인이 '보살펴' 주어야 한다	적절한 기준: 적절한 생활 수준을 영위할 권리
죽는 편이 더 낫다: 장애를 갖고 사느니 차라리 죽는 것이 더 낫다	생명권: 모든 인간은 생명에 대한 고유의 권리를 가지고 있다
부적응성: 장애인은 스스로 자기 연민에 가득 빠져 있으며, 사람들은 그러한 장애인을 불쌍하게 바라본다	독립생활: 다른 사람과 동등한 선택으로 공동체 안에서 살 권리
공허한 삶: 장애가 발생하게 되면 장애인에게 사회생활, 성생활 및 취업 가능성은 사라진다	수용 및 재활: 최대한의 독립성, 완전한 육체적·정신적·사회적·직업적 능력을 달성하고 유지할 권리 그리고 삶의 모든 측면에 있어서 완전한 통합과 참여
부수적이거나 배경적인 등장인물: 장애인이 주인공인 경우는 극히 드물며, 조연 배역만 '허용'된다	목적: 장애인은 장기간 신체적, 정신적, 지적 또는 감각적 장애를 지닌 사람들을 포함하며, 이러한 장애는 여러 가지 장벽과 결합되어 장애인이 비장애인과 동등한 토대로 사회에 완전하고 효과적으로 참여하는 것을 저해할 수 있다
초능력적 장애인: 장애인은 감화와 극복의 내러티브와 연결되며, 이러한 스테레오타입에서 장애인은 자신의 신체적 장애(들)를 극복하고 위대한 일을 성취한다	정의: 장애에 기초한 차별은 그로 인한 차이, 배제 또는 제약을 의미한다
분노 혹은 억울함: 장애인은 장애가 됨으로써 충분한 참여를 방해받는다는 것에 분노하고 억울해하는 것으로 그려진다	목적: 모든 장애인이 인권과 기본적 자유를 완전하고 평등하게 누리는 것을 촉진하고 보호하고 보장하며, 타고난 존엄성을 존중하도록 고취할 권리
피해자: 장애인은 다른 사람에게 감상적 느낌을 자아내어 마음을 끌게 하는 특성을 가진, 지나치게 의존적인 인물로 묘사된다	법 앞에서의 인정: 법적 능력의 행사와 관련된 모든 조치가 남용되지 않도록 국제 인권법에 따라 적절하고 효과적인 보호책을 제공하도록 보장할 권리
평범함: 사회적 장애화가 그럴듯하게 얼버무려지거나 부인될 때, 장애인은 공동체의 평범한 구성원으로 그려진다	일반 원칙: 타고난 존엄성, 스스로 선택할 수 있는 자유를 포함한 개인의 자율성 그리고 개인의 독립성에 대한 존중

애에 대한 대중문화 조사에서도 이러한 스테레오타입이 활용된다. 스테레오타입을 장애인 인권의 맥락에서 다루는 것은 그만큼 UN 장애인권리협약 제8조의 목표를 달성하는 데 텔레비전이 중요하기 때문이다. 텔레비전은 장애인 인권의 중요성에 대한 관심을 불러일으킴으로써 협약 자체의 목표를 달성하게 해 줄 수 있다. 표 2-2에서 보듯이 스테레오타입은 UN 장애인권리협약의 관련 조항과 연계되어 있다. 이러한 접근법은 상호 텍스트적이고 텍스트 내적인 관점에서 다양한 텔레비전 텍스트에 적용할 수 있기 때문에 스테레오타입에 대한 심도 있는 논의를 할 수 있는 기회를 제공한다.

스테레오타입을 UN 장애인권리협약과 연계하여 살펴봄으로써 초기의 사회 모델 연구에서는 드러나지 않았던 다양한 장애 유형을 알 수 있다. 이에 대해서는 다음 장에서 다시 논의한다.

호주 정부는 UN 장애인권리협약에 기초한 최근 보고서에서 제8조에 의거하여 인식 제고 캠페인을 수행하는 장애인 단체를 지속적으로 지원하겠다는 점을 밝혔다. 그러나 호주의 주류 미디어의 역할에 대해서는 어떤 언급도 하지 않았다(Australian Government, 2018). 하지만 UN 장애인권리협약에 따르면, 주류 미디어야말로 스테레오타입을 방지하는 데 가장 핵심적인 역할을 한다. 실제로 이 장에서 언급되었고 다음 장을 통해서도 사용하는 반스의 스테레오타입은 UN 장애인권리협약의 목표와 밀접한 관련을 갖는다.

〉〉〉〉〉〉〉〉〉〉〉〉〉〉〉〉〉〉〉〉

2018년 아카데미 시상식에서 〈쓰리 빌보드*Three Billboards Outside Ebbing, Missouri*〉로 여우주연상을 받은 프랜시스 맥도먼드Frances MaDormand는

수상 소감을 말하면서 “우리 모두는 말하고 싶은 이야기와 재정적 지원을 받고 싶은 프로젝트를 갖고 있다”면서 영상 미디어에 있어 다양성의 중요성을 강조하였다. 그녀는 격앙된 연설을 끝내면서 ‘포용 특약 inclusion rider’이라는 두 단어를 남겼다(Berman, 2018). 전 세계의 많은 사람이 그 단어가 무슨 뜻인지 알기 위해 검색하려 할 때, 몇몇 이들이 트위터를 통해 그에 대해 설명하였다. 이 용어는 원래 아넨버그포용정책센터Annenberg Inclusion Initiative 설립자인 스테이시 스미스Stacy Smith 교수가 영화 제작과 텔레비전의 다양성을 증진하기 위해 개발한 것이다. 포용 특약은 우리 공동체 사회를 제대로 반영하는 공정한 고용 관행을 보장하기 위해 계약에 추가하는 조항이다. 예를 들어 배우가 계약을 할 때 포용 특약 조항을 넣게 될 경우, 만일 전 인구의 50%가 여성이라 한다면 출연 배우와 제작진도 같은 비율로 구성해야만 한다. 포용 특약은 처음에 전형적인 다양성 지표(예를 들어 인종, 젠더, 성적 취향 등)에 초점을 두었지만, 그 후 여러 장애 활동가가 장애도 포함시킬 것을 권장하였다. 서구 인구의 20%가 장애를 갖고 있기 때문에 포용 특약 조항은 제작 관련 분야에도 장애인을 20% 정도 고용해야 할 것을 요구한다. 따라서 정상급 배우가 자신의 계약 조건에 포용 특약 조항을 요구한다면, 영상 미디어의 다양성은 급격히 증진될 것이다.

그러나 이 장에서 주장한 바와 같이, 화면에서 재현되는 장애인의 모습과 온라인에서 이루어지는 토론을 통한 텍스트의 전향적 재전유의 가능성을 살펴보기 위해서는 통계를 넘어서 장애인 캐릭터가 텔레비전에 나오는 방식과 맥락을 살펴야 한다. 장애 미디어 연구와 그 안에서 이루어지는 텔레비전에 대한 조사는 여전히 새로운 연구 주제로 불리지만 그것도 이미 30년이 넘어간다. 양적 및 질적 연구 모두에서 중요한 기여를 하는 새로운 연구가 지속적으로 등장하고 있다. 미국의

GLAAD가 내용 분석을 통한 다양성 사례 연례 보고서에 장애를 포함시킨 것은 이 이슈에 대한 관심을 제고시켰으며, 그 후 미국의 루더먼재단, 영국의 다이아몬드, 호주의 스크린 오스트레일리아 등과 같은 기관이 비슷한 연구를 시행하도록 촉진하는 계기가 되었다. 특히 방송사의 장애인 고용 문제에 초점을 둔 루더먼재단의 연구는 고용 기회의 부족이 낙인으로 직결된다고 간주했다는 점에서 이 분야의 초창기 연구를 연상시킨다.

더욱이 1980년대 이후 장애 미디어 분석을 시행한 연구자들이 내세운 주장을 되돌아보면, 텔레비전의 장애 재현에 있어 특히 두 가지 설득력 있는 특징을 발견할 수 있다. 이에 대해서는 이 책을 통해 좀 더 자세히 살펴볼 것이다. 첫째는 정말로 받아들이기 어려울 정도로 그 수치가 낮다는 사실이다. 이 장에서 장애 텔레비전 연구에 있어 내용 분석이 역사적 및 현대적 의미 모두에 있어 중요하다는 것을 간략하게 살펴보았다. 초창기 장애와 텔레비전 연구가 내용 분석을 통해 마르크스적 관점에서 장애에 대한 사회 모델과 의료 모델 간의 차이에 초점을 맞춘 반면, 그 후의 연구는 텔레비전 제작자에게 사회 모델에 의미를 두기를 요청했고 마찬가지로 제작 방식을 혁신적으로 바꿀 것을 강력히 요구하였다. 이러한 접근법이 장애에 대한 일반적인 스테레오타입을 밝혀내는 데는 효과적이지만, 더 나아가 사회의 변화를 언급하고 그것이 텔레비전의 장애 재현에 어떻게 반영되는지까지 확장시켜 분석이 이루어져야만 한다.

둘째는 텔레비전에서 장애가 있는 사람이 재현되는 맥락을 상호텍스트적 및 텍스트 내적으로 살펴봄으로써 문화와 텔레비전에서 정상성이 재생산되는 방식에 대해 알 수 있다는 점이다. 정상성의 범위를 벗어나 존재하는 것으로 재현되는 장애는 바로 그러한 경계를 강화하는 데 일조를 한다. 장애의 재현은 수용자에게 부정적인 누적 효과를 미칠 수 있지만, 한편으로 그에 대해 생각해 볼 수 있는 기회도 제공해 준다. 그러나 중요한 점은 장애 재현에 대한 분석을 텍스트 그 자체 내로 제한해서는 안 된다는 것이다. 총체적 문화 회로로 확장하여 제작, 소비, 규제, 정체성 등이 어떻게 장애에 관한 문화적 구성에 기여하는가를 살펴보아야 한다. 엘세서가 문화적 접근성이라는 틀에서 명확하게 설명하듯이, 장애와 텔레비전에 대한 분석은 재현으로부터 텍스트 창작에 대한 장애인의 접근에 이르기까지 다양한 영향을 포함하여야 한다.

다음 장에서는 UN 장애인권리협약 제8조의 맥락에서 스크린 오스트레일리아의 보고서 〈우리 자신 보기Seeing Ourselves〉와 반스의 스테레오타입을 자세히 설명할 것이다. 이를 통해 호주 텔레비전 드라마에 나타난 장애의 발생 수치를 살펴보고, 문화와 텔레비전 장애의 총체적 문화 회로가 재현, 제작, 소비, 정체성 및 규제와 복잡하게 얽혀 있다는 점을 주목하고자 한다.

3장

확대되는 정의

호주 텔레비전 드라마에 나타난 장애의 내용 분석

호주라는 국가의 정체성은 전쟁 중에, 최전선에서 그리고 종종 지배적이고 강압적인 영국이라는 존재에 저항하며 형성되고 검증되어 왔다. 따라서 물리적인 적과의 전쟁과 험난한 환경 모두에서 승리하는 것이 호주의 국가 정체성의 핵심이 된다. 심지어 패배를 자축하기도 한다. 예를 들어 호주·뉴질랜드군단ANZAC이 1915년 4월 갈리폴리 코브에서 오스만 제국의 군대와 전투를 벌인 결과 엄청난 사상자가 발생하였지만[41] 호주의 집단 정체성은 보다 확고해졌으며, 이는 오늘날의 미디어와 대중문화에도 여전히 기념되고 있다.

호주의 정체성에 대한 재현은 대체로 강하고 남성적이며 전투적인 신체라는 개념에 근거를 둔다. 따라서 장애의 이미지를 호주의 역사적

---

41 1차 세계 대전 중 영국을 중심으로 한 연합국이 독일과 동맹을 맺고 있던 터키의 전략적 요충지인 갈리폴리 항구를 제압하기 위해 벌인 전투에서 호주·뉴질랜드 연합군이 상륙군으로 동원되었는데, 하루 사이에 8,000여 명이 전사했고 1만 8,000명이 부상당하는 참사를 당했다.

맥락과 오늘날의 국가 정체성과 연계시켜 생각하기란 쉽지 않다. 이 장에서는 호주의 텔레비전 드라마 장르에 나타난 장애 재현에 대한 내용 분석을 통해 호주의 국가 정체성에 장애가 어떤 역할을 하는지 질문을 던지고자 한다. 이 분석은 2015년 스크린 오스트레일리아의 재정적 지원을 받은 여섯 편의 최고 시청률 드라마 시리즈와, 지상파 및 유료 방송을 통해 방영된 한 편의 영화를 대상으로 하였다. 선정된 드라마에서 휠체어를 이용하거나 시각 혹은 청각 장애를 지닌 사람과 같이 장애에 대한 명백한 묘사는 별로 이루어지지 않았다. 하지만 드라마 5편과 영화 1편은 역사적 맥락에서 묘사되었기 때문에 전쟁 트라우마와 관련된 장애의 영향과, 그 드라마가 제작된 시기에 귀향 군인의 정신 건강에 대한 호주 국민의 우려에 초점을 두고 분석이 이루어졌다. 이 분석에서 탐색한 것과 같은 귀향 군인의 내러티브는 장애 연구와 트라우마 연구가 공동 작업을 통해 새로운 학문적 성과를 거둘 수 있는 옥토를 제공해 준다.

호주의 텔레비전 산업은 스크린 오스트레일리아의 제작비 보조를 통한 정부의 지원에 크게 의존하고 있다. 스크린 오스트레일리아는 호주의 영상 문화가 장애의 다양성을 포함한 폭넓은 국가 정체성과 문화적 다양성을 발전시키는 데 초점을 맞추는 것을 목표로 하여 다음과 같은 점을 강조한다.

> …… 다양한 호주의 프로그램을 개발해야 한다. 그것은 국가의 이익을 다루거나 호주인에게 중요한 문제를 다루는 프로그램, 혹은 호주의 여러 국면이나 호주인의 삶과 활동을 밝히고 해석하는 프로그램을 말한다.
>
> (Australian Government, 2008)

표 3-1 호주 텔레비전 드라마의 다양성

다양성 표지	텔레비전 드라마의 등장인물 비율	일반적인 통계 비율
앵글로-켈트 외의 인종 배경	18%	32%
성소수자	5%	11%
원주민	5%	3%
장애인	4%	18%

그러나 이러한 분야에서 성과를 거두려면 오랫동안 관심을 기울여야 한다. 2016년 스크린 오스트레일리아는 2011년부터 2015년까지 5년간의 호주 텔레비전 드라마에 등장한 인물의 다양성에 대한 조사 결과를 발표했다(Screen Australia, 2016b). 보고서 〈우리 자신 보기〉는 199편의 드라마에 대한 양적 내용 분석, 설문 조사 그리고 방송사 구성원과의 심층 인터뷰를 통해 이루어졌다. 이는 세 영역의 다양성(문화적·인종적 배경, 성적 지향과 성 정체성 그리고 장애)에 초점이 맞추어졌다. 이런 유형의 조사로는 호주에서 처음 이루어진 이 작업은 호주의 텔레비전 드라마에 다양성이 부족하다는 지속적인 비판에 대응하기 위해 개발된 것이다(표 3-1 참조). 스크린 오스트레일리아의 대표인 그레임 메이슨Graeme Mason은 이 연구 조사가 "변화의 발판이 될 수 있는 기초 자료로서 방송업계에 힘을 실어주기를 기대한다"고 말했다(Screen Australia, 2016a).

조사 결과를 실제 인구 통계와 비교해 보면 호주의 텔레비전 드라마에 다양성이 상당히 부족하다는 것을 알 수 있다. 특히 장애인 관련 재현에서는 그 차이가 두드러지게 나타난다. 이 보고서에 따르면, 장애는 "호주의 인구 분포와 비교하면 TV 드라마에서 매우 부족하게 재현"된다(p.4). 호주 텔레비전 드라마 199편에 등장한 총 주요 캐릭터

1,961명 중 72명만이 장애가 있는 것으로 밝혀졌다(p.15). 그중 25명이 감각 기관이나 신체적 장애이며, 47명은 정신 질환, 신경 또는 인지 장애가 있는 것으로 나타났다(p.15). 그 캐릭터의 대부분인 77%가 솝오페라 〈네이버즈〉와 〈홈 앤 어웨이〉에 등장하였다. 따라서 이 장에서 논의할 내용 분석은 호주의 보다 광범위한 공동체가 호주 군인의 신체적, 정신적 질환에 관심을 가진 1년 동안 인기 있던 드라마 장르와 그 내러티브를 심층적으로 고찰함으로써 이러한 지적에 힘을 보태려 한다. 특히 이 장에서는 텍스트 내적 및 상호 텍스트적 분석을 시행함으로써 장애, 텔레비전 그리고 호주의 국가 정체성에 대해 심도 있게 논의하고자 한다.

장애는 어떻게 정의되는가

이 장에서는 스크린 오스트레일리아의 지원을 받아 2015년 지상파 방송을 통해 방영된 최고 시청률의 호주 드라마 다섯 편(Clive, 2015), 즉 〈캐칭 밀라*Catching Milat*〉, 〈피터 앨런: 낫 더 보이 넥스트 도어*Peter Allen: Not the Boy Next Door*〉, 〈하우스 오브 핸콕*House of Hancock*〉, 〈닥터 블레이크 미스터리*The Doctor Blake Mysteries*〉, 〈윈터*Winter*〉에 나타난 장애에 대해 살펴본다. 또한 그해에 스크린 오스트레일리아의 시청률 정보에서 중요하게 언급된 두 작품으로, 텔레비전에서 상영된 호주 영화 중 최고 시청률을 기록한 〈워터 디바이너*The Water Diviner*〉와 지상파 방송에서 유료 방송으로 옮겨 높은 시청률을 보인 드라마 시리즈 〈어 플레이스 투 콜 홈*A Place to Call Home*〉의 시즌 3도 포함시켰다. 분석 대상이 된 TV 시리즈 6편과 영화 1편에 걸쳐 31개 에피소드를 코딩하였다. 미니시리즈인 〈캐칭 밀라〉, 〈피터 앨런: 낫 더 보이 넥스트 도어〉, 〈하우스 오브 핸콕〉은 각각 두 개의 에피소드를 대상으로 하였고, 그보다 좀 긴 시리즈인 〈닥터 블레이크 미스터리〉와 〈어 플레이스 투 콜 홈〉은 각각 열 개와 여덟 개의 에피소드를, 〈윈터〉는 여섯 개의 에피소드를 선정하였다.

프로그램에 대한 분석은 장애인 캐릭터가 등장하는 횟수와 그 인물을 묘사하는 방식에 초점을 맞추어 이루어졌다. 어떤 것을 장애로 규정할 것인지는 1992년 호주장애인차별금지법(Australian Disability Discrimination Act: DDA)(Cth)에서 내린 다음과 같은 장애의 정의를 따랐다.

> 1. 신체적 혹은 정신적 기능이 전부 혹은 부분적으로 손실된 경우
> 2. 신체의 일부가 전부 혹은 부분적으로 손실된 경우
> 3. 질병이나 질환을 유발하는 신체적 문제
> 4. 질병이나 질환을 유발할 가능성이 있는 신체적 문제
> 5. 신체 일부의 기능 저하, 변형 혹은 손상
> 6. 장애나 기능 저하가 없는 사람과 다르게 학습하도록 만드는 기능 장애나 기능 저하
> 7. 한 사람의 사고 과정, 현실 인식, 감정 또는 판단력에 영향을 미치거나 혼란스러운 행동을 초래하는 장애, 질환, 혹은 질병[42]으로서, 현재 존재하거나, 전에는 존재했지만 지금은 더 이상 존재하지 않거나, 혹은 미래에 발생할 수 있거나 혹은 한 사람에게 귀속된 장애를 포함한다. (Australian Government, 1992)

---

42 이 세 가지 개념을 명확하게 구분하기는 쉽지 않다. 대체로 질환illness은 좀 더 광범위하고 주관적인 개념인 반면, 질병disease은 뚜렷하고 측정 가능한 객관적인 것으로 간주된다. 한편 특정 질병의 조짐이 있는 장애disorder는 질병과 종종 혼용되기도 하지만 진단을 위한 임상적 증거가 충분하지 않다는 점에서 다소 차이를 갖는다(https://www.verywellhealth.com/disease-vs-disorder-5092243).

개인적으로는 이러한 정의가 한계를 갖는다고 생각하기에 장애인차별금지법의 개정을 요청하는데도 참여했지만, 그럼에도 불구하고 장애에 대한 기존의 정의를 사용하는 것은 중요하다. 호주의 장애인이 법률상 차별을 받았는지의 여부를 밝히려면 이 정의를 적용해야 하기 때문이다. 하지만 이들 프로그램에 나타난 다양한 장애 재현을 코딩하기 위해 영국 텔레비전에 대한 반스의 연구(Barnes, 1992)에서 밝힌 11가지 스테레오타입 중 일부를 원용하여 텔레비전의 장애 재현을 살펴보았다. 반스가 스테레오타입 유형을 구축한 시점으로부터 25년이 흐른 후 이루어진 이 연구는 장애인차별금지법 제정 25주년과 일치한다는 점에서도 중요한 의미가 있다. 이 분석에서는 반스 연구의 사회 모델에서 고려하거나 설명하지 않았던 새로운 장애에 대해서도 살펴본다.

분석 드라마

이 연구의 분석 대상 작품 중 〈윈터〉를 제외하곤 일정한 역사적 시기의 호주를 재현한다. 각 드라마를 관통하는 핵심 주제는 트라우마다. 〈캐칭 밀라〉와 〈하우스 오브 핸콕〉은 비교적 현대적인 내러티브로 구성되어 있는데, 1980년대와 1990년대를 배경으로 하여 실화에 근거한 것이다. 〈캐칭 밀라〉가 연쇄 살인범 이반 밀라를 추적하여 체포하는 내용을 연대기적으로 서술한 반면, 〈하우스 오브 핸콕〉은 광산왕鑛山王 랭 핸콕과 그의 딸 지나 그리고 두 번째 아내인 로즈 간의 관계에 초점을 맞춘 핸콕 가문의 가족의 역학 관계를 유사 허구적 틀로 재현한 것이다.

그러나 이러한 역사 드라마는 트라우마와 깊이 관련되어 있으며, 각각 전쟁이 그 촉진 요인으로 작용한다. 〈피터 앨런〉은 피터라는 연예인이 유명해지는 과정에서 그의 인간관계가 미친 영향에 초점을 둔 반면, 〈닥터 블레이크 미스터리〉와 〈어 플레이스 투 콜 홈〉은 주인공과 주변 인물 모두에게 미친 전쟁의 심리적 영향이 그려진다. 〈닥터 블레이크 미스터리〉는 1950년대 후반의 발라라라는 지역을 무대로 경찰의 이자 일반의인 루시엔 블레이크 박사의 수사 과정을 따라간다. 블레이크 박사 스스로도 종종 변덕스러운 행동을 하고 문제를 처리하기 위해 알코올에 의존하기도 하지만, 그의 주변에도 혼란스러운 행동을 보이거나 충격적인 사건으로 인해 사고 과정, 현실 인식, 감정 또는 판단력에 영향을 받아 고통받는 인물이 많이 등장한다. 마찬가지로 1950년대 호주의 작은 마을을 무대로 한 〈어 플레이스 투 콜 홈〉 역시 전쟁으로 인해 신체적 및 정신적 트라우마를 겪는 내용이 다루어진다. 이 드라마의 등장인물은 트라우마로 인해 신체적 장애뿐만 아니라 자주 과거에 빠지고 사고 과정에 혼란스러움을 겪으며 현실에 대해 변질된 인식을 드러낸다. 마지막으로 유일한 영화인 〈워터 디바이너〉는 갈리폴리 전투에 참전한 후 돌아오지 못한 세 아들을 찾아 나선 한 호주 남자를 다룬 이야기다.

드라마 전체에 걸쳐 가장 공통적으로 나타난 장애인에 대한 스테레오타입은 '분노/억울함'의 재현으로 21건의 사례가 나타났다. 이들 드라마에서 가장 흔히 묘사된 장애는 장애인차별금지법에서 규정한 범주 7 "사고 과정, 현실 인식, 감정 또는 판단력에 영향을 미치거나 혼란스러운 행동을 초래하는 장애, 질병 혹은 질환"(Australian Government, 1992)이었다. 이러한 것은 트라우마의 영향으로 흔히 나타나는 징후로서 각 드라마의 주요 주제가 되었다. 실제로 31개 에피소드 중에 이러한 유형의 장애가 33건 드러났다. 그것은 대부분 〈닥터 블레이크 미스터리〉, 〈어 플레이스 투 콜 홈〉, 〈피터 앨런〉, 〈워터 디바이너〉에서 발견되었다. 이들 드라마의 내러티브는 전장에서 사회로 복귀한 군인과 그의 가족에게 미친 전쟁의 영향과 관련되어 동시대가 느끼는 불안을 반영한 것이다(각 코딩에 관한 자세한 내용은 표 3-2~표 3-8 참조).

〈캐칭 밀라〉

1970년대부터 1990년대 중반에 걸쳐 연쇄살인범 밀라는 뉴사우스웨일스주의 바란글로 주립 공원에 있는 외딴 숲속 지역에서 히치하이킹을 하려는 젊은 여행자를 습격하였다. 2부작 미니 시리즈로 2015년 5월 채널 7에서 방영된 이 드라마는 일곱 명의 여행자를 살해한 연쇄살인범 밀라를 경찰이 추적하여 결국 체포하는 과정을 연대기적으로 기록하는 형식을 취했다. 채널 7의 자체 제작비와 스크린 오스트레일리아로부터 일부 지원을 받은 이 드라마 시리즈는 살인범 밀라와 체포 임무를 맡은 특별수사팀 막내 형사 폴 고든에 초점이 맞추어져 있다. 연쇄 살인범 밀라의 광범위한 문화적인 이야기는 과잉 남성성과, 살인적인 광기를 조장하는 고립되고 황량한 풍경 등 호주의 국가 정체성에 필수적인 몇 가지 비유를 끌어낸다. 또한 호주의 상황에서 성공에 대한 욕망에 이끌려 무정하고 비타협적이며 부하의 정신 및 신체 건강을 무시하는 권위적 인물도 중요한 서사적 비유가 된다.

이 시리즈는 특별수사팀 팀장인 클라이브 스몰 경정과 고든 형사 간의 껄끄러운 관계가 내러티브를 주도한다. 아울러 고든의 취약점, 권력과 통제에 대한 스몰의 열망 그리고 밀라의 과잉 남성성 등이 종종 내러티브 내에서 병치된다. 실제로 고든의 공허한 삶은 사랑하는 사람들로 둘러싸인 밀라와 정반대된다. 전자는 내성적이고, 후자는 외향적이다. 크리스마스이브에 고든이 일에 파묻혀 있을 때, 밀라는 가족과 함께 집 뒤뜰에서 술 마시고 노래하는 파티를 가진다. 그 두 사람 모두 대가족 출신이지만, 고든은 자주 홀로 있는 것으로 그려진다.

표 3-2 〈캐칭 밀라〉에 나타난 장애의 재현

장애 재현의 스테레오타입: 장애인차별금지법에 따른 장애 범주		
	1부	2부
부담되는 존재	–	–
죽는 편이 더 나은 삶	–	–
부적응성	–	–
공허한 삶	7. 폴 고든 형사 • 알려지지 않은 정신 건강 상태 • 상담심리사 면담 • 일 중독	1부와 동일
부수적인 존재	–	–
초능력적 장애인	–	–
분노/억울함	–	–
피해자	–	–
공동체 안의 평범한 존재	–	–

고든이 장애인차별금지법의 범주 7과 관련되는 것으로 보이는, 사고 과정에 영향을 미치는 정신 건강 장애를 갖고 '있을 수' 있다고 묘사되지만, 그것은 단지 암시될 뿐이며 전적으로 서사적 장치로 작용한다(Mitchell & Snyder, 2000). 1부 앞부분에서, 그가 텔레비전을 보면서 홀로 피자를 먹을 때 상담심리사가 남겨 놓은 예약 확인 메시지가 자동응답기를 통해 들린다. 벽난로 선반 위에 있는 상패만이 그의 투지와 용기를 말해 준다. 시청자는 그가 외상후스트레스장애를 갖게 된 어떤 사건에 연루된 것이 아닌지 짐작할 뿐이다. 실제로 많은 인물이 그에게 괜찮은지, 혹은 어떻게 지내는지 물어보고, 어떤 동료 경찰관은 그와 분명한 거리를 두기도 하지만, 무엇이 이를 초래했는지에 대해서는

알려지지 않는다. 내러티브가 진행되는 동안, 밀라의 확장된 사회적 및 가족 관계와 고든의 정신 건강 상태에 대한 스몰의 반응이 결합되면서 경찰의 수사는 좌절되며 사건은 좀 더 극적으로 전개된다. 경찰관끼리 티격태격할 때 밀라는 경찰의 추적을 유유히 따돌린다.

〈피터 앨런: 낫 더 보이 넥스트 도어〉

2부로 구성된 또 다른 미니시리즈인 〈피터 앨런〉은 2015년 9월 채널 7에서 방영되었다. 스티븐 맥클린Stephen MaClean의 《피터 앨런: 오즈에서 온 소년*Peter Allen: The Boy from Oz*》(1996)을 원작으로 한 이 미니시리즈는 호주의 시골에서 성장기를 보내고 할리우드로 진출하여 유명인이 되어 1992년 48세의 나이로 세상을 떠날 때까지 화려한 연예인으로 살았던 피터 앨런의 삶을 따라간다. 부모와의 관계, 주디 갈런드Judy Garland, 라이자 미넬리Liza Minnelli 그리고 오랜 연인 그레그 코넬Greg Connell과의 관계를 포함하여, 그를 한 인간으로서 또 연기자로 만드는 데 필수적인 몇 가지 중요한 관계가 시리즈 내내 등장한다. 이 시리즈는 또한 정신 질환과 에이즈라는 두 가지 문제에 대한 사회적 반응을 대비시키며 낙인에 대해 예리하게 살펴본다. 이 시리즈의 배경이었던 시기에는 이 두 조건에 대해 사회적 낙인이 찍혔던 반면, 최근에는 그 오명을 벗어나려는 움직임이 나타나고 있다.

1부는 사고 과정에 영향을 미치는 장애에 관한 장애인차별금지법 범주 7에 초점이 맞추어 있다. 그것은 우울증, 불안, 알코올 중독, 약물 중독 그리고 그의 아버지와 친구 주디의 자살 등에 대한 재현을 통해 이루어진다. 마찬가지로 장애인차별금지법 범주 4 '질병이나 질환을 유발할 수 있는 신체적 문제'를 에이즈에 대한 재현을 통해 조명한다. 이는 2부의 주요 주제이며, 그레그과 여러 배경 인물 그리고 피터 자신을 통해 표현된다.

다른 여러 시리즈와 마찬가지로 〈피터 앨런〉도 전쟁 직후의 시점으로부터 시작된다. 그의 아버지는 귀환한 제대 군인으로서 사회로 재진입하는 데 어려움을 겪으며 술로 자신을 달래는 사람이다. 그는 아내와 자식에게 폭력적이며 일자리를 유지하지 못한다. 그는 아홉 살 난 아들이 동네 술집에서 공연을 해야만 생계가 유지된다는 사실을 부끄러워하며 아들의 무대를 보려 하지 않는다. 그는 피터를 때린 후 결국 자살한다. 그가 죽은 후, 피터와 그의 어머니 그리고 여동생은 동네 사람에게 따돌림당한다.

피터가 연예계 생활을 계속하며 경력을 쌓아갈 무렵 주디를 만나고 친해진다. 그의 아버지와는 달리 사회생활을 유지할 수 있는 알코올 중독자이지만 그녀 역시 불안과 우울증을 보인다. 그녀의 목에는 자살 시도 이후 남은 기관 절개의 흔적이 있다. 피터는 그녀의 딸인 라이자와 강한 유대감을 가지며 결국 그녀와 결혼한다. 그녀를 통해 어머니 주디의 약물 중독이 아역 스타로서 할리우드에서 성공하기 위해 영화사가 어린 시절부터 주었던 흥분제와 진정제로부터 기인한 것이 밝혀진다. 라이자는 어머니의 복용량을 조절하기 위해 약 캡슐을 비워 절반만 되돌려 놓을 수밖에 없었던 어린 시절의 아픔을 드러낸다. 정신 질환 때문에 약물과 알코올에 의존하는 부모를 '돌봐야' 했던 비슷한 경험을 통해 두 사람의 유대감이 형성된다.

몇 년의 결혼 생활 후 그들은 이혼하고, 2부는 에이즈에 대한 낙인에 초점이 맞추어진다. 1992년 피터에게서 에이즈 징후가 나타나지만, 가족에게는 비밀로 하는 것으로 이야기가 시작된다. 1부가 그의 삶에 있어 중요한 여성과의 관계에 비중을 두었다면, 2부는 그의 삶에서 중요한 의미를 갖는 남성(그의 오랜 연인이며 에이즈 양성 반응을 받은 그레그와, 연예계의 성공적인 경력을 지속하기 위해 그의 동성애 사실을 숨기려 했던 매니저)을 중심으로 이야기가 펼쳐진다. 피터와 그레그는 남성 동성애자의 정체성을 두고 의견이 충돌했지만, 그레그의 병으로 인해 두 사람 간의 애정은 다시 회복되고 서로를 배려하게 된다. 하지만 병원에서 에이즈로 인해 얼굴에 병변을 일으킨 젊은 남성들이 부모의 손을 잡고 불안해하는 비극적인 모습도 나타난다. 피터가 도와주려 하자 그레그는 그를 밀치고 화내며 비통한 모습을 보인다. 그레그의 병은 급속히 진행되어 얼마 지나지 않아 집에서 죽음을 맞이한다. 그가 죽었다는 것을 알게 되는 장면에서 피터의 노래 〈돈 크라이 아웃 라우드*Don't Cry Out Loud*〉가 배경 음악으로 나온다. 그 노래의 가사는 모든 것을 마음속에 간직하고 의연한 척해야 한다는 피터의 치열한 인생철학을 담고 있다. 그의 어머니로부터 배운 교훈이다.

마지막 에피소드는 피터의 경력의 정점을 기록한다. 하지만 그 역시 에이즈에 걸리고 그가 그레그의 병에 대처했던 것처럼 건강한 몸의 필요성에 대한 사회문화적 기대 때문에 가족에게는 암이라고 거짓말을 한다. 그레그가 자신의 병에 분노하는 것으로 그려진 반면 피터는 초능력을 가진 장애인의 스테레오타입을 보여 준다. 시드니의 힐튼 호텔에서 열린 마지막 쇼에서 그가 아프다는 것을 안 한 스태프는 앙코르 곡을 부르지 말라고 권유한다. 하지만 피터는 아직 작별 인사를 하지 않았다며 그 충고를 받아들이지 않는다. 공연 내내 피터는 호주판 초능력적 장애인 '오지 배틀러'의 전형으로 재현되어 자신의 질병을 '극복하는' 것으로 비추어진다. 다음 날 피터가 어머니와 작별 인사를 하는 장면은 돌이킬 수 없는 최후의 분위기를 담고 있다. 두 사람 모두 서로를 볼 수 있는 마지막 시간이라는 것을 알고 있기 때문이다. 피터가 택시를 타고 떠나는 모습을 그녀가 차도에 서서 지켜보고 있을 때,

표 3-3 〈피터 앨런: 낫 더 보이 넥스트 도어〉에 나타난 장애의 재현

장애 재현의 스테레오타입: 장애인차별금지법에 따른 장애 범주		
	1부	2부
부담되는 존재	–	–
죽는 편이 더 나은 삶	7. 조지 울너프(아버지) • 알코올 중독 • 우울증 • 자살	–
부적응성	위와 같음	–
공허한 삶	–	–
부수적인 존재	–	–
초능력적 장애인	–	3: 피터 • 마지막 쇼에서 그는 팬들에게 인사를 해야만 한다고 계속 고집을 피운다
분노/억울함	7. 주디 갈런드(친구) • 알려지지 않은 정신 건강 상태 • 약물 과다 사망(우연 혹은 의도적?) • 라이자 미넬리에 대한 분노(혹은 경쟁자?)	3: 그레그(그의 오랜 연인) • 병원에서 그는 화가 나 피터를 밀쳐 버린다
피해자	7. 조지 울너프(아버지) 7. 주디 갈런드(친구)	–
공동체 안의 평범한 존재	–	–

그의 노래 〈아이 스틸 콜 오스트레일리아 홈*I Still Call Australia Home*〉이 흘러나온다. 이 노래는 라이자가 곁을 지키고 있는 병원 침대에 그가 누워 있을 때까지 이어진다. 이미 고인이 된 그의 연인 그레그가 방안으로 들어 왔을 때, 피터는 마지막 숨을 거두고 노래는 끝이 난다. 그리고 이야기는 사후 세계로 이어져 피터와 주디가 함께 피터의 '테마

송'인 〈리오*Rio*〉를 부르며 무지개가 피어 있는 호주의 시골길을 따라 춤추는 장면이 나온다. 그렇게 이 이야기는 피터의 죽음보다는 그의 삶을 기억하며 멋지게 막을 내린다.

이러한 결말은 장애 미디어 연구의 주요 개념을 정립하는 데 적지 않게 기여한다. 우선 '감화inspiration'라는 개념은 스텔라 영Stella Young이 'TEDx 토크'(Young, 2014)에서 언급한 포르노와 같은 의미다(이에 대해서는 4장에서 자세히 논의할 것이다). 그녀는 "삶에 있어 유일한 장애는 나쁜 태도"라고 설파하는 다양한 소셜 미디어 밈meme[43]을 보여 주며 청중에게 그 허구를 지적한다. 피터가 에이즈를 극복하지 못하고 결국 그 병으로 죽음을 맞이한 것은 분명한 사실이다. 하지만 그는 아버지 시대에 목도되었던 부정적 정서 태도를 극복한 것으로 그려진다.

〈하우스 오브 핸콕〉

〈하우스 오브 핸콕〉은 2015년 2월 채널 9에서 방영된 2부작 미니시리즈다. 동명의 원작을 토대로 한 이 드라마는 호주에서 가장 부유한 한 가문에서 수십 년 동안 지속된 극심한 불화를 담고 있다. 이야기는 1967년부터 시작되는데 광산 거부인 랭 핸콕과 그가 총애하는 어린 딸 지나 핸콕이 등장한다. 그들은 장차 자신들을 백만장자로 만들어 줄 핸콕 가문의 광산에 대한 꿈을 꾼다. 이야기는 다시 1980년의 시점으로 넘어가 가업을 이끌어 가고 있는 지나가 다소 공격적인 경영을 하지만 열심히 노력하여 사업은 더욱 번창해지고 아버지에게 헌신

---

43 리처드 도킨스Richard Dawkins의 《이기적 유전자*The Selfish Gene*》(1976)에서 처음 제시된 용어로, 1990년대 후반에서 2000년대 초반 인터넷을 통한 새로운 방식의 문화 전파 현상이 폭발적으로 늘어나면서 '패러디되고 변조되어 퍼지는 작품 속 문화 요소'라는 의미로 확대되었다.

표 3-4 〈하우스 오브 핸콕〉에 나타난 장애의 재현

장애 재현의 스테레오타입: 장애인차별금지법에 따른 장애 범주		
	1부	2부
부담되는 존재	-	-
죽는 편이 더 나은 삶	-	-
부적응성	7. 로즈 라스콘: • 진통제 중독 • 요통과 편두통 때문에 고통	1부와 동일
공허한 삶	-	-
부수적인 존재	5. 호프 핸콕: • 심장 질환 • 지나의 유아 시절부터의 질환	1부와 동일
초능력적 장애인	5. 랭 핸콕: • 심장 질환 • 처음 심장마비를 일으켰을 때 테니스를 치고, 아내 호프가 죽었을 때 고군분투하여 지팡이를 짚고 2층으로 올라간다	1부와 동일
분노/억울함	-	-
피해자	5. 랭 핸콕 • 그의 생전이나 사후에 두 번째 아내와 딸은 그를 두고 불화를 갖는다	1부와 동일
공동체 안의 평범한 존재	5. 프랭크 라인하트: • 심장 질환 • 그의 심장 질환은 거의 초반부에 언급되지만 그가 심장마비로 죽을 때까지 다시 거론되지 않는다	1부와 동일

함으로써 부녀의 관계는 여전히 돈독하다. 하지만 일련의 사건이 그들의 관계를 깨뜨린다. 지나는 아버지의 반대를 무릅쓰고 자신보다 서른일곱 살이나 많은 프랭크 라인하르트와 결혼을 한다. 그 후 지나의 어

머니(호프)가 병으로 죽게 되고, 지나는 아버지를 보살피기 위해 청소와 식사 준비를 도와줄 로즈 라스콘이라는 필리핀에서 온 가정부를 고용한다. 이는 결국 랭이 여생을 마칠 때까지 지나와 로즈가 수십년 동안 불화를 겪게 되는 시작이 된다.

이 드라마 시리즈에서 특정 장애에 대한 재현이 이루어지는 것은 아니다. 하지만 여러 캐릭터는 만성적인 건강 문제로 어려움을 겪고 있으며 병을 앓고 있다. 예를 들어 지나의 어머니인 호프는 지나가 젖먹이 시절부터 아프고 심장 질환으로 기력이 없으며 거의 활동을 하지 않는 것으로 그려진다. 랭도 심장과 신장 질환이 있으며 지팡이를 사용하고 가끔 산소마스크에 의존해야 한다. 지나의 남편인 프랭크도 심장 질환을 앓고 있으며, 로즈는 만성적인 요통을 이겨내기 위해 진통제인 페티딘에 중독된다.

그러나 비슷한 상황을 다루는 미국 드라마 〈소프라노스〉의 대처 방식(다음 장에서 논의)과 달리 이 시리즈는 만성 질환과 약물 중독의 장애화 효과를 주요 인물 세 사람에게 깊이를 주기 위한 서사적 장치로 활용한다. 랭과 지나는 빈틈없고 냉혹한 사업가로 호주 관객에게 익숙한 인물인 반면, 로즈는 미모를 이용해 남자에게 돈을 우려내려는 화려한 꽃뱀이라는 평판이 부여된다. 하지만 랭과 아내 호프의 관계, 지나와 남편 프랭크의 관계에서는 그들의 배려심 있는 면면이 묘사된다. 마찬가지로 프랭크가 건강이 더 나빠지면서 그에게 보여 준 로즈의 모습은 호주 대중의 시대정신으로는 생각해 본 적이 없는 로즈라는 인물에 대해 동정을 불러일으킨다. 이 드라마의 배경인 1980년대와 1990년대 호주에서는 로즈와 같은 인물에 대한 세상 사람들의 정서가 그리 긍정적이지 않았기 때문이다.

〈닥터 블레이크 미스터리〉(시즌 3)

〈닥터 블레이크 미스터리〉의 세 번째 시즌은 1950년대 말의 발라라를 무대로 괴짜 경찰 외과의인 루시엔 블레이크 박사가 독특한 방식으로 사건을 해결하는 것을 내용으로 한다. 이 시리즈는 1950년대 시기와 지금의 호주가 당면한 사회 문제를 살펴본다. 예를 들어 여성의 노동, 원주민의 강제 이주, 경찰의 폭력성, 전시 중 타인에 대한 공포, 전후의 세대교체 등이다. 중심인물인 블레이크 박사는 2차 세계 대전에 참전하여 태국에서 전쟁 포로로 수형 생활을 겪었다. 전쟁 포로로서의 경험과 아내와 딸을 잃은 상실감 때문에 그는 끊임없이 괴로워하며 심각한 알코올 중독에 빠진다. 전사자 아내인 가정부 장 비즈리가 그를 보살펴주며, 방문 간호사인 매티 오브라이언과 찰리 데이비스 경사가 같은 아파트에 하숙한다. 이들 세 사람과는 서로 의지하는 우호적인 관계를 갖지만, 그의 특이한 일 처리 방식 때문에 경찰 간부와는 그리 사이가 좋지 않다. 신임 경찰서장 먼로는 공산주의자 동맹을 두고 블레이크를 조사한다. 한편 블레이크는 40년이 지난 어머니의 살해 사건을 해결하는 데 집착하게 된다. 이로 인해 시즌 내내 먼로와 블레이크의 관계는 점점 더 경색된다(표 3-5 참조).

2차 세계 대전 직후라는 이 드라마의 시대적 배경과 텔레비전이라는 미디어의 영상성을 감안한다면, 이 시리즈에서 신체적 장애가 거의 다루어지지 않는 것은 다소 의외다. 분노를 잘 터뜨리고 억울해하는 인물로 종종 묘사되는 먼로 서장이 본인은 원했지만 어깨 부상 때문에 참전하지 못했다는 이야기가 그나마 신체적 장애의 재현에 가장 가까운 사례일지 모른다. 한 에피소드에서 먼로와 대조되는 인물로 만성적인 허리 질환으로 인해 일을 할 수 없는 로이가 등장한다. 그는 나중에 변사체로 발견된 한 사나이와 다퉈 의심받지만 결국 범인이 아닌

표 3-5 〈닥터 블레이크 미스터리〉(시즌 3)에 나타난 장애의 재현

장애 재현의 스테레오타입: 장애인차별금지법에 따른 장애 범주								
	에피소드 1	에피소드 2	에피소드 3	에피소드 4	에피소드 5	에피소드 6	에피소드 7	에피소드 8
부담되는 존재	–	–	–	–	5. 스튜어트 화이트	1. 클레리	–	7. 클레어 르웰린 7. 블레이크 박사
죽는 편이 더 나은 삶	–	–	–	–	–	–	–	–
적응의 어려움	–	7. 루스 뎀스터	–	–	–	–	7. 안나 베이커	7. 에드워드 타이너먼
공허한 삶	–	7. 루스 뎀스터	–	–	–	–	–	–
부수적인 존재	–	–	–	5. 로이 퀸	–	1. 클레리	–	–
초능력적 장애인	5. 스튜어트 화이트	–	–	–	–	–	–	–
분노와 억울함	5. 스튜어트 화이트	7. 루스 뎀스터	1. 윈스턴 커밍스	5. 먼로 경찰서장	7. 넬슨 경사	–	7. 안나 베이커	7. 에드워드 타이너먼
피해자	–	–	–	5. 조지 브롬리	5. 스튜어트 화이트	–	–	–
공동체 안의 평범한 존재	–	5. 장 비즐리	–	–	–	–	–	–

것으로 밝혀진다. 하지만 먼로는 그를 멸시하고 모욕을 준다. 이는 아마도 자신의 남성적 무력감을 부정하기 위한 방편일지 모른다.

시즌 3에 등장하는 여러 인물은 심장 부정맥, 건선, 류머티즘 관절염, 천식 등과 같은 만성적인 건강 문제를 드러낸다. 하지만 이러한 각 질병은 다른 사람의 전형적인 반응을 이끌기 위한 서사적 장치, 혹은 맥거핀MacGuffin 효과[44]로 작용하여 수사관을 사건의 핵심에서 벗어나게 한다. 예를 들어 건선을 앓고 있는 젊은 웨이터는 평소 장갑을 꼈으며 조용하고 내성적이라는 이유만으로 연극 공연자를 독살시켰다는 의혹을 받는다. 반면 블레이크 박사는 심장 질환을 앓고 있던 소년에게 그의 아버지가 본인이 이루지 못한 꿈을 성취해 주길 바라면서 스테로이드를 꾸준히 복용시켰다는 사실을 발견함으로써 재능 있는 어린 운동선수의 죽음을 해결한다.

마지막으로, 불안과 우울증을 앓고 있는 인물을 통해 정신 건강의 장애화 효과와 트라우마의 영향에 대해 심도 있게 다룬다. 블레이크 박사 자신도 이해하기 힘든 인물이다. 그의 트라우마에 대해서는 직접 드러나지 않고 단지 암시만 되어 있다. 하지만 시리즈 내내 일하기 위해 알코올에 점점 더 의존하며, 한편으로 죽은 줄 알았던 딸이 갑자기 중국에서 나타났을 때 그녀에게 낯섦을 느낀다. 그는 인기 있는 텔레비전 범죄 드라마에 통상 등장하는 괴팍한 탐정의 면면을 가지는 한편, 그의 성격은 전쟁 트라우마와 급변하는 사회라는 호주의 상황과 독특하게 얽혀 묘사된다.

44 소설이나 영화에서 중요한 것처럼 등장하지만 실제로는 줄거리와 전혀 상관없이 독자나 관객의 주의를 분산시켜 오류가 발생하도록 유발하는 극적 장치 혹은 속임수를 말한다. 스릴러 영화의 대가 앨프리드 히치콕Alfred Hitchcock 감독이 즐겨 사용하였다.

〈윈터〉

〈윈터〉는 주인공 이브 윈터 형사가 뉴사우스웨일스주의 한 시골 마을에서 연쇄 살인범을 수사하는 과정을 다룬 영화 〈킬링 필드*The Killing Field*〉[45]의 스핀오프spin-off 드라마 시리즈다. 영화 〈킬링 필드〉에서는 윈터 형사가 외상후스트레스장애에 시달리고 있음이 명확하게 드러난다. 하지만 드라마에서는 이에 대해 전혀 언급하지 않기 때문에 영화를 보지 않았거나 혹은 드라마의 예고편을 접하지 못한 시청자는 그것이 그녀 삶의 일부라는 점을 알 수 없다. 이 드라마 시리즈는 시드니 남쪽의 어촌인 로키 포인트에서 일어난 스물세 살의 엄마이자 가정주부인 칼리 요한슨의 살해 사건을 윈터 형사가 수사하는 것에서 시작된다. 그녀의 동료인 라클런 매켄지 경위는 이 사건이 자신이 8년 전 맡았던 같은 마을에서 발생한 미제未濟 살인 사건과 관계있다고 믿는다. 또한 예전에 칼리의 양자매인 인디를 부상 입혀 기억상실자로 만든 뺑소니 교통사고와도 연결된다. 시리즈가 진전될수록 살인의 구성은 인신매매와 매춘 조직에 대한 연방 수사에 의해 더욱 복잡해진다.

질병과 장애에 대한 재현은 이 드라마에서 융합되어 나타난다. 첫 번째 에피소드에서, 살해된 여인의 아버지 비욘 요한슨이 암 진단을 받게 되고 관리하기에 집이 너무 커서 이사를 한다. 그의 병은 아내에 의해 알려질 뿐, 비욘 자신은 이 에피소드에 등장하지 않는다. 두 번째 에피소드에서 그는 딸 칼리의 장례식에 휠체어를 이용할 수 있게 특별히 개조된 자동차를 타고 등장한다. 그는 한 남자의 도움을 받으며 차에서

45 채널 7에서 2014년 5월 방영된 90분 분량의 텔레비전 영화다. 밍가라의 작은 시골 마을에서 어린 소녀가 실종된다. 수색 과정에서 다섯 구의 시신이 발견되면서 좀 더 복잡한 사건으로 발전하는 미스터리 스릴러물이다.

표 3-6 〈윈터〉에 나타난 장애의 재현

장애 재현의 스테레오타입: 장애인차별금지법에 따른 장애 범주						
	에피소드 1	에피소드 2	에피소드 3	에피소드 4	에피소드 5	에피소드 6
부담되는 존재	-	-	-	-	-	-
죽는 편이 더 나은 삶	-	3. 비욘 요한슨(아버지)	-	-	-	-
부적응성	5. 루크 톰슨	-	5. 루크 톰슨	-	-	-
공허한 삶	-	-	-	-	-	-
부수적인 존재	-	-	-	-	-	-
초능력적 장애인	-	-	-	7. 이브 윈터	1. 라클란 맥켄지 경위 • 총상 • 입원	-
분노/억울함	-	3. 비욘 요한슨(아버지)	3. 비욘 요한슨(아버지)	-	-	7. 로렌 매킨타이어(여동생)
피해자	1. 인디 호프(양자매)	-	1. 인디 호프(양자매)	1. 인디 호프(양자매)	1. 인디 호프(양자매)	7. 로렌 매킨타이어(여동생)
공동체 안의 평범한 존재	-	-	-	-	-	-

내린다. 휠체어를 탄 그를 보고 현장을 감시하던 형사가 "진짜 관이 필요한 사람은 저 양반 같은데"라고 할 정도로 매우 왜소한 몸에 얼굴을 씰룩거리며 경련을 일으키는 모습을 보여 '죽는 편이 더 나은 삶'의 장애 스테레오타입의 이미지를 보인다. 장례식이 끝난 후의 추모 자리에서 그는 자신의 생명이 2주 정도밖에 남지 않았기 때문에 곧 딸을 만날

것이라고 말한다. 다음 에피소드에서 비욘은 점점 더 쇠약해지고 분통을 터뜨리며 무기력해지는데, 그가 칼리의 여동생 로렌과 양자매 인디가 10대일 때 그들을 강간했다는 사실이 밝혀진다. 칼리를 살해한 것은 실은 로렌이었다. 그녀 아들의 아버지가 자신의 아버지란 비밀을 감추기 위해서였다. 강간이라는 견지에서 보면, 비욘이 암에 걸린 것은 일종의 벌이며, 그의 내면에 있는 타락을 겉으로 드러내는 것으로 재구성된다. 장애에 대한 이러한 비유는 긴 역사를 갖는다. 그것은 오이디푸스가 어머니와 근친상간을 한 후 나중에 그 사실을 알고 스스로 눈을 멀게 한 그리스 신화나, 신체적 기형을 통해 그의 사악한 품성을 드러내고자 했던 윌리엄 셰익스피어Willam Shakespeare의 《리처드 3세*Richard III*》[46]로 거슬러 올라갈 수 있다(표 3-6 참조).

〈어 플레이스 투 콜 홈〉(시즌 3)

가상의 작은 지방 도시 인버네스를 무대로 하는 〈어 플레이스 투 콜 홈〉은 2차 세계 대전 이후를 배경으로 한 또 다른 시대극이다. 그러나 이 시리즈는 〈닥터 블레이크 미스터리〉가 사회적 관행의 변화에 초점을 맞춘 것과는 대조적으로 호주에서의 새로운 삶의 가능성에 대해 좀 더 관심을 둔다. 2015년의 세 번째 시즌에서는 유럽에서 20년간 살다가 호주로 돌아온 간호사 세라 애덤스를 중심으로 이야기가 펼쳐진다. 세라는 전쟁 후에 배치된 유럽에서 유대계 프랑스 의사인 르네와 결혼하면서 가톨릭에서 유대교로 개종했다. 그녀는 전쟁 중에 끔찍

46 왕좌에 오르기 위해 형제와 조카 등 많은 사람을 제거하며 후세에 극악무도한 폭군으로 기록된 리처드 3세는 선천성 척추측만증으로 고통받았다. 셰익스피어는 《리처드 3세》에서 그를 심각한 척추 장애와 왼팔 전체가 오른팔보다 짧고 마른 것으로 조롱하며 절대 악인으로 묘사했다.

표 3-7 〈어 플레이스 투 콜 홈〉(시즌 3)에 나타난 장애의 재현

장애 재현의 스테레오타입: 장애인차별금지법에 따른 장애 범주										
	에피소드 1	에피소드 2	에피소드 3	에피소드 4	에피소드 5	에피소드 6	에피소드 7	에피소드 8	에피소드 9	에피소드 10
부담되는 존재	7, 5:르네(세라의 남편)	에피소드 1과 동일	–	–	에피소드 1과 동일	에피소드 1과 동일	에피소드 1과 동일	–	–	–
죽는 편이 더 나은 삶	–	–	–	–	–	–	–	7, 5:르네(세라의 남편) • 르네의 수술	–	–
부적응성	–	–	–	–	–	7, 5: 르네(세라의 남편)	–	–	–	–
공허한 삶	–	–	–	–	–	–	–	–	–	–
부수적인 존재	–	–	7: 재향 군인회 인물	7: 재향 군인회 인물	–	5: 재향 군인회 인물, 7: 하녀	–	–	–	5: 병원의 소년
초능력적 장애인	–	–	–	–	–	–	–	–	–	–
분노/억울함	7, 5: 르네(세라의 남편)	–	–	–	–	7, 5: 르네(세라의 남편)	–	–	–	–
피해자	1:조지 블라이(세라의 애인)	7: 세라	–	–	7, 5: 르네(세라의 남편)	–	–	–	–	–
공동체 안의 평범한 존재	–	–	5: 페그(세라의 이모)	–	–	–	–	–	–	–

한 잔혹 행위를 겪었으며, 처음 호주로 돌아왔을 때 남편이 사망한 줄 알고 부유한 홀아비인 조지 블라이와 교제를 시작한다. 그러나 시즌 2에서 그녀는 남편이 살아 있다는 것을 알게 된다. 하지만 그는 전쟁으로 인해 육체적, 정신적으로 매우 상처를 받은 상태다. 시즌 3은 르네가 세라와 함께 인버네스에서 생활하는 것으로 시작한다. 하지만 그는 여전히 전쟁 중에 겪었던 트라우마로 고통받는다. 이 드라마에서도 역시 신체적 장애에 대한 재현은 거의 이루어지지 않지만, 그것이 발생할 때는 하층 계급에서 나타난다. 예를 들어 지속적으로 부담되는 존재로 그려지는 세라의 남편 르네를 제외하고는, 재향군인회 행사에 참석하거나 노숙자 쉼터에 있는 사람과 같이 주변 인물로 장애인이 등장한다. 이들은 블라이 가문의 여성 가장인 엘리자베스 블라이가 그녀의 가족을 떠나 새로운 인생을 시작하는 것에 대한 불편함과 불안함을 느끼게 만드는 요인이다. 그들과는 달리 조지와 엘리자베스는 시즌을 거듭할수록 심각한 부상과 질병으로부터 회복된다. 하지만 그들이 건강을 되찾을 수 있었던 것은 최상의 의료 서비스를 가능케 해 준 연줄과 재산 덕분이다(표 3-7 참조).

〈워터 디바이너〉

〈워터 디바이너〉는 1차 세계 대전을 배경으로 한 역사 전쟁 영화다. 세 아들이 모두 갈리폴리 전투에 참전한 후 돌아오지 않자 호주의 농부 조슈아 코너는 아내가 자살한 후 자식들의 무덤을 찾기 위해 터키로 떠난다. 영국과 호주군은 그의 계획을 좌절시키려고 시도하지만, 그에게 용기를 북돋아주는 여러 현지 주민을 만난다. 그중에는 갈리폴리 전투에서 남편을 잃은 터키 여인 아이셰도 있다. 많은 노력 끝에 그는 두 아들의 무덤을 발견하였으며, 장남인 아서가 아직 생존해 있다는 것을 알게 되지만 그는 전쟁 후유증으로 깊은 정신적 충격을 받은 상태다.

러셀 크로Russell Crowe의 감독 데뷔 작품이자 직접 주인공을 맡은 이 영화는 국가와 개인적 차원에서 전쟁이 준 외상의 영향을 심도 있게 살펴보고 있다. 조슈아는 자신의 감정을 행동으로 옮기기 위해 도전하는 전형적인 호주 남자다. 영화 전반에 걸쳐 그는 과거와 현재를 오가면서 아들과 호주라는 땅에 대해 깊은 유대감을 보인다. 대조적으로 그의 아내 리지는 감정에 잘 휩쓸리고 슬픔과 우울감에 사로잡혀 현실과 완전히 동떨어진 인물로 나온다. 그러한 비통함으로 인해 결국 그녀는 극단적인 선택을 한다.

리지의 슬픔이 그녀를 우울하게 만들고 자살로 이끈 반면, 조슈아는 행동하는 인물로 표현된다. 그는 세 아들의 시신을 찾으러 터키로 떠나고, 그들을 자신의 아내와 같이 묻으려 한다. 영화 내내 전쟁의 충격적인 후유증을 보여 주는 여러 인물이 등장한다. 다리가 절단된 군인이 리지의 장례식에서 보이고, 터키에서는 등에 심한 화상을 입은 한 남자가 해변에서 총을 쏘기도 한다. 조슈아가 터키에서 만난 아이셰라는 여인은 치매를 앓고 있는 늙은 아버지를 모시고 있다. 영화에서 그녀의 아버지는 잠깐 등장하지만 매번 갈피를 잡지 못하고 혼란스러운 모습을 보인다. 영화의 다른 인물들이 그에 대해 나누는 대화에서 치매가 영화의 서사 구조를 이끄는 전략으로 작동된다는 것을 알 수 있다. 남편이 죽은 후 그의 형은 아이셰에게 자신의 두 번째 아내가 되라고 강요한다. 그녀의 아버지가 세상을 잘못 알고 있었으며 결코 그녀는 유럽인이 될 수 없으니 이슬람 전통을 따라야 한다고 말한다. 나중에 그녀는 조슈아에게, 그녀의 어머니가 정해 준 정혼자를 거부하고 사랑하는 사람과 결혼하라고 아버지가 용기를 주었다고 말한다(표 3-8 참조).

하지만 트라우마가 낳은 장애화의 가장 중요한 재현은 조슈아가

표 3-8 〈워터 디바이너〉에 나타난 장애의 재현

장애 재현의 스테레오타입: 장애인차별금지법에 따른 장애 범주	
부담되는 존재	7: 아이셰의 아버지 • 치매
죽는 편이 더 나은 삶	-
부적응성	7: 리지(조슈아의 아내) • 아들들을 전쟁에서 잃은 후 적응하지 못함 • 그녀의 남편이 아들들을 찾지 않고 물을 발견하려는 것에 대해 분노 1, 7: 아서(조수아의 아들) • 다리 부상과 외상후스트레스장애
공허한 삶	-
부수적인 존재	2: 리지의 장례식에 온 군인 • 다리를 잃음 5: 해변의 군인 • 화상
초능력적 장애인	-
분노/억울함	7: 리지(조슈아의 아내)
피해자	-
공동체 안의 평범한 존재	-

마침내 발견한, 수형 생활 후 살아 있는 그의 장남 아서다. 조슈아는 교회에서 여러 남자와 함께 춤을 추고 있는 아서에 대한 꿈을 계속 꾼다. 그의 곁에는 땅에 꽂힌 지팡이가 있는데, 이는 다리 부상을 암시한다. 나중에 조슈아가 교회에서 그의 아들을 발견했을 때, 그는 우울하고, 연약하며, 미안해하고, 두려움에 떨고 있는 모습을 보인다. 막냇동생이 전사한 전투에서 첫째 동생은 살아났지만 몇 시간 동안 피를 흘리고 어머니를 외치며 본인을 죽여 달라고 자신에게 애원했다는 것을 조슈아에게 이야기할 때 그의 정신적 트라우마는 명확하게 드러난다.

아서는 결국 동생을 죽였고, 그 때문에 집으로 돌아갈 수 없다고 아버지에게 말한다. 그는 전쟁 중에 자신이 저지른 일 때문에 사회로 다시 돌아갈 자격이 없다고 믿는다. 그들이 교회를 떠날 때 아서는 절뚝거리며 달린다. 시각적 영상 언어의 견지에서 신체적 장애는 아서의 심리 과정을 전달하기 위한 장치다. 조슈아는 마침내 아서가 집으로 돌아오도록 설득한다. 3주 후 그들이 아이셰가 일하는 이스탄불의 호텔로 돌아왔을 때, 아서는 좀 더 튼튼한 지팡이를 짚고 있었으며, 두 사람 모두 깔끔하게 면도를 하고 새 옷을 차려입었다. 이런 겉모습은 그들의 내면의 감정을 반영하는 것으로, 두 남자가 사회로 복귀할 준비가 되었다는 것을 암시한다. 조슈아가 아이셰에게 사랑을 고백하러 갈 때, 아서는 한 여인에게 이끌려 2층으로 올라간다. 이는 그가 동생을 죽였다는 것 때문에 더 이상 자책하지 않음을 시사한다.

허구적인 면이 적지 않지만 이 영화는 갈리폴리에서 겪었던 호주의 트라우마 경험을 섬세하게 분석한다. 그러나 한편 갈리폴리 전쟁과 비슷한 시기에 터키에서 벌어진 아르메니아인 대학살[47]에 대해서는 외면한다는 점 때문에 이 영화는 비판받았다(Dawson, 2015; O'hehir, 2015). 소셜 미디어에서 이 영화에 대한 보이콧 운동이 결성되었으며, 페이스북에서 1만 5,000건의 '좋아요' 지지를 얻었다. 이들은 이 집단 학살 사건을 못 본 척하는 것은 유대인 대학살(홀로코스트)을 무시하고 2차 세

47 1차 세계 대전 중 오스만 정부에 의해 아나톨리아와 인접 지역에서 온 아르메니아인을 조직적으로 대량 학살하고 인종 청소한 사건이다. 오스만 당국이 콘스탄티노플(현 이스탄불)에서 수백 명의 아르메니아 지식인과 지도자를 체포하고 추방한 1915년 4월 24일로부터 시작하여 1916년까지 2년 동안 80만~120만 명으로 추산되는 여성, 어린이, 노인 그리고 병약자 아르메니아인이 추방되었다. 그들은 음식과 물을 빼앗기고 강도, 강간, 학살을 당하여 1916년 말까지 약 20만 명의 추방자만이 살아남았다.

계 대전 중의 독일을 무대로 제작된 영화가 '홀로코스트 추모일Yom HaShoah'[48]에 개봉되는 것과 다를 바 없다고 지적하였다(O'hehir, 2015). 이러한 비판은 이 장의 범위를 벗어나는 것이기는 하다. 하지만 "한 호주인이 특정 시기에 터키를 여행하고 다양한 경험을 하는 내용일 뿐 '아르메니아인 집단 학살'과 교차하는 맥락적 연계성이 없다"(Dawson, 2015)는 크로의 변호는 이 영화가 초점을 맞추고 있는 호주의 문화적 정체성이 무엇인지 의미심장한 통찰력을 제공한다.

장애의 의료 모델과 사회 모델

이 장에서 살펴본 드라마 시리즈를 관통하는 공통적인 주제와 사고에는 권위에 대한 부정, 덜 복잡한 시대에 대한 향수, 역경을 극복한 성공(오지 배틀러), 아름답지만 험난한 풍경 그리고 사회적 격변이나 전쟁으로 인한 트라우마 등이 담겨 있다. 또한 이 시리즈는 호주 정부가 호주영화위원회(Australian Film Commission: AFC)를 통해 호주의 민족 영화를 재정립하는 데 많은 투자를 했던 1970년대의 호주 영화 제작 시대와 맞닿아 있다. 그 당시 정부의 지원은 이른바 'AFC 장르'라는 독특한 영화의 제작을 이끌었다. 이 영화는 대체로 소설이나 연극으로부터 각색한 것이고, 시대적 배경이 특징적으로 드러나며, 분명하게 알아볼 수 있는 '호주적' 인물에 의해 주도되었다. AFC 영화 장르의 관습은 매우 명확하여 제작자는 화면에 화자話者를 드러내지 않는 보이스오버, 아름다운

48 나치 독일이 2차 세계 대전 중 자행한 유대인 대량 학살의 희생자를 기리기 위한 추모일을 말한다. 이스라엘에서는 1월 16일, 유엔 및 대부분의 국가에서는 1월 27일로 지정하고 있다. 한편 폴란드의 경우 1943년 폴란드 유대인 봉기일인 4월 19일을 홀로코스트 추모일로 삼는다.

풍경 그리고 시대적 배경 등의 제작 수칙을 따랐다고 지적된다(Dermody & Jacka, 1987). 이들 영화는 과거를 향수 어린 방식으로 표현하는 경향이 있었으며 호주적인 콘텐츠 요건에 딱 들어맞았다. 이 시대 이전에는 호주에서 거의 영화 제작이 이루어지지 않았다. 따라서 AFC로부터 자금을 확보하지 못하면 호주 영화는 제작될 수 없는 상황이었다.

마찬가지로 이 장에서 논의한 스크린 오스트레일리아의 지원을 받은 프로그램 역시 영상 문화를 통해 구축된 호주의 국가 정체성 속에서 이 시대를 받아들이며 향수를 활용하여 오늘날의 관심사를 다룬다. 예를 들어 이 드라마들은 귀향 군인에 대한 다양한 재현을 특징으로 하며, 과거의 일정한 역사적 시기를 배경으로 하지만 2010년대 중반의 호주의 사회적 상황을 반영한다. 호주 군대는 2015년 아프가니스탄에서 철수하기 시작하였으며, 2014~2018년 시기에는 호주·뉴질랜드 군단 전설의 100주년을 맞이하여 호주 전역에 걸쳐 추모 행사가 벌어졌다. 하지만 이를 기념하고 축하하는 축제를 벌이는 가운데 일각에서는 호주 문화에서 차지하고 있는 호주·뉴질랜드군단의 신화적 지위에 대해 의문을 제기하기 시작하였다. 예를 들어 폴 데일리Paul Daley는 이 장의 첫 부분에서 언급한 호주의 국가 정체성에 문제를 제기한다. 특히 대중문화에서 그것을 강인하고 두려움이 없으며 평등주의적인 군인으로 드러내 보일 때, 이는 “용기와 비겁, 동정심과 잔인함, 극기심과 연약함을 다 아우를 수 있는 인간적인 모습의 우리 군인을 부정하는 것”이라고 주장한다(Daley, 2010: 46~47). 호주의 상이용사 자선 단체 솔저온Soldier On의 설립자인 존 베일John Bale 역시 100년 전의 전쟁을 기념하는 것보다 오늘날의 귀환 군인이 제대 이후 건강의 악화를 겪는 현실에서 그들을 돕는 것에 더 관심을 기울일 것을 촉구한다(Bale, 2016).

최근 호주에서는 귀환 군인에 미치는 전쟁의 영향에 대해 초점을 맞춘 여러 조사가 이루어지고 있다. 2009년 〈호주 국방군의 정신 건강관리와 제대 이행에 대한 검토Review of mental health care in the ADF and transition through discharge〉(일명 던트 보고서)는 호주 군인의 정신 건강 상태에 대한 유병률 조사를 최우선으로 시급하게 수행할 것을 권고(권고안 12.1)했다(Dunt, 2009). 또 다른 보고서인 〈호주 국방군의 정신 건강: 2010 ADF의 정신 건강 확산과 복지 연구Mental health in the Australian Defence Force: 2010 ADF mental health prevalence and wellbeing study〉는 군대 사회의 정신 건강 장애 확산을 일반 사회와 비교하였다(McFarlane, Hodson, Van Hooff, & Davies, 2011). 이 보고서에 따르면, 군대의 전반적인 정신적 장애의 비율은 호주의 일반 사회와 거의 비슷한 반면, 불안 장애나 외상후스트레스장애 및 우울증의 비율은 훨씬 높게 나타났다(p.xiv). 2015년 상원은 해외 근무를 하고 돌아온 호주 군인의 정신 건강에 대한 조사를 시작하여 2016년 3월 보고서를 발표했다. 그 보고서는 무엇보다 먼저 정기적인 연례 건강 검진을 시행할 것과, 건강 상담 서비스를 모든 전·현직 군인뿐만 아니라 그들의 직계 가족까지 확대할 것을 권고했다. 또한 퇴역 군인이 일반 사회로 복귀하는 전환 과정을 훈련된 멘토가 도와줄 것을 제안하였다.

이러한 권고안은 이 장에서 논의한, 스크린 오스트레일리아의 지원을 받은 드라마의 등장인물이 겪었던 정신 건강의 문제에 일정 부분 반영되어 있다. 다른 사람과의 관계를 충분히 갖고 전문적인 도움을 받을 수 있는 인물이 성공적으로 사회에 복귀한다는 것이다. 따라서 이러한 분석을 활용하여 비판 장애학과 비판적 트라우마 연구 간의 일정한 접점을 만들어 낼 수 있을 것이다. 비판 장애학은 장애를 의료적 개입을 통해서만 치유할 수 있는 개인의 결손이나 결함으로 바라보는 것에 대해 이의를 제기하고, 그보다는 장애의 사회적 구성을 탐색하려 한다. 내용 분석을 통해 알아본 결과, 스크린 오스트레일리아의 후원을 받은 2015년 호주의 인기 텔레비전 드라마에서 가장 흔하게 재현된 장애는 정신적 장애로 나타났다. 하지만 장애 사회 모델의 초기 지지자는 초창기 선언문에서 신체적 장애 이외의 장애는 배제하기로 선택하였다(Union Of The Physically Impaired Against Segregation, 1976). 그러한 관점은 장애적 삶의 어떤 국면이나 심리적 트라우마와 같은 장애 유형에 대해서는 무시하거나 축소하거나 혹은 간과하는 결과를 낳았다. "많은 장애 연구 작업에서 정신적 고통과 상실을 부정하는 것"으로 인해 여러 연구자가 "트라우마 연구와의 합병을 주장"한다(Torrell, 2016). 이제 장애 연구 내에서 장애의 사회 모델을 재평가해야 한다는 요구가 늘어나고 있으며, 또 다른 한편에서는 신체로 다시 돌아가자는 요청도 나타나고 있다(Davidson, 2016).

이와 같은 주제는 이 장에서 논의한 텔레비전 사례에서도 종종 발견된다. 실제로 복귀 군인에 대한 서사는 장애와 트라우마 연구가 만나는 이상적인 지점에 놓여 있다. 여러 신체적 트라우마를 가진 채 군인들이 갈등의 지역으로부터 사회로 복귀하는 가운데 비판 장애학 및 비판적 트라우마 연구의 접점에서 특별한 관심을 받는 것은 외상후스트레스장애를 앓고 있는 군인이다(Slater, 2017). 스크린 오스트레일리아의 지원을 받은 2015년의 인기 드라마는 과거의 회상, 사회관계의 감소, 무모한 행동, 수면 장애, 정서적 고통 및 자책감 등에 대한 재현을 통해 이러한 관심사를 포착하여 다룬다.

의료 모델 대 사회 모델의 이분법을 넘어

비판 장애학이 여전히 새롭게 부상하는 분야로 간주되고 특히 미디어와 장애에 대한 이론화가 이루어지고 있음에도 불구하고, 최근에는 사회 모델의 한계를 넘어 분석 분야를 확대하려는 움직임이 조금씩 나타나고 있다. 예를 들어 초기의 학자는 장애의 사회 모델이나 의료 모델 중 한쪽의 견지에서 미디어를 바라보는 방식을 택하였다. 비판적 성향의 장애 연구자는 신체가 아니라 사회문화적 장벽으로부터 장애가 비롯된다는 것을 인정해야 한다고 주장하였다. 그들은 장애를 의료적 개입을 통해서만 치료 가능한 개인적인 결함으로 바라보는 견해에 문제를 제기함으로써 장애가 개개인의 신체 내에 있는 것이 아니라 도리어 사회 환경, 장애인이 자신의 공동체에 접근하는 데 부딪치는 물리적 장벽 그리고 장애인이 흔히 접하는 낙인적 태도에 있다고 보았다. 따라서 비판 장애학은 장애를 규정하는 사회적, 정치적, 문화적 및 경제적 요인을 탐구하고, 그러한 것이 시공에 걸쳐 재현되는 방식에 대해 탐색한다. 반스가 논의한 스테레오타입의 분류는 일정 부분 이러한 입장으로부터 나온 것이다.

그러나 2008년 토빈 시버스Tobin Siebers는 사회적으로 구축된 환경의 한계에 대한 인식을 높이는 것뿐만 아니라 "만성적 고통, 이차적 건강 효과, 노화 등이 신체로부터 비롯"되고 그것이 장애를 일으킬 수 있다는 것을 인정하기 위해서는 장애 연구가 '복합적 체화 이론theory of complex embodiment'을 발전시켜야 한다고 강력히 권고한다(Siebers, 2008: 25).[49] 또한 알레그라 스타우트Allegra Stout와 아리엘 슈워츠Ariel Schwartz도 많은 장애인이 일상생활을 하면서 이 두 모델 사이를 적극적으로 오가고 있다는 사실(예를 들어 장애 질병이나 만성 질환에 대한 치료나 치유법을 찾

49 복합적 체화 이론은 사회적 환경의 장애화 효과뿐만 아니라 신체의 장애화 효과, 예를 들어 고통, 질환, 노화 및 장애와 연계된 다른 손상으로 인한 영향 모두를 포괄하는 접근법을 의미한다. 따라서 복합적 체화 이론은 장애가 있는 사람들의 일상생활에서 그 양자의 영향을 인정함으로써 의료 및 사회 모델의 이분법에 반대의 입장을 취한다.

으면서도 한편으로 사회에서 여전히 적극적으로 활동한다)의 견지에서 여전히 지속되고 있는 의료 및 사회 모델의 이분법에 대해 의문을 제기한다(Stout & Schwartz, 2014).[50] 복합적 체화 이론을 개발해야 한다는 이러한 요청은 장애 연구 내에서 트라우마를 고찰하는 것과 밀접하게 관련된다. 사회적 장애에 초점을 맞추었기 때문에 트라우마의 영향에 대한 이론화는 장애 연구에서 제대로 이루어지지 않고 있다(Kafer, 2016). 또한 마이클 데이비슨Michael Davidson은 외상후스트레스장애에 대한 자신의 경험을 떠올리며 특히 트라우마의 경험과 관련하여 장애 연구에서 사회 모델을 강조하는 것에 대해 재평가를 할 때라고 주장한다.

> …… 장애는 개인에게 있는 것이 아니라 완전한 통합을 막는 사회적 장벽에 있다는 주장은 이제는 장애 경험의 광범위한 스펙트럼을 설명하는 데 다소 무딘 도구처럼 보인다. (Davidson, 2016: 434)

의료 및 사회 모델은 서로 얽혀 있고, 사람에게 육체적 및 정서적 각인을 남기는 트라우마적 사건으로부터 흔히 장애가 비롯되거나 관련이 있다는 것을 알게 될수록 미디어의 장애 분석을 재검토해 볼 수 있을 것이다. 장애 연구에 있어 신체로의 복귀는 텔레비전에 나타난 장애의 재현을 살펴보는 데 유용한 잠재력을 갖는다. 특히 트라우마와

50 이러한 입장은 장애 권리와 장애 평등의 달성에 있어 사회 모델의 역할은 분명 유효하지만 오직 외적인 장벽만을 탐구함으로써 다양한 장애 경험을 아우르지 못하고 손상의 의미를 깨닫는 데 실패했다고 비판한다. 따라서 의료 모델과 사회 모델의 이분법적 선택이 아니라 의료적 측면과 사회적 측면의 균형을 맞추는 상호 작용적 모델을 통해 장애의 복합성과 다양성 그리고 장애인의 삶을 좀 더 정확하게 바라보고 대안을 마련할 수 있다고 제안한다(자세한 내용은 Tom Shakespeare, 《장애학의 쟁점: 영국 사회 모델의 의미와 한계 *Disability rights and wrongs*》, 2006/2013 참조).

관련될 때 더욱 그러하다. 이 장에서 살펴본 텔레비전 드라마 시리즈에서 나타난 바와 같이 트라우마로 인해 장애가 많이 발생한다는 점을 감안할 때, 장애와 그것이 재현되는 방식을 이해하기 위해서는 트라우마 연구와 통합적으로 접근하는 것이 필요하다는 최근의 요구는 대단히 중요하다.

〉〉〉〉〉〉〉〉〉〉〉〉〉〉〉〉〉〉〉〉

스크린오스트레일리아법은 호주 사회의 다양성을 반영하고 주요 사회적 관심사를 탐색하는 텔레비전 드라마에 대한 재정적 지원을 의무로 명시하고 있다. 그러나 스크린 오스트레일리아에서 자체적으로 시행한 내용 분석의 결과를 보면, 5년의 기간에 걸쳐 텔레비전 드라마에 나타난 다양성은 형편없다는 것을 알 수 있다. 장애 부문과 관련하여 살펴보면 현실 세계의 장애인 비율로 추정되는 약 18%와 대조적으로 텔레비전에서는 4%의 등장인물만이 장애인차별금지법에서 규정한 장애를 지닌 것으로 나타났다. 이러한 통계치에 대한 응답으로 이 장에서는 스크린 오스트레일리아가 지원한, 2015년에 방영된 가장 인기를 얻은 여섯 편의 텔레비전 드라마와 한 편의 영화에 나타난 장애의 재현에 대해 분석하고 그 결과를 살펴보았다. 이 드라마들은 AFC 장르 스타일의 영상 제작의 특성을 띠어 아름다우면서도 잊히지 않는 풍경과는 대조적인 역사적 시대를 배경으로 하고 있다. 신체적 장애에 초점을 맞춘 비판 장애학 연구에서 일반적으로 이해되는 장애에 대한 재현은 각 드라마에서 그리 두드러지게 나타나지 않았다. 하지만 장애인차별금지법에서 규정한 일곱 번째 범주(한 개인의 사고 과정, 현실 인식, 감정 또는 판단력에 영향을 미치거나 혼란스러운 행동을 초래하는 장애, 질환, 질병)는 각 드라마에서 드러났다. 따라서 트라우마는 분석 대상 기간의 호주의 텔레비전에 나타난 장애의 재현에 있어 주요 관심사로 떠오른다. 아마도 이는 그 드라마가 제작되고 방영되었던 시기에 호주 사회와 정부가 귀환 군인의 정신 건강을 지원하는 최적의 정책 방안을 모색하였기 때문으로 여겨진다. 이 논의는 1차 세계 대전 당시 호주·뉴질랜드군단이 갈리폴리 점령에 실패한 100주년 기념일과 같은 시기에 이루어졌다. 결론적으로 장애 연구가 신체로 돌아가야 한다는 요구는 "사회문화와 개인에게 미치는 비장애인 중심주의의 장애화 효과"(Derby, 2014)에 대한 탐색과 더불어 비판적 트라우마 연구와 연계한 생산적인 대화를 통해 이루어질 수 있다는 점을 밝히고자 한다.

다음 장에서는 장애와 트라우마의 재현에 대한 논의를 확장하여 넷플릭스, TEDx, 웹 시리즈 형식에 초점을 두고 온라인 비디오 양식을 살펴보고자 한다.

4장

온라인 비디오의 문화적 접근성

텔레비전 공유성의 온라인으로의 이전

앞 장에서 살펴보았듯이 스크린 오스트레일리아의 지원을 받은 텔레비전 드라마가 보여 준 다양성에 관한 기록은 그리 만족스러운 편이 못 된다. 스크린 오스트레일리아 보고서 〈우리 자신 보기〉에 따르면 텔레비전 방송의 등장인물 중 단지 4%만이 장애를 지닌 것으로 나타났다(Screen Australia, 2016). 이는 실제 인구의 18%와 비교하면 턱없이 낮은 비율이다(ABS, 2013). 또한 이 보고서는 다양한 분야의 제작자가 방송사에게 장애의 재현 비율을 제고해 달라고 하지 않는 배경을 장애 재현의 다양성에 대한 낮은 인식 때문이라 설명한다. 이 보고서는 전통적인 방송에 초점을 두고 분석했지만 한편으로 온라인 콘텐츠의 영향에 대해서도 암시한다. 특히 수용자와 제작자 모두 보다 폭넓은 다양성의 통로로서 이러한 양식을 모색할 수 있다는 점을 지적한다.

> 우리와 대화를 나누었던 많은 응답자는 온라인 플랫폼이 처음 진입 단계에서는 TV 네트워크만큼 광범위하지 않을 수도 있지만, 콘텐츠와 연계

하여 확장할 수 있는 수용자의 다양성, 실무자 간의 교류 가능성의 견지에서는 TV보다 훨씬 폭이 넓다고 말했다. (Screen Australia, 2016: 24)

그뿐만 아니라 초기의 스크린 오스트레일리아 보고서는 텔레비전에 접속하기 위해 점점 더 많은 사람이 온라인 비디오로 눈을 돌리고 있다고 제시한다(Screen Australia, 2014). 하지만 온라인 비디오의 범주는 매우 넓다. 〈우리 자신 보기〉 보고서에서 포괄하는 온라인 비디오가 구체적으로 무엇인지는 명확하게 규정되어 있지 않다. 그것은 넷플릭스 오스트레일리아나 또 다른 호주의 주문형 비디오인 스탠을 의미하고, 심지어 웹 시리즈나 여타의 참여 온라인 비디오 양식도 가능할 것이다. 스크린 오스트레일리아 보고서에서 명확하게 언급되어 있지는 않지만, 온라인 비디오라는 용어는 소셜 미디어를 통해 공유되고 있는 TED 토크를 포함할 수도 있다.

그러나 많은 사람에게 이들 플랫폼은 텔레비전으로 별로 인식되지 않는다. 이는 이 책의 또 다른 근본적인 질문을 제기한다. 텔레비전은 과연 무엇이며, 어떻게 장애 연구가 장애 분석을 통해 이 미디어에 대한 이해를 보다 확대하고 통합할 수 있는가라는 점이다. 따라서 이 장에서는 세 가지 온라인 비디오 양식(넷플릭스, TED 토크, 웹 시리즈)에 대한 사례 연구를 통해 장애와 디지털 텔레비전 문화의 맥락에서 온라인 비디오의 역할을 탐색하고자 한다. 이는 다음의 세 가지 중요한 주제에 초점을 맞추어 이루어진다. 첫째로 이러한 양식에 나타난 장애 재현이 장애에 대한 대안적 이미지를 제공할 수 있는가, 둘째로 그러한 대안적 이미지가 문제가 많은 일차원적 텔레비전 장애 재현의 접근법을 비판할 수 있는가, 마지막으로 텔레비전 문화에서 문화적으로 접근 가능한 방식으로 장애를 재해석하는 기회를 온라인 비디오가 제공할 수 있는가 등이다. 아울러 규제 환경, 국내의 유통 모델 그리고 수용자의 확장 미디어 이용과 같은 다른 영향을 고려하기 위해서는 텍스트성과 내용 분석을 넘어선 텔레비전 장애 분석이 이루어져야 한다는 관점을 이 책을 통해 지속적으로 견지할 것이다.

넷플릭스, TED 토크, 웹 시리즈 등 세 가지 특정 온라인 비디오의 사례 연구를 논의하기 전에 먼저 이즈음 텔레비전 환경하의 공유성과 위험의 개념에 대한 접근법의 변화를 살펴볼 것이다. 그 후에 온라인 비디오 유통의 전 지구적 성격을 감안하여 국내와 국제적 제작을 포괄하는 사례 연구를 간략하게 알아볼 것이다. 그것은 각기 장애에 대한 좀 더 광범위한 담론에 기여한다는 점에서 텔레비전의 장애 재현뿐만 아니라 호주의 장애인 공동체나 그보다 넓은 지역과 국제적인 미디어 영역에서 영향력을 갖는다. 첫 번째 사례 연구는 넷플릭스라는 플랫폼이 문화적으로 접근 가능한 텔레비전 환경 내에서 장애를 재구성하는 데 기여하는 방식에 대한 논의이다. 이는 넷플릭스 특별기획물로 제작되어 전 세계적으로 선풍적인 인기를 얻은 코미디 프로그램 〈해나 개즈비: 나의 이야기*Hannah Gadsby: Nanette*〉(이하 〈나의 이야기〉)를 대상으로 한다. 사회 정의에 초점을 맞추어 문제투성이인 제도를 재치있게 비판하는 〈나의 이야기〉와 넷플릭스는 텔레비전의 '공유성'에 새로운 활기를 불어넣고 이를 재정립한다. 이 주제에 이어 TED 토크 현상의 사례 연구로 넘어갈 것이다. 특히 2014년 영의 TEDx 토크 〈나는 여러분께 감화를 주는 존재가 아니에요. 대단히 감사합니다*I'm not your inspiration, Thank you very much*〉에 주목하여 그것이 호주의 장애인 공동체에 미친 영향을 살펴보고자 한다. 이는 내가 장애인 공동체와 인터뷰하면서 명백히 확인한 점이다. 이 온라인 비디오의 영향은 세 번째 사례 연구인 〈나의 절름발이 인생〉을 포함한 주요 장애 웹 시리즈에서도 뚜렷하게 나타난다. 그러한 웹 시리즈는 기존의 텔레비전 재현을 비판할 뿐만 아니라 장애의 사회문화적 구성 방식을 이해할 수 있게 해 주는 새로운 재현도 제공한다.

텔레비전의 공유성

2000년의 저술을 통해 존 엘리스John Ellis는 텔레비전의 세 가지 발전 단계를 밝혔다. 결핍, 풍요 그리고 저술 시점인 새로운 밀레니엄이 시작될 무렵의 무한한 선택이 그것이다. 세 시기를 거치면서 편성 전략의 변화가 나타났다. 전체 대중을 표적 수용자로 한 편성(방송의 특성)에서 선택 가능성, 다양성 그리고 참신한 아이디어를 통해 틈새 수용자를 겨냥하는 편성(협송의 특성)으로 전환하고 있다(Ellis, 2000). 광고에 의존하여 재원을 확보하는 방송과는 달리, 협송의 경우 가입비를 통해 수익을 얻는다. 방송 모델은 대체로 '누구나 이해할 수 있는 프로그램을 통해 가능한 다수의 수용자를 끌어들이고자 하는' 것을 목적으로 하지만 이는 결국 사회적 소수자 집단에 대한 부정적 편견을 낳는다(Chae & Flores, 1998). 최근 급속도로 널리 퍼지고 있는 고속 데이터 통신망의 도입은 방송 사업자와 수용자 모두에게 VOD나 온라인 스트리밍 서비스와 같은 비동시성 텔레비전뿐만 아니라 온라인 비디오와 같은 앱 기반의 콘텐츠를 받아들이도록 촉진하고 있다. 이를 통해 텔레비전은 무한한 선택을 더욱 가속화하는 네 번째 단계인 변신transformation의 시기로 진입하고 있다. 필 나폴리Phil Napoli는 그에 대해 다음과 같이 설명한다.

> 저장 및 전시 능력의 한계로 제약을 받는 전통적인 서점, 레코드점, 영화관, 케이블 방송 등이 풍부하고 광범위한 메뉴를 지닌 아마존, 아이튠즈,

> 넷플릭스, 디지털 케이블, 웹 등으로 대체됨으로써 우리는 전례 없이 풍요로운 환경을 맞고 있다. [……] 그 중요성은 오늘날 미디어 환경의 또 다른 핵심적 특성으로 인해 한층 더 증대하고 있다…… 즉 선택의 폭이 늘어난 미디어 환경에서 수용자가 잘 헤쳐 나갈 수 있도록 다양한 도구가 제공된다는 것이다. (Napoli, 2011)

넷플릭스와 아마존 같은 VOD 공급자와 전통적인 네트워크 텔레비전의 산업적 관행 간의 관계를 이해하기 위해 마이클 웨인Michael Wayne은 "텔레비전의 몰락에 대한 소문이 너무 과장되었다 하더라도, 산업 전반에 걸쳐 나타나는 중요한 변화로 인해 표현 수단이자 문화 형태인 미국 텔레비전의 구조가 바뀌고 있다는 점은 부인하기 어렵다"고 주장한다(Wayne, 2018: 1~2). 그가 언급한 것은 미국의 사례이지만, 호주에서도 비슷한 문화적 충격이 발견된다. 이는 장애의 관점에 대해서도 변화를 가져온다. 이 책을 통해 논의하듯이 새로운 텔레비전 환경의 특징은 프로그램 몰아 보기binge-watching와 기기의 개인화다. 이 두 가지는 텔레비전에 접근하길 원하는 장애인에게 상당한 잠재력을 가진다. 6~9장을 통해 논의하겠지만, 이러한 개인화로 인해 자막과 화면 해설의 기능을 좀 더 널리 사용할 수 있는 기회가 만들어지고, 결과적으로 텔레비전에 보다 폭넓게 접근할 수 있게 된다. 네 번째 시기에는 좋은 품질의 고급 제작물과 구독 플랫폼을 통해 틈새 수용자를 끌어들이려는 제작자로 인해 장애의 재현에서도 뚜렷한 영향이 나타나고 있다.

그러나 많은 사람이 환영하는 이러한 급격한 기술 변화는 또한 텔레비전의 궁극적인 종말에 대한 예측과도 이어진다. 그것은 VHS 기술이 등장하면서 TV 프로그램을 녹화할 수 있게 됨에 따라 비동시적 시청이 처음 가능해진 1980년대에 시작되어 때때로 표면화되었다. 10년

후 DVD가 등장한 초기에는 제작자의 저항이 있음에도 불구하고 수용자는 비실시간 시청뿐 아니라 프로그램 몰아 보기를 시작하였다. 물론 프로그램 몰아 보기가 보편적인 시청 관행으로 자리 잡게 된 것은 2007년 넷플릭스가 DVD 통신 판매에서 스트리밍 플랫폼으로 사업 방향을 바꾸고 나서부터다. 이러한 환경 변화로 인해 텔레비전이 죽어 가고 있는지 아니면 사실상 단지 변화하며 새로운 기술과 통합하고 있는지, 연구자들은 의문을 갖게 되었다. 이에 대해 엘리후 카츠Elihu Katz는 다음과 같이 설명한다.

> …… 텔레비전은 정말로 죽어 가고 있는가? 1960년대와 1970년대 우리 중 일부가 알고 있던 텔레비전에 대해서라면, 그 대답은 '그렇다'다. '공유성'의 텔레비전, 국가 건설과 가족 화합의 텔레비전은 더 이상 존재하지 않기 때문이다. 하지만 이제는 수백 개의 채널을 갖고, '틈새' 방송을 하며, 이동성을 갖추고, 인터넷과 여타 뉴 미디어와 결합된 시스템의 일부가 된 텔레비전이 존재할 가능성이 마련되어 있다. 텔레비전이 라디오의 전철을 밟고 있다고도 할 수 있다. 그것은 소형화되고 맞춤형으로 이제 모든 사람의 개인적인 동반자가 되고, 다소 과장하자면 더 이상 두 사람이 동시에 같은 프로그램을 시청하지 않는다. 이는 기술과 접촉의 변화다. 그것은 기술 변화와 상업적 투자의 미궁 속에서 나타난 공공 규제의 붕괴와 동반된다. 아울러 좋은 것이 무엇인지 우리보다 더 잘 안다고 주장해 왔던 전문가에게 등을 돌린 여론을 반영한 콘텐츠의 변화도 나타난다. (Katz, 2009: 6)

'"지금까지 이루어져 왔고 앞으로도 진행될" 올드 미디어의 변화에 대한 복원력과 적응력에 관한 인식을 되살리는 데 도움을 주기'(Newcomb, 1996: XIX; Buonanno, 2016에서 재인용) 위해 오픈 액세스 학술지인 〈미디어와 커뮤니케이션*Media and Communication*〉은 2016년 특별호를 통해 이러한 예측에 대해 논의하였다. 대부분의 논문은 그 생각에 동조하지 않았다. 하지만 텔레비전이 놀랄 만한 변화를 겪고 있다는 점에서는 의견 일치를 보였다. 전통적인 제작사의 영향력은 점차 약화되고, 그에 따라 무엇을, 언제, 어디서, 어떻게 시청하는지를 결정하는 방송사의 지배력도 떨어진다. 변화는 텔레비전이 전달되는 방법과, 그것의 수신 방식에 대한 통제권을 누가 갖느냐에서 나타난다. 이는 장애인에게 기회와 도전 모두를 제공한다. 특히 이 책에서 초점을 두고 있는 두 가지 핵심 영역인 접근과 재현에 있어 그러하다.

예를 들어 텔레비전의 디지털화에 따라 협송이나 틈새/전문화된 시청자를 겨냥하는 편성 전략이 늘어나고 있다. 엘리스가 논의한 텔레비전 발전 단계에 따르면, 풍요의 시대는 위험 부담이 있더라도 적지만 헌신적인 수용자를 겨냥한 협송의 편성을 취한 유료 텔레비전으로 특징지어진다. 폭스Fox, CBS, ABC를 모두 제쳐놓고 HBO가 〈소프라노스〉를 집어 든 것은 종종 이에 대한 사례로 언급된다. 〈소프라노스〉는 대표적인 '고급' 텔레비전물이며 시청자의 충성도가 특징인 텔레비전 편성 유형이라 할 수 있다.

> …… '고급' 시리즈(특히 드라마)는 대체로 매주 그리고 시즌마다 상세하고 끊임없이 발전하는 스토리에 대한 헌신을 수용자에게 요구한다. (DeFino, 2013)

〈소프라노스〉에서 나타난 장애 재현이 매주, 시즌마다 끊임없이 진전된 것은 중요한 의미를 갖는다. 이 드라마에는 장애를 지닌 상당수의 인물이 등장하였고 장애를 모든 사람이 경험할 수 있는 것으로 묘사했다. 이에 대해 캐슬린 레베스코는 다음과 같이 설명한다.

> 이 드라마에 등장하는 인물들에게는 암, 뇌졸중, 경계선 인격 장애, 식중독, 발달 장애, 우울증, 공황 발작, 엡스타인-바Ebstein-Barr 바이러스[51] 등 질병이 있다. 손목터널증후군, 허리통증, 비장脾腸 총상, 주의력결핍장애, 저시력, 헤로인 중독, 학습장애, 비만, 다리 결손이나 여타의 질병 등 일상생활에서 우려되거나 따돌림받는 각양각색의 질환이 나타난다. 이 드라마에서 그것은 물론 가짜일 때를 제외하고는 대부분 피할 수 없는 삶의 또 다른 현실이다. 예리한 대본과 명연기로 〈소프라노스〉는 신체적 한계, 능력 상실, 이상적인 신체와의 간극 그리고 고통 등을 시청자가 충분히 이해할 수 있는 것으로 만든다. 이러한 성과는 부정적인 신체에 대한 두려움, 자신의 취약점과 '결함'에 대한 두려움, 피할 수 없는 건강 악화와 죽음에 대한 두려움을 덜 갖게 해 준다. (LeBesco, 2006: 55)

위험과 틈새 수용자에 대한 개념은 온라인 비디오의 담론에도 널리 퍼져 있다. 넷플릭스의 시청률에 대한 정확한 통계는 잡히진 않지만 다음에 논의할 〈나의 이야기〉와 같은 넷플릭스 오리지널 프로그램을 두고 활발히 이루어진 많은 온라인 토론은 그것이 시청자에게 미치는 의미 있는 영향력을 말해 준다. 온라인에서 공유되고 논의되는 TED 토크는 수용자에게 중요한 의미를 갖는 또 다른 미디어 사례가 된다. 마찬가지로 온라인 비디오 형식의 웹 시리즈는 전통적인 텔레비

51 일종의 헤르페스 바이러스(포진 바이러스)로 감염되는 질병으로 대부분 무증상 감염이 된다.

전의 재현을 비판하고 효과적으로 시청자의 관심을 끌어들여 제작에 필요한 재정적 후원을 받을 수 있는 양식이 된다. 위험의 개념은 본질적으로 보수적인 호주의 텔레비전 환경에 중요한 출발점을 제공한다. 한 국가로서, 우리는 특히 다양성에 관한 어떤 것은 텔레비전에 절대 나오지 않아야 한다고 여기는 듯하다.

넷플릭스

넷플릭스는 1997년 프로그램당 온라인 비디오 대여 사업자로 시작하여 1999년 월정 구독제로 확대하였다. 이제 그들의 사업 모델은 무제한 온라인 스트리밍 서비스로 전 세계를 대상으로 한다. 넷플릭스 가입자는 한 달 단위로 비용을 지불하고 인터넷이 연결되는 거의 모든 기기를 통해 언제 어느 곳에서든지 보고 싶은 프로그램을 마음대로 접속할 수 있다. 그것은 또한 광범위한 개인 맞춤형 영상 추천 시스템을 발전시켜 운영한다. 그 결과 넷플릭스는 미국의 네트워크 TV 방송사에 상당한 타격을 주며, 특히 오리지널 프로그램에 투자가 이루어지면서 그 영향력은 더욱 커지고 있다(Lotz, 2018). 호주에서 넷플릭스가 법적 지위를 얻게 된 것은 2015년에 들어와서다. 이렇게 더디게 된 것은 호주 내의 기존 방송 사업자에게 유리한 호주의 규제 환경과 라이선스 계약 탓이라 할 수 있다. 실제로 호주의 방송 사업자는 넷플릭스의 도입에 대해 지속적으로 실망과 한탄을 드러내며, 그것이 자신들의 사업 모델에 미치는 영향을 우려해 왔다. 최근의 정부 보고서에 따르면, 방송 사업자는 이것을 기회로 자신들에게 재정적 압박을 강요하고 세계 시장에서 경쟁력을 갖추는 데 걸림돌이 된다고 주장해 온 국내 콘텐츠에 대한 규제를 완화해 달라고 요청하고 있다.

넷플릭스를 통해 유통되는 TV 프로그램 중에는 전통적인 장애 연구와 연관시켜 논의할 수 있는 것이 얼마든지 있다. 하지만 호주뿐 아니라 전 세계에 미친 문화적 영향력 때문에 〈나의 이야기〉라는 프로그램을 선정하였다. 이것은 호주의 코미디언 개즈비가 출연한 일회성 코미디 스페셜 프로그램으로 시드니 오페라 하우스에서 청중을 두고 촬영되었다. 이 프로그램은 거의 모든 국가로부터 찬사를 받을 만큼 국제적인 주목을 받았지만, 실상 장애와 호주의 국가 정체성을 언급한 방식에서는 별로 관심이 주어지지 않았다. 〈나의 이야기〉에 대한 대중의 반응은 이 프로그램을 두고 온라인 포럼이 넘쳐나고 새로운 시대의 텔레비전 공유 개념에 활기를 불어넣었다는 점에서 잘 드러난다. 그런 점에서 〈나의 이야기〉는 장애와 디지털 텔레비전 문화 모두에 있어 중요한 텍스트가 된다.

〈해나 개즈비: 나의 이야기〉

개즈비는 호주의 코미디언이며 작가이자 방송인이다. 그녀는 2010년부터 호주 공영 방송 ABC의 여러 코미디 프로그램에 지속적으로 출연하고 있다. 하지만 세계적인 주목을 받게 된 것은 넷플릭스의 오리지널 프로그램 〈나의 이야기〉에 출연한 이후부터다. 〈뉴욕 타임스〉는 그녀를 '코미디의 신성'이라고 격찬하였다(Zinoman, 2018). 〈나의 이야기〉에서 그녀는 코미디를 그만두려 한다고 고백하면서 방송 내내 코미디가 어떻게 트라우마에 의존하고 수용자에게 사회 변화를 요구하지 않는지 보여 준다. 그 결과 백인, 남성, 이성애적 주관성의 지배가 강화된다고 주장한다. 또한 사회가 이미 소외된 사람을 무력하게 만드는 방식으로 정신 질환, 트라우마, 낙인의 실상을 호주 문화와 우리가 초점을 맞추고 있는 이야기에서 빼버린다고 지적한다.

〈나의 이야기〉는 영상물 비평 사이트인 '로튼 토마토Rotten Tomato'에서 100%라는 완벽한 평가를 받았다.[52] 이는 〈시민 케인*Citizen Kane*〉과 같은 뛰어난 고전 영화에 버금가는 것이다. 하지만 거의 만장일치로 비평가의 절찬을 받았음에도 호주의 정체성과 문화의 견지에서 이 프로그램을 살펴본 경우는 거의 찾아보기 힘들다. 물론 #미투#metoo의 언급과 트럼프의 농담이 도처에서 증명되었듯이 〈나의 이야기〉도 오늘날 호주의 국가 정체성처럼 국제적으로 많은 영향을 미치고 있다고 볼 수 있다. 하지만 호주인이 자기 비하 위에 국가 정체성을 구축했다는 것을 인정해야만 하며, 특히 그에 대해 〈나의 이야기〉는 비판적인 입장을 취한다. 호주의 국가 정체성 형성에 죄수의 후손[53]이라는 인식과 계급 제도의 수용을 명백히 거부한 호주인의 태도가 영향을 주고 있기 때문이다. 호주가 평등주의를 부르짖고 있음에도 불구하고, 이러한 자기 비하는 다른 어떤 이보다 한 집단에게 힘을 실어준다. 바로 개즈비가 "최상단에 있는, 인간 중의 왕"이라 묘사한 이성애자 백인 남성이다.

개즈비는 호주의 작은 고향 마을, 레즈비언으로서의 성 정체성, 어머니와의 관계 그리고 그동안의 자신의 이력에 관한 자기 비하적인 농담을 던지면서 이야기를 시작한다. 하지만 그 후에 그녀는 형식을 확 뒤집어 자신이 한 농담을 다시 반복하다가 어떻게 자기 비하적 요소로부터 자신을 분리하고 트라우마를 극복했는지를 그녀 특유의 화법으로

52 반면 관객 평가audience score에서는 26%에 그쳐 이 작품이 제기한 이슈에 대한 대중적 시선의 일단을 엿볼 수 있다.

53 1768년 영국의 제임스 쿡James Cook 선장은 호주의 동쪽 해안을 북상하여 발견한 곳을 뉴사우스웨일스라고 명명하여 영국 영토로 선언하였다. 이후 죄수의 유형지가 필요했던 영국은 원주민을 몰아내고 식민지를 건설하여 1788년에 736명의 죄수와 1,373명의 이민단을 호주에 상륙시킴으로써 백인의 역사가 시작되었다. 이후 1868년까지 총 16만 명의 죄수가 유배되었다. 1901년 1월 1일, 영국의 식민지에서 벗어나 오스트레일리아 연방이 출범되었다.

풀어내며 마무리한다. 그녀는 자기 비하적인 유머가 다른 사람을 침묵시키면서 어떻게 자신에게 발언할 기회를 갖도록 해 주는지 설명한다.

> 나는 자기 비하적인 유머로 경력을 쌓아 왔어요. 그런데 이제 더 이상 안 하려 합니다. 사회적으로 이미 소외된 사람이 자기 비하적인 말을 할 때 그게 뭘 뜻하는지 아시나요? 겸손이 아니에요. 그건 치욕이에요. 말하기 위해, 발언의 기회를 얻기 위해 자기 자신을 낮추는 것이니까요. 하지만 이제 더 이상 그러지 않을래요. 나는 물론이고, 나와 같은 처지의 사람들도요. 그래서 내 코미디 경력이 끝나 버린다면, 뭐 그러라고 하죠.

개즈비의 설명처럼 코미디는 어떤 설정과 펀치 라인punch line[54]에 의존한다. 즉 하나의 질문과 그에 대한 '깜짝' 대답으로 이루어진다. 인위적으로 질문에 긴장감을 불어 넣고, 그에 대한 엉뚱한 답을 나오게 하여 사람들의 마음을 풀어 주며 웃음을 유발하는 것이다. 그에 반해 스토리는 처음, 중간, 끝이라는 세 부분으로 구성된다. 개즈비는 농담을 다시 시작하고 해체하여 세 번째 부분으로 이끈다. 예를 들어 한 여성에게 추파를 던진 남자로 오해받아 그녀의 젊은 남자 친구로부터 추궁을 받고, 여성임이 드러났음에도 호되게 얻어맞는 가운데 어느 누구도 자신을 구해 주지 않았던 상황을 말한다. 그녀는 결말을 새롭게 삽입하여 '스토리의 어떤 부분에 집중하면 그로부터 무엇인가를 배울 수 있다'는 것을 보여 준다. 호주에서 동성애 혐오로 인한 폭력을 당한 개즈비의 경험은 더 이상 농담의 영역에 머무르지 않는다. 그것은 국제적인 장으로 나아간다. 호주의 한 비평가는 호주의 코미디와 정체성의

---

54 이야기나 농담의 마지막을 장식하는 결정적 구절로서 일종의 촌철살인이라 할 수 있다.

핵심적 스타일인 자기 비하적 유머가 어떻게 사람을 하찮은 존재로 만드는지 지적한다.

> 자기 비하적 유머가 동료 의식과 연대감을 '조성'하는 도구일 수 있지만, 또한 힘 있는 자가 정상에 서고 소외된 이를 가장자리에 놓아 버리는 기제가 될 수도 있다. 그리고 주변부에 놓여 있는 사람에게 자기 비하는 더할 수 없이 해로울 수 있다. 자신이 다른 사람들로부터 수용되고 호평받기 위해서는 스스로를 패러디해야 한다는 강박을 갖도록 해 주기 때문이다. 타인에게 받아들여지는 것에 신경 쓰고 자신을 비하하는 긴장감을 억누르는 것 모두 '그 자신'의 몫이 되어 버린다. (Bastian, 2018)

남자가 '의견'을 말할 수 있는 권한을 부여받는 반면 레즈비언은 '피드백'을 주는 것에 그치는 세상의 방식을 살펴보고, 개즈비는 정신질환과 창의성에 대해 언급한 것을 두고 자신을 찾아온 한 남자 청중이 '그렇게 예민하게 굴지 말라'고 지적한 것에 반박했던 사례를 든다. 그녀는 예민함이 도리어 자신의 원동력이라고 말한다. 개즈비 선언의 핵심은 하나의 사회로서 우리는 예민한 상황에 대해 어떻게 발언해야 할지 모른다는 것이다. 그녀는 또한 자신이 자란 태즈메이니아주에서 시행된 동성애 합법화 여부에 대한 투표에서 그것을 불법적인 범죄로 간주하는 것에 주민의 70%가 찬성했던 시기의 훈육을 되돌아보면서 자신은 10년 동안 옷장 안에 숨어 있었다고 털어놓는다. 하지만 한 번도 할머니에게 말을 꺼낸 적이 없을 정도로 그 옷장은 그녀가 내면화하여 늘 가슴에 품고 다녔던 수치심으로부터 그녀를 보호해 주지 못했다.

예술사 학위를 가진 개즈비는 예술사에 토대를 둔 또 다른 이야기를 청중에게 설명한다. 그것은 특정 '성'을 표현하는 몸을 포함하거나 혹은 배제함으로써 정상성을 사회적으로 구축해 준다는 것이다. 그녀는 예술사가 세상과 그 속에 자신의 공간을 이해하는 데 도움을 주었다고 하면서 그것의 역사적 재현을 살펴보면 자신의 공간은 결코 가능하지 않다는 것을 확신할 수 있었다고 말한다. 비록 그녀가 자신의 이야기를 또 다른 영역으로 확장하지는 않았지만, 그녀와 마찬가지로 배제되어 있고 옷장 안에 숨어 있고 수치심에 싸여 있고 그리고 제한된 가능성(예를 들어 감동을 주는 존재와 같은 자발적 패러디)을 받아들이도록 권유받고 있는 장애인에 대해서도 동일한 통찰력을 적용할 수 있다. "이러한 긴장은 이른바 '비정상'이라는 사람들이 늘 가슴에 묻고 사는 것이다. 다르다는 것 자체가 처벌받아야 할 범죄가 되기 때문이다"라는 그녀의 발언은 바로 2장에서 어빙 고프먼이 언급한 '낙인에 대한 주석'의 논지와 명확하게 닿아 있다.

어떤 집단에게는 말할 권리를 부여하고, 또 다른 집단은 주변부로 밀려나게끔 만드는 방식에 대해 개즈비는 줄곧 설명한다. 개즈비는 왜 호주의 작은 마을에 가면 불안해지는지 이야기한다. 그곳에 가게 되면 사람들과 멀리 떨어져 있는 것이 좋다고 말한다. 건장한 체구의 그녀를 '멋진 사내'로 착각하기 때문이다. 하지만 좀 더 다가오면 그들은 그녀를 어떻게 대해야 할지 갈피를 못 잡는다는 것이다. 개즈비는 자신을 정상적이지 않은 성별로 묘사한다. 로즈메리 갈런드톰슨Rosemary Garland-Thomson의 말을 빌리자면, 그녀는 사회의 전형성을 강화하는 데 적합하지 않은 특성이 있다는 점에서 '기이한extraordinary' 몸을 가졌다(Garland-Thomson, 1997). 개즈비를 신체적, 성적으로 공격했던 남성에게 그렇게 할 수 있는 권한을 준 이른바 '해로운 남성성toxic masculinity'[55]은 2005년

55 지배성, 경쟁심, 감정 표현의 억제 등 사회에서 남성에게 적합하다고 여겨져 온 성질을

12월 크로눌라 해변에서 자국의 여성에게 '작업'을 걸었다는 이유로 수천 명의 호주인이 레바논의 청년들을 공격하도록 이끌었던 남성성과 같은 것이라 할 수 있다.[56] 앞서 논의했듯이 강력한 힘과 완벽한 신체의 남성성은 호주의 국가 정체성 핵심이다. 따라서 장애인은 영원한 국외자로 존재하며 유일하게 할 수 있는 일은 패러디 버전을 통해 호주의 작은 전사가 되는 것뿐이다.

〈나의 이야기〉의 주요 주제는 정신 질환과 어린 시절의 트라우마다. 하지만 개즈비는 그 이후로 동성애와 더불어 자폐증(Valentish, 2018)과 주의력결핍과잉행동장애(attention deficit hyperactivity disorders: ADHD)(Wright, 2017)가 차이에 대한 그녀의 생각에 어떻게 도움을 주는지 깊이 생각하게 된다. 비록 코미디 장르로 분류되지만, 〈나의 이야기〉는 결코 코미디가 아니다. 그것은 한 장애인이 털어놓은 다양성, 힘 그리고 차이에 대한 이야기다. 그녀는 "다양성이 힘이며, 차이를 통해 배운다"고 선언한다. 개즈비의 〈나의 이야기〉가 한 호주 장애인이 만든 최근의 미디어 사례라고 한다면, 4년 전 또 다른 호주의 코미디언인 영이 미디어의 장애 재현을 두고 국제적인 강연을 하였다. 호주의 유머 감각을 다시 불러일으킨 이 강연은 TED 토크의 형식으로 이루어졌다.

말한다. 공격성, 무감정성 그리고 다른 부정적인 특성을 강화하는 것으로 인식되는 전통적인 남성성의 측면은 특히 미국에서 남성적 이데올로기의 구성 요소로 이론화되었다.

56 호주 시드니의 크로눌라 해변에서 일어난 인종 폭동 사건이다. 2005년 12월 4일 해변에서 레바논 젊은이와 영국계 호주인 구조원 간에 물리적 충돌이 벌어지면서 촉발되었다. 백인 청년들이 12월 11일 일요일 아침부터 정오까지 크로눌라 해변에 약 5,000여 명이 모여 '호주인의 자존심,' '중동인은 꺼져라!' 등 인종 차별적 구호를 외치며 중동계 외모의 청년들을 무차별 공격했다. 이에 아랍계 청년들이 그에 대해 저항을 하면서 폭동이 걷잡을 수 없이 커졌다. 극우 정당인 호주 제일당, 특히 애국청년동맹이 폭동에 연루되었다는 이 사건은 호주 현대사의 얼룩진 상처이며 치욕적 사건으로 남아 있다.

TED 토크

1984년 열린 첫 번째 TED 강연회에는 루카스필름Lucasfilm이 제작한 CD, 전자책, 3D 그래픽이 선보였으며, 수학자 브누아 망델브로Benoit Mendelbrot의 프랙털 기하학에 대한 설명이 있었다. 하지만 인상적인 프로그램에도 불구하고 주최 측은 재정적 손실을 입었고 1990년이 지나서야 다시 재개하였다. 그 이후 이 강연회는 매년 캘리포니아주의 몬터레이에서 개최되며 전 세계에 걸쳐 여러 연대 강연회로 확장하고 있다. 2006년 TED 토크가 인터넷을 통해 퍼지기 시작하면서 이는 확장 미디어의 중요한 사례가 되었다. 헨리 젱킨스Henry Jenkins는 확장 미디어를 "수용자가 미디어 흐름을 능동적으로 형성함으로써 자신의 존재감을 느끼고, 제작자, 브랜드 관리자, 고객 서비스 전문가, 기업 커뮤니케이션 담당자는 그에 대해 적극적으로 듣고 대응할 상업적 필요성을 깨닫는" 과정과 환경으로 규정한다. 요컨대 "확장하지 않으면 죽은 것"이다(Jenkins, 2013). '퍼뜨려야 할 가치가 있는 생각ideas worth spreading'이라는 주문으로 형성된 TED 토크는 18분 이하로 이루어지고 새로운 생각을 담아야 한다는 것을 엄격한 원칙으로 하여 기획된다. 광범위한 수용자가 자유롭게 이용할 수 있다는 점에서 TED 토크는 방송 모델을 채택한다고 볼 수 있지만, 젱킨스가 설명한 확장 미디어를 통해 인기 있는 TED 토크를 동료끼리 서로 추천하는 협송의 형태로 바뀐다.

나는 앞에서 예상보다 일찍 텔레비전이 그 '공유성'을 잃어버리고 있다는 카츠의 논평을 인용했다. 하지만 역으로 온라인 비디오 양식이 새로운 공유성의 시대를 이끌 수 있다. 여기서 TED 토크가 텔레비전 형식의 하나라고 주장하려는 것은 아니다. 그보다는 이러한 영상물이 특정 공동체로부터 환영을 받고 네트워크 방송사에서 이를 중요한 미디어로 간주하여 공유하는 방식에 주목하고자 한다. 장애는 TED의 강연자에게 인기 있는 주제다. 그것은 생명공학의 힘을 빌려 장애를 치유하는 것부터 기존의 편향된 환경을 재설계하는 것까지, 감화를 주는 이야기로부터 그러한 감화 포르노inspiration porn에 대한 비판에 이르기까지 다양한 주제가 다루어진다(https://www.ted.com/topics/disability 참조).

이와 같은 온라인 비디오는 호주의 많은 장애인이 생각하기에 별로 진전되고 있지 않는 텔레비전의 재현과는 달리 전례 없이 많은 장애인을 미디어에 등장시키고 있다. 하지만 2장에서 논의한 것처럼 재현의 유형이 바뀌지 않는 한 단지 수가 늘어난다는 것만으로는 문화적 이해를 높이는 데 별 영향을 주지 못한다. 예를 들어 2014년에 호주의 코미디언이며 ABC 방송사의 제휴 장애 웹 사이트인 〈램프 업*Ramp up*〉의 편집자인 영은 장애인 공동체를 넘어 널리 퍼진 TEDx[57] 행사를 가졌다. 영은 대부분의 장애인이 공감할 수 있는 경험, 즉 미디어와 사회가 장애인을 감화의 존재로 구축하는 방식에 대해 명쾌하게 설명하였다. 그녀는 전형적인 감화 재현의 담론을 '감화 포르노'로 지칭하였다(Young, 2014). 그녀는 일찍이 〈램프 업〉에 쓴 글을 통해 이러한 감화 담론을 만들어 내는 미디어의 역할에 주목했다.

> 장애인이 살아가기 위해서는 일정 부분 특정한 종류의 용기가 필요하다는 이 기이한 가정의 뿌리는 장애에 관한 우리의 의식 구조에 막강한 힘을 발휘하는 뉴스 미디어가 아닌가 생각된다. 대부분의 저널리스트는 '장애의

57 TEDx 토크는 발표 방식에서 TED와 유사하지만 독립적인 행사로서 TED로부터 무료 허가를 받으면 누구나 만들 수 있고, 특정한 원칙을 따르는 데 동의하는 사람에 의해 조직될 수 있다.

> 극복,' '용감한,' '고통을 이겨낸,' '역경에 도전하는,' '휠체어 신세를 지는,' 혹은 개인적으로 내가 선호하는 용어인 '감화적'이란 말을 사용하지 않고는 결코 장애인에 관해 쓰거나 말할 수 없는 것처럼 보인다. (Young, 2012)

영의 TEDx 토크와 초기의 기사는 주류 및 온라인 모두를 포함한 미디어가 비장애인 사회를 안심시켜 주는 상징으로 장애인을 바라보는 관점을 어떻게 영속시키는지 소개한다. 영이 주장하듯 소셜 미디어를 통해 장애 어린이의 감화적 이미지를 소비하고 공유하는 것은 그들의 실제 삶을 향상시키는 데 전혀 도움이 되지 않는다. 그것은 사실상 문제 많은 장애 재현의 접근법으로서 도리어 장애인을 소외시키고 나아가 물건으로 취급하도록 만든다. 그녀는 장애에 대한 대안적 이미지를 제공하는 미디어를 주시했다. TEDx 토크를 한 지 8개월이 지난 후 그녀는 갑자기 세상을 떠났다. 장애인 공동체는 여러 형태의 미디어 작업을 계속하기 위해 고군분투했던 그녀를 기리며 깊은 상실감을 느꼈다. 하지만 그녀가 떠난 후에도 이 짧은 영상물이 소셜 미디어를 통해 일반 대중과 주류 미디어에 의해 공유됨에 따라 "소셜 미디어에서 '좋아요'라는 버튼을 누르기 전에 그 진정한 이유에 대해 잠깐만이라도 생각해 보라"(Young, 2014)고 한 그녀의 충고는 지속적으로 반향을 일으키고 있다. 실제로 소셜 미디어에서 인기 있는 이 시대의 감화 포르노와 관련하여 명확하고 눈에 띄는 주제가 떠오른다. 예를 들어 비장애인 학생이 장애인 학우를 고교 졸업 파티에 데려가거나 패스트푸드점 직원이 장애인에게 음식을 제공하는 등이다. 감화 포르노의 득세는 장애인 공동체 내에 미디어와 엮이는 것을 점차 꺼리게 만든다. 나와 이야기를 나누었던 많은 이들은 미디어에서 일하는, 더 많은 장애인이 이 문제를 다루어야 한다고 제안하면서 "그 어느 때보다도 '지금' 그것이 더 필요하다"고 말했다. 왜냐하면 "매우 쉽게 접근할 수 있는 소셜 미디어를 통해 인간성에 대한 '우리의' 믿음을 회복하도록…… '고안된' 그런 종류의 연민 포르노 이야기가 기하급수적으로 증가하고 있기 때문"이라는 것이다.

'감화 포르노'라는 용어는 대중적 용어가 되었으며, 호주 및 세계의 장애인 공동체로 하여금 미디어 담론에 적극적으로 관여하도록 활력과 목적의식을 불러일으키고 있다. 감화에 대한 영의 비판은 호주의 장애인 공동체가 미디어와 연계하는 데 세 가지 방식으로 영향을 미친다. 즉 미디어에 대한 전반적인 불신이 늘어나면서 그에 따라 장애 관련 미디어 실무자를 육성하려는 시도가 늘어난다는 것이며, 어떻게 해야 장애에 대한 재현을 개선할 수 있는지에 대한 논의가 이루어지고 있으며, 나아가 장애인 공동체로 하여금 자신들의 이야기와 영상을 스스로 통제할 수 있는 권한을 가져야 한다고 인식하게 한다.

첫째로, 내가 인터뷰한 사람들은 미디어에 대해 전반적인 불신을 드러냈다. 휠체어를 이용하는 예술가이자 저널리스트인 한 장애인은 "편집자들은 장애를 정치적·사회적 견지에서 바라보는 것에 익숙지 않으며, 비극이나 감화 내러티브를 사용하는 경향이 있다"고 설명하였다. 이는 미디어에 지속적으로 가해진 비판으로 텔레비전의 장애 재현에 대한 분석에 영향을 미친다. 예를 들어 2장에서 논의한 바와 같이 클로그스톤은 미디어의 장애 프레임이 '초능력적 장애인'이라고 밝혔다. 감화 포르노에 대한 영의 비판은 1990년대부터 많은 장애 연구자가 발견했던 초능력적 장애인의 스테레오타입에 새로운 활력을 불어넣고 있다. 짧은 영상물의 공유라는 TED 토크의 양식은 이러한 비판을 국제적인 장으로 나아가게 하여 장애인 공동체를 넘어서도록 만들어 준다.

둘째로, 호주의 장애인 공동체 구성원들은 또한 문화적 접근이 가능한 방식으로 어떻게 장애를 재현하는 것이 바람직한지 기꺼이 미디어에 알려주면서 미디어를 비판할 것이라는 점도 논의하고 있다. 내가 인터뷰한 한 저널리스트는 다음과 같이 설명한다.

> 저와 인터뷰하기 위해 기자가 전화를 걸도록 했고, '휠체어 신세를 지는' 같은 용어를 사용하지 말고 감화를 주는 이야기라고 보도하지 말라고, 용어의 중요성을 분명히 말했어요. 저는 이 모든 것을 그들에게 명확하게 그리고 천천히 설명하는 데 시간을 할애했어요. 또 장애에 대한 보도와 언어의 저널리즘 지침을 전달했습니다. 하지만 그들은 '여전히' 장애를 비극적이거나 감화를 주는 것으로 묘사하는 기사를 내보내더군요!

마지막으로, 호주의 장애인은 자신들의 이야기를 스스로 할 수 있는 기회를 열렬히 환영하고 있다. 한 참여자는 다음과 같이 말했다.

> 저는 제 이야기에 대해 매우 방어적이에요. 왜냐하면 다른 누군가가 그것을 이야기할 때, 비장애인적인 경험의 시각을 통해 말할 것이라는 점을 알기 때문이에요. 아마도 그때 저는 '감화 포르노'에 등장할 것이 분명해요!

이러한 두 인용문은 장애인 공동체가 감화 포르노의 문제점을 잘 이해하고 있는 반면, 미디어가 갈 길은 여전히 요원함을 시사한다. 영의 TEDx 토크가 이러한 대화를 진전시키는 데 도움을 준 것은 의심할 여지가 없다. 그것은 TEDx의 비장애인 청중에게 이 개념을 소개해 주는 것과 더불어 또 다른 사람들로 하여금 영의 비판을 한층 발전시킬 수 있도록 담론을 제공해 주기 때문이다. 다음에서는 장애인 스스로 자신의 이야기를 한다는 주제를 이어가면서, 웹 시리즈가 어떻게 문화적 접근이 가능한 장애 텔레비전 문화를 구축하여 감화 포르노의 작동을 해체할 수 있는지 살펴볼 것이다.

웹 시리즈

웹 시리즈는 재현, 제작, 소비, 수용 및 비평의 맥락에서 장애의 중요한 방안으로 부상하고 있다. 여기서는 디지털 기술 융합의 결과로 나타난 웹 시리즈의 출현과, 이 새로운 소통과 재현 양식이 장애인을 포함하고 배제하는 방식에 대해 살펴보고자 한다. 또한 일반적인 텔레비전 방송에서 흔히 나타나는 것과는 다른 장애 재현을 보여 주기 위해 여러 웹 시리즈에서 사용되는 기법도 논의할 것이다.

앞서 언급하였듯 텔레비전 산업은 변화하고 있다. 접근성이 높은 양식과 편성 방식이 활용되고 있다는 것은 시장이 점점 더 넓어질 뿐만 아니라 점차 세분화되어 간다는 것을 의미한다. 이러한 변화는 인터넷을 통해 유통되는 삽화식 내러티브 영상물인 웹 시리즈의 출현을 촉진하고 있다. 웹 시리즈는 한편으로는 순수하게 기술적인 용어, 즉 인터넷을 통해 유포되는 삽화식 영상물로 정의할 수 있지만, 다른 한편으로 스테파니 반 실트Stephanie Van Schilt가 설명하는 여러 비슷한 텍스트적 특성이 있다.

> …… [웹 시리즈는] 드라마보다는 코미디에 더 가까우며, 시간에 쫓기고 주의력이 부족하며 GIF[58]에 집착하는 수용자의 마음을 끌어들이는 경향이

58 Graphics Interchange Format의 약자로, 네트워크상에서 그래픽을 압축하여 빠르게 전송하려는 목적으로 개발된 그림 파일 형식이다.

있다. 하지만 또한 날카로운 관찰 유머와 일상의 하찮은 순간에 대한 통찰력 있는 탐험으로 가득 찬 실험 공간이기도 하다. (Van Schilt, 2014)

웹 시리즈의 제작은 창의적 자유에 초점을 둔 유토피아적 담론, 다양한 콘텐츠 그리고 영화와 텔레비전 산업에 부과되었던 전통적인 제약을 벗어난 것으로 특징지어진다(Monaghan, 2017). 하지만 웹 시리즈는 점차 연기자와 제작자, 수용자에게 진지한 미디어 양식으로 자리 잡아 가고 있다. 예를 들어 텔레비전 플롯의 재미를 배가하기 위해 제작자는 웹 시리즈를 이용하여 예고편이나 부가적인 온라인 콘텐츠를 배포할 수 있으며, 대부분의 연기자는 적어도 한 편 이상의 웹 드라마 제작 경험의 이력을 가지게 될 것이다(Miller, 2012). 그렇긴 하지만 광범위한 성공이 늘 웹 시리즈의 궁극적인 목표는 아니다. 대체로 비평가는 전통적인 텔레비전 양식의 성공에 대해서 칭찬하는 경향이 있다. 그럼에도 불구하고 어떤 연기자와 제작자는 웹 시리즈 양식이 전통적인 시장에서는 경쟁력이 없다고 취급받는 다양한 이야기를 만들어 낼 수 있는 유일한 기회라는 것에 매력을 느낀다(Alice, 2016; Monaghan, 2017). 〈스페셜 *The Specials*〉은 그 대표적인 사례다. 영국 브라이턴의 공동 주택에서 함께 생활하는 지적 장애 청년 집단의 당차고 재미있는 모습을 따라가는 이 웹 시리즈는 오프라 윈프리Oprah Winfrey의 채널인 OWN에서 다시 방영되면서 국제적인 인정을 받게 되었다(Ellis & Goggin, 2015). 호주의 경우, 〈스타팅 프롬… 나우*Starting From… Now*〉는 SBS에서 재방영되기 전까지 거의 관심을 받지 못했다. 이후 〈스페셜〉과 〈스타팅 프롬… 나우〉는 유튜브를 통해 다시 배포되었다. 웹 시리즈는 전 세계에서 기하급수적으로 증가하고 있어 때로는 "배우와 캐스팅 감독, 심지어 미국의 배우방송인노동조합(SAG-AFTRA)도 변화하는 환경에 적응하기 위해

분투하고" 있다(Miller, 2012). 그러나 지금까지 이 유통 창구에 대한 학문적 관심은 극히 미미하다.

웹 시리즈가 네트워크 TV 방송사와 광고주, 기업에 의해 제작될 수도 있지만(Christian, 2011), 이 장에서는 전통적인 네트워크 방송사의 후원을 받지 않는 비전문가나 독립 미디어가 제작한 웹 시리즈에 초점을 맞추고자 한다. 이런 시리즈는 상업 미디어나 혹은 어떤 경우에는 미디어 전문가가 만든 작품에 견줄 만큼 높은 제작 가치를 갖기도 한다. 게다가 나중에 논의하겠지만, 웹 시리즈는 종종 재정을 충당하기 위해 크라우드 펀딩에 의지함으로써 제작자가 콘텐츠에 대한 배급권을 가질 수 있고 결국 영향력을 키울 수 있게 해 준다. 나아가 그 구조는 세계에 대한 관찰적이고 대안적인 탐색으로 이끈다. 인기 있는 웹 시리즈는 시청자로 하여금 보통 힐끗 보고 지나쳤던 우리 일상생활의 면면에 주의를 기울이도록 해 준다. 휘트니 모너핸Whitney Monaghan은 "웹 시리즈는 완벽하게 우리 삶의 중요하지 않은 순간을 탐색할 수 있다. 이는 그 짧은 표현 방식의 속성 자체가 마찬가지로 하찮은 듯 보이기 때문인지도 모른다"고 지적한다(Monaghan, 2017: 84).

더욱이 웹 시리즈 양식은 대안적 제작 방식뿐만 아니라 기존 미디어의 재현에 대한 비평의 기제로 여겨진다. 그것은 "수사적이며 경제적인 공간"(Christian, 2012)에서 작동하며, 그것이 펼치는 "새로운 재현은 화면 안팎의 인재의 다양화를 포함한 새로운 산업 협정을 촉진"할 수 있다(Ellcessor, 2015).

미국의 인기 코미디 웹 시리즈 〈길드*The Guild*〉[59]의 창작자인 펠리시

59 펠리시아 데이가 제작하고 각본을 쓴 미국의 코미디 웹 시리즈다. 2007년 7월 27일 유튜브에서 시작해 2013년까지 여섯 시즌, 70개 에피소드(에피소드당 3~12분)가 방영되었다. 판

표 4-1 장애 웹 시리즈 사례

	편수	가입자/팔로워 수	조회 수
나의 절름발이 인생	34	10,913	1,045,265
스테어 앳 섀넌	70	1,068	118,179
돈 슛 더 메신저	35	4,729	143,925
업리프팅 디스트로피	36	264	115,984
인테로게이션	28	32	미상
베리 스페셜 에피소드	39	1522	1,108,401

아 데이Felicia Day는 웹 시리즈를 "전에는 볼 수 없었던 스토리를 보여주고 캐릭터를 등장시키며, 네트워크 방송사에서는 결코 고용하지 않을 배우를 캐스팅하여 배역을 주는 공간"(Day, 2009)이라고 말한다. 다양성에 초점을 둔다면 이는 장애의 재현에 분명한 잠재력을 갖는다. 일전에 나는 장애를 다른 방식으로 묘사한 일련의 웹 시리즈에 대해 언급한 적이 있다(Ellis, 2016). 그것은 〈나의 절름발이 인생〉, 〈스테어 앳 섀넌*Stare at Shannon*〉, 〈돈 슛 더 메신저*Don't Shoot the Messenger*〉, 〈업리프팅 디스트로피*Uplifting Dystrophy*〉, 〈인테로게이션*Interrogation*〉, 〈베리 스페셜 에피소드*Very Special Episodes*〉, 〈스페셜〉 등이다. 이 웹 시리즈는 모두 유튜브나 비메오Vimeo를 통해 유포되었으며 100만 이상의 조회를 올린 경우도 있다(표 4-1 참조). 이 장애 웹 시리즈 양식은 내가 처음 소개한 이후 여러 개인과 단체가 이 영상물의 한 에피소드 혹은 시리즈 전체를 포스팅하는 등 널리 유포되면서 성장하였지만 여전히 중요한 의미를 갖

타지 MMORPG 비디오 게임을 하는 게이머들의 온라인 길드인 착한 기사단의 삶을 다룬다.

는다. 그것은 감화 포르노의 작동에 대한 확인, 화면 안팎의 다양성 그리고 장애의 세계관을 통한 장애 재현의 중요성 등을 포함하는 많은 공동의 주제를 분석할 수 있는 비옥한 토양이 되기 때문이다.

이 시리즈들이 반복하여 다루는 주제는 광범위한 장애인의 목소리를 들려주는 기회를 늘리는 것이다. 예를 들어 미국의 장애인 배우인 틸 셰러Teal Sherer는 데이의 〈길드〉 시즌 3과 4에 출연한 후 휠체어를 이용하는 배우로서 자신의 삶을 반영한 장애 웹 시리즈 코미디 〈나의 절름발이 인생〉을 제작하고 출연하였다. 실제로 그녀는 전통적인 장애 재현에 대한 좌절이 웹 시리즈로 진출하게 된 동기였음을 털어놓는다.

> 오디션도 많이 못 보고 일도 안 해서 정말 답답했어요. 그래서 제 프로그램을 만들고 싶었는데, 그 이유 중 하나는 나 자신을 위한 쇼케이스를 갖고 싶어서였어요…… 두 번째 이유는 휠체어를 탄 여자가 어떤 것인지 다른 이도 알아주길 늘 원했고, 코미디로 그것을 하고 싶었어요. 저는 장애인이 미디어에 충분히 출연하지 못하고 있다고 생각해요. 그래서 다른 사람이 그런 기회를 주기를 기다리는 대신 내가 직접 만들어야겠다고 결정한 거예요. (Gilman, 2013)

마찬가지로 〈스테어 앳 섀넌〉을 제작하고 출연한 섀넌 데비도Shannon DeVido도 휠체어를 이용하는 배우다. 하지만 비교적 사실적인 삶에 충실하게 재현된 〈나의 절름발이 인생〉과는 달리 〈스테어 앳 섀넌〉에서는 인위적인 상황이 연출된다. 예를 들어 한 에피소드에서 그녀는 요정처럼 차려입고 선반 위에 앉아 있으며, 또 다른 에피소드에서는 휠체어를 타고 드라이브스루를 해 보기도 한다. 이러한 인위적인 상황은 우리 사회 및 문화의 장애인 차별주의적 세계를 비판하기 위해 작동한다. 데비도는 장애를 특별히 포함하는 웹 시리즈가 오락 산업이 선호하는 편협한 장애 재현에 대해 발언할 수 있는 매우 중요한 수단이라 믿는다. 그녀에게 웹 시리즈는 '정직한 대안'을 제공함으로써 스테레오타입과 투쟁하는 힘이 된다.

> 그러한 웹 시리즈는 장애인이 무엇을 느끼고 어떻게 행동하는지에 대해 비장애인이 생각하는 대로 만들어진 것이 아니라 장애를 갖고 살아가는 사람에 의해 쓰이고 제작된 것이다. (Schwartz & Hadley, 2016)

〈돈 슛 더 메신저〉는 수어 통역사 제이컵이 비장애인과 청각 장애인의 세계를 오가면서 통역하는 과정에서 갈팡질팡하는 모습을 따라간다. 이 웹 시리즈는 〈나의 절름발이 인생〉과 〈스테어 앳 섀넌〉과 동일한 접근 방식을 취하면서도, 영화와 텔레비전의 청각 장애인 캐릭터에 대한 기존의 묘사에 대한 불만과 더불어 특히 비장애인 배우에게 배역을 주는 관행에 관해서도 언급한다.

> 많은 비장애인 배우가 청각 장애인 역할을 맡는다. 하지만 그들은 미국 수어(American Sign Language: ASL)를 유창하게 구사하지 못한다. 그들의 연기는 발음이 엉망인 배우의 연극을 끝까지 앉아서 보는 것보다도 더 고통스럽다…… 또한 청각 장애인에 대한 주제나 줄거리가 현실적이지 못하고 관객에게 허위 정보와 왜곡된 인상을 준다는 점도 신경에 거슬린다. (Chaitoo: Schwartz & Hadley, 2016에서 인용)

〈스페셜〉 역시 텔레비전에서 거의 재현되지 않는 주변부 집단의 목소리를 담으려 한다. 대부분의 웹 시리즈가 코미디 장르의 틀을 수용하지만, 한편으로 드라마적 구성의 가능성도 엿보인다. 이 장에서 논의하는 장애 웹 시리즈 중에서 브리튼 발렌티Britain Valenti의 SF 웹 시리즈인 〈인테로게이션〉은 유일한 드라마로 눈길을 끈다. 이 웹 시리즈는 디스토피아의 미래를 배경으로 전직 군인이 모여 전체주의 정권을 타도하기 위해 투쟁하는 내용을 다룬다. 이 시리즈는 또한 장애 배우가 맡은 다수의 장애인 캐릭터를 등장시킨다는 점에 주목할 만하다. 발렌티는 보다 다양한 재현에 대한 갈망으로 특히 대찬 여성 인물을 등장시키며(Hughes, 2014), 화면 밖의 다양성에도 관심을 가졌다(Black Girl Nerds, 2015).

다양한 공동체에 대한 미디어의 불충분한 재현을 바로 잡기 위한 방법으로 장애 웹 시리즈의 제작자는 종종 스테레오타입을 뒤집는 것으로 시작하고 싶다는 욕구를 드러낸다. 예를 들어 일찍이 영이 언급한 감화 담론은 웹 시리즈에서도 특히 문제 있는 것으로 반복적으로 드러난다. 자신들의 장애 선집 《크리틱*Critiques*》을 각색한 〈베리 스페셜 에피소드〉의 공동 제작자인 케이틀린 우드Caitlin Wood와 셰릴 그린Cheryl Green은 미디어의 장애 묘사는 대부분 '비장애인이 그러할 것이라 추정하는 장애의 모습'이라 비판한다(Wood: Rear, 2015에서 인용). 이 웹 시리즈의 각 에피소드는 《크리틱》에서 제안한 주장을 확장시켜 '더 많은 장애인 내부 집단의 장애 코미디 장르를 미디어 지형에 추가'하려는 시도다. 특히 감화 내러티브를 겨냥하여 장애인을 시혜의 대상이나 영웅으로 바라보고 싶어 하는 사람들의 구미에 맞지 않는 작품을 만들려 했던 것이다(Green: Rear, 2015에서 인용). 영이 감화적 연설보다 자신이 사회에 기여할 수 있는 일이 더 많다고 설명했던 것처럼, 그린도 "무대 위에서 자신의 사적인 이야기를 격려성으로 들려주는 것이 우리가 사회에 기여할 수 있는 최선이 아니고, 문화를 창조하고 이바지할 수 있는 존재로서 장애인을 재현하고 싶어 작품을 만든다"고 말한다(Green: Rear, 2015에서 인용). 말하자면, 문화적으로 접근 가능한 방식으로 장애를 재구성한다는 것이다.

〈나의 절름발이 인생〉은 나아가 이런 감화에 대한 비판을 더욱 확장시켰다. 셰러가 형편없는 오디션을 마친 후 캐스팅 에이전트와 가까워졌을 때 그녀는 그것이 분명하게 인종 차별과 유사한 형태라고 느꼈다. 셰러가 영화 〈컬러드 걸스*For Colored Girls*〉[60]의 개막식에 초대받고 캐스팅 에이전트의 친구들에게 소개될 때, 그들은 무례하게 거들먹거리며 그녀를 감화를 주는 존재로 받아들이는 태도를 보였다. 그녀는 앞서 논의한 영의 TEDx를 명확하게 언급하며 진보주의자로 자처하는 이 패거리에 맞서 그들의 편견을 비난한다.

> 나는 여기에 당신들의 마스코트로 온 것이 아니야. '오, 당신은 정말 감동적이에요, 정말 영감을 줘요.' 그게 얼마나 모욕적인지 알아? 그건 마치 내가 당신에게 말씨가 참 고상하다거나 백인이라고 해도 통할 것 같다고 하거나 혹은 여기는 페미니스트만을 위해 페미니스트가 만든 멋진 공간이야라고 말하는 것과 같아. (Chaitoo: Schwartz & Hadley, 2016에서 인용)

셰러는 자신의 삶을 이야기하면서 감화를 주기 위한 비유로 장애

---

60 미국의 극작가이며 시인인 엔토자키 샹게이Ntozake Shange가 명명한, 시·무용·음악·노래 등이 결합된 무용시choreopoem 〈For Colored Girls Who Have Considered Suicide/When the Rainbow Is Enuf〉를 원작으로 미국의 흑인 감독 타일러 페리Tyler Perry가 각본·감독·제작을 한 드라마 장르물(2010)이다. 10명의 흑인 여성에게 각기 색깔을 부여하여 캐릭터를 설정하고 유색인종 여성의 삶의 아픔과 투쟁을 그려 냈다.

를 사용하는 것에 대해 시리즈 전반에 걸쳐 지속적으로 암묵적인 비판을 가한다. 그녀는 후에 이 웹 시리즈의 제작에 대한 인터뷰에서 영의 견해로부터 영향을 받았다고 인정한다.

> 만일 스텔라 영의 TED 토크 〈나는 여러분께 감화를 주는 존재가 아니에요. 대단히 감사합니다〉를 보지 않았다면, 그것을 강력하게 추천합니다. 그녀는 코미디언이며, 활동가이고, 저널리스트이며, 또한 휠체어 이용자입니다. 장애인을 감화를 주는 존재로 바라보는 것은 그들이 끔찍한 삶을 영위한다는 가정에서 비롯된 것이고, 그러한 삶을 살아가기 위해 상당한 결단과 용기가 필요하다는 발상이라는 점을 그녀는 분명하게 지적하였습니다. '감화 포르노'에서 장애인은 무엇보다도 비장애인이 스스로를 더 기분 좋게 느끼도록 해 주는 물건이 되고 있습니다. (Hudson, 2017)

영과 마찬가지로 셰러도 장애인을 물건으로 바꿔 놓는 관행에 대해 진지하게 고민해 보라고 미디어에 요구한다. 기존 미디어와 텔레비전에 대한 비판의 일환으로 각 시리즈는 장애를 구축하는 데 사회와 문화의 역할이 무엇인지 전달하고자 한다. 이는 특히 시리즈의 제목에서 드러난다. 〈스테어 앳 섀넌〉은 장애에 관한 문화 연구의 중요한 개념을 참고한 것이다. 장애인은 갈런드톰슨(Garland-Thomson, 2009)이 '스테어stare'라고 묘사한 바 있는 빤히 쳐다보는 강렬한 응시에 시달린다. 갈런드톰슨에게 '스테어링'이란 차이를 의미하며 "응시하는 자와 응시 대상 간의 불편한 시각적 관계를 연출"하는 것이다(Garland-Thomson, 2002: 56~57). 고프먼(Goffman, 1974)의 용어를 빌리면 스테어링은 정상이 아닌 사람not-normal이 더 낙인찍히고 힘을 잃게 되는 권력 역학 관계를 만들어 낸다. 데비도는 자신이 이 시리즈를 만들게 된 동기에 대해 "누군가

나를 빤히 쳐다본다면, 차라리 무엇인가 굉장한 일을 하는 것으로 그 시선을 통제하겠다"는 생각이었다고 설명한다(DeVido, 시기 불명). 〈나의 절름발이 인생〉은 미첼과 스나이더(Mitchell & Snyder, 2000)가 관습의 경계를 허무는 혐오적 용어의 재전유라고 언급한 대표적인 사례다. 셰러는 그러한 용어를 선택한 이유에 대해 다음과 같이 말한다.

> 제목을 붙이는 일은 쉽지 않았습니다. 우리는 사람들의 시선을 사로잡고 우리 작품의 분위기를 나타낼 수 있는 무언가를 원했습니다. '절름발이 gimpy'라는 단어는 거기에 딱 맞는 것처럼 보였습니다. (Greer, 2018)

셰러의 용어 선택은, 장애 활동가, 예술가, 학자 등이 좀 더 좋은 단어 대신에 '비하적인 용어의 역설적 수용'으로 '절름발이'라는 단어를 되찾아 사용하는 것이 관습에 도전하는 한 지렛대라고 보는 미첼과 스나이더의 논의로 설명된다. 마찬가지로 〈스페셜〉이라는 제목 역시 그 구절이 요구하는 특별한 기호학적 의미를 불러일으키고 재작동케 한다. 또한 '디스트로피dystrophy'라는 단어가 세포 조직이나 근육의 장애를 지칭한다면, 〈업리프팅 디스트로피〉는 비장애인의 세계를 더 나은 것으로 느끼게 만드는 데 장애인이 이용되는 방식을 해체하여 그 모순을 밝히는 의미를 갖는다. 〈업리프팅 디스트로피〉는 각 에피소드에서 각기 다른 파티에 참여하는 친구 관계의 조너선과 스티브를 따라간다. 휠체어를 이용하는 스티브는 각 상황에서 예의 장애인 차별주의 때문에 파티에 들어가지 못한다. 파티를 주관하는 이들은 다양한 사회 계층의 사람이고 서로 공통점이 없다. 그것은 뉴욕의 파티이고, 교회 파티이고, 레스토랑의 파티이고, 마약쟁이 파티이고, 댄스파티 등 다양하지만, 한결같이 장애인에 대한 무시로 똘똘 뭉쳐 있다. 조너선과 스티브는 결코 파티에 끼지 못한다. 파티 주관자의 일상적인 장애인 차별주의나 혹은 스티브 스스로 자신에게 부과된 상황에 저항했기 때문이다. 하지만 출입 주차 허가증을 잃어버려 차에 갇혀 있거나, 명랑한 불구자의 성격을 보여 주기 위해 교회의 앞자리에 부름을 받든, 혹은 댄스파티가 열리는 위층이나 아래층의 뉴욕 파티에서 꼼짝 못 하고 있더라도, 스티브는 분명 파티에서 가장 환영받는 손님이 될 능력이 있다.

이러한 시리즈의 창작자는 대체로 스크린 안팎의 다양성의 중요성을 언급하고, 장애인 수용자를 위한 미디어가 만들어질 수 있다는 급진적인 생각을 드러내며 자신의 웹 시리즈가 그것을 달성하기 위한 시도라는 점을 밝힌다. 실제로 웹 시리즈는 장애인이 접근하기 어렵게 고착된 환경과 태도에 대한 비판을 가능하게 해 주는 효과적인 수단이 된다. 제한된 접근성을 지적하는 장애인의 불만이 그리 많은 공감을 얻지 못하는 반면, 디지털 미디어 환경에서 가능하게 된 이 커뮤니케이션 양식은 좀 더 세분화된 수용자 집단에게 다가간다. 예를 들어 〈업리프팅 디스트로피〉 역시 〈나의 절름발이 인생〉과 마찬가지로 미디어 교육을 받은 사람이 만들었으며, 〈나의 절름발이 인생〉, 〈업리프팅 디스트로피〉와 〈스테어 앳 섀넌〉 등과 같은 웹 시리즈가 촌스러운 코미디라는 평판도 듣기에 좀 더 숙련된 배우가 필요하지만 최근의 내러티브는 다른 장르로 점차 확대되고 있다. 이에 따라 미디어의 재현과 고용의 다양성을 가질 수 있는 기회가 보다 많이 나타난다. 게다가 공연자는 자신의 능력을 펼치고 기량을 신장하여 캐스팅 에이전트의 눈에 들 수 있는 수단으로 웹 시리즈를 활용할 수 있다. 연기자에게는 목표로 하는 수용자에게 다가갈 수 있고 더 많은 일을 얻을 수 있는 희망을 실현시키는 유용한 수단이 된다(Miller, 2012). 예를 들어 섀넌 데비도는 그동안 장애인을 부르지 않았던 훌루의 오리지널 프로그램 〈디피컬트 피플

Difficult People〉[61]에서 역할을 얻을 수 있게 된 것을 다음과 같이 설명한다.

> 난 미친 이야기꾼을 연기했는데…… 내가 무대에 올라갔을 때 빌리 아이크너와 줄리 클라우스너는 장난스럽게 나를 놀려댔어요. 장애를 지닌 배우는 누구나 장애인을 연기하도록 간주되어 왔고, 보통 그들은 슬프고 애처로운 캐릭터에요. 그런데 난 여기서 파격적인 역할을 맡았어요. 그 캐릭터가 안경을 쓰기 때문에 제 에이전트가 나를 제안했고, 그들이 원하는 연기 스타일에 어느 정도 맞았어요. 그리고 그 배역에 내가 적임자인 것으로 밝혀졌고, 나는 그 역할이 매우 흥미로웠어요. '휠체어 타는 것을 요청받지 않았다'는 한 가지 사실 때문이에요. 캐스팅 감독이 그런 전화를 하는 것은 아주, 아주, 아주 드물어요. 그런데 '그녀'는 그렇게 했어요. (Semigran, 2015)

웹 시리즈가 배우에게 경쟁력 있는 임금을 제공한다는 것은 중요하다(Miller, 2012). 물론 현재로서는 미국의 상황일 뿐이지만, 텔레비전 드라마는 줄어드는 반면 웹 시리즈 양식이 상당히 성장하고 있는 호주에서도 점차 이러한 현상이 나타날 것이다. 사실 주류 미디어를 통해 웹 시리즈를 만드는 일이 반드시 모든 웹 시리즈 제작자의 목표는 아닌 것으로 보이며, 어떤 제작자는 다양성을 위해 할리우드의 개발 계약을 거절하기도 한다. 그럼에도 불구하고 호주의 상황에서 주류 텔레비전으로의 이행은 여전히 성공의 핵심적인 지표가 된다.

---

61 2015년부터 2017년까지 세 시즌 동안 훌루에서 방영된 미국의 코미디 TV 시리즈다. 제작하고 직접 출연한 줄리 클라우스너Julie Klausner는 빌리 아이크너Billy Eichner와 함께 뉴욕에서 고군분투하는 코미디언의 역할을 맡았다. 2020년 8월 SBS 바이스랜드Viceland와 SBS 온 디맨드 스트리밍 서비스를 통해 호주에서 처음 방송되었다.

›››››››››››››››››››››

텔레비전 방송의 시대가 소수의 네트워크가 일반 대중을 대상으로 한 방송 모델로 특징지어졌다면, 이 책을 통해 논의하고 있는 포스트방송 시대는 많은 제작자가 더 적은 수용자를 목표로 하는 것이 특징이다. 두 시대 모두 공유성을 특성으로 하지만 그 성격은 다르다. 방송 시대에는 대중으로서의 수용자에게 접근하고 국가 정체성과 가족 화합을 구축하는 공유성을 취했다면, 포스트방송 시대에는 수용자가 온라인 활동을 통해 텔레비전의 공유성을 되찾고 재정의하여 홍보하고 추천하며 토론하고, 웹 시리즈의 경우에는 자신에게 중요한 미디어를 재정적으로 지원하기도 한다.

이 장에서는 온라인 비디오에 초점을 맞추어 디지털 시대의 텔레비전 공유성을 재정의하고, 넓은 의미의 이러한 양식이 장애 미디어 분석에 제안하는 세 가지 중요한 지점을 살펴보았다. 첫째로, 틈새 시청자와 위험 부담에 초점을 둔 온라인 비디오가 대안적인 장애 재현을 제공하는 방식이다. 둘째로, 이러한 재현이 단순한 대안의 제안을 넘어 텔레비전 장애 재현에 대한 기존의 접근 방식을 어떻게 비판할 수 있는가다. 셋째로, 이 장을 통해 논의한 비디오와 재현은 전통적인 시청률 조사 방법으로는 평가할 수 없다. 하지만 그것은 모두 확장 미디어, 그 수용자에게 중요한 의미를 갖는 미디어 그리고 사람들의 네트워크 사이에서 공유되는 미디어의 사례가 된다는 점이다.

텔레비전의 고찰에 있어 이른바 온라인 비디오 양식의 중요성을 살펴보기 위해 이 장에서 세 가지 광범위한 사례 연구를 소개하였다. 거대 스트리밍 서비스인 넷플릭스, 비영리 교육 플랫폼인 TED 그리고 때론 미디어 교육을 받은 비전문가가 만들고 유튜브를 통해 유통되는 웹 시리즈의 참여 문화다. 이 장은 호주의 정체성과 문화의 내재성을 특히 중시하면서 다양한 정체성을 담아내는 작품의 영향을 살펴보았다.

개즈비의 넷플릭스 코미디 스페셜 〈나의 이야기〉는 트라우마, 정신 질환, 성 정체성에 대한 탐색으로 널리 알려져 있지만, 이 장에서는 그것을 호주의 국가 정체성 내에 놓고 자기 비하적 코미디의 뿌리와 그것이 주변부의 소외된 사람을 어떻게 무력하게 만들 수 있는지에 초점을 두어 살펴보았다. 그리고 또 다른 호주 코미디언 영의 온라인 비디오 TEDx 〈나는 여러분께 감화를 주는 존재가 아니에요. 대단히 감사합니다〉가 호주 및 국제적으로 준 파장을 알아보았다. 또한 일련의 중요한 장애 웹 시리즈를 분석함으로써 미디어의 감화 담론에 대한 그녀의 비판이 미친 영향을 좀 더 탐구하였다.

다음 장에서도 텔레비전의 공유성에 대한 논의를 이어가 〈왕좌의 게임〉을 사례 연구로 하여 텔레비전의 장애 재현과 온라인 토론에서 넘쳐나는 수용자 참여의 의미와 역할을 살펴보고자 한다.

5장

집단 지성

장애와 〈왕좌의 게임〉

2000년 당시 대중에게 그리 알려지지 않았던 배우인 피터 딘클리지Peter Dinklage는 〈시어터 매거진*Theatre Magazine*〉과의 인터뷰에서 '주인공' 역할을 맡았으면 좋겠다는 소망을 털어놓았다. 그는 "나는 재치 있고 냉소적인 캐릭터를 주로 연기했던 것 같아요……. 하지만 내가 정말 원하는 건 로맨틱한 주인공이 되어 사랑을 얻는 것이에요"라고 말했다(Dinklage: Blake, 2000에서 인용). 또한 그는 자신이 기꺼이 연기하고 싶은 캐릭터의 선택에 대해서도 되돌아봤다. "내 에이전트는 K마트 행사의 산타 도우미로 날 보내는 바보짓은 하지 않아요. 그게 내가 가난한 이유죠. 하지만 그 선택은 내 스스로 한 것입니다"(Blake, 2000). 15년이 흐르고 대스타가 된 후[62] 그는 또 다른 인터뷰에서 남자 주인공이 어떤 모

62 미국의 배우 겸 제작자인 딘클리지는 연골무형성증이라고 알려진 저신장증을 겪고 있다. 〈왕좌의 게임〉에서 티리온 라니스터 역을 맡아 극찬을 받아 2011년, 2015년, 2018년, 2019년 네 번의 에미상 '드라마 시리즈 프라임 타임' 최우수 조연상을 받아 이 부문 최다 수상 기록을 갖게 되었다.

습으로 그려져야 하는지에 대한 엔터테인먼트 산업의 관점이 상당히 변하고 있음을 깨닫게 되었다고 말했다.

> 이제는 남자 주인공에 대한 개념이 달라졌어요……. 그것은 엄청나요. 과거의 남자 주인공을 보았다면 그들과 아주 다르다는 것을 알 거예요. 할리우드가 마침내 그가 누구인지 좀 더 사실적인 묘사를 하려고 문을 활짝 열었어요. 그것은 단지 아름다운 할리우드 스타에 관한 것이 아니에요. (Dinklage: Lawrence, 2015에서 인용)

이러한 변화를 만드는 데는 딘클리지 자신이 중요한 역할을 했다. 같은 기사에서 그는 엄청난 인기를 얻은 미국 HBO의 TV 시리즈 〈왕좌의 게임〉의 공이 컸음을 인정하였다. 〈왕좌의 게임〉은 이제 마지막 여덟 번째 시즌을 맞고 있다.[63] 첫 번째 시즌에서 딘클리지의 이름은 오프닝 크레딧의 마지막에 나왔다. 하지만 두 번째 시즌부터는 가장 첫 장면에 그의 이름이 등장한다. 이러한 사실은 그가 맡은 캐릭터인 티리온 라니스터의 중요성과 앞서 언급한 남자 주인공의 개념 모두에 대해 중요한 통찰력을 제공한다. 팬의 열렬한 환영을 받는 티리온은 132센티미터 정도의 단신이지만 이 시리즈 대부분에서 없어서는 안 되는 중요한 존재다. 딘클리지는 〈왕좌의 게임〉에서 자신이 맡은 캐릭터를 '인간적으로' 재현하였는데, 이는 그동안 다른 저신장증 배우가 맡았던 인물과 극명한 대조가 된다.

장애인이 일반적으로 미디어, 특히 텔레비전에서 재현되는 방식이

---

63 2011년 4월 17일 첫 번째 시즌의 첫 회를 시작하여 2019년 5월 19일 여덟 번째 시즌의 마지막 회까지 총 73개의 에피소드를 방영하고 막을 내렸다.

이렇게 변화한 것은 어느 정도는 디지털 시대의 도래로 미디어의 지구화가 점차 증가한 덕분이다. 대중 텔레비전의 접근성에 관한 한, 호주는 오랫동안 '거리距離의 폭압tyranny of distance'[64]에 시달렸다. 좋아하는 미국 TV 프로그램을 보려면 적어도 6개월을 기다려야 할 때도 있었다. 그러나 텔레비전이 디지털화되면서 고난은 점차 걷히기 시작하여, 합법적으로 혹은 불법 복제하여 접촉할 기회를 갖게 되었다(《왕좌의 게임》의 경우, 처음에는 아이튠즈를 통해 개별 에피소드를 다운로드하였고, 2012년부터는 HBO의 모든 프로그램에 대한 독점 배급권을 갖게 된 호주의 유료 텔레비전 사업자 폭스텔을 통해 볼 수 있게 되었다). 후자의 접근 방식은 사실상 호주의 텔레비전 수용자에게 널리 퍼져 있던 것으로 〈왕좌의 게임〉 팬의 약 30%가 이를 활용하였다(Marsh, 2017). 실제로 폭스텔이 〈왕좌의 게임〉의 독점 배급권을 계약할 무렵, 이미 다른 어떤 나라보다도 많은 호주인이 이 프로그램을 불법 다운로드하기 시작하였다(Macneill, 2017). 2017년까지 177만 명의 호주인이 이 프로그램을 다운로드하였는데, 인구 대비 불법 복제율로 보면 미국 다음의 두 번째 국가로 기록된다(Kay, 2017). 〈왕좌의 게임〉에 대한 호주인의 불법 복제 동기를 분석해 보면 단지 이 프로그램의 인기 때문만이 아니라는 것을 알 수 있다. 그것은 또한 호주의 텔레비전 지형에서는 이미 잘 알려진 유통 채널에 대한 비판을 담고 있어 〈왕좌의 게임〉을 무단으로 파일 공유하는 것이 팬 활동의 하나임을 시

64 멀리 외진 곳에 떨어져 고립되어 있는 호주의 지정학적 여건을 지칭하는 용어다. 호주의 역사학자 제프리 블레이니Geoffrey Blainey는 《거리의 폭압: 거리가 호주의 역사를 어떻게 형성하였는가*The Tyranny of Distance: How Distance Shaped Australia's History*》(1966)에서 다른 지역으로부터, 특히 영국으로부터 먼 곳에 있다는 사실이 호주의 역사와 정체성을 어떻게 형성해 왔고 그 미래를 어떻게 구축해 갈 것인지 고찰한다. 이후 이 표현은 호주에서 일반적으로 통용되고 있다.

사한다(Macneill, 2017). 폭스텔을 통해서만 〈왕좌의 게임〉을 시청할 수 있다는 것에 불만이 있던 많은 호주인은 DVD의 출시를 기다리는 동안 무단 복제를 해서라도 그것을 보려 했던 것이다.

합법이든 불법이든 결과적으로 더 많은 사람이 접근하게 됨에 따라 텔레비전의 장애 재현은 더 확장되고 있다. 예를 들어 호주의 장애인 시청자에 대한 조사 결과 〈왕좌의 게임〉은 새로운 방식으로 장애를 재현하는 것으로 인식되었다. 그것은 세계에 대한 다양한 사고방식을 제공하는 것으로 간주되며, 또한 "전통적으로 지식을 나누는 학문적 메커니즘을 바꿔 놓으며, 아울러 그와 관련된 다양한 지식 주장knowledge claim을 하찮은 것으로 만드는 관행을 전복시킨다"고 설명된다(Clapton & Shepherd, 2017: 5). 따라서 이 장에서는 텔레비전의 국제화가 장애의 재현과 수용에 관한 국내 조사에 미치는 중요성을 인정한다. 다양한 온라인 플랫폼에 넘쳐나는 팬 토론과 결합됨으로써 장애에 대한 새로운 사고방식을 제공해 주는 지식 공간의 토대가 마련되고 있다.

그런 견지에서 이 장에서는 〈왕좌의 게임〉을 사례 연구로 하여 특히 세 명의 주요 캐릭터(티리온, 호도르, 브랜 스타크)[65]를 통해 장애 재현뿐만 아니라 장애라는 주제가 취해지는 방식과 더불어 온라인 포럼의 토론을 분석하고자 한다. 먼저 프랑스의 사회학자이며 사이버 이론가인 피에르 레비Pierre Lévy의 집단 지성 체계에 의거하여 〈왕좌의 게임〉의 수용자가 집단적으로 의미 형성 과정에 참여함으로써 장애의 사회적·문화적 구성에 대해 중요한 통찰력을 제공한다는 점을 밝히고자 한다. 장애 재현에 대한 논의는 텔레비전 텍스트를 넘어 어떻게 의미가 다양

65 이들은 각각 저신장증, 언어장애의 거인증, 사고로 인한 하반신 불수 등의 장애가 있는 인물로 그려진다.

한 지점에 놓이고 복합적인 영향을 받는지 살펴보아야 한다.

집단 지성과 두 번째 스크린

레비의 집단 지성 개념은 참여 문화, 확장 미디어, 텔레비전 텍스트에 대한 팬의 온라인 활동 등을 이론화하는 데 커다란 영향을 미친다. 그에 따르면, 사회의 컴퓨터화는 "우리의 사회적 그리고 인지적 잠재력이 상호 개발되고 고양되는 지적 공동체의 구축을 촉진"시켜 준다(Lévy, 1997: 17). 레비는 '지식 공간'을 창출하는 데 집단적 노력과 '집단 지성'이 필요함을 강조한다. 그는 집단 지성을 "끊임없이 즉시 향상되고 조정되는 정보와 지식의 상호 참여적 교류"로 정의 내린다(p.13). 지식 공간은 "누구도 다 알 수 없으며, 누구나 아는 것이 있다"(p.13)는 견해에 토대를 둔다. 따라서 더 많은 사람이 정보를 공유하는 데 연결되고 참여할수록, 우리는 더 많이 배울 수 있다. 레비는 지식의 습득에 이러한 접근법을 적용함으로써 심지어 '무지하다'고 여기는 사람으로부터도 많은 것을 배우고 얻을 수 있다고 주장한다(p.14). 집단 지성, 즉 사상과 관점의 공유는 지적 및 사회적 진화의 다음 단계를 가져올 수 있다.

텔레비전이 디지털화됨에 따라 좀 더 이용하기 쉬운 텔레비전이 출현하고 이와 연계된 온라인 환경(예를 들어 텔레비전의 웹 사이트, 페이스북 팬 페이지, 대중문화 블로그, 트위터의 트렌드 토픽 등)이 조성되면서 레비의 통찰력은 특별히 중요한 의미를 가지게 된다. 능동적인 수용자는 창의적인 수용자가 되어 집단 지성의 과정에 관여하고 지식 공간의 창출에 참여한다. 다른 연구자도 대중 텔레비전의 제작자와 소비자가 이러한 접근법을 택하여 온라인 플랫폼을 수용하고 있다는 점을 인정하기 시작한다. 이는 "넘침overflow"(Gray, 2008), "원거리 참여teleparticipation"(Ross, 2008),

"소셜 텔레비전social television"(Hutchinson, 2017) 등 다양하게 표현된다. 이와 같은 참여 방식은 이른바 '두 번째 스크린second screen'[66] 엔터테인먼트라고 묘사되는 것의 특징을 갖는다. 조너선 허친슨Jonathon Hutchinson은 미디어 환경 내에서 그 잠재력에 대해 다음과 같이 설명한다.

> 소셜 TV는 일반적으로 해시태그를 사용하여 트위터에서 실행되는 경우가 많지만, 페이스북 팬 페이지와 인스타그램, 혹은 최근에는 스냅챗Snapchat[67]의 계정 등 다른 공간이 활용되기도 한다. 이런 소셜 미디어를 통한 TV 프로그램과의 상호 작용 활동은 가장 적극적인 형태의 미디어 소비의 하나로 간주할 수 있다. 수용자는 단지 소비하는 것에 그치지 않고 그 자신의 대화의 공간을 만들기 위해 콘텐츠를 이용한다. 그들은 특정 미디어에 적합한 콘텐츠를 스스로 만든다. 텀블러Tumblr[68]의 GIF나 트위터의 해시태그 농담 등이 그 예다. 그들은 또한 실시간으로 제작진에게 그야말로 말대꾸하고 그 프로그램의 후속편을 결정하는 데 영향을 줄 수 있다. (Hutchinson, 2017: 160)

〈왕좌의 게임〉과 같은 프로그램을 시청하는 방법은 사실상 무한하다고 할 수 있다. 심지어 텔레비전을 '본다'라는 용어보다는 텔레비

---

66 전통적인 TV 수상기를 넘어 스마트폰이나 태블릿 등과 같은 전자 장치를 통해 특정 앱에 접속하여 텔레비전을 보는 새로운 시청 방식으로 동시에 부수적인 정보를 검색하고 다른 앱을 활용할 수 있다.

67 2011년 9월 미국의 스냅챗 주식회사가 개발한 멀티미디어 인스턴트 메시징 앱이자 서비스다. 사진 공유, 인스턴트 메시징, 비디오 채팅, 멀티미디어 등의 기능이 있다.

68 2007년 설립되고 현재 오토매틱이 소유한 미국의 마이크로블로그 및 소셜 네트워킹 웹 사이트다. 이 서비스는 이용자가 멀티미디어 및 다른 콘텐츠를 짧은 형식의 블로그에 게시할 수 있게 해 준다.

전 콘텐츠에 '접근한다'라고 정의하는 것이 더 적절할지 모른다. 더욱이 앞서 잠시 살펴보았듯이 온라인 플랫폼은 이용자나 팬뿐만 아니라 보다 공식적인 자격을 갖춘 텔레비전 제작자에 의해서도 구축될 수 있다. 물론 이 두 가지 접근법은 참여의 성격에 있어 일정한 차이와 제약을 드러낸다. 하지만 그 존재 자체가 텔레비전 분석을 위한 중요한 연구 문제를 제기한다. 텔레비전 시청의 순간은 언제 끝나는가? 이러한 플랫폼은 새로운 관계를 만드는가? 텔레비전 텍스트와 온라인 공동체 간의 교차점에서 새로운 의미가 창출되는가? 의미 형성 과정에서 참여자는 서로를 도와주는가? 두 번째 스크린 시대 이전에 이루어진 개념이긴 하지만 존 피스크John Fiske의 '생산자적 텍스트producerly text' 개념은 이러한 질문에 대해 중요한 통찰력을 제공해 준다. 그는 그 개념을 다음과 같이 설명한다.

> 그것은 대중문화 생산물에서도 나타난다. 그것은 마지못한 듯이 선호된 의미preferred meaning가 취약하고 제한적이며 나약하다는 것을 드러내고, 선호된 의미를 억누르려 하면서 그에 대해 반박하는 목소리를 낸다. 그것의 결말은 통제를 벗어나 느슨하고 그 의미는 선호된 의미의 규제를 넘어 완전히 새로운 텍스트를 만들어 낼 만큼 둘 사이의 격차는 벌어진다. 말하자면 실로 통제로부터 벗어나는 것이다.[69] (Fiske, 1989, 2010)

---

69 피스크는 시청자가 TV 프로그램을 아무 생각 없이 받아들인다는 무비판적 대중 수용자론을 거부한다. 도리어 다양한 사회적 배경과 정체성을 지닌 수용자는 각기 나름대로 텍스트를 다르게 해석할 수 있다고 제안한다. 생산자가 의도하는 '선호된 의미'를 포함하는 텍스트에 대해 수용자가 대안적alternative 혹은 저항적resistant으로 해독할 가능성을 인정한다. 말하자면 모든 텍스트는 수용자에 따라 새롭게 읽혀질 수 있다는 것이다. 따라서 텍스트의 선호된 의미를 그대로 받아들이는 단순한 수용과, 각자의 방식으로 읽어내는 능동적 해독이 공존한다고 본다. 결국 수용자는 원작의 창조적 잠재력을 이용하면서도 그에 동의하지 않은 방식으

피스크의 생산자적 텍스트 개념에 의거하여 젱킨스는 "수용자로 하여금 자신의 목적에 맞춰 콘텐츠를 공유할 수 있게 해 주는 기술적 및 문화적 잠재력"을 지닌 참여 미디어가 피스크의 생산자적 텍스트 이론을 실제로 가동하게 만든다고 주장한다(Jenkins, 2013).

> 확산되는 자료는 생산자적이라 할 수 있다. 수용자가 자유롭게 참여할 수 있는 공간을 남겨주고, 표현을 공유할 수 있는 자원을 제공하며, 놀랍거나 흥미로운 내용을 통해 교류하도록 동기를 부여해 주기 때문이다. 사람들은 나중에 대화를 나눌 때 의미 있는 소재가 되거나 새로운 즐거움과 흥미를 제공해 주는 미디어 텍스트를 함께 나누고 싶어 한다. 그 자료에 문화적 활성체가 포함되어 있거나 참여할 수 있는 활동을 제공해 줄 때, 사람들은 미디어 콘텐츠를 교환하고 토론하길 원한다. (Jenkins, 2013)

나 역시 피스크의 생산자적 대중문화의 틀에 의거하여 《장애와 대중문화*Disability and Popular Culture*》에서 그것이 어떻게 장애 연구와 관련을 맺을 수 있는지 살펴보고, 대중적 텍스트에 나타난 장애 재현을 장애화와 비장애화 양자의 견지에서 탐색하였다(Ellis, 2015). 그 책의 텔레비전에 관한 장에서 사회적 변화를 반영하는 혁신적인 미디어로 텔레비전을 바라본다. 장애인이 그리 충분하게 등장하지 않는 텔레비전의 현실을 비롯하여 텔레비전의 장애 재현의 문제점을 인정하면서도 텔레비전 속의 생산자적 장애 재현의 사례에 대해 논의한다. 그것은 사회적 낙인의 측면을 강조하거나 또는 일상생활을 살아가는 장애인을 재현하는 것이다.

로 텍스트의 의미를 활성화하고 즐거움을 만들어 낼 수 있는 적극적인 생산자로 존재한다.

텔레비전에 접근 방식에 나타난 이러한 변화는 텔레비전이라는 미디어에 대해 전 지구적인 변동을 불러일으키고 있다. 이제 텔레비전은 새로운 황금기를 경험하고 있다고 일컬어진다. 그것은 〈왕좌의 게임〉, 〈웨스트월드*Westworld*〉,[70] 〈레프트오버*The Leftovers*〉[71] 그리고 좀 더 거슬러 올라가면 〈소프라노스〉와 〈와이어〉, 그 두 시대를 아우르는 〈트윈 픽스*Twin Peaks*〉[72] 같은 프로그램으로 특징지어진다. 전통적인 TV 수상기뿐 아니라 디지털 비디오 리코더DVRs, DVD, 태블릿 텔레비전, 고화질 케이블 등과 같은 디지털 기술을 통한 접근 방식은 결국 텔레비전에 더 커다란 문화적 정통성을 부여한다. 이로 인해 종전에 내러티브 드라마에 부과되었던 극적 제약이 해소되고 있다. 한때 텔레비전은 시청자가 이해하기 쉬운 방식으로 이야기를 구성하여 영화와 경쟁했지만, 이제는 극적인 내러티브와 특수 효과, 다양한 장소의 야외 촬영으로 영화의 감흥과 정면 대결을 벌인다. 종전의 정형화된 내용은 길고 복잡한 내러티브로 바뀌고 있으며, 이는 시청자의 적극적인 관여를 요구하며 또한 받아들인다. 〈왕좌의 게임〉은 바로 이러한 내러티브의 변화와 수많은 추종자를 거느리는 대표적인 사례가 된다.

---

70 미국 HBO에서 2016년 10월부터 현재까지 세 시즌이 방영된 디스토피아 SF 스릴러 드라마 시리즈다. 과학이 고도로 발달한 미래를 배경으로, 인공 지능 로봇(안드로이드)으로 가득한 테마파크 '웨스트월드'에서 일어나는 사건을 다룬다.

71 미국 HBO에서 2014년 6월에서 2017년 6월까지 세 시즌 방영된 초자연적 미스터리 드라마 시리즈다. 2011년 10월 14일 전 세계 인구의 2%에 해당하는 1억 4,000만 명이 이유 없이 동시 실종 증발해 버리는 '갑작스러운 작별'이 벌어진 이후 남겨진 사람들의 이야기를 다룬다.

72 마크 프로스트Mark Frost와 데이비드 린치David Lynch가 기획한 미국의 미스터리 공포 드라마다. 1990년 4월 ABC에서 시작해 1991년까지 두 시즌 방영되었으며, 25년 후 2017년 쇼타임Showtime에서 다시 세 번째 시즌이 방영되었다. 워싱턴주 가상의 시골 마을 트윈픽스에서 벌어진 한 여고생의 살인 사건을 추적하는 과정에서 드러나는 인간의 추악한 욕망과 위선, 선과 악을 그린다.

집단 지성의 사례 연구: 〈왕좌의 게임〉

수많은 인물과 복잡한 배경 정보라는 디지털 트렌드는 틈새 수용자의 호응과 더불어 광범위한 온라인 관심 공동체의 출현으로 이어진다. 그 결과, TV 프로그램과 관여된 수용자는 막대한 온라인 위키wiki에 글을 기고하거나 이를 이용함으로써 여러 줄거리가 얽혀 있는 복잡한 구성에 정통할 수 있게 되고, 다른 특정 시리즈에 깊이 관여되어 있는 또 다른 팬 집단과도 교류할 수 있다. 이렇게 그들은 서로를 도와주며 집단 지성을 통한 의미 형성 과정에 참여한다. 예를 들어 〈왕좌의 게임〉의 위키는 스스로를 다음과 같이 묘사한다.[73]

> …… HBO TV 시리즈 〈왕좌의 게임〉에 대한 사전 가이드로서 누구나 자유롭게 편집할 수 있습니다. 우리 콘텐츠는 최근 방영된 에피소드에 대한 최신 정보이므로 아직 시청하지 않았다면 원치 않는 세부적인 줄거리에 주의하십시오. (〈왕좌의 게임〉 위키, 시기 불명)

〈왕좌의 게임〉의 위키는 집단 지성의 명쾌한 사례다. 이 사이트는 캐릭터의 배경 정보, 시리즈에 관한 뉴스, 여러 가문과 신앙에 대한 공동체 토론 포럼과 정보 그리고 이 시리즈의 원작 소설에 대한 트랜스미디어transmedia 관련성[74] 등을 다룬다. 팬이 창조한 이 포럼은 이해하기

---

73 대표적으로 https://gameofthrones.fandom.com/wiki/Game_of_Thrones_ Wiki를 들 수 있다.

74 이는 동일한 이야기를 반복하는 OSMU(One-Source, Multi-Use)와는 달리 미디어 간의 경계를 넘어 온·오프라인 모두 상호 연결되는 하나의 세계관 아래 이야기와 캐릭터를 다양하게 변주하는, 일종의 내러티브 확장을 특징으로 한다.

힘든 복잡한 내러티브를 다음과 같이 단지 몇 줄의 문장으로 넌지시 암시하는 것에 그친 HBO의 공식 설명과 분명 다르다.

> 수십 년간 이어진 여름, 하지만 이제 끝나지 않을 겨울이 다가온다. 그리고 철의 왕좌를 차지하기 위한 투쟁이 시작된다. 그것은 플롯이 만들어지고 욕망과 음모가 움트는 남쪽에서 시작하여 광활하고 흉포한 동쪽 땅까지 그리고 800피트 높이의 얼음벽이 그 너머에 있는 어둠의 세력으로부터 왕국을 지켜 주는 북쪽으로까지 확장될 것이다. 왕과 왕비, 기사와 변절자, 거짓말쟁이, 영주와 정직한 사람…… 그 모두 〈왕좌의 게임〉에 등장한다. (〈왕좌의 게임〉 프로그램 소개, 2014)

〈왕좌의 게임〉은 조지 R. R. 마틴George R.R Martin의 판타지 소설 《얼음과 불의 노래*A Song of Ice and Fire*》를 각색한 TV 시리즈로서 가상의 대륙 에쏘스와 대부분의 사건이 일어나는 웨스테로스를 무대로 한다. 〈왕좌의 게임〉은 시리즈의 처음으로 거슬러 올라가는 다양한 플롯 아크plot arc을 가진 복잡한 내러티브[75]를 특징으로 한다. 웨스테로스의 칠七왕국이 철의 왕좌를 차지하기 위해 내전을 벌이고, 몰락한 왕조의 마지막 직계 후손이 왕좌를 되찾기 위해 거대한 군대를 조직함에 따라 오랜 여름 이후 임박한 겨울이 북쪽의 미지의 위협과 함께 무섭게 다가온다.

〈왕좌의 게임〉은 권력, 낙인 그리고 사회적 장벽의 극복에 관한 이

75 많은 에피소드에 걸쳐 연속성을 가지고 조금씩 관련성을 노출시키면서 하나의 스토리라인이 만들어지며, 등장인물이나 상황이 하나의 상태에서 또 다른 상태로 바뀌는 변화와 반전이 지속적으로 나타나는 스토리 구성 방식이다. 내러티브 아크narrative arc, 스토리 아크story arc, 드라마틱 아크dramatic arc 등으로도 불린다.

야기다. 영웅적 풍모를 확실하게 가진 네드, 롭, 캐틀린 스타크로 시리즈가 시작되지만 곧 그들이 살해되면서 〈왕좌의 게임〉은 티리온 라니스터와 같은 사회적 왕따, 좀 더 정확히 말하면 반영웅을 전면에 내세우기 시작한다(Harvey & Nelles, 2014). 첫 번째 시즌에서 불구자이며 개차반이고 망가진 존재라는 남들의 시선 때문에 열등감을 품고 있는 인물로 그려진 티리온은 시리즈가 진행되는 내내 점차 상당한 권력을 행사하게 되며, 또한 팬과 비평가의 호평을 받게 된다. 티리온은 신체 건강한 영웅이라는 일반적인 개념과 동떨어진 왜소한 인물이기 때문에 그 캐릭터를 통한 장애의 재현과 장애 환경에 대해 상당히 많은 대중의 논평이 나타난다. 티리온 외에도 〈왕좌의 게임〉에는 장애가 있는 캐릭터가 많이 등장한다. 그중 일부를 언급하자면, 호도르, 브랜 스타크, 제이미 라니스터, 쉬린 바라테온, 조라 모르몬트, 아에리스 타르가르옌, 산도르 클리게인(별칭 '사냥개'), 바리스공과 그의 충실한 군대, 아리아 스타크, 도란 마르텔, 마에스터 애몬, 칼 드로고 등을 들 수 있다. 게다가 심리학자들은 조프리 바라테온, 램지 볼턴, 세르세이 라니스터, 산도르 클리게인, 테온 그레이조이 같은 인물에 대해 외상후스트레스장애, 스톡홀름증후군Stockholm syndrome 그리고 다양한 인격 장애와 같은 정신 질환을 가진 것으로 진단한다(Sheehan Perkins, 2017).

이 프로그램을 시청한 수많은 팬은 말할 것도 없고, 앞서 언급한 바와 같이 〈왕좌의 게임〉과 다수의 등장인물에 열광적인 온라인 플랫폼의 수만으로도 풍부한 정보량을 이룬다. 이는 연구자가 장애의 시각에서 텔레비전 드라마의 문화적 영향력을 평가하는 데 활용할 수 있는 훌륭한 자료가 된다. 예를 들어 〈왕좌의 게임〉 위키에 나타난 장애에 대한 조사를 통해 그 사이트의 다양한 코너로 이어지는 25개의 결과를 발견했다. 여기에는 캐릭터의 배경 정보부터 전체 에피소드의 요약에 이르기까지, 또한 원작 소설에는 있지만 TV 시리즈에서 생략된 줄거리 등이 담겨 있다. 이렇게 확장되고 있는 아카이브와 더불어 새 에피소드가 출시될 때마다 실시간으로 새롭게 업데이트되는 게시글이 날마다 올라온다.

장애를 포함시키고 '장애 경험에 대한 인식을 제고하고, 장애인의 접근성을 높이고, 또한 장애가 있는 인물에 대해 정확하게 묘사하려는' 〈왕좌의 게임〉의 노력은 실제로 2013년의 미디어액세스어워드Media Access Awards[76]에서 인정받았다(Winter Is Coming, 2013). 그 시상식에서 원작자 마틴은 캐릭터를 개발하는 자신의 접근법을 다음과 같이 말한다.

> 우리는 서로를 인간으로서 인정해야 한다. 우리 모두는 선함이 있으며, 또한 동시에 악한 면도 지니고 있다. 우리는 모두 실제 세계에서 괜찮은 인물이다. 모든 사람은 살면서 부끄럽게 생각하는 일을 하며, 또한 자랑스럽게 여기는 일도 한다. 이는 인간으로서 우리가 어떤 상황에 놓이게 되든지 다 해당된다. 우리 모두는 공통된 인간성을 갖고 있다. 바로 그렇기 때문에 나는 모든 등장인물이 사람이라는 것을 기억하기 위해 노력한다. (Media Access Awards, 2013)

〈왕좌의 게임〉 팬은 마틴에 대해 무한한 존경심을 갖고 있기 때문에 그의 이런 발언은 중요한 의미가 있다(Sarikakis, Krug & Rodriguez-Amat, 2017). 문학평론가 로린 메이어Lauryn Mayer는 〈애틀랜틱*The Atlantic*〉과의

76 영화와 텔레비전 그리고 뉴 미디어 분야에서 장애인을 정확하게 그려내는 내러티브를 개발하고 장애인의 고용을 진전시킨 인물에게 부여하는 세계 최고의 시상식이다.

인터뷰에서 공통된 인간성에 대한 〈왕좌의 게임〉의 이런 인식은 장애인과 비장애인의 경계를 흐릿하게 만드는 데 일조한다고 설명한다.

> 장애를 극단적인 조건의 집합체로 바라봄으로써 우리와 그들 간에 벽을 쌓으려는 경향이 나타난다. 그러나 마틴이 행한 것은 완전성과 신체적 취약성 간의 경계가 얼마나 부서지기 쉬운 것인지를 잘 보여 준다. '비장애' 인간에서 '장애가 있는' 인간이 되는 것은 극히 한순간이다. (Mayer: Kornhaber, 2016에서 인용)

마틴의 이런 태도는 장애 미디어 분석에 대한 앨리슨 와일드의 제언으로부터 영향 받은 것이다. 그녀는 부정적인 스테레오타입을 분석하는 것보다 장애인이 대등한 조건으로 문화적 인정을 받을 수 있는 방안을 모색하는 것이 가장 중요한 연구 과제라고 제안한다. 즉 "선하고, 악하고, 현명하고, 평범하고, 비범하고 혹은 바뀔 수도 있는 것으로 묘사되는 다양한 문화적 이미지를 지향하는 작업에 있으며, 이는 장애를 지닌 사람뿐만 아니라 그렇지 않은 사람에게도 해당된다"고 주장한다(Wilde, 2004).

이 외에도 파스칼 매시Pascal Massie와 로린 메이어는 〈왕좌의 게임〉이 전형적인 장애 클리셰를 해체하고 그 대신에 "장애인 차별주의자의 이데올로기를 탐색하고 사람들로 하여금 자신을 장애인과 분리시키는 장벽을 구축하도록 몰아세우는 도덕성과 취약성의 공포를 밝혀낸다"고 주장한다(Massie & Mayer, 2014). 이러한 문화적 '장벽'은 일찍이 1990년대를 통해 장애 연구자에 의해 확인된 바 있다. 이는 '정상인normate'(Garland-Thomson, 1997), '정상 상태normalcy'(Davis, 1995), '정상화normalisation' 이론(Shakespeare, 2006 참조) 등 다양하게 언급된다. 1997년 갈런드톰슨은 그녀가 '기이한' 신체라고 언급한 문화적 부호화와 기형화에 대한 탈자연화denaturalization[77] 연구에 착수한다. 그녀는 자신이 명명한 '정상인'이라는 용어를 통해 "문화적 자아의 주체 위치가 베일에 가려지며, 확연히 드러나는 신체를 지닌 존재를 일탈적 타자의 집합체로 요약하여 정상인의 경계를 강화시키는" 상황을 설명한다(Garland-Thomson, 1997: 8). 따라서 정상성(혹은 갈런드톰슨의 '정상인'이라는 용어)의 문화적 의미는 이러한 정의 바깥에 존재하는 기이한 신체와 관련될 경우에만 이해된다. 기이한 신체는 우리 사회의 우려, 집착, 불안을 의미하는 문화적 은유로 작동되며, 신화, 사이드쇼sideshow,[78] 의학 박람회, 문학 그리고 대중 영화 등에서 밝혀진 바와 같이 많은 역사적 및 현대적 문화에 걸쳐 매혹적인 요소로 존재한다. 이 장에서는 이러한 개념에 따라 〈왕좌의 게임〉에 등장하는 기이한 캐릭터, 특히 티리온, 호도르, 브랜에 초점을 맞추어 이들에 관한 논의를 확장하고 있는 온라인 지식 공간을 분석하고자 한다.

티리온

티리온 라니스터라는 캐릭터는 성장이 제한된 사람에 대한 기존의 문화적 이미지의 경계를 자주 넘어선다. 〈왕좌의 게임〉이 미디어액세스 어워드를 수상한다는 소식이 발표된 직후 이어진 온라인 토론에서 티

---

77 사회적·역사적·경제적·문화적으로 형성된 환경을 불가피하고 시대를 초월하여 보편적인 것으로 인식하게 하는 메커니즘을 뜻하는 자연화와는 달리 탈자연화는 그러한 절대적 불변성을 부인하고 변화할 수 있는 것으로 바라보는 인식을 말한다. 이는 당연하다고 여겼던 우리 사회 곳곳의 차별과 배제의 현실을 깨닫게 하고 변화의 가능성을 모색케 하는 출발점이 된다.

78 서커스 등에서 손님을 끌기 위해 따로 보여 주는 소규모의 공연을 말한다.

리온은 '다른 어떤 캐릭터에 못지않은 복잡한 인물'로 묘사되었다. 이는 '광대 같은 난쟁이'라는 전형적인 묘사와 극명히 대조되는 것이었다(Winter Is Coming, 2013). 하지만 그러한 장애 재현으로 인해 〈왕좌의 게임〉이 두루 칭찬을 받았음에도 불구하고, 이 프로그램 역시 문제의 소지가 될 만한 장애 수사법을 벗어나지 못한 점도 엿보인다. 예를 들어 잘못에 대한 벌로 장애를 바라보고, 귀엽고 순수한 존재와 초능력적인 인물로 장애인을 그린다는 점이다(Harrison, 2018 참조).

티리온이 첫 번째 시즌에 처음 등장할 때, 주변 사람은 그를 두려움과 경탄의 두 가지 시선으로 바라본다. 그는 '악동,' '반쪽이' 그리고 '캐스터리 록의 난쟁이'로 불리며 조롱과 의혹의 대상이 된다. 하지만 또한 과음, 매춘 그리고 다소 역설적이게도 독서를 많이 한다는 평판도 받는다. 그는 '악동'으로 불리는 것을 경멸하며 스스로를 '똑똑한' 사람으로 자처한다. 대조적으로 그의 형 제이미는 '매력적인' 사람이다. 숙적인 스타크 가문은 티리온에 초점을 맞추어 라니스터 가문을 의심한다. 그러나 정작 두려워해야 할 사람은 (티리온이 아니라 그의 가족인) 쌍둥이 남매 세르세이와 제이미다. 그들은 근친상간의 관계를 맺고 있어 발각되면 세르세이의 남편인 로버트 바라테온에게 죽임을 당할 수 있기 때문이다. 사실상 세르세이의 아들은 외삼촌인 제이미가 아버지이기 때문에 왕좌를 계승할 권리를 가질 수 없고, 따라서 권력을 쟁취하기 위해서는 그 비밀을 지켜야만 한다. 로버트왕의 수관首官인 존 아린이 이 비밀을 알게 되었을 때 살해되었고, 이는 철의 왕좌를 둘러싼 갈등을 촉발하는 계기가 된다. 이것이 시리즈를 작동시킨다. 그 후 이 두 남녀가 탑에서 몰래 통정을 하다가 열 살의 브랜 스타크에게 들키게 되고 제이미는 그의 입을 막기 위해 창밖으로 밀어 떨어뜨린다. 다행히 브랜은 목숨을 구했으나 척추를 부상당해 하반신을 쓸 수 없게 된다.

연인이 감추고 있는 그 비행에도 불구하고, 그들의 아버지인 타이윈 라니스터는 티리온을 여전히 '질투, 탐욕, 교활함이 넘치는, 태어나지 않았어야 할 사악한 작은 생물체'로 바라본다. 타이윈은 티리온의 장애와 그를 낳다가 아내가 산고로 죽은 것에 분개하며 그를 바다로 데려가 '파도에 휩쓸려 사라지게' 했으면 좋겠다고 말한다. 그렇게 처음에는 인간적이기보다 사악한 존재라는 전형적인 장애 캐릭터 내러티브를 따라가지만, 이야기가 전개됨에 따라 장애 캐릭터의 다양한 모습이 재현된다. 티리온은 지성, 연민, 충성심, 용기 그리고 재치를 드러내며, 결국 일곱 시즌 내내 벌어지는 권력 다툼의 교차점에서 중요한 의사결정자로 부상하게 된다.

실제로 이 반영웅은 장애인으로 알려진 블로거와 논평자에게 일관되게 칭송되고 있다. 그가 보여 준 장애에 대한 묘사는 주요 인물로 등장한다는 점에서 장애 재현의 전형적인 경계를 무너뜨리며, 장애인 캐릭터에게 일반적으로 부여된 감화 내러티브의 바깥에서 재현되고 있다는 점 때문에 그리고 마침내 더 많은 관심을 기울이도록 사회적 장애를 강조한다는 점에서 환영받고 있다(Ellis, 2014). 예를 들어 장애를 지닌 인물이 시리즈에서 고정 출연자로 지속적으로 등장하고 그것도 심지어 주인공이라는 것은 흔치 않은 일이다. 영국의 프라임 타임 TV 프로그램의 장애에 대한 내용 분석을 통해 컴버배치와 네그린은 장애를 지닌 인물은 다큐멘터리, 시사 프로그램, 범죄 드라마 등에 주로 등장한다는 것을 발견한다. 그들은 사회 변화가 일어나려면 장애인이 텔레비전의 주인공이 되어야 할 필요가 있다고 주장한다(Cumberbatch & Negrine, 1992). 티리온은 단지 시리즈의 고정 출연자에 그치지 않는다. 그에게는 예의 감화적 성격으로 환영받는 그런 내러티브가 주어지지 않는다. 티리온은 사실상 내러티브의 모든 국면에서 핵심적인 인물로 존재한다.

게다가 티리온은 장애인 캐릭터의 전형적인 재현으로부터 벗어나 있다. 그는 종종 사회적 편견과 낙인을 지적하는 발언을 하고 그런 대화에 참여한다. 〈왕좌의 게임〉 전반에 걸쳐 여러 중요한 장면에서 장애인에 대한 사회의 대응을 비판하는 티리온의 모습이 등장한다. 예를 들어 브랜이 걷지 못하게 된 후 대부분의 사람은 아예 죽는 것이 낫다고 생각한다. 브랜의 누나 아리아는 기사가 되겠다는 동생의 꿈이 결코 실현될 수 없다는 것(더 이상 산을 오르고 말을 탈 수 없다는 것)에 슬퍼할 때 다른 가족은 어떤 생각을 하고 있는지 분명하게 자신의 생각을 전한다. 아리아의 이 발언은 젠더에 대한 사회적 구성으로 인해 스스로도 장애를 겪는 상황에서 이루어졌다는 점은 중요하다.

라니스터 삼남매가 한자리에 모인 첫 번째 장면은 브랜이 혼수상태일 때 그에 대한 논의를 하기 위한 것이었다. 이 장면은 세 인물의 세계관의 차이를 잘 보여 준다. 세르세이는 "그런 고통 속에 아이를 방치하는 것은 자비로운 일이 아니야"라고 주장하고, 제이미도 "그 아이가 설령 살아난다고 해도 흉한 불구자가 될 거야. 나 같으면 차라리 깨끗하게 죽음을 맞겠어"라며 동의한다. 브랜의 장애가 그들의 소행 때문이라는 점을 감안한다면 이 발언은 매우 잔인한 것이다. 그들은 브랜보다 비밀을 지키는 것이 우선이기 때문이다. 그와 대조적으로 티리온은 죽음은 너무 결정적인 것이며, 살아 있다면 그에게도 여전히 가능성이 열려 있다고 주장한다.

브랜이 깨어났을 때, 그의 가족과 주변 사람은 그 두 사람과 비슷한 생각을 한다. 오히려 죽는 편이 그를 위하는 것이라고 말할 뿐 직접 그와 이야기를 나누려 하지 않는다. 브랜 자신도 형 롭에게 "차라리 죽고 싶다"고 호소한다. 그들과는 달리 브랜에게 직접 말을 건넨 유일한 사람은 티리온뿐이다. 그는 브랜에게 다시 말을 탈 수 있도록 자기가 사용했던 것과 마찬가지로 안장을 개조해 달라고 마구 제조인에게 부탁할 계획을 알려준다. 이는 환경과 부정적인 태도가 결합하여 장애를 만들어 낸다는 점을 여실히 보여 주는 것이다. 티리온은 사회 모델의 관점을 취한 것이고, 브랜을 격려하여 그의 몸이 할 수 없는 것에 초점을 두기보다는 환경을 바꾸게끔 생각하도록 이끌려고 한다.

> …… 제대로 된 말과 안장이 있으면 장애인도 말을 탈 수 있어. [……] 타는 사람에게 말을 맞추면 돼 [……] 말에 오르면 넌 누구보다도 클 거야.

〈왕좌의 게임〉의 스타로서 티리온의(그리고 실제로 딘클리지의) 위상은 그가 연루되지 않은 조카 조프리왕[79]의 피살 사건 때문에 재판에 회부된 네 번째 시즌에서 더욱 공고히 된다. 그는 세계가 장애인에 대한 편견을 조장하고 사회적 장애를 영속화하고 있다고 비난한다.

> 나는 고백하고 싶어. 진정으로 고백하고 싶어. 나는 너희들을 구했어…… 나는 이 도시를 구했어…… 너희들의 그 가치 없는 삶을 구했어. 스타니스[80]가 너희 모두를 죽이게 놔뒀어야 했어…… 내가 죄인라고…… 죄인…… 그게 너희들이 듣고 싶은 말이야? [타이윈: 네가 왕을 독살했다는 것을 시인했잖아?] 아니, 그 점에 대해선 난 결백해. 난 더 끔찍한 죄를 저질렀어.

---

79 바라테온왕과 세르세이의 장남으로, 바라테온이 죽은 후 국왕으로 즉위한다. 하지만 사실 그는 남매간인 세르세이와 제이미의 근친상간으로 태어난 자식이다. 광기와 잔인함이 극에 달하는 인물로 결국 독살당한다.

80 바라테온왕의 동생으로 세르세이의 부정한 행동을 알고 왕위계승권을 주장하며 라니스터 가문의 지배에 있던 칠왕국의 수도인 킹스랜딩을 공격하였으나, 티리온이 영리하게 펼친 화공과 더불어 강력한 저항에 큰 피해를 입고 퇴각하였다.

> 나의 죄는 난쟁이라는 것이야. [타이윈: 넌 난쟁이라는 것 때문에 재판받는 것이 아니야] 오, 그래. 맞아. 난 내 삶 전체에 대한 재판을 받고 있는 것이야. [타이윈: 더 이상 변명할 것이 있나?] 이것 하나는 이야기하고 싶어. 나는 하지 않았어. 나는 조프리를 죽이지 않았어. 하지만 그랬으면 좋겠다는 생각은 했어! 너희들의 그 사악한 개자식이 죽는 것을 보고 있자니 천 명의 거짓말쟁이 창녀들과 있는 것보다 더 안심이 되더라! 내가 너희들이 생각하는 괴물이었으면 좋겠어! 네놈들에게 줄 충분한 독약이 있으면 좋겠어! 네놈들 모두가 그것을 삼키는 걸 지켜볼 수 있다면 난 내 목숨을 바칠 거야! 조프리를 죽이기 위해 내 목숨을 바치진 않을 거야. 그러면 난 정의를 구현하지 못할 거니까.

이런 그의 발언은 토빈 시버스가 장애의 '주장claiming'이라 묘사한 한 사례가 된다(Siebers, 2004). 그는 사회의 낙인을 피해 가까스로 살아나가는 것에 대해 '패싱passing'이라는 개념을 사용하면서 장애 '가장무도회'를 통한 다른 접근법을 제안한다. 시버스는 장애 가장무도회를 "장애를 단순히 시야에서 감추기보다는 그 자체의 생각으로 주장"하는 것으로 본다(Siebers, 2004). 그는 그러한 행위를 다음과 같이 설명한다.

> …… 장애를 감추기보다는 그것을 주장하여 패싱에 대응한다. 차이가 낙인이 될 때, 과장하거나 다르게 행동하는 것은 한 존재를 표적으로 만든다. 하지만 이렇듯 과장되고 다르게 행동하는 것 또한 사회의 편견을 드러내고 저항하는 방식이다. 가장무도회는 장애에 관한 이야기를 하고 싶은 욕망을 충족하도록 해 준다. 종종 그것은 사회가 듣고 싶어 하지 않는 이야기 자체가 된다. 비장애의 신체를 지닌 이들의 이데올로기를 따르는 것을 거부하기 때문이다. (Siebers, 2004)

티리온은 분명히 자신의 장애를 주장한 것으로 보인다. 그는 낙인 찍힌 자신의 정체성을 받아들이고, 결국 〈왕좌의 게임〉과 그를 추종하는 팬 사이에서 야망을 가진 영웅이 된다. 그의 열정적인 법정 독백은 그대로 #프리티리온#FreeTyrion을 통해 전달되어 트위터의 열광적인 반응을 이끌었다. 이런 트위터의 토론이 〈왕좌의 게임〉에 관한 광범위한 온라인 토론에서 행해진 것이지, 장애 전용 블로그 사이트에서 이루어진 것이 아니라는 점이 중요하다. 티리온은 장애인뿐만 아니라 비장애인 시청자 모두로부터 상당한 추종자를 모은 것이다.

호도르

호도르는 〈왕좌의 게임〉에서 다소 특이한 캐릭터로 등장한다. 그는 내러티브에서 '천진난만한' 인물로 묘사되며, 유일하게 할 줄 아는 단어가 '호도르'다. 그래서 모든 사람이 그를 '호도르'라 부르지만, 나중에 알려진 바로는 그의 실제 이름은 윌리스다.[81] 호도르는 첫 시즌부터 등장하는데, 브랜이 하반신 마비가 된 후 그를 데리고 다니라는 지시를 받는다. 실제로 그와 브랜이 전혀 등장하지 않았던 시즌 5를 제외한 다섯 시즌 동안 그의 역할은 브랜을 등에 업고 운반하는 것에 그친다. 심지어 조역을 포함한 대부분의 다른 인물과는 달리, 백귀白鬼/White Walker[82]로부터 브랜을 구하다 죽임당하기 직전까지 호도르의 삶의 이력이나 배경에 대해서는 알려지지 않는다.

81 원작 소설에서는 본명이 왈더다. 드라마에서는 왈더 프레이공와 혼동을 피하고자 바꾼 것으로 본다.

82 겨울왕국 웨스테로스의 최북단 빙벽 너머에 수천 년간 잠적해 있다가 나타난 초자연적인 고대 설인족이다. 창백하고 수척한 미라의 모습을 가지며 밤의 왕Night King의 지배를 받는다.

그러나 호도르는 텔레비전 팬, 블로거 그리고 앞서 언급한 집단 지성의 과정을 통해 그를 진단하려 했던 의사 등 모두로부터 관심을 받는다. 온라인 토론은 캐릭터의 분석을 이끌 뿐만 아니라 의사소통 장애에 대한 문화적 관심과 재현도 증가시키고 있다. 나아가 시리즈가 진전됨에 따라 이러한 토론은 지속적으로 추가되고 업데이트되며, 부정확한 사항을 정기적으로 수정하여 활기차고 균형 잡힌 대화가 이루어진다. 수년에 걸쳐 그 대화는 장애의 발생에 대해 의학적 패러다임에서 사회, 문화 그리고 텔레비전의 영향을 인정하는 방향으로 점차 이동한다. 그에 따라 이런 유형의 장애에 대한 텔레비전 재현은 고정적인 것이거나 한 가지 관점에서만 나오는 것이 아니라는 점이 밝혀진다.

이는 호도르의 상태에 대한 진단과 그가 어떻게 묘사되었는가에 관한 토론과 관련하여 특히 그러하다. 예를 들어 지적 능력은 온전해 보이지만 언어 기능의 상실을 경험했을 것으로 추정되었기 때문에 그가 표현실어증expressive aphasia[83]을 겪는다는 합의가 한동안 이루어졌다 (Gaines-Lewis & Smith, 2015).

> 그럼 호도르의 끊임없는 호도링Hodor-ing을 어떻게 설명할 수 있을까? 그가 의도했든 안 했든, 원작자 마틴은 표현실어증이라 불리는 신경학적 질환의 교과서적인 사례를 가진 캐릭터를 만들어 냈다. 이 질환은 프랑스 내과의사 폴 브로카Paul Broca로 거슬러 올라간다. 브로카는 루이 빅토르 레보뉴라는 남자를 소개받았다. 레보뉴의 이해력 및 정신 기능은 비교적 정상인 반면 의미를 담고 있는 말을 구사하는 능력은 20년에 걸쳐 점차

83 언어의 표출 및 생성 과정에서 장애를 보이는 실어증의 하나다. 쓰기, 몸짓 혹은 다른 수단을 통한 의사소통에도 결함이 나타나며 환자는 자신의 장애에 대한 인식이 가능하다.

사라져갔다. 그는 탠Tan이라 불렸는데, 호도르처럼 그가 할 줄 아는 유일한 단어가 '탠'이었기 때문이다. (Gaines-Lewis & Smith, 2015)

그러나 모두 동의한 것은 아니지만 그 진단을 문제 삼는 글이 여럿 등장했다. 예를 들어 케이티 고어Katie Gore는 호도르가 표현실어증이 아니라 발달지체가 있는 것으로 보인다는 견해를 언어 치료 기관 스피치 IRLSpeech IRL에 올렸다.

호도르는 원작 소설과 영화 모두에서 심각한 인지 장애를 갖는 것으로 묘사된다. 기본적인 지시를 내리면 대체로 잘 따르지만, 그의 행동과 반응은 전형적으로 걸음마를 배우는 유아의 그것과 같다. 예를 들어 천둥이 치면 그는 무서워서 소리를 지르고 겁에 질려 웅크린다. 도리어 열한 살의 브랜이 그를 진정시키려 하지만 실패하고 만다. 그는 자급자족하지 못하고 사회생활의 적응력이 떨어지기 때문에 옷 입는 법과 같은 것을 상기시켜 줄 필요가 있다. 원작자 마틴은 이 총애받는 거한을 '천진난만한'이라는 형용사로 묘사한다. (Gore, 2015)

과학 웹 사이트가 이 질환의 징후적 특성에 초점을 맞춰 진단하려 했던 반면, 웹진 〈버슬*Bustle*〉[84] 사례에서 보는 것처럼 대중문화의 블로그는 호도르가 처한 곤경의 비극을 강조하는 재현에 관심을 두었다.

84 2013년 8월에 설립된 미국의 온라인 여성 잡지다. 미용, 유명 인사, 패션 및 대중문화를 비롯하여 뉴스와 정치 문제도 다루고 있다. 그중에는 〈왕좌의 게임〉의 캐릭터인 호도르에 대한 논의와 그 배역을 맡은 크리스천 네언과의 인터뷰를 담은 기사도 있다.

윌리스의 머릿속 트라우마가 언어 장애를 낳아 '호도르'라는 말로 자신을 표현할 수밖에 없는 삶을 살았다는 것을 생각하면 가슴이 터질 듯이 아프다. 윌리스는 로버트왕의 반란으로 삶이 돌이킬 수 없을 정도로 망가진 또 다른 인물일 수 있다. 스타크 가문을 섬기는 동안 그의 머리에 가해진 한 번의 끔찍한 타격으로 호도르의 삶이 시작되었고 윌리스의 삶이 끝나게 되었는지 모른다. 그리고 이 환상의 세계에서 윌리스의 운명은 의학적인 도움이 있었다면 그리 살지 않을 수도 있었기에 더욱더 슬프다. (Bowman, 2016)

호도르와 관련된 경우와 같이 〈왕좌의 게임〉을 둘러싼 토론의 수준은 명품 텔레비전의 좋은 사례를 보여 주는 것으로 수용자의 헌신을 요구하는 복잡하고 변화무쌍한 내러티브를 따라간다. 예를 들어 위에서 인용한 〈왕좌의 게임〉 팬이 내린 세 가지 평가는 결국 호도르의 의사소통 장애의 기원이 무엇인지 말해 주는 것이다. 시즌 6의 두 번째 에피소드에서 호도르가 "마법을 통해 시간 여행의 역설을 경험할 때 외상전스트레스장애[85]와 같은 증상으로 뇌 손상을 겪게 된 것"을 알게 된다(Gore, 2016). 다른 사람이나 동물의 마음에 들어가 그들의 눈을 통해 세상을 볼 수 있는 '워그warg'라는 마법 능력을 연마한 브랜이 무리하게 벽을 넘어 워그를 펼치게 되면서 백귀가 동굴 은신처로 쳐들어오도록 만들어 자신과 호도르 그리고 동행했던 미라 리드를 위험에 처하게 한다. 백귀들이 공격을 해 올 때, 브랜과 미라는 도망치면서 호도르

85 트라우마(외상)를 겪은 후 갖게 되는 외상후스트레스장애의 또 다른 측면을 비유적으로 표현한 것으로 보인다. 아직 트라우마를 겪지는 않았지만 트라우마의 심리적 영향을 받고 있다고 느끼는 것을 말한다. 이는 전개될 미래에 대한 불확실성과 통제 불능에 기인한다.

에게 "문을 막아"라고 지시한다. 그 당시 시간 여행을 하며 마구간에 있는 어린 윌리스의 모습을 지켜보던 브랜은 미라가 '문을 막아'라는 지시를 하는 중에 뜻하지 않게 그의 몸으로 워그를 하여 어린 윌리스는 미래에 펼쳐질 자신의 죽음을 경험하게 된다.[86]

호도르의 마지막 에피소드는 전문가와 비전문가 모두에게 호도르를 평가할 수 있는 폭넓은 진단 명세표를 제공했다. 고어는 언어 병리학자와 대화하면서 그 문제를 다시 논의하여 호도르가 표현실어증'일 수도' 있지만 그것이 재현의 논점은 아니라고 결론을 내렸다. 이 모든 온라인 토론에서 중요하게 주목해야 할 것은 호도르에 대해 진단을 내리려는 노력이 호도르를 한 인간으로서 바라보고 접근하거나 그의 장애가 사회적으로 구성되는 방식을 제대로 밝혀내지 못했다는 점이다.

> 진단의 꼬리표는 한계가 있다. 장애는 복잡한 것이기 때문이다. 진단은 장애를 분명히 밝히지 못하며, 장애는 본질적으로 하나의 진단을 가리키지 않는다. 진단의 꼬리표와 장애의 징후는 '너무 일반적으로' 한 사람이 할 수 있는 것과 할 수 없는 것, 이해하는 것과 이해하지 못하는 것, 원하는 것과 원치 않는 것이 무엇인지에 대한 가정으로 이끈다. 호도르는 다른 사람들의 가정 때문에 평생 천진난만하고 거의 벙어리인 마구간 소년의 정체성에 갇혀 살았다. (Gore, 2016)

그러므로 호도르에 관한 토론이 의료 모델에만 머무르다가 사회 모델의 작동을 인정하기 시작하는 방향으로 옮겨 갔다는 것은 중요한

86 어린 호도르가 '홀드 더 도어!'를 계속 외치다가 점점 짧아지면서 '호도르'가 된 것이며, 그때의 기억이 어린 호도르에게 각인되어 커서도 그 말밖에 못하게 된 것으로 풀이한다.

의미를 갖는다. 내러티브의 맥락에서 보면, 그런 접근 방식은 호도르를 치료와 돌봄이라는 진단법으로만 바라보는 것을 넘어 좀 더 포괄적으로 그를 이해하는 데 도움을 준다. 그 내러티브가 결국 장애의 덫에 빠져 버릴 것인가에 대해 의혹의 눈으로 지켜보고 있는 문학, 의료, 텔레비전, 장애, 〈왕좌의 게임〉의 전문가 등이 존재하는 집단 지성의 지식 공간이 온라인에 열려 있기 때문이다. 이들 다양한 참여자는 각자의 상황에 따라 상이한 관점으로 호도르에 대해 토론함으로써 집단 통찰력을 발휘하여 복합적 체화 이론을 발전시켰다. 호도르가 갑자기 정형화된 방식으로 재현된 것인가? 〈애틀랜틱〉과의 인터뷰로 돌아가면, 메이어는 〈왕좌의 게임〉을 좋아하는 가장 큰 이유는 그것이 장애의 덫에 빠지지 않기 때문이라 설명했다. 그러나 그녀는 호도르의 성격 묘사가 제물로 바쳐진 그리스도와 같은 형상(Kornhaber, 2016)과 너무 흡사하다고 보았다.

한편 #홀더도어#holdthedoor는 그 에피소드가 방영되는 동안 트위터의 트랜드 토픽이 되었고, 채 사흘이 지나지 않아 공예가들이 호도르 문버팀쇠를 만들어 팔기 시작하였다. 수년에 걸쳐 의료, 대중문화, 문학에서 이루어진 호도르에 관한 대화는 확장 미디어의 좋은 사례다. 이러한 활동은 그가 내러티브에서 중요하듯 사람들에게도 중요한 인물임을 보여 주었다. 또한 이 시리즈의 플롯과 호도르의 성격 묘사에 관한 새로운 정보는 나아가 호도르와 관계를 맺는 다른 인물에 대해서도 살펴볼 수 있는 기회를 제공하였다. 메이어가 잔인하고 복잡한 캐릭터로 묘사한 브랜 스타크가 대표적인 사례다.

> 브랜은 호도르를 막 대하지만 사악한 인물은 아니다. 모든 사람이 그렇듯 그는 이기적이며 가끔 공감 능력이 부족하다. (Kornhaber, 2016)

브랜이 더 어린 시절로 돌아가 마구간을 통해 세눈박이 까마귀를 따라갔을 때 혼수상태에서 깨어났으며 그때 워그를 펼칠 수 있는 마법 능력을 갖게 되었다. 장애 재현의 역사적 맥락에서 보면, 온라인 토론은 몇몇 유용한 통찰력을 제공한다. 어떤 이에게 브랜은 장애인이 되자마자 보상 능력을 갖게 된 초능력적 장애인이다. 그는 은유적으로 또 실제적으로 슈퍼휴먼이 된다. 하지만 또 다른 이에게 그는 복잡다단한 인간성을 보여 주는 존재다. 걸을 수가 없게 된 후 좋은 의도에도 불구하고 아무도 티리온이 이전에 제안한 방식으로 그에게 개조된 안장을 만들어 주지 않았고 말을 타는 법도 가르쳐 주지 않았기 때문에 이동하기 위해서는 호도르에게 의존할 수밖에 없었다. 따라서 호도르와 브랜의 이런 역학 관계는 장애가 만들어지는 데 사회적 태도가 얼마나 중요한 역할을 하는지를 여실히 보여 준다. 브랜은 결코 안장을 받지 못했으며, 호도르는 브랜을 운반하는 것 말고는 다른 기회를 전혀 부여받지 못했다. 사회 모델에 따르면 두 인물 모두 장애를 완벽하게 재현한 것은 아니지만, 그들의 캐릭터를 재현할 때 특히 인간성을 중시하려는 마틴의 목표가 반영되어 있다.

〉〉〉〉〉〉〉〉〉〉〉〉〉〉〉〉〉〉〉〉〉

학술지 〈장애 연구*Disability Studies Quarterly*〉에 기고한 논문에서 콜린 일레인 도널리Colleen Elaine Donnelly는 티리온을 관객에게 장애에 대한 자신의 편견과 판단을 직면케 하도록 이끄는 복잡한 캐릭터라고 되돌아본다.

그는 다면적이며, 제멋대로이고, 무자비한 캐릭터이지만 한편으로 동정심, 비난을 이겨내는 용기, 도덕관념이 있어 결국 자신을 다른 가족 구성원과 대립하도록 이끈다. (Donnelly, 2016)

티리온을 통한 장애의 재현은 사실상 복잡하고 도전적이다. 그는 시리즈에서 강력한 지도자가 되지만 여전히 상당한 사회적 낙인에 시달린다. 하지만 티리온은 〈왕좌의 게임〉 내내 끊임없이 장애를 주장하며 앞서 언급한 '불구자이며 개차반이고 망가진 존재'라는 또 다른 그의 삶을 개선하기 위해 부단히 노력한다. 따라서 티리온이라는 캐릭터 자체가 장애 및 텔레비전의 장애 재현에 대한 지식 주장에 기여한다고 할 수 있다. 하지만 한편으로 이 장에서 그것만큼 중요한 분석 영역이 있음을 제안하고자 한다. 그것은 〈왕좌의 게임〉의 장애인 캐릭터를 두고 온라인 토론을 통해 창출된 장애에 관한 지식 공간이다. 나는 레비의 집단 지성 틀을 의미 형성 과정에 집단적으로 참여하는 〈왕좌의 게임〉의 수용자에게 적용해 보았다. 실시간으로 끊임없이 추가되고 업데이트되는 이러한 토론은 장애의 사회적·문화적 구성에 중요한 통찰력을 제공해 준다. 티리온에 대해서는 팬이 #프리티리온#FreeTyrion을 날리며 환호하는 인물이 된 반면, 호도르는 마지막에 그의 배경이 알려지기 전까지 의료적이고 비극적 관점으로 처리되었다.

장애 연구가 동시대의 텔레비전에 대한 분석에서 좀 더 나아가고자 한다면, 이제는 텔레비전 팬의 활동에 관심을 가져야 한다는 점이 중요하다. 집단 지성, 두 번째 스크린 엔터테인먼트 그리고 생산자적 텍스트의 개념은 모두 장애의 재현과 권리 신장에 특별한 의미를 갖는다. 장애 경험에 대한 일반 대중의 통찰력은 대부분 텔레비전과 미디어를 통해 얻어지기 때문이다(Haller, 2010). 레비의 집단 지성 틀은 더 많은 지식을 지닌 사람뿐 아니라 그 주제에 대해 별로 경험하지 못한 사람도 온라인 공간에서 함께 모여 서로 도와준다면 텔레비전의 재현, 특히 사회가 장애를 재현하기 위해 어떤 선택을 하는지 깨달을 수 있다는 점을 보여 준다. 그와 더불어 두 번째 스크린을 통한 온라인 담화는 장애인과 같이 소외된 사람을 통상 배제해 왔던 토론에서 자신의 목소리를 낼 수 있는 기회를 제공한다. 결과적으로 장애는 생산자적 확장 미디어의 영역으로 진입한다. 이는 영화와 텔레비전의 장애 재현에 관한 소셜 미디어 토론이나, 장애 전용 온라인 사이트와 포럼(예를 들어 GimpGirl) 그리고 장애 운동 웹 사이트(예를 들어 The Accessible Netflix Project, #toylikeme) 등으로 나타난다. 트위터의 장애 재현에 관한 대화는 대중문화의 시대사조가 된 해시태그 문화와 함께 수년에 걸쳐 이어져 오고 있다. 이와 같이 집단 지성의 한 형태로서 텔레비전과 소셜 미디어는 보다 많은 미디어의 관심을 불러일으켜 개선된 장애 재현과 권리 신장을 촉진하고, 무엇보다도 흔히 사회적 장애화를 조장하고 있는 기존 미디어의 힘에 맞서 대안을 제시할 수 있다.

이 장에서 분석 대상으로 〈왕좌의 게임〉을 선택한 이유는 호주에서 커다란 인기를 얻은 프로그램이기 때문이다. 실제로 많은 호주인이 미국에서 방영이 되면 최신 시리즈를 보기 위해 불법 복제를 하였다. 〈왕좌의 게임〉의 최근 에피소드를 폭스텔로만 접할 수 있게 만든 호주의 라이선스 협정에 대해 많은 이가 불만을 토로한다. 이 책의 2부에서는 텔레비전의 접근으로 넘어갈 것이다. 하지만 이런 플랫폼을 통한 국제 프로그램의 이용 가능성은 점점 더 문제를 드러내고 있다. 특히 호주의 수용자에게 접근성 기능이 제대로 제공되지 않을 경우 그것은 더욱 심각하게 나타난다.

2부

접근

6장

디지털 다양성

2014년 넷플릭스 회장 리드 헤이스팅스Reed Hastings는 2030년경이 되면 텔레비전 방송이 사양길에 들어설 것이라는 종말론적 예언을 하였다(Hecht, 2014). 지금까지 텔레비전이 걸어왔던 길을 되돌아보면 이러한 발언이 새삼스러운 것은 아니다. 2012년 〈애틀랜틱〉에 실린 기사를 보면 스트리밍 서비스가 텔레비전, 방송, 케이블의 종말을 가져올 것이라고 지적된 바 있다(Thompson, 2012). 2010년으로 거슬러 올라가면 당시 호주의 논평가들은 텔레비전은 언제 어디서나 접근 가능할 수 있게 되고 틈새 프로그램이 가장 중요한 특징이 될 것이라고 예측하였다(Walters, 2010). 그러나 헤이스팅스의 예언 당시 호주에서는 넷플릭스를 법적으로 이용할 수 없었다. 물론 2011년부터 넷플릭스의 호주 도입을 두고 여러 논의가 있었지만 그것은 2015년 이후에나 이루어졌다. 이렇게 도입이 늦어진 것은 당시의 TV 방영권 협약과 관련이 있으며, 또 한편으로 기존 미디어의 반발에도 기인한다. 넷플릭스의 사업 모델이 호주의 방송 사업자에게 심각한 위협으로 다가왔기 때문이다. 결국 이러한 협약은 효력을 발휘하여 넷플릭스 오스트레일리아로 하여금 미국의 콘텐츠 중 4분의 1 이내에서만 제공할 수 있도록 제한을 두게 되었다.

텔레비전의 종말이 거론되는 가운데 나는 '텔레비전과 대중문화'라는 강의를 하고 있었다. 이 강좌는 TV라는 미디어를 둘러싼 학문적 및 대중적 논의를 모두 연계하여 텔레비전과 영상물에 대해 비판적으로 접근해 보려 한 것이었다. 이는 영상 기술, 텍스트, 수용자, 산업이 인터넷, 웹 2.0 시대, 이용자 제작 콘텐츠User-Generated Content에 의해 어떻게 발전해 왔는지에 초점을 두었다. 그러나 학생들은 텔레비전을 보지 않는다면서 그 대신 모바일이나 랩톱을 통해 다운로드하거나 토렌팅torrenting[87]하고, 또한 유튜브를 시청한다고 하였다. 따라서 자신들은 네트워크 방송사가 만들어 놓은 편성표 따위에 얽매이지 않는다는 것이다. 그들은 불법 다운로드를 통해 프로그램을 시청함으로써 기존의 숨 막히는 호주의 유료 방송 시스템을 전복시키고 있었다. 이렇듯 이전과는 다른 기술 방식을 통해 접근하는 것도 여전히 텔레비전이라고 할 수 있을까라는 의문이 들 수밖에 없었다.

2년이 지난 후, 중국에서 온 학생들과 텔레비전 접근에 관해 대화를 나누었을 때 그들로부터 똑같은 이야기를 들을 수 있었다. 그러나 그것은 전보다 발전된 것이었다. 텔레비전은 그것을 뭐라 부르든 수용자가 글을 쓰고 자막을 붙임으로써 그에 대한 접근성을 증진시키고 있었다(8장 참조). 하지만 분명한 점은 그러한 프로그램과 수용자가 참여하는 콘텐츠는 거실의 전통적인 텔레비전으로는 접근하기 어려운 것이었다.

87 토렌트Torrent는 P2P 파일 전송 프로토콜의 이름이자 그것을 이용하는 응용 소프트웨어를 지칭한다. 전 세계적으로 영화나 드라마 혹은 예능 프로그램을 무료로 접속하기 위해 많이 이용된다.

어쩌면 우리는 그것을 텔레비전이라고 불러서는 안 될지도 모른다.

2019년 초 나는 호주에서 이 책에 담긴 연구 과제의 마무리로 '장애, 미디어 그리고 인권Disability, Media and Human Rights' 심포지엄을 개최하였다. 나는 이틀간의 행사를 통해 이 프로젝트를 시작한 5년 전에 처음 생각했던 것과 그 후 어떻게 달라졌는지 이야기하였다. 초기의 목적은 디지털 텔레비전 전환이 텔레비전의 장애 재현을 개선시킬 것인지 그리고/혹은 그것이 지금까지 텔레비전으로부터 배제되고 소외된 사람을 위한 접근성 기능의 서비스(예를 들어 폐쇄 자막, 화면 해설, 아바타 수어 통역 등)의 제공을 용이하게 해 줄 것인지 알아보고자 한 것이었다. 그러나 13년 동안 호주의 디지털 텔레비전을 기다려 왔지만, 별 소득을 거두지 못했다. 디지털 텔레비전이 도입된 직후 주문형 비디오 서비스가 등장하고 이는 또다시 미디어 전반을 혁신적으로 흔들어 놓았다. 그 시점에 이르러서 장애인과 텔레비전에 대한 연구도 정당성을 가지기 시작했다. 국제적인 차원에서 학자와 활동가가 이를 검토하고 텔레비전 속의 장애인 캐릭터의 수를 분석하였다(2장 참조). 장애인 공동체와 그 연대 조직은 온라인 공동체를 형성하여 부적절한 장애 재현에 대해 발언하기 시작했다. 더 광범위한 사회적 차원에서 온라인 토론을 통해 디지털 미디어와 텔레비전 간의 강력한 연계에 대해 눈을 돌리게 되었다.

그 결과 장애 재현과 접근에 대한 나의 연구 과제는 규모가 커지게 되었다. 방송 전반을 아우르는 텔레비전의 디지털화, 스마트폰 기술을 통한 다시 보기와 주문형 비디오 서비스, 오락 미디어, 온라인 행동주의, 인쇄 미디어, 미디어 분야의 고용, 장애 어린이용 장난감과 장애인 게이머에 이르기까지 내가 예상했던 범위를 훌쩍 넘는 영역으로 발전하게 되었다. 앞서 언급한 심포지엄의 연사들은 이 모든 주제뿐만 아니라 그 이상에 대해서도 발표하였다. 또한 이 행사에서 소셜 미디어가 미래의 텔레비전을 변환시키는 주요 동인이 될 것이라는 점이 강조되었다. 전통적인 미디어가 적절하게 작동하지 않는다면 장애인은 소셜 미디어를 통해 미디어에 대응하고 심지어 스스로 자신의 미디어를 가질 수도 있다고 보았다.

이러한 시나리오가 말해 주듯 텔레비전은 변하고 있다. 이제 우리는 더 이상 텔레비전을 시청하는 것이 아니라 텔레비전에 접근하고 있다. 생산자적 제작, 두 번째 스크린 관여 그리고 접근을 용이하게 하는 번역 등을 통해 우리는 상당히 자주 그 의미 형성 과정에 기여한다. 이는 많은 사람에게 엄청난 기회를 제공해 주며 장애가 있는 사람도 예외가 아니다. 하지만 장애인은 디지털화가 이루어지기 전이나 후 상관없이 제작, 소비, 규제라고 하는 텔레비전 문화 그리고 폭발적으로 증가하는 텔레비전의 자유에 대해 비장애인의 경우와 다른 관계를 맺고 있음을 알아야 한다. 즉 장애인은 여전히 소외될 위험성이 존재한다.

이 장에서는 디지털화가 이들 장애인 집단에 어떤 영향을 주는지에 초점을 둔다. 우선 디지털 텔레비전의 도입으로부터 시작하여, 그것이 장애인과 주류 시청자 모두에게 미치는 영향력을 되돌아보고, 여러 나라에서 디지털 텔레비전이 도입되는 다양한 방식에 대해 간략하게 살펴볼 것이다. 또한 다시 보기 서비스나 주문형 비디오, 이용자 제작 영상물, 디지털 녹화기기 그리고 전자 프로그램 안내와 같은 기타 온라인 관련 기술에 대해서도 논의하고자 한다. 이 장의 결론에서는 디지털 기술을 통해 나타나는 접근성 기능에 초점을 두고 장애인과 관련된 디지털 텔레비전 전환의 네 가지 주요 관심사(디지털 격차digital divide, 리모컨 접근성, 셋톱박스, 편의성)에 대해 훑어볼 것이다. 궁극적으로 이 장은 텔레비전 디지털화의 효과뿐만 아니라 보다 향상된 접근성 기능이 장애인에게 어떤 기회를 가져다주는지를 살펴보고자 한다.

텔레비전의 디지털화 서언

엘세서는 이른바 '선호된 이용자preferred users'라는 개념을 통해 '신체, 기술, 문화, 권력의 특수한 연결 고리'를 살펴본다(Ellcessor, 2016). 그녀의 논의에 따르면, 텔레비전이 선호하는 이용자가 전통적으로 비장애인이라는 점은 분명하다.

> 텔레비전 수상기는 시청각적 내용물을 수신할 수 있는 수용자를 전제로 한다. 자막은 선택 사항이고, 화면 해설은 아주 드물게 이용할 수 있을 뿐이다. 이러한 기술은 그 중요성과 지위를 기본값으로 처리함으로써 선호된 이용자의 주도권을 유지시켜 준다. 그렇게 함으로써 미디어와 사회에 관한 비장애인의 규범을 더욱 폭넓게 지지한다. (Ellcessor, 2016)

엘세서는 대부분의 기술이 선호된 이용자를 대상으로 하고 있으며, 그들은 전형적으로 백인, 부자 그리고 비장애인이라고 본다. 따라서 "한 미디어의 기본적인 경험"은 이들 이용자를 염두에 두고 이루어진다(Ellcessor, 2016: 63). 그러나 장애인 이용자를 고려하게 되면, '실제 이용과 이용자 입장'의 차이가 드러나며, 이는 기술을 이용하는 사람들을 둘러싼 규범적 전제를 무너뜨린다. '선호된 이용자' 개념을 통해 엘세서가 주장하고자 한 것은 장애가 있는 이용자가 사용할 수 있는 대안적 접근 수단(예를 들어 청각 장애인을 위한 자막과 시각 장애인을 위한 화면 해설)을 인정해야 한다는 것이다. 실제로 디지털 텔레비전의 전환은 이러한 기능을 보다 폭넓게 확산시킬 수 있는 기회를 제공할 것으로 기대되었다. 그러나 2부에서 앞으로 논의하겠지만 늘 그렇지는 않았다. 대체로 장애인은 인구통계학적으로 별로 중요치 않은 수용자로 평가 절하되어 왔기 때문에 UN 장애인권리협약이 공표되었음에도 불구하고 텔레비전에 대한 접근은 장애인의 기본적인 인권으로 간주되지 않는다. 따라서 나는 선호된 비장애인 이용자에 대한 가정뿐만 아니라 보고 듣는 기능이 강조된 텔레비전 기술을 이용하는 장애인 수용자에 대해 숙고해 보고자 한다.

디지털 텔레비전의 영향

컬러텔레비전이 등장한 이후 텔레비전 기술에 있어 가장 중요한 진화라고 종종 일컬어지는 디지털 텔레비전은 아날로그 텔레비전보다 더 좋은 화질과 음질 그리고 더 많은 콘텐츠를 제공한다. 아날로그와 디지털 텔레비전 간의 가장 중요한 차이는 전송 기술에 있다. 영상은 FM 방식으로, 음성은 AM 방식으로 전송하는 아날로그 텔레비전과는 달리 디지털 텔레비전은 모든 내용물을 디지털 채널을 통해 전송한다. 이로 인해 부가적인 오디오, 비디오, 텍스트 등을 비롯한 더 많은 기능을 갖출 수 있다. 디지털 압축 기술을 통해 "아날로그 텔레비전과 비교하여 더 좋은 화질과 보다 향상된 쌍방향 기능을 갖춘 더 많은 채널을 제공할 수 있다. 한 개의 아날로그 채널이 가지는 동일한 전송 용량으로 디지털 텔레비전에서는 대략 6배나 많은 채널을 방송할 수 있다"(Adda & Ottaviani, 2005: 161). 따라서 포맷을 변화시킴으로써 더 많은 정보를 제공하고 시청자에게 제시되는 정보의 형식을 다양하게 조작할 수 있다. 그에 대해 이언 웨버Ian Weber와 바네사 에번스Vanessa Evans는 다음과 같이 설명한다.

> …… '디지털 텔레비전'은 보다 향상된 색상의 재현, 명암의 조절 그리고 음향을 만들기 위해 그 값을 0과 1의 조합으로 구성한 데이터라고 볼 수

있다. 현재의 아날로그 지상파 시스템과 확연히 구분되는 것은 그것이 전달할 수 있는 정보량과, 방송사가 시청자에게 제시하는 정보 형식을 조작할 수 있는 유연성이다. (Weber & Evans, 2002)

요컨대, 디지털 텔레비전은 개인화된 일대일의 경험을 할 수 있게 해 주기 때문에 특히 장애인이 텔레비전을 시청하고 접근할 수 있는 방식에 더 커다란 유연성을 갖도록 해 주어야 한다. 실제로 많은 비평가와 학자는 디지털 텔레비전이 시청자에게 '권한을 부여할' 것이라고 예측하였다(Bozios, Lekakos, Skoularidou, & Chorianopoulos, 2001; Dawson, 2010; Jensen, 2005; Wilbur, 2008). 정보 제시 방식을 조절할 수 있는 능력과 더불어 이러한 권능에 대한 약속은 주로 수어를 통해 소통하는 사람, 청각 혹은 시각 능력이 손상된 사람 그리고 손놀림의 장애가 있는 사람을 포함한 상당히 많은 장애인 공동체에게 특별한 의미를 갖는다(Pedlow, 2008).

디지털 기술에 대한 접근은 장애인을 사회적, 정치적, 경제적 과정에 포함시키도록 해 주며, 그에 따라 장애인이 사회적으로 배제되는 경험을 덜 갖도록 보장해 주는 핵심적인 방안이라는 점에서 중요한 의미를 갖는다(Macdonald & Clayton, 2012: 704). 디지털 텔레비전은 자막, 화면해설, 수어, 음성 자막, 클린 오디오 등과 같은 접근성의 선택을 통해 사회 통합을 증진시킨다고 논의된다. 실제로 사회적 소외와 독립성의 결여는 장애인 공동체에게 중요한 사안이며, 디지털 텔레비전의 접근성에 대한 핵심 연구는 이러한 문제에 초점을 둔다. 예를 들어 짐 슬레이터Jim Slater 등은 디지털 텔레비전은 정보, 정부 서비스, 커뮤니케이션에 대한 접근을 증진시켜 사회적 소외를 줄임으로써 장애인에게 필수적인 조력자가 될 잠재력이 있다고 주장한다(Slater, Lindström, & Astbrink, 2010). 비슷한 맥락에서 앨릭스 카마이클Alex Carmichael 등은 보편적인 텔레비전의 역할이 점점 더 중요해지고 있는 시대에 정보와 오락에 대한 접근을 용이하게 해 줌으로써 디지털 텔레비전이 장애인의 독립성을 증진시켜 줄 수 있다고 여긴다(Carmichael, Rice, Sloan, & Gregor, 2006). 엘세서는 디지털 포맷을 통해 장애인이 전 지구적 미디어의 영역에 접근할 수 있다고 본다(Ellcessor, 2011). 그러나 이런 것들이 가능하려면 이용할 수 있는 대안적 접근 방법이 마련되도록 장애인의 특정 요구 조건을 고려한 기술이 구축되어야 한다. 하지만 디지털 텔레비전의 도입을 두고 난무한 수많은 미사여구에도 불구하고 실제로 장애인이 경험하는 현실은 디지털 텔레비전이 포함과 배제라는 동전의 양면을 지닌다는 것을 여실히 보여 줄 뿐이다.

접근성 기능

장애인의 디지털 텔레비전 접근이라는 주제는 대체로 주류의 공론화 과정에서 배제되어 왔다. 그러나 장애를 겪고 있는 이들은 두 가지 핵심적인 접근성 이슈인 폐쇄 자막과 화면 해설 외에도 다른 접근성 요건을 달성하기 위해 애쓰는 활동가의 노력에 오랫동안 성원을 보내고 있다. 그러한 것들은 청각이나 시각에 손상을 입거나 신체적 또는 지적 장애를 지닌 사람 그리고 고령자 등 다양한 범위의 사람에게 도움을 줄 수 있다(표 6-1 참조).

시각 장애인은 기술 및 법적 장벽으로 인해 여가 활동의 수단인 텔레비전으로부터 배제된 집단으로 간주되어 왔다(Robare, 2011). 초기의 디지털 텔레비전 지지자는 청각 정보가 없는 영상에 대한 화면 해설이 디지털 텔레비전을 통해 보다 널리 이용될 것이라고 전망하였다. 어떤 경우에는 이러한 예측이 틀리지 않다. 예를 들어 영국에서는 전체 프로그램의 약 10% 정도에 화면 해설을 제공한다. 하지만 호주에서는

표 6-1 장애 유형별 텔레비전 접근성 요구 사항

장애 및 접근성 요구 사항
청각 장애 부문 • 콘텐츠에 대한 100% 자막 • 뉴스, 다큐멘터리, 교육 프로그램의 경우 수어 방송 • 드라마나 픽션물 콘텐츠의 경우 클린 오디오 서비스
시각 장애 부문 • 픽션물이나 다큐멘터리의 경우 화면 해설 • 전자 프로그램 안내 EPG와 같은 쌍방향 서비스의 경우, 음성 내비게이션 시스템을 통한 접근성 제공 • 보다 향상된 그래픽 차원의 유저 인터페이스(저시력자의 경우)
신체적 장애 부문 • 쌍방향 내비게이션 시스템 • 하드웨어 및 소프트웨어의 적응 차원의 인간공학
고령자와 지적 장애 부문 • 이상의 모든 것 • '모두를 위한 디자인Design for all' 전략

대부분 화면 해설을 널리 이용할 수 없는 실정이다(7장 참조).

이미 텔레비전의 기본 기능으로 자리 잡았음에도 불구하고 자막의 경우도 그리 다르지 않다. 디지털 기술의 도입이 되면서 '폐쇄형 수어'와 입술 읽기의 아바타와 같은 새로운 기술을 통해 농인이나 난청인이 텔레비전에 좀 더 쉽게 접근할 수 있을 것이라고 예측되었다. 그러나 텔레비전의 디지털화가 이루어졌음에도 불구하고 청각 장애인 공동체가 새로운 플랫폼에 자막을 포함시키라는 투쟁을 재점화해야 할 상황이 벌어지리라고는 누구도 예상하지 못했다.

게다가 부자연스러운 손놀림으로 장애를 겪는 사람도 디지털 텔레비전의 전환에서 소외되는 경험을 겪을 것이라는 우려가 나왔다. 텔레비전을 설정하고 리모컨을 다루며 쌍방향 기능을 활용하기 위해서는 손을 더 많이 사용해야 하기 때문이다(Pedlow, 2008). 하지만 이들 집단이 직면한 이슈에 대한 여러 논평은 도리어 모든 이용자가 보다 잘 접근하여 편리하게 사용할 수 있는 장비를 어떻게 만들 수 있을지에 대한 사례로 활용되고 있다(Sinclair, Bramley, Dobbie, & Gillespie, 2007).

디지털 텔레비전이 텔레비전 수용자에게 줄 수 있는 혜택이 적지 않다는 점은 누구나 인정했음에도 불구하고 그 도입은 전 세계에 걸쳐 지연되었다. 텔레비전이 정보에 대한 접근을 가능케 하고 사회 참여를 이끄는 문화적 기능을 수행함에 따라 정부가 아날로그 시스템을 종료하기 전에 대부분의 사회 구성원으로 하여금 아날로그에서 디지털로 전환하도록 이끌 필요가 있었다. 자국의 국민에게 디지털 전환에 동참하도록 권유하는 데 있어 여러 나라는 각기 상이한 방식으로 접근하였다. 예를 들어 미국은 지상파보다 유료 방송 서비스에 대한 의존도가 높은 국가라는 점에서 처음에는 전환이 지연되리라고 예상하지 못했다. 결국 지상파 방송을 보는 사람에게 셋톱박스 구입을 지원하는 쿠폰 프로그램이 도입되었다. 그러나 적용 대상의 수를 심각하게 과소평가했다는 것이 밝혀지면서 차질이 생겼다. 2년이 연장되고, 대기자 모두가 필수 장비를 구매할 수 있게 지원하는 쿠폰 프로그램 계획은 더 많은 재정이 필요하였다. 그럼에도 불구하고 421개 방송국은 원래의 종료 시점인 2009년 2월 7일 자정을 기해 전면적으로 디지털 텔레비전으로 전환되었다(Wigfield, 2009). 그 결과 유료 방송을 볼 형편이 안 되는 장애인을 비롯하여 수백만 명의 빈곤한 취약 계층의 미국인은 쿠폰 문제가 해결되어 셋톱박스를 구매할 수 있기 전까지 텔레비전을 제한적으로 이용할 수밖에 없었다.

영국에서는 디지털 전환과 관련하여 장애인과 보다 많은 대화를 나누기는 했지만, 전환 속도는 여전히 더뎠다. 영국에서도 이른바 '전환 지원 계획Switchover Help Scheme'이 2007년부터 2012년 사이에 시행되었다. 이 프로그램은 75세 이상의 고령자, 전맹 혹은 저시력자, 또는 장애 복지 혜택을 받는 사람의 디지털 텔레비전 전환을 지원하는 것이었다. 이 프로그램의 신청 자격이 있는 약 700만 명에 이르는 잠재적 대상자에게 관련 설명이 담긴 우편을 보냈지만, 2010년까지 단지 18%만이 이 지원 프로그램을 이용하였다(Committee on Communications, 2010). 최종적으로 집계된 유의미한 이용 비율은 19%에 불과했으며, 관련 예산도 3,400만 파운드나 집행되지 않았다(DigitalUK, 2012). 이 지원 프로그램에 대한 인지도와 활용도가 이렇게 낮았던 것은 많은 대상자가 초기 설치비 40파운드(약 6만 원)를 부담으로 여겨 단념하였고 효율적인 홍보가 이루어지지 않은 등 여러 요인 때문인 것으로 지적되었다(Committee on Communications, 2010). 접근성에 있어서도 양질의 폐쇄형 자막에 접근하기 어렵고 정부를 통해 뒤늦게 관련 지원을 받았다는 것 때문에 비판을 받았다(Evans, Wu, & Price, 2015).

호주에서도 영국과 비슷하게 '가구 지원 계획House Assistance Scheme'을 시행하였다. 이 프로그램은 각 가구가 디지털 전환 과정에서 겪는 어려움에 대해 재정적 및 실무적인 도움을 주는 것이었다. 그 대상은 가구 중 '고령 연금, 장애 지원 연금, 돌봄 서비스 지원, 동등한 형태의 군인 연금 DVA[88] 지원 중에 최고 수령 수준에 있는 사람이 적어도 1인'이 있는 경우가 해당되었다(Australian National Audit Office, 2012). 이 지원 프로그램은 자격 있는 대상자에게 디지털 접근이 가능한 셋톱박스

88 DVA는 재향군인회Department of Veterans' Affairs에서 지급하는 연금이다.

를 제공하고, 요청이 있는 경우 텔레비전 안테나를 무료로 제공하거나 설치해 주는 것이었다. 제공된 셋톱박스는 폐쇄형 자막과 화면 해설의 접근성 기능을 갖추도록 설계된 것이었다. 이 프로그램은 또한 "디지털 텔레비전으로 전환하는 데 필요한 장비를 선택하고 설치하는 데 심각한 어려움을 겪을 소지가 많은 사람에게 실무적이고 기술적인 지원"도 제공하였다(Australian National Audit Office, 2012: 15). 그리고 장비를 사용하는 중에 분명한 것으로 보이는 하자가 발생할 경우 사후 보완 설치도 12개월 동안 지원하였다(Australian National Audit Office, 2012). 2012년 감사 보고서에 따르면 약 190만 가구가 신청 자격이 있었는데, 이 중 8만 5,366가구에게 정부 예산 370만 달러를 지원했다. 2014년까지 추가적으로 9만 5,000명의 사람이 이 프로그램을 통해 지원받았다(Department of Communications, 2014).

디지털 전환의 공통 관심사

여러 문헌에서 주로 자막 및 화면 해설에 초점을 맞추었지만 이외에 디지털 전환과 관련된 또 따른 부가적 관심사에 대해서도 밝히고 있다. 그것은 디지털 격차, 리모컨 접근성, 셋톱박스, 편의성 등이다. 디지털 기술이 커다란 잠재력이 있는 것은 분명하지만, 디지털 격차의 견지에서 볼 때 그것이 자동적으로 장애인을 제약에서 벗어나게 해 주는 것은 아니라는 점을 알아야 한다. 이러한 기술이 환경의 장벽을 낮추는 데 도움이 되기는 하나 저절로 "장애가 있는 사람과 사회 간의 관계가 변화"되는 것은 아니기 때문이다(Roulstone, 1998). 장애에 대한 우리의 태도에 있어 그에 걸맞은 변화가 이루어지지 않고서는 기술적 진보는 결코 충분한 통합을 이끌어 내지 못한다. 나아가 이러한 집단에 실질적인 혜택을 주기 위해서는 반드시 그 기술에 대한 접근이 가능하고 편리하게 사용할 수 있어야 하며 감당할 수 있는 비용으로 운용되어야 한다.

실제로 디지털 격차는 텔레비전이 아날로그에서 디지털로 전환하는 과정에서 장애인이 겪게 되는 경험에 심각한 영향을 미쳤다.

> …… 사회 기반 시설이 포괄적[89]을 포함하지 않는다면 청각 장애인과 시각 장애인은 이에 접근하지 못한다. 또한 가전제품의 구매가 각 요소를 별도로 구입하던 것에서 시스템 기반으로 바뀜에 따라 다양한 유형의 장애인은 텔레비전 디스플레이나 영상녹화기의 특성과 기능을 관리하는 제어와 인터페이스를 다룰 수조차 없게 된다. (Simpson, 2009)

디지털 격차의 영향을 가장 받기 쉬운 집단은 65세 이상의 고령자와 저소득 계층 그리고 장애인이다. 접근하기 어렵고 사용하기 불편한 디지털 텔레비전의 경험과 더불어 셋톱박스를 설치하거나 복잡한 리모컨의 사용법을 배우려 할 때 도움을 청할 사람이 없다는 사실에 이들은 사회적 소외를 느끼면서 문제가 더 심각해진다. 이러한 점은 나와 인터뷰한 사람들이 느꼈던 좌절의 원인이었다.

> 셋톱박스를 켤 수 없었다. 텔레비전을 작동하려면 리모컨을 TV 수상기의 특정 부분에 정확하게 겨냥해야만 했다. 그런데 늘 리모컨의 방향을 잡지 못해 TV에 가까이 가서 맞춰야 하는 것이 너무 성가셨다. 도대체 리모컨은 왜 있는지 모르겠다.

89 디자인 성별, 나이, 장애, 언어 등으로 인해 소외되지 않고 이용에 제약을 받지 않도록 한 디자인을 말한다. 영국에서는 '포괄적 디자인Inclusive Design,' 북유럽에서는 '모두를 위한 디자인Design for All,' 미국, 대만, 일본에서는 '보편적 디자인Universal Design'이라고 한다.

실제로 리모컨은 오랫동안 "심각한 양면성의 원천이며 불확실한 미디어 미래의 상징"으로 여겨져 왔다(Thomas, 2011). 리모컨이 등장하면서 권력의 균형은 방송 사업자로부터 시청자에게로 옮겨졌다. 이 기기를 사용하여 쉽게 채널을 바꿀 수 있게 된 시청자의 관심을 붙잡기 위해 방송 사업자가 애쓰게 됨에 따라 혁신과 실험의 시기가 촉발되었다. 리모컨은 일종의 문화 권력으로 비추어져 집안에서 리모컨의 통제권을 가진 사람이 가정의 권력 균형을 좌지우지하게 되었다.

디지털 전환 과정에서 리모컨은 "과도하게 많은 버튼과 별로 의미 없는 분류 그리고 대체로 부적절한 표식"으로 인해 장애인에게 필요 이상의 의미를 갖게 되었다(Pedlow, 2008). 마찬가지로 존 클락슨John Clarkson과 시메온 키츠Simeon Keates는 디지털 텔레비전 전환 동안 장애를 지닌 고령자가 공통으로 부딪친 문제점에 초점을 두고 살펴보았다. 그 결과, 리모컨에서 버튼을 찾고 누르는 것의 어려움, 자막 읽기의 어려움 그리고 익숙지 않은 시스템을 작동하는 데 필요한 인지 능력의 부족 등이 발견되었다. 그들은 채널을 전환하고, 메뉴를 이용하며, 자막을 켜고 끌 때 흔히 문제가 나타난다고 언급하면서 디지털 전환이 의무적인 성격이라는 점을 감안한다면 이는 중요한 의미가 있다고 지적한다(Clarkson & Keates, 2004).

한편 다니엘 코스타Daniel Costa와 카를로스 두아르테Carlos Duarte는 이용자 서베이를 통해 웹 어플리케이션과 텔레비전 접근을 비교하면서 텔레비전의 접근성 기능이 시각 장애인의 이용을 제한하고 있는지 살펴보았다(Costa & Duarte, 2017). 그들은 텔레비전이 점차 쌍방향화됨에 따라 도리어 시각 장애인 수용자는 텔레비전에 접근하기 더 어렵게 되었다고 주장한다. 이제 이용자는 점점 더 복잡해진 리모컨으로 탐색하고 조정해야만 하고, 화면상의 메뉴를 이용하거나 녹화를 하거나 혹은 전자 프로그램 안내를 보려고 하지만 종종 '어찌할 바'를 모르고 헤맨다. 그들은 더 많아진 채널을 접할 수 있지만 그러한 텔레비전을 이용하는 데 필요한 접근성의 선택권이 늘 제공되는 것은 아니다.

셋톱박스도 주목받고 있는 또 다른 주요 지점이다. 클락슨과 키츠는 시중에서 이용 가능한 셋톱박스 2개를 비교하였다. 하나는 '사용이 편리한' 것이고 다른 하나는 연구 당시 가장 많이 팔린 셋톱박스였다(Clarkson & Keates, 2004). 이들은 각각의 초기 모델의 편의성을 평가하고 셋톱박스 이용자 및 잠재적 이용자가 경험할 수 있는 접근성 문제에 관한 몇 가지 시나리오를 중점적으로 살펴보았다. 예를 들어 그러한 경험에는 셋톱박스의 설치와 조정, 프로그램 안내의 작동, 자막의 이용 그리고 메뉴와 기타 쌍방향 콘텐츠의 탐색 등이 포함되었다(p.1). 그들은 디자인이 좀 더 보편적일 필요가 있다고 결론을 내렸다(p.6). 보편적 디자인에 대한 생각은 종종 디지털 장애라는 문제를 효과적으로 해결하는 방안으로 제시된다. 즉 "처음부터 장애를 고려하는 디자인"이라는 보편적 디자인 기술은 결국 "보다 많은 사람에게 혜택을 주는 상품"이 될 수 있다는 것이다(Ellcessor, 2015). 또한 클락슨과 키츠는 특정 장애에 대한 보조 기술의 개발에 주안점을 두기보다는 보편적 디자인 접근을 통해 모든 이용자를 보다 잘 포용하는 것이 더 바람직하다고 주장한다. 그렇게 함으로써 장애가 있는 사람은 물론 고령자와 같이 디지털 기술의 사용 경험이 부족한 이용자도 접근이 가능하다는 것이다.

설치가 어려운 셋톱박스와 복잡한 리모컨으로 인해 디지털 텔레비전은 이용자 친화적이지 않다는 평판을 받았다(Pedlow, 2008; Slater et al., 2010). 즉 '편리하게 이용'할 수 없다는 것이다. 편의성은 장애인의 디지털 텔레비전 접근성을 구성하는 중요한 요소다. 접근성의 하위 분야로서 편의성은 전문적인 지식이나 기기를 별로 동원하지 않고도 모든 사람이 이용할 수 있는 단순하고 쉬운 내용을 지칭한다(Ellcessor, 2010). 주문형 비디오는 접근이 더 쉽고 편리하며 직관적인 것으로 알려져 있다. 하지만 주문형 비디오와 텔레비전 다시 보기 서비스에는 이미 시행되고 있는 자막 방송과 같은 접근성 기능이 제공되지 않은 사례가 나타난다. 이들 서비스에 대한 규제 환경이 다르기 때문이다(7장 참조).

게다가 TV 프로그램에 접근할 수 있는 특정 장치(일반 텔레비전, 셋톱박스, 일정 부분 컴퓨터)의 편의성을 다룬 연구는 상당히 많은 반면, 스마트폰과 태블릿과 같은 여타의 기기에 대해서는 별로 이루어지지 않은 편이다. 실제로 디지털 혹은 주문형 비디오 텔레비전, 일반적인 모바일 기기에 대한 학문적 연구는 상대적으로 빈약하다. 그것을 다룬 대부분의 논의는 잡지와 신문에 실린 기사다(Sintumuang, 2012 참조). 예를 들어 모바일 응용 소프트웨어에 있어 접근성 가이드라인과 접근성의 실행 간에는 엄청난 간극이 있다. 접근성에 대한 책임은 앱 개발자에게 있는데, 그들은 대체로 접근성 기준을 인정하지 않고 맞추려 하지도 않는다(Goggin, 2015). 고긴은 기술계의 주역에게 그들이 실행 중인 기기와 앱의 접근성을 보장할 것을 촉구하면서 보편적 디자인의 개념에 좀 더 중점을 두어야 할 필요성을 재차 강조한다.

이러한 접근성의 주요 문제가 우선시되지 않는다면, 디지털 텔레비전은 통합을 증진하기는커녕 실제로는 장애인을 더 무력하게 만들고 소외시켜 버린다. 디지털 텔레비전의 긴 역사에도 불구하고 호주에서는 장애인의 접근성과 편의성에 대한 책무가 여전히 방치되어 있다. 예를 들어 접근성 기능 제공은 정부의 정책 및 사회적 의제의 변화뿐만 아니라 방송 사업자와 하드웨어 제조업자가 무엇을 우선순위로 두느냐에도 달려 있다. 하지만 필수 기술의 표준화는 우선순위로 간주되지 않는다. 사용자 인터페이스는 하드웨어 장치에 따라 달라지기 때문에 여러 기기와 플랫폼에 걸쳐 접근성의 연속성을 유지한다는 것은 상당히 어려운 과제가 된다.

더욱이 텔레비전을 시청하기 위한 기기의 접근성 또한 대체로 소프트웨어와 운영 시스템 플랫폼에 의해 좌우된다. 과거에는 이로 인해 접근의 문제가 발생하였지만, 이제는 많은 기기가 안드로이드와 아이폰 모두에서 구동되는, 보다 접근하기 쉬운 모바일폰 플랫폼에 기대고 있다. 따라서 어떤 기기가 스마트폰을 통해 음성 조절이 된다면, 통상 텔레비전의 앱도 음성 조절이 가능하게 된다. 예를 들어 모바일폰으로 원격 조절이 가능한 애플 TV와 구글 크롬캐스트Google Chromecast 등의 기기는 특히 지난 2년 동안 새로운 형태의 텔레비전 접근성을 상당히 제고시켰으며, 앞서 언급한 리모컨과 셋톱박스의 접근성과 관련된 우려를 해소하고 있다. 게다가 점점 더 많은 기기가 음성 검색, 음성 명령, 화면 읽기 기술 등을 갖춤에 따라 더 많은 시청자가 인터페이스를 통해 탐색할 수 있게 된다. 이는 분명 환영할 만한 변화다. 하지만 우선 그것을 설정하는 데 필요한 보조 장치에 누구나 접근할 수 있도록 보장하는 것이 중요하다.

그러나 자막이나 화면 해설과 같은 접근 서비스의 이용 여부는 텔레비전 제작 및 유통망, 특히 앱이나 프로그램의 개발자 그리고 텔레비전 콘텐츠 제공자 등 다양한 관련 주체에게 달려 있다. 실제로 플랫폼과 콘텐츠 제공자는 자막이나 화면 해설의 제공을 누가 책임져야 하는지를 두고 종종 의견이 부딪쳐 결국 합의를 이루지 못하고 유야무야되고 만다. 그러나 넷플릭스나 ABC의 아이뷰와 같은 서비스에서는 자막과 화면 해설이 붙은 콘텐츠가 방영되며 앱을 통해서도 제공한다. 그 결과 앱을 구동할 수 있는 기기를 통하면 이들 서비스의 접근 호환성이 보장된다. 따라서 넷플릭스는 프로그램을 구매하거나 혹은 자체 제작하기에 앞서 그들의 전송 시스템을 통해 볼 수 있는 포맷으로 콘텐츠에 자막을 입혀 제작한다. 물론 화면 해설의 경우 아직 모든 기기에서 접근할 수 있는 것은 아니지만, 그리함으로써 넷플릭스는 최대한의 자막과 화면 해설 콘텐츠를 갖게 되는 것이다. 그에 비해 ABC의 아이뷰는 최소한 요구되는 접근성 기준만 따르고 있어 현재 호주의 시각 장애인 단체로부터 인권 침해를 이유로 소송을 당한 상태다.

접근성과 이를 통한 편의성 기능의 제공(혹은 그것의 결여)은 또한 현행 법적 요건과 밀접하게 연계된다. 호주 텔레비전에서 가장 널리 이용 가능한 접근 서비스인 자막은 호주의 기준과 법적 목표치에 따르게 되어 있다. 그러나 이것도 오직 이미 자막화된 콘텐츠에만 국한된 것이다. 호주의 지상파 방송에서 방영되는 상당 분량의 콘텐츠에 자막 서비스를 보장하기 위한 법은 제정되어 있지만, 좀 더 새로운 디지털 서비스 전반에 걸쳐 스트리밍되는 프로그램의 자막 의무화에 대해서는 별도의 입법이 이루어지지 않고 있는 상황이다. 미국의 경우, FCC가 모든 영상 기기에서 자막 이용이 가능하도록 규제하고 있다. 그 범위는 "음성과 동시에 전송되는 영상 프로그램을 수신하거나 보여 주는 기기가 해당되며, 인터넷을 기반으로 하는 기기도 포함된다"고 규정하고 있다(National Association of the Deaf[NAD], 2011). 따라서 미국의 법은 온라인을 통해 방영되는 콘텐츠에도 자막이 들어가도록 요구하고 있지만, 호주에는 아직 이런 법이 존재하지 않는다. 그러나 디지털 콘텐츠는 국경을 넘나들고 있다. 이는 전 세계적으로 접근성에 있어 불평등이 존재한다는 것을 의미한다. 어떤 사업자는 적어도 이러한 문제를 바로 잡으려 하고 있다. 예를 들어 미국의 넷플릭스와는 달리 접근 서비스 제공에 대한 법적 의무가 부과되지 않는 넷플릭스 오스트레일리아는 매우 높은 수준의 자막 서비스를 제공하고 있으며, 마찬가지로 현재 호주에는 화면 해설의 의무 제공에 대한 법적 기준이 없음에도 불구하고 화면 해설 콘텐츠도 제공하고 있다. 사실 대부분의 신형 스마트 텔레비전 수상기에는 충분히 이 같은 기능을 제공받을 수 있는 장치가 구비되어 있음에도 호주에서는 이루어지지 않고 있는 실정이다.

그러나 사람들은 기존의 TV 수상기 외에도 여러 방식으로 텔레비전을 시청하고 있다. 휴대폰, 노트북, 태블릿을 통한 시청 문화가 나타나고 있는데, 이는 디지털 시대의 텔레비전 송신과 수신을 복잡하게 만든다. 호주에서는 가구당 평균 6.4개의 시청 수단을 갖는 것으로 알려져 있다. 새로운 텔레비전 접근 서비스를 다루는 사업자는 대체로 접근성에 신경 쓸 것이라는 약속을 단단히 하고 있다. 그러나 다른 한편으로 유료 방송이든 지상파 방송이든 새로운 스트리밍 서비스를 통해 콘텐츠를 온라인 포털로 옮기면서 그 수용자에 대해서는 별로 신경 쓰지 않아 접근성을 소홀히 할 소지도 있다(7장 참조).

온라인상의 디지털 텔레비전

온라인 동영상 서비스(over the top: OTT)나 다시 보기 텔레비전[90] 그리고 주문형 비디오와 접속하고, 유튜브나 비메오를 통해 이용자 제작 동영상을 보며, 또한 티보TiVo, 텔스트라Testra TV, 페치Fetch TV와 같은 디

90 원문은 캐치업 텔레비전catch-up television이다. 한국에서는 방송사 홈페이지의 VOD 서비스와 혼용되고 있지만 유럽에서는 구분하여 사용한다. 캐치업 TV는 방송 종료 후 일정 기간(평균 일주일 이내)에만 프로그램을 무료로 다시 볼 수 있게 해 주는 서비스를 말한다. 한편 VOD는 캐치업 TV 서비스가 끝난 프로그램을 유료 방식이나 혹은 광고와 연계하여 무료로 볼 수 있도록 해 주는 주문형 서비스다. 이 두 가지 방식 모두 편성 시간대 외에 방송 프로그램을 다시 볼 수 있게 해 주는 서비스라는 의미를 갖고 있어 여기에서는 포괄적으로 '다시 보기 텔레비전'으로 표기한다.

지털 녹화 기기와 프로그램 안내에 접근하는 것은 텔레비전 디지털화의 여러 양상이며 텔레비전에 대한 접근과 재현 모두를 개인화하는 변화를 보여 준다. 디지털 텔레비전 방송과 마찬가지로 이러한 서비스와 기기는 맞춤형과 유연성의 잠재력을 극대화할 수 있으며, 따라서 자막이나 화면 해설 또는 전자 프로그램 음성 안내 등을 통해야만 텔레비전에 제대로 접근할 수 있는 장애인에게 도움이 될 수 있다.

예를 들어 다시 보기 텔레비전 서비스는 인터넷 연결이 가능한 기기를 통해 정규 방송 시간 외의 시간대에 TV 프로그램을 볼 수 있게 해 준다. 호주에서는 이 서비스가 2008년과 2011년 사이에 처음으로 도입되었다. 웹 사이트에서 시작된 이 서비스는 후에 모바일 미디어를 사용하는 앱으로 이동하였다. 유료 주문형 비디오 서비스 또한 호주에서 텔레비전을 이용하고 소비하는 방식에 커다란 변화를 가져왔다. 2015년 이전에는 소규모의 유료 주문형 비디오 사업자만 있었으며, 기술에 정통한 이용자는 가상사설망(virtual private network: VPN)[91]을 통해 넷플릭스에 불법적으로 접근하였다. 퀵플릭스Quickflix와 에지플릭스EzyFlix와 같은 호주 내 사업자는 라이선스 제한 때문에 한정된 콘텐츠밖에 제공하지 못했다. 이로 인해 호주인이 이용하는 주문형 비디오 서비스의 상당 부분은 다시 보기 텔레비전 서비스와 관련되었다.

1997년 미국에서 시작한 넷플릭스는 2007년 스트리밍 서비스를 시작하였으나 호주에서는 2015년 3월이 되어서야 합법적으로 이용 가능한 서비스가 되었다. 스탠과 프레스토엔터테인먼트Presto Entertainment 또한 같은 해에 서비스를 시작하였고, 바로 다음 해인 2016년 하유

91 공중 네트워크를 통해 한 회사나 몇몇 단체가 내용을 외부인에게 드러내지 않고 통신할 목적으로 사용하는 사설 통신망이다.

Hayu 서비스도 이용이 가능하게 되었다. 장애인에게 초점을 둔 주문형 비디오 사업자인 디스어빌리티 버스터스Disability Busters는 2016년 사업을 개시하였다. 초기 사업자인 퀵플릭스와 에지플릭스는 새로운 사업자인 스탠 및 넷플릭스와의 경쟁에서 견뎌 내지 못했으며, 프레스토 역시 모회사인 유료 텔레비전 사업자인 폭스텔에 흡수되었다. 2018년에는 아마존 프라임이 출범하였다.

2014년 스크린 오스트레일리아가 수행한 연구에서 온라인을 통한 텔레비전 시청은 "모든 사람을 위한" 것으로 제시되었다(Screen Australia, 2014: 2). 이 연구는 호주 수용자가 적극적으로 주문형 비디오 서비스나 다시 보기 텔레비전 등과 같이 온라인을 통해 텔레비전을 시청하려는 배경으로 틈새 시청자, 덜 집단적이며 덜 동시에 보는 텔레비전 시청 행태 그리고 호주의 주문형 비디오 서비스 시장의 지속적인 성장 등을 꼽는다. 요컨대, 이 연구는 텔레비전을 시청하고 접근하는 데 있어 각 이용자가 선호하는 개인화된 방식이 텔레비전의 소비 행태를 어떻게 변화시키고 있는지에 초점을 둔 것이다. 그러나 스크린 오스트레일리아가 지역에 따른 상이한 수용자층과 연령 및 직업별 차이를 다양하게 밝혔음에도 불구하고, 어떤 형태의 텔레비전 접근에서도 오랫동안 배제되어 온 유일한 집단인 장애인에 대한 논의는 전혀 찾아볼 수 없었다. 하지만 앞서 언급한 것처럼 디지털 텔레비전의 전환에 따라 텔레비전이 온라인 플랫폼으로 옮겨 가면서 장애인이 상당한 혜택을 받을 가능성이 지적된다(Ellis, 2014). 그러나 새로운 텔레비전 서비스가 각기 그 나름대로 선호 프로그램에 대해 더욱 개인화된 시청과 부가적인 기능성 및 편의성을 제공해 줄 수 있지만 또 한편으로 "융합 환경에서 모든 기술이 직면하는 한계와 문제"도 드러내고 있다(Beltrame, 2011).

텔레비전이 인터넷으로 점차 이동해 감에 따라 장애인에게 다시 기회와 도전이 주어진다. 로이 모건Roy Morgan은 2016년 시작한 연구에서 인터넷으로 전환하는 텔레비전에 대해 몇 가지 유용한 시사점을 제시한다. "이제 호주인 7명 중 1명 이상이 평일에 상업 텔레비전을 보지 않는다"(Roy Morgan, 2016)는 신문 헤드라인의 천명에도 불구하고, 이 연구가 사실상 보여 주려 했던 것은 사람들이 점차 온라인 플랫폼에서 텔레비전을 시청하고 있다는 점이다.

> 그러나 단순히 경쟁력 있는 새로운 채널이라는 점 말고도 인터넷 스트리밍과 다운로딩은 미디어 소비에 대해 완전히 새로운 전망을 내리게 한다. 즉 주문형 콘텐츠가 그것이다. 이제 상업 TV는 훨씬 더 직접적인 경쟁자와 맞닥뜨리고 있다. 넷플릭스, 스탠, 프레스토, 퀵플릭스, 폭스텔 플레이Foxtel Play와 같은 구독형 VOD(SVOD) 서비스가 그것이다.[92] (Roy Morgan, 2016)

한편 휴대폰 등을 통해 보다 작아진 스크린의 사용이 눈에 띄게 증가하고 있음에도 불구하고 전통적인 텔레비전 수상기의 소비가 생각보다 별로 떨어지지 않고 있다(Fearn & Helliker, 2016). 여러 참여자와 인터뷰한 결과, 대형 텔레비전 스크린이 접근성 기능으로 간주되는 것으로 나타났다. 대형 스크린 텔레비전, 홈시어터 시스템 그리고 넓은 공

---

92 편성 시간에 얽매이지 않고 원하는 때에 원하는 방송을 볼 수 있는 주문형 비디오(VOD)는 수익 모델에 따라 몇 가지 유형으로 나뉜다. TVOD(Transactional VOD)는 콘텐츠당 결제하는 서비스로 카카오페이지, IPTV의 최신 영화 서비스가 그 예다. AVOD(Advertising VOD)는 무료이지만 광고를 봐야 하는 서비스로 유튜브가 대표적이다. SVOD(Subscrption VOD)는 넷플릭스처럼 구독료를 내고 그 기간에 무제한으로 시청할 수 있는 구독형 서비스를 말한다.

간 등은 가정의 텔레비전 시청을 다시 활성화시킨다. 시청자가 다양한 방법을 통해 호주의 텔레비전 방송, 다시 보기 텔레비전, 유료 주문형 서비스 등에 접근하는 현실에서 텔레비전이 '똑똑해지고smart' 있으며, 동반 시청이 이루어지는 경우 특히 대형 텔레비전은 인기 있는 선택지로 자리 잡는다. 실제로 호주의 유료 주문형 비디오 서비스의 초기 채택자early adopter 9개 가구에 대한 한 연구를 보면, "텔레비전은 여전히 동반 시청의 의미를 갖고 있다. 하지만 밤이 깊어짐에 따라 결국 모바일 기기로 돌아가 개인적인 관심사에 따라 텔레비전 시청이 이루어진다"고 밝혔다(Meese, 2017: 28). 이는 거실의 텔레비전이 자리하고 있는 공간이 여전히 가족의 집단적 오락 향유의 중요한 지점이라는 점을 보여준다. 내가 인터뷰한 장애인의 경우에도 비슷하게 나타나 그들은 가족과 함께 텔레비전을 시청한다고 이야기했다.

> 우리는 집 안의 한방에 TV 한 대를 두고 있다. 물론 다른 곳에 몇 대의 TV를 둘 수도 있지만, 실제로 우리는 오랫동안 한방에 커다란 TV를 놓았다. 그리고 그곳은 거실이나 부엌 그리고 그 밖의 다른 곳과 독립된 공간이다. 여러 곳에 TV를 두고 싶지 않아 그렇게 한 것이다. 이제는 당연하게도 한 가족으로서 어떤 것을 시청하려고 하면 그 방 안에서 함께 시청할 것이다…… 그러다가 우리 아이들이 십대가 되면서 자신이 원하는 프로그램을 보기 위해 각자의 기기를 갖고 사라지기도 한다. 우리는 함께할 수 있는 것을 확인하기 위해 노력하는 것이고, 그것이 가정교육의 일환이기도 하다.
>
> …… 따라서 우리가 함께 같은 프로그램을 시청할 수 있으려면 커다란 스크린을 설치하는 것이 맞을 것 같다.

한편 공동생활을 하는 한 참여자는 이렇게 말했다.

나는 영어가 모국어가 아닌 사람들과 함께 살고 있어요. 그래서 '자막'이 있으면 그들이 텔레비전을 좀 더 쉽게 볼 수 있다고 생각해요…… 내 생각엔 영어를 배우는 데도 도움이 될 것 같아요.

장애인의 파트너와 동거인이나 가족은 그가 자막이나 화면 해설을 이용해야 할 필요성을 대체로 이해하는 것으로 나타났다. 공동 주택에서 사는 한 여성 참여자는 앞서 텔레비전을 시청했던 사람이 비장애인임에도 불구하고 본인이 텔레비전을 시청하려 할 때 항상 자막이 켜져 있다는 것을 알았다고 말했다. 하지만 텔레비전 시청을 제대로 경험하기 위해서는 다른 사람과 함께 시청할 필요가 있는 이도 있었다. 두 명의 참여자는 각자 다른 장애를 지닌 사람과 함께 시청한 텔레비전 경험과 그들이 서로를 어떻게 보완했는지 언급했다.

…… 몇 주 전에 내 친구와 함께 〈왕좌의 게임〉을 보았어요. 그녀가 청각장애인이라 우린 자막을 켰죠. 난 그것을 볼 수 없기 때문에 그녀의 도움이 필요했어요. 물론 아직 〈왕좌의 게임〉에는 화면 해설이 없고요. 그래서 우리는 서로가 아는 것을 알려주기 위해 중간에 멈춤이나 정지 버튼을 계속 눌러야만 했어요. 하지만 그렇게 해도 우린 여전히 그 프로그램의 내용을 놓칠 수밖에 없었어요.

내 파트너는 전혀 듣지 못하는 농인이라 우리는 항상 자막을 이용해요. 하지만 자막이 충분하지가 않아요. 괴상한 자막이 나오거나 실제 말하는 것과 맞지 않아 자막을 이용하기 힘들 때도 있어요. 난 듣고 볼 수 있기 때문에 자막이 틀렸다는 것을 알지만, 그녀는 대사를 들을 수 없으니 그것을 알아차리지 못해요. 아마 조용히 속삭이는 어떤 영화 장면 같은데 그녀는 그것을 들을 수 없었어요. 그래서 나는 자막이 화면에서 실제로 말하는 것과 다른 것 같다고 얘기했어요.

접근성 기능이 제공되는 경우에는 한방에서 다른 사람과 텔레비전을 시청할지라도 각자 다른 프로그램을 보기도 하였다.

옛날에는 정말로 TV 프로그램에 접근하기 어려웠기 때문에 난 TV광이라고 할 수 없었어요. 그래서 내 파트너가 프로그램을 보고 있는 동안 나는 푹신한 소파에 종종 누워 있기 일쑤였어요. 그러나 아이뷰와 넷플릭스 같은 서비스를 이용할 수 있게 되자 옛날처럼 화면 해설이 붙지 않은 프로그램을 보는 것이 힘들다는 것을 깨닫게 되었어요. 내가 넷플릭스의 어떤 프로그램을 화면 해설로 볼 때, 내 파트너는 폭스텔을 보거나 아니면 종종 아이패드를 통해 넷플릭스를 이용하는 일이 벌어졌어요…… 결국 우리는 같은 방에 있지만 각자 다른 프로그램을 보는 것이에요.

〉〉〉〉〉〉〉〉〉〉〉〉〉〉〉〉〉〉〉〉

전 세계적으로 디지털 텔레비전의 도입이 지연되는 동안 텔레비전의 미래가 무엇인지에 대한 예측이 넘쳐났다. 예를 들어 2017년에 페이스북 창업자인 마크 저커버그Mark Zuckerberg는 증강 현실(augmented reality: AR)[93]이 미래의 텔레비전에 미치는 가능성에 관심을 보였다. 그는 "여

93 실제로 존재하는 환경에 가상의 사물이나 정보를 합성하여 마치 원래의 환경에 존재하

러분 TV를 보고 싶으신가요? 디지털 TV를 벽에 걸 수도 있겠죠. 하지만 이제는 그런 하드웨어 장치 대신에, 500달러에 달하는 기기 대신에, 1달러에 불과한 앱을 사용하게 될 것입니다"라고 제안하였다(Aouf, 2017). 나도 전에 그러한 예측을 들어본 적이 있다. 휠체어를 이용하는 한 남성 인터뷰 참여자는 자신의 접근성 요건을 충족하는 궁극적인 미래의 텔레비전에 대한 기대를 드러냈다.

> …… 유리로 만들어진 벽 속에 들어가 있는 TV 수상기, 그것이 바로 스마트폰 TV이죠. 그것은 전화도 되고, 태블릿도 되고, 또 뭐든지 돼요. 그래서 내가 거실에 있다가 샌드위치를 먹고 싶어 부엌으로 가게 될 때, '따라와'라고 말하면 보고 싶은 프로그램을 볼 수 있어요. 마치 벽에 붙어 있는 스크린이 또 다른 벽으로 옮겨 가는 것과 같아요. 모든 벽이 텔레비전이기 때문에 우리가 움직이면 따라와요. 대단하죠. 휠체어로 이동하기 위해 손을 사용할 때도 여전히 무엇인가를 할 수 있어요. 끝내줘요.

인터뷰 내내 그는 휠체어를 작동하기 위해 자기 손을 자유롭게 해야 할 필요성에 대해 언급하였다. 예를 들어 그가 수동 휠체어로 움직이려 할 경우, 모바일폰을 사용하는 일은 불가능하였다. 따라서 그가 텔레비전의 미래에 대한 주류적 예측을 분명히 설명하고 있지만, 사실 그는 앞서 엘세서가 언급한 텔레비전의 선호된 이용자는 아니다.

엘세서의 선호된 이용자 개념을 반영하여 이 장은 텔레비전의 디

는 사물처럼 보이도록 하는 컴퓨터 그래픽 기법이다. 컴퓨터 안에 또 다른 현실을 구축하는 가상 현실virtual reality과는 달리 증강 현실은 가상 물체를 겹쳐 보여 줌으로써 현실 세계를 보완하는 것이다.

지털화가 가져오는 기회와 도전을 개략적으로 서술하면서 장애인을 위한 접근성 기능의 가능성을 살펴보았다. 또한 미국, 영국 그리고 호주의 디지털 전환 기간 동안 장애인에게 취해졌던 접근 방식을 탐색하였다. 어떤 경우에는 장애인 집단이 여전히 주변부에 머물러 있었고 텔레비전 이용자로 간주되지도 않았다. 하지만 또 다른 경우에는 이들을 포용하려는 노력이 이루어지기도 하였다. 이 기간 동안 진행된 여러 연구와 장애인에게 미친 영향을 살펴보면 다섯 가지의 주요한 주제가 드러난다. 그것은 자막 및 화면 해설의 이용 가능성, 디지털 격차, 리모컨 접근성, 셋톱박스, 편의성 등이다.

이 장에서 또한 텔레비전이 인터넷으로 전환하는 것에 대해 알아보고, 그 과정에서 장애인에게 주어진 기회와 도전을 살펴보았다. 스크린 오스트레일리아는 온라인을 통한 텔레비전 시청이 호주에서 주문형 비디오 서비스 도입 이전에 나타난 '모든 사람을 위한' 것이라고 주장했지만, 장애인이 실제로 겪는 경험을 보면 사실 그렇지 않다는 것을 알 수 있다. 자막과 화면 해설이 부족하고 인터페이스에 접근이 불가능하기 때문에 장애인 집단은 다시 또 선호된 이용자에서 배제된다. 다음의 여러 장을 통해 화면 해설, 자막 그리고 개별화된 시청 경험 내에서 활용되는 접근성 기능의 주류화에 초점을 두고 이 사안을 좀 더 심도 있게 살펴보고자 한다.

7장

화면 해설

2018년 3월, 상원 청문회가 열리는 동안 호주 최초의 장애인 연방상원의원 조든 스틸존Jordon Steele-John은 호주 텔레비전에 화면 해설이 제공되지 않는 것에 대해 자유당 정부에게 이의를 제기하였다. 호주에 시각 장애를 겪는 이들이 45만 명에 이른다는 통계를 인용하면서 그들이 텔레비전을 보기 위해서는 화면 해설이 필요하다고 주장하였다. 아울러 그는 회의실의 모든 사람에게 "텔레비전 서비스에 접근할 수 없는 그들의 일상생활이 어떨 것 같은지, 그것이 어떤 종류의 사회적 영향을 줄 수 있는지 생각해 보라"고 강력하게 촉구하였다.

화면 해설[94]은 TV 프로그램, 영화 혹은 공연 등의 시각적 요소를

94 영국에서는 audio description(AD)이란 용어를 사용하고, 미국에서는 초기에 descriptive video service(DVS)를 주로 사용했지만 2010년 21세기통신영상접근법에서 'audio description'을 보다 일반적이고 널리 이해할 수 있는 용어로 규정하면서 이제는 AD로 총칭하고 있다. 한편 캐나다에서는 described video라는 용어를 사용하가도 한다. AD는 텔레비전이나 영화, DVD 등의 영상물뿐만 아니라 전시 공간(미술관, 박물관), 무대 공연(연극, 뮤지컬, 무용), 실

대사 사이에 묘사해 주는 해설 트랙을 말한다. 화면 해설은 다양한 기술적 장치를 통해 전달되는 이차적인 오디오 트랙이다. 그것은 라디오 동시 방송radio simulcast으로부터 텔레비전 수신기의 부가 채널, 혹은 궁극적으로 앱을 통해 이루어진다. 예를 들어 넷플릭스의 화면 해설은 언어 옵션에 따라 디즈니 무비즈 애니웨어Disney Movies Anywhere, 무비리딩MovieReading, 액티뷰Actiview, 빅 액세스 미디어Big Access Media 등 네 개의 화면 해설 앱이 제공된다. 이들 앱은 해당 지역에 특화된 것으로 특정 지역 외의 사람은 이 앱에 접근할 수 없는데, 이 중 3개는 영화에 초점이 맞추어 있다. 이 앱은 영화나 텔레비전의 앰비언트 사운드ambient sound[95]와 동기화되어 작동하는데 화면 해설이 필요치 않은 다른 시청자에게 방해되지 않도록 스마트 기기와 헤드폰을 통해 화면 해설에 접근할 수 있다.

화면 해설은 전맹 또는 저시력 장애가 있는 수용자가 텔레비전에 접근할 수 있도록 해 주는 기본 기능이지만, 다른 장애인 집단이나 주류 시청자에게도 도움이 된다는 인식이 점차 늘어나고 있다. 하지만 그런 장점이 문서화되어 널리 알려졌음에도 불구하고 호주는 여전히 OECD의 영어권 국가 중 지상파 텔레비전에서 화면 해설이 제공되지 않는 유일한 나라다. 이를 바로잡기 위해 나도 참여했던 화면해설특별조사위원회가 2017년 소집되어 호주에 이 서비스를 도입하기 위한 방

황 중계(스포츠, 이벤트) 등을 아우르는 '음성 해설'이라는 포괄적인 의미를 갖는다. 이 책에서는 주로 텔레비전과 영화 등의 영상 미디어에 관련된 논의가 이루어지기 때문에 '화면 해설'이란 용어로 표기하며, 그 외의 분야를 거론할 경우에는 '음성 해설'로 지칭한다.

95 특정 신이나 야외 촬영 시 인위적으로 조성한 소리가 아닌 자연적으로 발생하는 소리를 일컫는 용어다. 줄여서 앰비언스ambience라고도 한다. 예를 들어, 거리 촬영 시 자동차 소음, 광장에서의 사람들 소음, 산에서의 새소리 등이 여기에 해당한다.

안을 논의한 바 있다. 지상파 텔레비전을 통한 방법, 다시 보기 텔레비전 서비스를 통한 방법, 혹은 화면 해설 전용 앱을 통한 방법 등 세 개의 전송 방안이 검토되었다. 하지만 지상파 방송 사업자, 유료 방송 사업자, 시각 장애인 활동가, 화면 해설 제작업체, 학계 등으로 구성된 이 위원회는 결국 합의에 이르지 못했다.

청문회에서 스틸존 상원의원은 화면해설특별조사위원회의 노고에 감사하면서 한편으로 정보통신예술부 장관에게 그에 대한 보고서의 간행에 대해 문제를 제기하였다. 그는 "이 보고서의 공개가 언제 이루어지는지 분명한 일정을 본 의원에게 제출해 주시오. 그리 어려운 일이 아니지 않소. 장관은 밀린 일이 그렇게 많은가요. 왜 이리 갈피를 못 잡고 있나요. 대체 무슨 일이 일어났습니까"라고 다그쳤다. 그러나 장관에게 그 보고서는 별로 우선순위가 아닌 듯 "확실하게 결정이 내려지기 전까지는 언제가 될지 정확히 말씀드릴 수 없습니다"라고 모호한 답변을 하였다. 그는 20년 이상 시각 장애인이 요구해 온 화면 해설에 대해 정치적 맥락에서 실랑이를 이어 나갔다. 내가 이 책을 저술하는 시점은 특별조사위원회의 보고서가 장관에게 전달된 지 6개월이 지난 후이고, 이제는 최종적으로 일반 대중에게 공개되어 있다. 그러나 그 최종 보고서에는 어떤 전송 방법을 택할지는 고사하고 화면 해설 자체를 호주 TV 프로그램에 도입할 것인지의 여부도 전혀 언급되지 않은 상태다.

회의실에 있던 상원의원들이 그 전 3월에 스틸존 의원이 제안했던 대로 텔레비전이 없는 삶이 어떨 것인지 상상해 보았는지는 알 수 없다. 하지만 1960년대로 거슬러 올라가 그 당시의 연구를 보면 사회 통합을 위해 청각 또는 시각 장애가 있는 사람에게 텔레비전이 얼마나 중요한지 잘 알 수 있다. 좀 더 최근의 연구는 화면 해설이 어떻게 시각 장애인 집단에게 현저하게 향상된 텔레비전 경험을 제공할 수 있는지 논의

한다(American Foundation for the Blind, 1997; Cronin & King, 1998; Ellis, 2015). 예를 들어 1980년대 수행된 화면 해설에 관한 미국의 한 연구는 화면 해설이 제공된 텔레비전을 시청한 어떤 시각 장애인의 경험을 인용한다.

> …… 너무나 감동적이었어요. 나는 눈물이 그렁그렁한 채 믿기지 않는 듯 복도를 서성였어요. 마치 누군가가 새로운 세계로 들어가는 문을 열어 준 것 같았어요. 그 세계에서 나는 다른 사람이 눈으로 보는 것을 내 귀로 볼 수 있었어요. (Cronin & King, 1998)

호주시각장애인연합회(Blind Citizens Australia: BCA)의 활동가였던 로렌 헨리Lauren Henley는 시력을 상실하였을 때 그동안 자신이 텔레비전을 통해 느꼈던 사회 통합의 의미가 사라졌다는 것을 회고하면서 호주의 장애인에게 미치는 텔레비전의 사회적 중요성에 관한 통찰력을 제공한다.

> 텔레비전이 빠져 버린 삶이 뭐 그리 대단한 상실이냐고 생각할 수도 있어요. 하지만 그것은 〈우리 생애의 나날*Days of Our Lives*〉[96]의 최근 에피소드를 보는 것 이상이에요. 내 친구나 가족처럼 나도 보고 싶은 것을 선택하고 세상에서 벌어지고 있는 일에 대해 알 수 있는 능력을 갖고 싶어요. 나는 시력을 상실하면서 많은 것을 잃어버렸어요. 하지만 내가 진짜 잃어버린 것 중 하나는 사회적으로 소외당했다는 것이에요. (Henley, 2012)

---

96 1965년 11월부터 지금까지 방영하는 미국 NBC 일일 솝오페라다. 세계에서 가장 오래된 TV 프로그램 중 하나다. 이 시리즈는 일리노이주의 가상의 도시 세일럼을 무대로 브래디 가문과 호튼 가문이라는 두 가족에 초점을 맞추어 삶의 애환을 다룬다.

헨리의 이런 진술은 학술 연구에서도 확인된다. 한 지역 사회에서 주요 사건, 뉴스, 대중문화 등에 대한 접근을 공유하는 데 텔레비전이 핵심 역할을 한다고 제시된다. 이 연구 과정에서 나는 많은 시각 장애인과 인터뷰를 했는데, 그들은 시각 장애로 좌절감을 경험했고 이 문제에 대해 충분한 조치가 이루어지지 않고 있다고 불만을 털어놓았다. 한 참여자는 지금까지의 정부를 '무기력하다'고 비판하면서 대부분의 정권은 호주의 화면 해설의 이용 가능성이 다른 나라와 비교할 때 얼마나 형편없는지 잘 알고 있었다고 지적했다. 그들은 수차례 되풀이해서 호주의 인기 솝오페라인 〈네이버즈〉와 〈홈 앤 어웨이〉를 영국에서는 화면 해설로 볼 수 있는데, 정작 제작을 한 호주에서는 그럴 수 없다는 점을 비판했다. 그와 마찬가지로 〈로 앤 오더*Law & Order*〉[97]처럼 이미 화면 해설로 제작된 미국 프로그램의 대부분이 호주에 수입되어 방영될 때는 그 기능이 사라진다는 것에 많은 이들이 불만을 드러냈다.

이 장에서는 국내 및 국제적으로 이용이 가능함에도 불구하고 호주 텔레비전에서는 화면 해설이 누락되는 점에 초점을 두고 연구 결과를 소개하고자 한다. 우선 국제적 차원에서 중세 문헌에서 보이는 화면 해설의 기원을 개념적으로 살펴보고 넷플릭스와 같은 주문형 비디오 사업자를 통해 전 세계적으로 널리 이용되고 있는 오늘날의 화면 해설의 역사를 간략하게 살펴보고자 한다. 그리고 다시 호주의 화면 해설로 돌아와 그 이용 가능성의 모순적 상황에 대해 지적할 것이다. 이에는 연방 정부의 재정으로 운영되는 스크린 오스트레일리아의 화

97 미국의 NBC의 수사·법률 드라마로 1990년부터 2010년까지 20개 시즌을 방영하였다. 전반부는 뉴욕 경찰국 형사에 의한 범죄 조사와 용의자 체포, 후반부는 맨해튼 지방검찰청에 의한 피고의 기소와 재판으로 구성된다.

면 해설 관련 정책에 대한 분석도 곁들여진다. 그러고 나서 화면 해설과 관련된 호주의 현 문화 회로(어떻게 정체성과 재현이 제작, 소비 그리고 특히 호주의 경우 중요한 의미를 갖는 규제와 어우러지는지)를 앞서 언급한 인터뷰 내용에서 나타난 통찰력을 토대로 고찰할 것이다.

화면 해설의 역사

개념적으로 보면 화면 해설은 오래전부터 예술과 문학에 그 뿌리를 둔다. 예를 들어 소크라테스는 "예술의 한 형태를 사용하여 다른 예술의 속성을 조명하거나 강조"하는 것을 에크프라시스ekphrasis[98] 과정이라 설명했다(Dolmage, 2014). 역사적으로 에크프라시스는 어떤 것을 묘사하는 것이라고 정의된다. 그것은 원작의 의미를 증폭하고 확장하는 수사적 도구로서 어떤 예술적 표현 양식 간에도 가능하다.

마찬가지로 중세의 문헌이 만들어지는 과정을 생각해 본다면, 텔레비전에 있어 화면 해설의 중요성은 그리 낯선 것이 아닌 듯하다. 중세의 문헌은 각기 재현의 요소를 책임지고 있는 시인, 필경사, 채식사彩飾師, 인쇄공이라는 네 명의 예술가를 통해 이루어졌다. 글자, 이미지, 색상은 서로 보완하면서 또한 경쟁한다. "각 시스템은 다른 것들과 독립적으로 존재하는 단위이면서 한편으로 서로에 대해 주의를 환기시킨다. 각각은 상대에 관한 무엇인가를 전달하려 하면서 얼마간 그것을 대체하려 한다"(Nichols, 1989: 7). 중세 시대에 책을 만든다는 것은 다양

---

98 'out'이라는 의미의 'ek'와 'speak'라는 의미의 'phrasis'가 합쳐진 ekphrasis는 수사적 연습으로 제작된 예술 작품의 서면 묘사를 의미하는 그리스어에서 유래되었다. 이것은 실제든 상상이든 시각 예술 작품에 대한 생생하고 극적인 구두 묘사를 뜻하는 것으로 영어 단어로는 'description'에 가깝다.

한 예술가 간의 마음과 감각의 중재를 필요로 한다. 다시 한번 강조하자면 중세 시대 원고에 나타난 시적 요소로서의 에크프라시스의 특성은 말로 묘사된다는 것이다.

텔레비전도 이와 유사하게 집단적 노력의 산물이라 할 수 있다. 대본으로 시작하여 영상, 조명, 의상, 연출, 촬영 등에 이르기까지 여러 예술가가 재현의 다양한 요소를 책임진다. 그러나 문자에 비해 시각적 이미지를 부차적인 것으로 간주했던 중세 시대의 원고와는 달리, 텔레비전에서는 말보다 이미지가 주된 관심사가 된다. 사실상 텔레비전에는 항상 소리의 요소가 포함되긴 하지만, 모든 시각 미디어에서 늘 그런 것도 아니다. 초기의 무성 영화가 그 좋은 예다. 소리가 도입되기 이전에는 청각 장애인도 중요한 관객층으로 대접받았다. 그러나 1920년대 중반 유성 영화가 도입되어 소리가 영화 속으로 들어옴에 따라 청각 장애인은 관객에서 배제되고 시각 장애인이 화면 해설을 통해 새로운 잠재적 관객으로 부상되었다는 것은 흥미롭다. 1929년 모험 영화인 〈불도그 드러먼드*Bulldog Drummond*〉 개봉을 보도하며 〈뉴욕 타임스〉는 뉴욕시각장애인협회New York Association for the Blind와 뉴욕청각장애인연맹New York League for the Hard of Hearing 소속의 장애인 100명이 관람하였다는 기사를 내보냈다(New York Times, 1929). 그것이 "시각 장애인을 위해 상영된 최초의 유성 영화"라고 하면서 그 진행 과정이나 관람자의 반응을 다음과 같이 기술한다.

> 대사가 잠시 멈춘 지점에서 시각 장애인을 위해 음성중개자interlocutor가 장면을 설명해 주었다. 시각 장애인도 영화 관람을 즐기는 것처럼 보였으며, 특히 재미있는 부분에서 그러했다. 영화 상영이 끝난 후에는 오랫동안 박수갈채가 이어졌다. (*New York Times*, 1929: 28)

그러나 시각 장애인 관객에게 화면 해설이 제공된 반면, 농인이나 난청인에게는 어떤 도움도 주어지지 않았다(Schuchman, 1984). 영화에 소리가 도입됨에 따라 잃게 되는 청각 장애인 관객을 대체하여 시각 장애인을 끌어들이려는 의도가 분명해 보였다. 하지만 이러한 서비스가 지속적으로 제공되었던 것으로는 보이지 않으며, 수십 년 동안 공식적인 화면 해설과 관련된 문헌도 찾아보기 어렵다. 따라서 시각 장애인은 오롯이 가족이나 친구의 도움을 받을 수밖에 없었다.

최초로 화면 해설 서비스가 정기적으로 제공된 것은 1940년대부터 1950년대에 이루어졌다. 1940년대 중반에 스페인 국영 방송인 라디오 나치오날 데 에스파냐(Radio Nacional de España: RNE)의 진행자인 헤라르도 에스테반Gerardo Esteban이 청취자에게 한정적이지만 영화를 해설하기 시작하였다. 그는 방송으로 내보내는 영화를 소개하면서 다음과 같이 고지하였다.

> 오늘 밤 당신은 라디오를 통해 생방송으로 영화를 들을 수 있는 기회를 가질 것입니다. 우리가 사운드트랙의 빈틈에 설명을 하고 상세한 내용을 덧붙일 테니 영화에서 벌어지는 사건을 감상하시기 바랍니다. (Orero, 2007a)

라디오 방송국은 이를 수익 사업으로 간주하고 배급사에게 영화 해설을 방송하라고 요청하였다. 에스테반의 해설은 "텔레비전이 등장하기 전까지 프라임 타임 라디오의 편성에서 중요한 위치"를 차지한 것으로 간주된다(Orero, 2007b: 112).

그러나 오늘날 우리가 이해하는 화면 해설은 미국 교육부 장관인 칫 에버리Chet Avery가 시각 장애인과 연계된 소비자 단체에게 청각 장애인 활동가의 선례를 따라 교육 매체의 내용을 해설하기 위한 재정적 지원을 신청하라고 권장한 1960년대에 기원을 둔다(DCMP, 2017). 당시 교육 및 오락에 대한 접근성을 제고하기 위해 자막에 초점을 두고 활동했던 청각 장애인 공동체와는 달리 대부분의 시각 장애인 활동가는 그보다 작업장과 사회 통합의 다른 공간의 접근성에 주안점을 두었다(DCMP, 2017; Snyder, 2005). 오락 영역에서는 텔레비전 드라마 〈스타트랙 *Star Trek*〉의 팬으로 구성된 단체가 규모는 작지만 적극적으로 활동하였다. 그들은 오리지널 TV 프로그램에 화면 해설을 붙인 카세트테이프를 공유하였다(Cronin & King, 1998).

변화가 보이기 시작한 것은 좀 더 시간이 흐른 뒤였다. 10년여 남짓 후 미국에서 일단의 학계 및 업계 관계자가 화면 해설이라는 개념을 발전시키기 시작하였다. 예를 들어 1972년 샌프란시스코주립대학 커뮤니케이션학과 교수인 그레고리 프레지어Gregory Frazier가 오디오비전연구소AudioVision Institute를 설립하여 미디어와 실황 공연에 대한 시각 장애인의 접근성을 제고하는 방안을 연구하였다(DCMP, 2017). 1975년에 그가 쓴 석사 논문은 텔레비전 영화 〈미스 제인 피트먼 자서전*The Autography of Miss Jane Pitman*〉의 화면 해설판 제작 과정에 관한 것이었다(Frazier, 1975). 이 논문에서 화면 해설 대본의 개발과 함께 시각 장애인의 즐거움을 위한 그간의 시도를 역사적으로 설명하였다. 프레지어는 청자의 이해도에 대해 고민하고 영화 텍스트의 어느 지점에 화면 해설을 넣을지 숙고하였으며, 궁극적으로 화면 해설의 '이론상 성공적인' 부분을 찾아냈다. 또한 화면 해설 트랙의 구축에 관한 연구가 향후 더 많이 이루어져야 한다고 제안하였다.

이와 같은 연구는 화면 해설 서비스의 또 다른 선구자에 의해서도 추진되었다. 1970년대 초 마거릿 판스티얼Margaret Pfanstiehl 박사는 메트로폴리탄 워싱턴 이어 리딩 서비스Metropolitan Washington Ear Reading Service를 설립하고 시각 장애인의 포괄적인 오락 접근권의 제공에 초점을 두고 작업하였다. 텔레비전에 있어 그녀가 기여한 바는 매우 주목할 만하다. 헤라르도 에스테반이 라디오를 이용하여 1940년대 스페인에서 영화를 해설하였듯이, 1980년대 동안 판스티얼은 미국 공영방송 PBS의 〈아메리칸 플레이하우스*American Playhouse*〉의 화면 해설판을 라디오를 통해 동시 방송하였다(Lewis, 2017). 판스티얼의 메트로폴리탄 워싱턴 이어 리딩 서비스와 프레지어의 오디오비전연구소 외에도 1990년대 동안 활동한 여러 단체들이 연극, 영화, TV 프로그램의 해설뿐 아니라 여러 제안을 주도하고 컨퍼런스를 주최하거나 화면 해설 제공을 위한 모범 사례 가이드라인을 만들기도 하였다. 그 예로 1988년 설립된 제임스 스토발James Stovall의 NTN(Narrative Television Network)과, 배리 크로닌Barry Cronin과 로리 에버렛Laurie Everett의 PBS/WGBH를 들 수 있다. 1990년 이들 네 사람은 텔레비전에 화면 해설을 도입한 업적을 인정받아 에미상을 수상하였다(Bernstein, 2009; Lewis, 2017).

1990년대 말 미국의 FCC는 단계별로 의무화된 텔레비전 화면 해설 방송의 시행을 선포하였다. FCC의 규칙제정공지(Notice of Proposed Rulemaking: NPRM)에는 전맹, 저시력자, 학습 장애인 등 주요한 세 시청자 집단이 적시되었다. 그뿐만 아니라 텔레비전을 틀어 놓고 동시에 다른 일을 하는 사람도 포함되었다(Federal Communication Commission, 1999). 마지막 집단은 주류 시청자의 일원으로서 주목할 필요가 있다. 이들은 앞서 언급한 NTN을 통해 접수된 메일의 60%에 해당하는 비장애인 시청자로서 프로그램을 즐겨보는 집단이라는 점에서 고려되었다(Federal Communication Commission, 1996, 1999). 그 공지의 내용에 충실하게 2000년 FCC는 4개의 대형 지상파 방송사, 5개의 대형 케이블 방송사로 하여금 2002년 4월까지 분기당 50시간의 화면 해설을 의무적으로 제공하도록 하는 정책을 도입하였다(Mikul, 2010). 이 방안은 최종적으로는 영화협회(Motion Picture Association: MPA)가 제기한 소송으로 대법원에서 뒤집혔지만, 네트워크 방송사는 이미 FCC의 의무 규정을 충족하기 시작하였다. 더욱이 이러한 규칙을 복원하기 위한 법안의 초안이 작성되었고 2007년까지 동 법안에 대한 지지도 늘어났으나 역시 상원의 소위원회를 통과하지 못했다. 하지만 마침내 21세기통신영상접근법(21st Century Communication and Video Accessibility Act: CVAA)의 제정에 따라 2010년 FCC가 수립한 상기 규칙이 복원됨으로써 일주일에 4시간의 화면 해설 제공이 의무화되었다(Media Access Australia, 2012a). 2018년 7월 1일 이후부터는 분기당 87.5시간의 화면 해설을 의무적으로 제공하는 것으로 늘어났다(Wiquist, 2017).

그러나 미국의 상황에서 보면 화면 해설의 이용 가능성이나 시각 장애인을 위한 접근성의 조치는 청각 장애인이 요구한 자막에 대해 취해진 기준에 비하면 대체로 상당히 낮은 편으로 보인다(Robare, 2011). 앞서 언급하였듯이, 자막의 이용 가능성에 대한 청각 장애인 공동체의 능동적 활동과는 달리 시각 장애인 활동가는 작업장의 접근성에 주력하였기 때문이다(Downey, 2008; Snyder, 2005). 그러나 2010년대 초반 스트리밍 서비스가 등장하고 텔레비전 시청 선택권이 다양해지면서 시각 장애인 공동체의 인식에 변화가 나타나기 시작했다. 그에 따라 넷플릭스를 비롯한 훌루, 아마존, 아이튠즈 등과 같은 새로운 주문형 비디오 사업자에게 화면 해설을 도입하도록 권장하는 공동의 목적을 기반으로 온라인 활동이 고조되었다(Kingett, 2014). 이는 2014년 액세서블 넷플릭스 프로젝트Accessible Netflix Project를 세운 전맹 시각 장애인 활동가 로버트 킹게트Robert Kingett가 주도적으로 추진하였다. 〈데어데블

Daredevil〉[99]의 주인공인 시각 장애인 맷 머독은 정작 자신이 출연한 프로그램을 볼 수 없는 것 아니냐는 장애인 공동체의 비판에 부딪친 넷플릭스는 시리즈를 출시한 지 2주 후부터 자사의 모든 오리지널 프로그램에 화면 해설을 도입하였다. 이 사건은 화면 해설을 전 세계로 확산시키는 중요한 계기가 된다. 이는 호주에서 넷플릭스가 마침내 사업을 개시한 지 딱 2주가 지난 뒤 일어난 일이었다. 넷플릭스는 화면 해설 서비스를 번역의 한 형태로 광고하면서 "마치 다른 언어로 된 사운드트랙을 선택하는 것과 같다"고 소개하였다(Wright, 2015).

더욱이 이전에 NTN이 받은 메일에서 나타난 바와 같이 주류 시청자도 화면 해설의 잠재성을 인식하기 시작하였다(Mancuso, 2015; Price, 2018 참조). 예를 들어 팬 공동체가 온라인상에 모여 인기 있는 TV 프로그램의 중요한 순간에 대해 토론하기 시작함에 따라 화면 해설을 통해 얻게 되는 보다 많은 프로그램 정보는 팬에게 요긴한 자료가 된다(9장 참조). 그 결과, 넷플릭스는 화면 해설의 오락적 잠재성을 촉진하여 이제는 모든 사람의 소비자 경험을 증대시키려 한다. 넷플릭스의 화면 해설 시스템은 언어 선택 옵션처럼 상대적으로 접근하기 쉬우며 그것을 통해 켜고 끌 수 있다.

미국의 경우와 비교해 보면, 유럽에서는 20세기를 거치면서 화면 해설이 번역의 한 형태로 발전되어 장애인 활동가의 문제라기보다는 번역 연구 내에서 관심을 받고 있다(Szarkowska, 2011). 더욱이 유럽의 문헌을 보면 화면 해설의 제공과 관련하여 두 개의 관심사가 발견된

---

99 넷플릭스에서 3개 시즌(2015, 2016, 2018) 각 13부작으로 방영된 마블 코믹스의 슈퍼히어로물이다. 어린 시절 사고로 시력을 잃었지만 다른 감각이 초인적으로 발달한 맷 머독이 낮에는 제도권 안의 변호사, 밤에는 슈퍼히어로 데어데블이 되어 법을 넘어 뉴욕 헬스키친의 불의에 맞서 싸운다.

다. 가이드라인 및 기준의 부재와 문화적 관행의 차이가 그것이다. 예를 들어 동일한 영화를 화면 해설하는 데 있어서 스페인, 그리스, 미국이 상이한 접근법을 취하는지 살펴본 연구에서 상당한 문화적 차이가 발견되었다. 스페인과 그리스의 경우, 행동에 초점을 두고 보다 생생한 해설을 하려는 경향을 보였고, 미국은 카메라 움직임에 대한 영화적 설명을 하였다. 그뿐만 아니라 그리스의 화면 해설 작가는 인물의 감정을 섬세하게 전달하고자 한 반면, 미국의 경우에는 영화의 기술적 특성에 주안점을 두었다. 또한 미국의 화면 해설 작가는 영화를 직접 언급하고 현재 시제를 사용했지만, 스페인과 그리스의 경우 과거 시제를 사용하고 영화 자체를 거론하지 않고 해설하였다(Orero, 2008). 이에 따라 전 세계에 걸쳐 화면 해설에 보다 용이하게 접근할 수 있도록 가이드라인을 제정할 것이 제안되었다.

> 유럽의 많은 언어와 문화 속에서 드러나는 분명한 문화적 차이에도 불구하고, 어느 정도 기본적이며 공통적인 체계에 대해 합의하고 적용할 수 있을 것이다. 가이드라인이 마련되면 화면 해설 원고를 작성하는 데 도움이 될 것이며, 이를 다시 번역할 수도 있을 것이다. 또한 이를 데이터 뱅크에 저장하면 방송사가 다운로드하여 활용할 수 있을 것이다. 이런 방식을 통해 그리 충분치 않은 미디어 접근성의 자원을 최적화시킬 수 있으며, 화면 해설의 체계화와 고품질화를 도모할 수 있을 것이다. (Orero, 2008: 191)

그러나 10여 년이 지난 현재 그러한 가이드라인은 존재하지 않는다. 텔레비전의 국제화가 가속됨에 따라 한 나라에서 만들어진 화면 해설의 이용 가능성은 그것이 별로 발달하지 않은 또 다른 나라의 시청자에게도 큰 도움이 될 수 있다. 그 대표적인 나라가 호주다.

호주의 화면 해설

현재 호주는 OECD의 영어권 국가 중 텔레비전에서 화면 해설이 제공되지 않는 유일한 나라다. 캐나다, 아일랜드, 영국, 미국에는 방송 사업자가 의무적으로 일정 수준의 화면 해설 방송 시간을 지키도록 하는 규정이 입법화되어 있다. 뉴질랜드는 법률로 제정되어 있지 않지만, 공영 방송을 통해 일주일에 30시간의 화면 해설이 제공되며 정부로부터 재정적 지원을 받고 있다. 호주의 텔레비전 방송에서는 화면 해설 서비스가 오랫동안 이루어지지 않고 있지만, 텔레비전에서 두 번의 시도가 있었으며 소수의 자발적인 공동체 라디오를 통해 드라마를 화면 해설로 동시 방송했던 역사적 사례가 있다. 현재 호주의 화면 해설은 오직 넷플릭스, 아이튠즈, 아마존과 같은 유료 서비스를 통해서만 이용 가능하다. 제한적이지만 폭스텔의 어린이 프로그램을 빅 액세스 미디어 Big Access Media 앱을 통해 이용할 수 있기는 하다.

역사적으로 보면, 오락에 대한 시각 장애인의 접근은 제한적으로만 선택권이 주어졌다. 20세기 말 비전 오스트레일리아Vision Australia[100]는 자발적으로 영화와 VHS의 콘텐츠에 화면 해설 서비스를 제공하였다. 1999년에는 왕립시각장애인연구소Royal Institute for the Blind가 51개의 화면 해설 영상물을 자체 도서관에 소장하고 정보서비스센터를 운영하였다. 당시 이 영상물은 450회 대출되었고, 250회 대출 신청이 밀려 있기도 하였다(Simpson, 1999). 1983년 멜버른의 공동체 라디오인

100 4개의 소규모 시각 장애인 단체(RVIB, VAF, Royal Blind Society, NILS)의 합병을 통해 2004년에 설립된 호주에서 가장 큰 비영리 단체다. 시각 장애인을 위해 화면 해설을 비롯한 다양한 서비스를 제공하는 것에 중점을 두고 활동한다.

3RPH가 국제 테니스 선수권 대회인 윔블던 경기의 텔레비전 중계를 시각 장애인을 위해 음성 해설로 방송하였다. 또 다른 라디오-텔레비전 동시 방송의 사례로 1990년대에 3RPH는 호주의 인기 텔레비전 드라마인 〈워터 랫츠*Water Rats*〉, 〈더 맨 프롬 스노위 리버*The Man from Snowy River*〉, 〈로 오브 더 랜즈*Law of the Lands*〉의 화면 해설을 제공한 바 있다(Simpson, 1999: 38). 그러나 이 서비스는 "다른 콘텐츠의 희생"하에 이루어진 것으로 간주되었다(Simpson, 1999: 5). 따라서 영화관을 통한 화면 해설이 진행되었고 오늘날까지도 이루어지고 있다. 하지만 1988년 비전 오스트레일리아와 호주시각장애인연합회가 정부로부터 재정적 지원을 받아 TV 프로그램에 대한 지속적인 화면 해설 서비스 방안의 실현 가능성을 타진하는 연구를 시행하였다. 그 결과를 담아 출간한 것이 존 심슨John Simpson의 정책 보고서 〈천 개의 영상을 이야기해 주는 말 한마디: 디지털 시대의 시각 장애인 시청자를 위한 텔레비전 접근의 개선When a word is worth a thousand pictures: improved television access for blind viewers in the digital era〉이었다(Simpson, 1999). 이는 화면 해설에 대한 최초의 정책 보고서로 간주된다. 이 보고서는 당시 호주의 디지털 텔레비전의 도입이 임박한 시점과 연계시켜 호주의 시각 장애인이 어떻게 텔레비전에 접근하는지, 화면 해설을 둘러싼 정책 이슈가 무엇인지 그리고 호주의 디지털 텔레비전과 동시에 화면 해설을 도입하는 것이 얼마나 중요한지 개략적으로 살펴보았다.

이 보고서에는 호주의 화면 해설을 진척시키기 위한 8개의 권고안이 제시되었다. 그것은 다양한 조사팀과 위원회를 구성하고 세미나를 개최하는 것에 초점이 맞추어져 실현 가능한 차원이기보다는 추상적인 수준에서 화면 해설에 접근한 것으로 거론된다(World Blind Union, 2011). 화면 해설에 대한 이러한 접근은 미국의 프레지어의 석사 논문과 유사한 것이기는 하나 심슨 보고서의 배포 시점이 미국에 비해 20년 이상 지난 후라는 점에 주목할 필요가 있다. 따라서 심슨이 중요하고 기술적으로 적절한 권고안을 제시한 것은 분명하지만, 변화는 더디게 이루어져 2005년이 지나서야 겨우 연방 정부가 그 촉매가 될 만한 것을 제공하였다. 연방 정부가 호주자막센터(Australian Caption Centre: ACC)에 상업적인 인센티브 보조금을 지원하면서 화면 해설 서비스를 시작하여 10개의 화면 해설 DVD를 제작하도록 한 것이다. DVD 출시를 되돌아보며 2011년 세계시각장애인연합(World Blind Union: WBU)[101]은 보고서에서 다음과 같이 언급한다.

> 화면 해설이 있는 DVD가 배포된 이후, 시각 장애인 수용자는 이렇게 시작한 DVD가 지속적인 서비스로 이어졌으면 좋겠다고 응답했다. 그렇지 않다면 갑작스레 찾아온 이 희망이 잔인한 것이 되어 차라리 처음부터 없던 게 나을 수도 있기 때문이다. (World Blind Union, 2011)

다행스럽게 이 서비스는 그 후에도 계속되어 모든 DVD 콘텐츠 기준으로 2005년 2%에서 2012년 25%로 확대되었다(Media Access Australia, 2012b). 지상파 방송에서 화면 해설을 증대시키고자 하는 목표도 지속적으로 추진되어 2008년부터 2010년 사이에 호주 정부는 전자 미디어에 대한 접근을 정책적으로 검토하기에 이르렀다(Department Broadband Communications and the Digital Economy, 2010 참조). 이를 통해 화면

101 전 세계 약 2억 5,300만 명의 전맹 및 저시력자의 권익과 삶의 질을 제고하기 위해 1984년 결성된 국제 기구다. 190개국이 회원국으로 가입되어 있으며, 아프리카, 아시아, 아시아 태평양, 유럽, 라틴 아메리카, 북아메리카 및 카리브해 등 6개 지역으로 나뉘어 지역별로도 자체적인 활동을 한다.

해설과 UN 장애인권리협약을 두고 상당한 검토와 답변의 과정이 이루어졌다. 그 중요한 결과물의 하나가 공영 방송 ABC가 2012년 시행한 화면 해설 시험 방송이었다.

2012년 ABC의 시험 방송은 13주 동안 매주 14시간의 화면 해설 콘텐츠를 방영하는 것이었다. 시험 방송은 시각 장애 시청자로부터 열렬한 호응을 받았지만, 아날로그에서 디지털 텔레비전으로 전환하는 시기와 동시에 추진되었기 때문에 몇 가지 기술적 장애와 한계를 드러냈다. 예를 들어 하드웨어의 정합성, 화면 해설의 수동 구현과 관련하여 ABC가 취했던 '임시방편적' 접근(제한된 장비를 통한 출시 등) 그리고 최신 디지털 수신기의 필요성 등이 지적되었다(Department of Communications, 2014: 2). 이에 대해 유관 단체들은 관련 기술의 복잡성을 인정하였지만, 시험 방송 이후 이러한 문제를 일정 부분 해결하기 위해 예정되었던 이해관계자들의 논의는 전혀 이루어지지 않았다. 결국 정부는 화면 해설을 이끄는 동인으로 정부 주도의 지시보다는 기술 변화와 소비자의 요구에 기대를 걸고 풀어나가려 했으며, 기업의 혁신과 경쟁을 통해 호주 텔레비전에 화면 해설이 도입되기를 제안하였다. 하지만 화면 해설의 제공을 위한 후속 조치가 이루어지지 않은 것에 대해 2013년 호주시각장애인연합회는 장애인 차별이라는 이유로 ABC와 연방 정부를 정식 고소하기에 이르렀다.

이는 시각 장애인 공동체의 수사법에 중요한 변화가 나타났다는 것을 의미한다. 2005년에는 화면 해설이 있는 DVD가 지속적인 기반 위에 제공되지 않을 경우에 대한 거부감을 표시했지만, 2013년에는 화면 해설 방송을 인권으로 바라보고 행동으로 맞섰다. 이와 같은 변화는 화면 해설을 도입하기 위한 일련의 후속적인 시도에서도 나타났다. 2012년 ABC의 시험 방송이 이루어질 때 호주의 시각 장애인은 화면 해설이 사회 참여와 기본적 인권을 위해 필수적이라는 것을 강조함으로써 대응했지만, ABC가 자사의 다시 보기 포털인 아이뷰를 통해 두 번째 시험 방송을 시행한 2016년에는 자신들의 소비자 권리에도 중점을 두어 서비스의 품질에 초점을 맞추어 피드백을 보내기 시작했다.

2012년 ABC의 시험 방송 이후, 호주의 화면 해설 수용에 영향을 미친 세 가지 중요한 시기를 생각해 볼 수 있다. 첫 번째는 넷플릭스의 오리지널 프로그램을 통해 화면 해설을 이용할 수 있게 된 2015년으로, 그로 인해 넷플릭스는 호주의 시각 장애인이 가장 신뢰하는 유일한 화면 해설 서비스 제공자가 되었다. 두 번째는 2013년 이래 제한적으로만 화면 해설을 제공해 온 것으로 평가되던 아이튠즈가 새로운 화면 해설 공간을 출범시킨 2016년으로, 이를 통해 호주의 소비자는 화면 해설이 구비된 아이튠즈 콘텐츠를 처음으로 매우 쉽게 접근할 수 있게 되었다(AppleVis, 2016). 세 번째는 아마존 프라임이 호주에서 사업을 개시한 2018년으로, 이는 새로운 화면 해설의 창구가 되었다.

호주에서 넷플릭스와 아이튠즈를 통해 화면 해설을 이용할 수 있었던 것은 미국의 21세기통신영상접근법과 같은 법률 제정에 일정 부분 영향을 받았다고 할 수 있다. 이 법안은 FCC가 2000년 시도했다 무산되었던 네트워크 TV 방송사의 주 4시간의 화면 해설 의무 방송 요건을 복원시킨 것이다. 이 법안은 여기서 더 나아가 품질 기준을 도입하고 매년 방송 시간을 늘리도록 하였으며, 해당 방송 대상 지역을 확장할 계획을 담고 있다(Edelberg, 2018). 이와 같은 의무 규정과 더불어 오랜 과정을 거쳐 진행된 화면 해설의 역사로 인해 미국에서는 넷플릭스와 아이튠즈 그리고 그 후 아마존을 통해 상당한 양의 화면 해설을 이용할 수 있게 되었다. 그러나 호주의 지상파와 유료 방송은 수년간 미국의 프로그램을 수입할 때 해당 화면 해설 트랙을 배제해 왔다. 이러한 점은 필라르 오레로Pilar Orero의 연구(2008)를 통해 일찍이 제안된 바 있는 국제적 차원의 데이터베이스 구축이 호주의 시청자에게 갖는 중요성을 다시 한번 보여 주는 것이다.

앞서 서론에서도 언급했듯이, 오리지널 화면 해설 트랙이 구비된 프로그램을 수입할 때 호주의 방송에서는 이용할 수 없다는 사실 외에 상당한 양의 호주 프로그램도 일반 프로그램과 함께 방영할 수 있는 트랙을 갖추고 있지만 별로 사용되지 않고 있다. 정부의 재정적 지원을 받는 스크린 오스트레일리아는 2011년 자막과 함께 화면 해설 제작에 우선순위를 두기 시작하여, 정부의 지원하에 국가 차원에서 추진된 영화관 개선 사업과 궤를 같이하여 2013년까지 자막 및 화면 해설의 제공을 준수토록 하였다(Screen Australia, 2011). 이러한 정책 전환으로 인해 스크린 오스트레일리아의 교역 조건, 주요 요건 그리고 마케팅 협약서 정책에 화면 해설에 대한 요구 사항이 추가되었다. 이는 주로 영화에 해당되기는 하지만, 호주에서 텔레비전 드라마의 대중적 유통 창구인 DVD의 출시에 있어서도 화면 해설 조항을 규정하고 있으며, 영화 외의 콘텐츠의 제작자에게도 접근성을 제고하기 위해 화면 해설을 제공하도록 권장된다(Screen Australia, 2017). 각 마케팅 협약서에 화면 해설을 반드시 포함하는 사안으로 규정하고 있는 21장의 3.5조항은 특히 텔레비전 드라마에 적용된다(Screen Australia, 2013).

이러한 정책으로 인해 화면 해설이 들어간 콘텐츠가 탄생하게 되었다. 예를 들어 스크린 오스트레일리아의 지원을 받아 ABC가 방영하는 쇼 프로그램 중 약 4분의 1이 DVD로 출시할 때 화면 해설 트랙이 제공되었다(Ellis, Kent, & Locke, 2018 참조). 그러나 이런 장치나 화면 해설을 의무화하는 확실한 규정이 없으면 알게 모르게 시들해지고 만다. 3장에서 분석한 7편의 드라마 및 영화 중 2편에만 DVD 배포시 화면 해설이 포함되어 있다. 결국 이런 규제 방법이 없거나 화면 해설에 대한 방송사의 의지가 박약한 경우, 수용자가 이용할 수 없는 낡은 화면 해설 목록만 남게 되는 실망스러운 상황이 나타난다. 요컨대, 화면 해설은 호주의 텔레비전에서 이용할 수 없는 서비스다. 이 기능을 활성화하는 것에 대해 방송 사업자가 완강하게 저항하기 때문이다.

문화 회로와 화면 해설

1장에서 논의하였듯이, 문화 회로는 재현, 정체성, 제작, 소비, 규제라는 5개의 주요 요인을 통해 완전한 문화 분석을 가능케 해 준다(Du Guy et al., 2013 참조). 표 7-1은 호주의 시각 장애인과의 인터뷰를 통해 나타난 주요 주제를 문화 회로 내의 각 요소와 관련하여 정리한 것이다. 이 분석 범주는 독립적으로 존재하지만 다양한 방식으로 연결되며 서로 영향을 주어 호주의 화면 해설에 의미를 부여한다.

화면 해설에 대한 역사적 재현은 주요 인물에 초점이 맞추어지는 경향이 있다. 예를 들어 스페인의 헤라르도 에스테반, 미국의 칫 에버리와 마거릿 판스디털, 호주의 존 심프슨 등이다. 이는 사실 이 장에서 취했던 접근법이기도 하다. 하지만 화면 해설을 이렇게 개별화된 방식으로 접근하다 보면, 의도치 않게 화면 해설의 구축이 자선 활동의 한 형태나 비상업적인 동기를 가진 친절한 개인의 자원 봉사로 비추어질 소지가 있다.

특히 호주의 사례를 살펴보면, 규제가 화면 해설의 제작과 소비 모두에 중요한 영향을 미쳐 왔음을 알 수 있다. 자금 지원 요건, 화면 해설 시험 방송, 국제적 규제, 수출입 협정 등이 화면 해설을 제작할 수 있게 해 주었다. 하지만 정작 호주의 수용자에게 그것을 전달할 수 있

표 7-1 화면 해설과 문화 회로

문화 회로의 지점	인터뷰를 통해 나타난 주요 내용
재현	- 인권에 좀 더 초점을 맞추어야 할 필요성 - 소비자에 좀 더 초점을 맞추어야 할 필요성 - 일관된 기준의 필요성
정체성	- 사회 활동으로서의 텔레비전에 대한 인정 - 텔레비전을 통합의 필수 조건으로 바라보고 사회적으로 배제되는 감정에 대한 인정
제작	- 해외에 수출하거나 DVD로 출시될 경우 화면 해설이 구비된 호주 콘텐츠가 국내 방송에서는 접근할 수 없다는 것에 대한 불만 - 화면 해설을 경험한 후 그것이 배제된 텔레비전을 시청할 때의 좌절감
소비	- 비용을 둘러싼 이슈: "장애의 경제학"(Ellis et al., 2016) - 기술에 대한 상반된 접근: 새로운 기술을 시도하길 원하는 입장과 예전의 전통적인 기술을 선호하여 최신 것을 받아들이지 않는 입장
규제	- 공공 방송 사업자의 중요성에 대한 인식 - 정부 입법화의 필요성에 대한 인식

도록 해 주는 요건이 마련되지 않으면 이러한 트랙은 그저 콘텐츠 라이브러리 목록으로만 존재할 뿐이다. 이렇게 되면, 시각 장애인은 동시대의 호주 사회에 충분히 참여할 수 있는 기회를 박탈당하고 만다.

두 게이 등은 《문화연구의 수행*Doing cultural studies*》 2판의 서론에서 독자에게 "규제의 근거로서 공공 영역과 민간 영역 간의 경계"를 숙고해 보라고 요청한다(Du Guy et al., 2013: xix). 호주의 화면 해설의 문화 회로에서는 이 경계가 확연히 드러난다. 시각 장애계는 화면 해설을 도입하고 자금 지원을 하는 것이 정부의 책임이라고 오랫동안 주장해 왔고, 화면 해설의 의무화에 대한 법률 제정이 가장 적절한 해결책이라는 의견을 제시한다. 그러나 역대 정부는 방송업계의 혁신과 민간 영역에 그 책임을 돌리는 경향을 보인다. 한편 방송 사업자는 화면해설특별조사위원회의 2017년 최종 보고서에 명기된 "사회적 불평등을 해소하고 사회 복지를 극대화하는 프로그램에 자금을 지원하는 것은 정부의 역할"이라는 문구를 믿는다(Department of Communications and the Arts, 2017: 7).

그러나 사실상 논의 테이블에 참여한 모두에게 책임이 있다. 텔레비전은 공공 영역과 민간 영역에 걸쳐져 있는 것이며, 정부는 화면 해설의 도입과 디지털 방송 전환 양자 모두에 책임을 진다. 예를 들어 많은 텔레비전이 상업적 기반 위에 있지만, 방송 사업자도 정부로부터 주파수를 임대받아 운영된다. 또한 상업 텔레비전 영역도 권리와 책임을 가진다. 특히 인권이라는 개념과 연관된다면 더욱 그렇다. 예를 들어 UN 장애인권리협약을 비준한 정부에게 부과된 의무를 보면, 텔레비전의 접근성을 보장하려면 민간 영역과의 협력을 토대로 해야 된다고 규정하고 있다. 이에 대해 호주의 법무장관은 다음과 같이 설명한다.

> 국가는 공중에게 개방되어 있는 시설이나 서비스에 접근하기 위한 기준 혹은 가이드라인을 설정하는 데도 적절한 조치를 취해야 한다. 그것을 통해 공중에게 시설이나 서비스를 제공하는 민간 사업자가 장애인의 접근권을 고려하고, 장애인 접근권과 관련된 사람을 교육시키도록 해야 한다. (Attorney General's Department, 시기 불명)

화면 해설은 정부와 방송업계의 공동 책임으로 보아야 한다. 텔레비전에 접근할 수 없다는 것은 사회적 배제의 심각한 한 형태일 뿐만 아니라 인권과, 또 다른 문화 회로의 주요 요소인 정체성을 침해하게 된다. 시각 장애인 인터뷰 참여자들은 공통의 텔레비전 경험에 참여할 수 없기 때문에 더 광범위한 공동체로부터 배제된다고 느끼는 경우에 대해 자주 털어놓았다. 실제로 경제적 및 기술적 이슈와 함께 이러한 정체성의 결여와 관련된 주요 주제가 인터뷰를 통해 드러났다.

무엇보다 참여자들은 텔레비전이 사회 통합에 필수적인 요인이라고 인식하고 있으며 사회 활동이라는 점을 강조하였다. 하지만 이들에게 친구나 가족과 함께 텔레비전을 시청하는 것은 불가피한 일이었다. 대충이라도 그들로부터 설명을 들어야 했기 때문이다. 따라서 그들이 함께 텔레비전을 보는 사람에게 부수적인 노동을 강요하지 않고 텔레비전을 시청할 수 있기를 바라는 것은 너무나 당연하다. 텔레비전을 보고 난 후 친구나 동료와 그에 관해 나누는 대화의 사회적 의미는 비전 오스트레일리아가 그동안 벌여온 활동을 관통하는 주요한 주제다 (Blindness Sector, 2017).

참여자들은 또한 강한 정체성과 증대된 사회 통합 필요성이 앞서 언급한 책임감을 가진 정부와 기업의 결속력과 관련 있음을 강조하였다. 그들은 넷플릭스와 아이튠즈 같은 유료 서비스 사업자를 가장 일관되게 화면 해설을 제공하는 사업자로 인식한 반면, ABC에 대해서는 이러한 서비스 제공 의무를 제대로 충족하지 못한 사업자로 간주하였다.

> 나는 ABC 방송을 많이 시청합니다. 그렇지만 무언가를 보려 할 때는 주로 아이패드의 아이뷰를 활용합니다.

ABC가 이 현안을 해결하는 데 미적거린다고 느껴지는 것은 화면 해설의 제공에 있어 대체로 공영 방송사가 주도적인 역할을 하는 다른 나라의 상황과 대조적으로 보이기 때문이다. 예를 들어 미국에서는 목표치나 입법화가 이루어지기 전에 이미 공영 방송에 화면 해설이 제공되었으며, 캐나다, 뉴질랜드, 이탈리아도 공영 방송이 화면 해설의 주요 제공자로서 역할을 하고 있다. 사실 EU의 2013년 e접근성 연구 보고서를 보더라도 공영 방송사가 가장 일관된 화면 해설 제공자임을 알 수 있다(Kubitschke, Cullen, Dolphi, Laurin, & Cederbom, 2013). 규제 차원에서 보면, 입법화가 가장 중요한 동인이 된다고 EU 보고서에도 강조되었다. 필요하다면 화면 해설은 법률에 의해 가장 잘 자리 잡을 수 있다(Kubitschke et al., 2013). 인터뷰 참여자들은 또한 비슷한 정치적 및 상업적 의지가 어떻게 호주의 상황에서는 부족했는지 논의했고, 이 점이 변화를 위한 가장 큰 기폭제가 될 것이라는 점도 인식하였다.

그러나 인터뷰 참여자들은 다른 요인이 개입될 수도 있음을 인정하였다. 예를 들어 일관적이지 못한 화면 해설 이용 가능성, 상당히 많은 비용 그리고 필요한 기술의 접근과 관련된 과제 등이다. 앞서 이미 호주 지상파 텔레비전의 화면 해설 서비스의 부족과 일관적이지 못한 대처 방식에 대해 논의하였다. 특히 다른 나라에서는 이용할 수 있는 국내외 화면 해설 콘텐츠조차도 호주의 수용자는 접근할 수 없다는 것에 대한 불만이 적지 않게 나타났다. 그에 대해 두 명의 참여자는 다음과 같이 지적한다.

> …… 영국이나 미국의 경우를 보면…… 아마도 그 프로그램의 50%가 ABC, 아이뷰에서 방영되는 것으로 아는데…… 거기엔 이미 화면 해설이 붙어 있을 텐데, 우리나라에선 왜 화면 해설 트랙을 구매하지 않죠?

> 영국의 경우도 그렇고 미국과 캐나다 그리고 다른 나라도 그럴 것 같은데…… 예를 들어 〈네이버즈〉라는 호주의 TV 프로그램을 영국에서는 화면 해설로 볼 수 있다는데, 정작 우리나라에서는 그렇지 않다니, 이건 진짜 말도 안 됩니다.

더욱이 텔레비전 화면 해설에 대한 호주 시각 장애인 수용자의 인식에 변화가 나타나고 있다. ABC의 아이뷰 시험 방송이 있기 직전 넷플릭스의 오리지널 프로그램에 화면 해설이 도입되면서 접근 가능한 프로그램이 갑자기 많아졌다. 그 결과 시각 장애인에게 화면 해설이 없는 예전의 텔레비전 시청으로 돌아가기란 어렵고 심지어 불가능한 것이 되어 버렸다.

> 이제 화면 해설이 붙은 프로그램을 볼 수 있으니 그것이 없는 프로그램은 보지 않아도 되겠네요. 대부분의 지상파 TV 프로그램엔 화면 해설이 없지만 다른 방식으로 볼 수 있으니 이젠 그것을 놓치고 있다고 생각되지 않아요.

하지만 주문형 비디오와 다시 보기 서비스와 같은 유료 서비스를 통해 화면 해설을 접할 기회가 점점 더 많아진 것은 주목할 만한 사실이나, 이런 프로그램에 접근하기 위해서는 컴퓨터나 스마트 텔레비전, 인터넷 접속, 상당한 양의 데이터 접근을 비롯하여 이를 이용하기 위한 경제력이 요구된다. 특히 가장 마지막에 언급된 것은 장애인 공동체에게 중요한 요인이다. "장애의 경제학"(Ellis, Kent, Locke, & Merchant, 2016), 즉 장애로 인해 부담해야 할 추가 비용은 많은 인터뷰 참여자가 한 목소리로 논의한 공통 주제였다. 한 참여자는 다음과 같이 지적한다.

> 기술은 최신 컴퓨터 장비를 갖추지 못한 우리를 배제함으로써 계층 격차를 만들고 야기합니다.

기술에 쉽게 접근할 수 있어야 한다는 것도 널리 논의된 주제였다. 전반적으로 참여자들은 텔레비전을 설정하는 일이 매우 어려웠고, 그

보다는 차라리 같은 콘텐츠를 스마트폰이나 태블릿과 같은 모바일 기기로 접근하는 것이 훨씬 쉽다는 의견을 보였다.

> (디지털 텔레비전이 호주에 도입되었을 때) 우리 같은 시각 장애인이 텔레비전을 설정하기란 당연히 어려웠죠. 왜냐하면 대부분의 TV들이…… 메뉴로 접근하기 매우 힘들었고…… 검색을 하거나, 디지털 방송 채널을 찾아보거나, 다른 어떤 일을 하려 해도 어느 것도 제대로 접근하기 어려웠기 때문이에요.

더욱이 새로운 기술을 시도해 보려는 참여자도 있는 반면, 또 다른 이는 여전히 예전 기술을 더 선호했고 최신 것을 꺼렸다.

> 아이패드는 보이스오버 소프트웨어가 있어 무엇을 만지든 간에 그것을 읽어 주기 때문에 아이패드를 쓰고 있어요. 그렇지만 모든 채널을 그렇게 할 수 있는 것은 아니에요.

> ABC의 아이뷰를 제외한 모든 기기는 '업데이트' 시스템을 가지고 있어 접근하기 어려워요. 내 아이패드는 몇 년 된 것이어서 OS를 업그레이드할 수 없어요. 애플 제품은 새 모델을 구입해야 돼요!

다양한 플랫폼과 사업자로 인하여 그리고 텔레비전에 접근할 수 있는 장비와 기기의 개별화가 늘어남에 따라 텔레비전은 점점 더 개인화되고 있다. 6장에서 논의하였듯 쉽게 이용할 수 있는 음성 리모컨은 여러 연구에서 장애인, 특히 시각 장애인에게 중요하고 필수적인 접근성 기능을 가진 수단으로 각광받고 있다(Carmichael, Rice, Sloan, & Gregor,

2006; Clarkson & Keates, 2004; Costa & Duarte, 2017; Costa, Ficheman, Correa, Lopes, & Zuffo, 2012; Ellis, 2014; Pedlow, 2008). 로버트 페드로Robert Pedlow는 다양한 욕구를 가진 모든 사람이 쉽게 이용할 수 있는 기술을 만들기 위해서는 광범위한 보편적 디자인으로 접근해야 한다고 권고한다(Pedlow, 2008). 애플 TV는 이러한 접근법을 채택하여 주요 기능의 하나인 음성 리모컨을 장착함으로써 '셋톱박스 없이out of the box' 접근 가능한 제품을 시장에 내놓았다. 이런 오디오 기능은 점차 비장애인 수용자도 이용하고 있다. 하지만 애플 TV 수상기와 인터넷 접속 비용은 엄두가 나지 않을 정도로 고가라는 점을 다시 지적하지 않을 수 없다. 예를 들어 아이뷰 시험 방송 당시 비전 오스트레일리아 회원의 37%만이 인터넷에 접속할 수 있었다(Blindness Sector, 2017). 비용은 장애인 공동체에게 중요한 요인이다. 인터넷으로 접속해야 하는 주문형 비디오와 다시 보기 서비스를 이용하기 위해 필요한 장비와 인터넷 접속 비용은 상당하다. 결국 유료 가입이나 구매를 해야만 화면 해설을 이용할 수 있는 현실에서 시각 장애인은 뒤처질 수밖에 없게 된다.

이 장에서는 사회 통합의 견지에서 화면 해설이 호주의 시각 장애인에게 어떤 의미가 있는지 숙고해 보았다. 최근에 화면 해설을 바라보는 시각 장애인의 인식에 변화가 나타나고 있다. 2011년 세계장애인연맹이 내세운, 지속적인 서비스가 제공되지 않는다면 차라리 처음부터 없는 것이 낫다는 식의 다소 수동적인 관점으로부터, 2012년 ABC의 시험 방송 이후 화면 해설은 인권의 문제이며 사회 통합의 필수 불가결한 요소라는 입장으로, 그러고 나서 마침내 2016년 아이뷰 시험 방송과 넷플릭스 및 아이튠즈의 서비스가 늘어난 이후 좀 더 소비자의 관점으로 화면 해설의 품질에 대한 관심이 늘어나게 된 것이다. 이는 이러한 서비스를 이용하는 데 드는 비용에 대한 논의와 맞물려 있다. 장애인 공동체의 많은 사람에게 비용은 서비스 접근에 커다란 걸림돌이 된다. 지상파 텔레비전에서는 화면 해설을 이용할 수 없기 때문에 유료 텔레비전이 유일한 선택지다. 그러나 텔레비전 수상기가 고가이고 인터넷 접속 비용도 큰 부담이 되어 적지 않은 사람이 이러한 서비스를 감당할 경제적 능력을 갖고 있지 못하다.

호주에서 화면 해설을 시행하는 데 또 다른 심각한 장벽은 화면 해설이 무엇인지 잘 모르고 또 어디에서 이용할 수 있는지에 대한 정보가 부족하다는 점이다. 앞서 언급한 ABC의 시험 방송과 스크린 오스트레일리아의 시도와 같은 진흥책이 없었던 것은 아니지만 지상파 텔레비전에서 화면 해설을 이용할 수 없기 때문에 대부분의 호주인은 우연이라도 화면 해설을 접할 수 있는 기회를 갖지 못한다. 이로 인해 화면 해설에 대한 지식이 부족하게 되고, 이는 관련 법률의 제정은 둘째 치고 그것을 요구할 수 있는 기회의 박탈로 이어진다. 결국 차후 그것의 이용 가능성에 심각한 장벽이 된다. 국제적 차원의 화면 해설 이용 가능성과 표준화에 대한 유럽의 노력과 같은 규제의 맥락에서, 또 자막과 같은 다른 장애인 보조 서비스에 대한 전 지구적 수용과 법률 제정과 관련시켜 보면, 사실 이 같은 경우는 그리 흔치 않은 사례다. 현재 호주에는 화면 해설과 관련된 어떤 기준이나 의무화도 존재하지 않으며, 곧 닥칠 변화에 부응하기 위한 논의도 장애인 공동체를 제외하고는 거의 이루어지지 않고 있다.

다음 장에서는 호주의 텔레비전 환경에서 자막의 이용 가능성에 대해 살펴보고자 한다. 일부 플랫폼에 대해서는 자막의 제공을 의무화하는 규제가 있기는 하지만 기술적 변화를 제대로 따라가지 못하는 실정이다.

8장
자막

자막은 장애인이 가장 널리 이용하는 대안적 텔레비전 양식이다. 디지털과 아날로그 방송이 동시 전송되는 기간에 호주 장애인을 대상으로 텔레비전 접근성에 대해 설문 조사를 한 적이 있다. 그 결과 전체 장애인 집단 중 80% 이상이 텔레비전을 시청할 때 자막을 활용한다고 응답했으며, 특히 청각 장애인의 경우에는 그 비율이 95% 이상으로 올라갔다. 자막의 이용 가능성은 농인이나 난청인이 어떤 텔레비전 프로그램을 볼 것인가를 결정짓는 중요한 요인으로 나타났다. 나아가 자막의 품질은 그 프로그램이나 심지어 어떤 방송을 자신의 선호 채널로 여길지에 영향을 미쳤다. 한 응답자는 "〈닥터 후*Dr Who*〉는 아주 훌륭한 프로그램인데, ABC가 텔레비전과 아이뷰를 통해 폐쇄형 자막을 내보내줘서 좋았다"고 말했다. 특히 그는 개인적으로 드라마 중에서도 범죄 드라마를 선호하는데 자막을 이용할 수 있고 품질도 좋기 때문이라고 했다. 이 응답자의 진술처럼 드라마 장르의 프로그램은 생방송이 아니기 때문에 화면에서 벌어지는 행동이나 대화와 일치된 자막이 제

공된다.[102]

자막[103]은 시청각 미디어에서 대사와 기타 소리를 문자로 바꾼 것이다. 이에는 두 가지 형식의 자막이 있다. 하나는 화면에 지속적으로 보이는 개방형 자막open caption이고, 다른 하나는 온오프를 조절할 수 있는 폐쇄형 자막closed caption이다. 이것은 TV 프로그램, 영화, 웹 페이지, 온라인 강의 등 모든 형태의 다양한 미디어에서 나타난다. 따라서 어떤 것을 자막화할지에 대한 판단은 매우 유동적이며 기술적 가용성은 물론 자원봉사 활동, 소비자 운동, 법제의 변화 등 여러 요인에 의해 결정될 수 있다.

실제로 자막의 이용 가능성에 가장 영향을 많이 주는 것은 마지막 요인이다. 인터넷의 등장이든 아날로그에서 디지털로의 전환이든 새로운 기술의 변화가 일어날 때마다 활동가와 자원봉사자는 자막의 접근성을 위해, 특히 자막의 수용을 가능케 해 주는 법제의 변화를 위해 다시 투쟁해야만 한다. 예를 들어 미국의 경우 아날로그 시스

---

102 일반적으로 자막 방송은 뉴스나 스포츠 중계와 같은 생방송live 제작 방식과, 드라마와 다큐멘터리 등의 사전 제작pre-recorded 방식으로 나뉜다. 전자의 경우, 실시간으로 자막을 제작하기 때문에 시간 지체time lag와 오탈자가 발생하여 각 나라마다 이에 대한 대책을 모색하고 있다. 반면 후자는 미리 자막을 제작하고 검토할 수 있어 오탈자를 방지하는 정확성과 시간적으로 일치하는 동시성을 담보하는 등 자막의 품질이 유지된다.

103 원문에서는 자막을 지칭하는 용어로 caption과 subtitle이 함께 제시된다. 이들 의미는 나라마다 조금씩 달리 쓰인다. 영국을 비롯한 대부분의 유럽 국가에서는 이를 구분하지 않고 subtitle을 사용하는 편이다. 반면 미국과 캐나다 등 북미권에서는 이 두 용어를 구분하여 사용한다. subtitle은 비장애인 수용자를 위하여 그 언어나 악센트를 이해하지 못하거나 명확하게 들리지 않을 경우 단지 대화만 화면 위에 문자로 기록하는 것을 뜻한다. 외국 영상물의 자국어 자막이나 텔레비전의 개방형 자막이 이에 해당된다. 반면 caption은 청각 장애인을 위해 구어적 대화뿐만 아니라 화자의 신원이나 화법 등의 비언어적 요소와 음악 및 음향 등 모든 중요한 청각적 정보를 문자와 상징을 통해 표현한 것을 의미한다.

템이 퇴출되기 전에 '기술접근성연대Coalition of Organizations for Accessible Technology'라는 단체가 장애인의 맥락에서 디지털 텔레비전 서비스의 제작, 공급 및 이용과 관련된 여러 문제점을 밝혔다. 이 중 두 가지 주요 이슈는 자막에 관한 것으로 "폐쇄형 자막의 전송과 관련된 기술적 어려움"과 "자막의 규제 범위에 대한 혼선"이었다(Crawford, 2007). 호주 정부가 2008년부터 2010년까지 시행한 '전자 미디어의 접근성'에 관한 광범위한 정책 토론에 자막을 포함시켜 검토했을 때 자막의 질과 양에 대한 의견의 개진과 더불어 미국의 경우와 비슷한 이슈가 나타났다. 그에 따라 자막의 할당량뿐만 아니라 법률 제정에 대한 요구가 많이 제시되었다. 예를 들어 효과적인 캠페인을 통해 오전 6시부터 자정까지 호주의 지상파 텔레비전 주요 채널의 모든 콘텐츠에 자막을 의무적으로 제공해야 한다는 결실을 보았지만, 새로운 디지털 다채널 서비스와 온라인 다시 보기 포털은 현재까지도 이 법안에서 규정하고 있는 의무에서 벗어나 있다. 그 결과 일관성 없는 자막 서비스가 시행되고, 이로 인해 청각 장애인은 여전히 배제되고 있는 상황이다. 장애인 공동체는 사업자의 자율 규제가 작동되지 않고 있다고 보는 반면, 미디어 기업은 현재의 입법으로도 충분하다고 주장한다.

따라서 이 장에서는 다양한 텔레비전 기술 전반에 걸쳐 자막의 제작, 소비, 규제의 탐색을 통해 청각 장애인 수용자에 대한 사회적 포용 혹은 배제를 살펴보려 한다. 우선 1930년대 초 자막의 발명과 이용에 대한 예측으로부터 오늘날 널리 퍼져 있는 페이스북의 이용 가능성에 이르기까지 미국의 자막 제작과 입법의 역사를 다룰 것이다. 아울러 영국이나 호주 등 다른 지역의 주요 역사 및 입법에 대해서도 곁들여 언급할 것이다. 하지만 주로 미국을 중심으로 논의할 것인데 미국의 행동주의가 청각 장애인 수용자를 위한 자막의 이용 가능성과 특히 입법화에 미친 국제적인 영향력이 매우 크기 때문이다.

그다음으로 다양한 미디어 창구가 어떻게 자신들의 자막에 대한 책임을 인식하거나 혹은 무시하는지에 중점을 두고 살펴보고자 한다. 최근의 디지털화를 포함한 기술 변화가 자막의 이용 가능성 및 정확성에 커다란 영향을 미치지만, 그 초점은 기술 및 법률 결정론을 넘어서야 한다. 또한 그들의 프로그램이 온라인 다시 보기 플랫폼으로 옮겨갈 때 자막의 가용성에 대한 호주 지상파 텔레비전의 일관성 없는 접근 방식과 그것이 청각 장애인 공동체에 미치는 영향을 고찰한 사례 연구도 간략하게 알아볼 것이다.

이후에는 이른바 '팬서빙fansubbing,' 즉 팬들이 직접 만드는 자막에 대해 다양한 맥락에서 살펴볼 것이다. 이용자가 주도하는 자료 창작인 '프로듀시지produsage'[104]의 독특한 사례가 청각 장애인 수용자에 대해 장애인 차별주의자가 지속적으로 드러냈던 반응이 허위라는 사실을 어떻게 밝힐 수 있는지 논의할 것이다. 마지막으로 자동화된 자막 넣기의 실행과 그 정확성에 대해 살펴볼 것이다.

자막의 역사

1915년 농인 공동체 신문인 〈침묵의 노동자*Silent Worker*〉의 칼럼니스트 알렉산더 파흐Alexander Pach는 무성 영화에 대해 "다른 어떤 표현 수단

---

104 production(제작)과 usage(이용)의 합성어로 호주의 미디어학자 액셀 브런스Axel Bruns가 《블로그, 위키피디어, 세컨드 라이프, 그 이상을 넘어: 프로덕션에서 프로듀시지로*Blogs, Wikipedia, Second Life and Beyond: From Production to Produsage*》(2008)에서 처음 사용하였다. 프로듀시지는 다양한 온라인 환경, 오픈 소스 소프트웨어, 블로그의 장에서 발생하는, 이용자가 주도하는 콘텐츠 제작을 말한다.

보다도 청각 장애인에게 실재와 가까운 청각을 구현해 준다"고 묘사하였다(Pach: Schuchman, 1984에서 인용).[105] 무성 영화의 시대가 막을 내리고 확실하게 소리로 대체된 16년 후[106] 농학교聾學校 학생인 에밀 랜더 주니어Emil Lander Jr.는 화면에 글자가 다시 등장하여 청각 장애인이 유성 영화라는 새로운 시대에 접근할 수 있게 해 줄 것이라고 〈미국 농인 연보*American Annals of the Deaf*〉의 기사에서 예측하였다.

> 아마도 머지않아 농인이 '유성' 영화를 들을 수 있게 해 주는 새로운 발명품이 완성될 것이다. 그것을 통해 인물이 말을 하면 동시에 화면 아래에 직접 문자로 표기될 것이다. (Downey, 2008)

무성 영화 시대의 종말을 "농인의 재앙"이라고 묘사했던 랜더의 이 발언(Lander: Johnson, 2017: 11에서 인용)은 훗날 자막으로 알려진 것에 대해 언급한 것이라 할 수 있다. 그의 말에는 청각 장애 학생의 교육 현장에서 오랫동안 인정해 온 영상 미디어의 중요성이 반영되어 있다. 실제로 무성 영화 시대에 청각 장애 기숙학교는 대체로 영사기를 구비하고 있었으며, 학생에게 학교 안팎에서 영화를 보도록 독려하였다. 주로 영상으로 표현되는 영화의 교육적 가치가 청각 장애 학생에게 도움이 된다고 인식하고 교육 자료의 하나로 영상 잡지 구독이 권장되었

---

105 무성 영화는 인물의 대사를 간략하게 영상 사이에 자막intertile으로 보여 주기 때문에 청각 장애인이 영화를 관람하는 데 큰 어려움을 겪지 않는다는 점을 지적한 것으로 보인다.

106 최초의 유성 영화는 1927년 워너브라더스Warner Bors가 제작한 〈재즈 싱어*The Jazz Singer*〉이지만 주인공이 노래하는 장면과 두 대목의 대사 장면을 제외한 나머지는 여전히 기존의 무성 영화와 같이 자막이 주가 되는 방식으로 제작되었다. 실제로 자막이 사라지고 소리로 대체된 것은 1930년대에 들어와서다.

다(Schuchman, 1984). 그러나 소리가 도입되면서 상황은 완전히 바뀌었다. 〈침묵의 노동자〉와 같은 당시 농인 공동체 신문의 논평에는 이러한 환경 변화에 대한 중요한 문화적 통찰이 담겨 있다. 무성 영화는 미디어와 사회 그리고 문화에 대한 청각 장애인의 접근을 가능하게 해 주고, 심지어 서적과 신문의 대체재로도 간주되었다. 하지만 소리가 도입되면서 이는 종말을 맞이했고 청각 장애인 수용자는 다시 배제되었다.

무성 영화 시대에 누렸던 청각 장애인 공동체의 접근성을 복원하기 위해 자막 제작 기술이 개발되기 시작한 것은 그로부터 적지 않은 시간이 흐른 1950년대 말이 지나서였다. 농학교의 교육자는 즉각 이러한 기술의 가능성을 알아차리고 자발적으로 영화와 텔레비전에 자막을 넣고 배포하는 노력을 기울였다(Downey, 2007). 청각 장애 학생을 위해 교육자 스스로 자막을 만들게 되면서, 1960년대에 텔레비전의 자막이 시작되었다. 수요가 증가함에 따라 관련된 행동주의가 나타나고, 곧 모든 공영 텔레비전에게 청각 장애인이 접근할 수 있도록 자막의 제공을 요구하기에 이르렀다. 그러한 논의는 평등에 초점을 맞추고 청각 장애인의 문화적 다양성에 대한 인정으로 이어졌다(Downey, 2007: 70). 그레고리 다우니Gregory Downey는 "자막 넣기는 방송의 공평성의 완벽한 본보기이며 문화적 소수자를 위한 영화 언어의 번역과 유사하다"고 주장한다(Downey, 2007).

그 당시 미국 정부 기관 '미디어 서비스와 자막 영화Media Services and Captioned Films'의 대표인 맬컴 노우드Malcolm Norwood는 1971년 '청각 장애인을 위한 제1회 텔레비전 전국회의First National Conference on Television for the Hearing-Impaired'를 개최하였다. 그는 자막이 붙은 영화가 청각 장애 학생의 교육 성과를 증진시킬 수 있는 잠재적 방안이라는 점을 검토하면서 미래 수용자의 중요한 변화를 예측하였다.

> 교육부가 약 11년 전에 청각 장애 어린이와 성인을 위해 영화에 자막을 붙이기 시작했을 때 분당 120개 단어를 읽을 수 있는 속도로 맞추었다. 우리는 자막의 속도에 대한 불만을 처리하기 위해 성심성의껏 노력했다. 약 1년 반쯤 전에 우리는 성인 대상의 영화에 대해 일괄적으로 분당 120개에서 144개로 단어 수를 늘렸다. 하지만 그에 대해 단 하나의 불평도 듣지 못했다. 나는 이런 관심사에 대해 언급하고 싶다. 만일 자막이 청각 장애인의 지위 향상에 기여한다면 비장애인에게는 어떤 영향을 미칠까? (Norwood: Perkins, 1971: 3에서 인용)

그의 이런 발언은 당시 자막에 취해졌던 이원적 접근법을 보여 준다. 청각 장애인 공동체를 위한 자막의 중요성을 확립하는 것과 더불어 주류 시청자에 대한 혜택을 암시한 것이다. 그 당시 정부의 재정적 지원을 받아 수익 사업의 일환으로 소수의 TV 프로그램에서 자막 시험 방송이 시행되었으며, 청각 장애인을 옹호하는 활동가는 텔레비전을 공적 서비스로 바라보고 그에 대한 접근이 모든 시민의 권리라는 점에 초점을 두기 시작하였다.

미국의 텔레비전에서 자막이 처음 제공된 것은 공영 방송국인 WBGH가 시행했던 개방형 자막 시험 방송이었다. 이는 자막을 일반적인 영상 이미지의 일부로 보고 화면 위에 겹쳐 놓은 것이었다 (Downey, 2007: 71). 당시 WBGH에서 가장 인기 있던 쇼인 〈프렌치 셰프 *French Chef*〉[107]의 8개 에피소드에 개방형 자막이 붙어 방영되었다. 방송 사업자는 이런 개방형 자막이 '대다수의 비장애인'을 불편하게 할

107 1963년 2월부터 1973년 1월까지 10개 시즌 동안 미국 매사추세츠주 보스턴의 공영 TV 방송국 WGBH가 제작한 미국 텔레비전 방송의 첫 번째 요리 쇼 프로그램 중 하나다.

수도 있다고 우려했지만 예산상의 이유로 수용자 연구가 시행되지 않았기 때문에 실제로 어떻게 받아들였는지는 알려지지 않았다(Downey, 2007: 71). 그럼에도 불구하고 WBGH는 1970년대에 개방형 자막이 붙은 유일한 정규 프로그램으로 ABC의 〈월드 뉴스 투나잇*World News Tonight*〉을 재방송하였다(Jensema, McCann, & Ramsey, 1996).

그러나 미국의 텔레비전에 자막이 도입되었던 초기에는 그것을 모니터하거나 촉진할 수 있는 기준이 전혀 마련되지 않았다. 청각 장애인 공동체의 평균적인 독해 수준은 초등학교 3학년 정도로 여겨져 실제 대화의 내용을 모두 자막으로 보여 주지 않았다. 단어의 수는 3분의 1로 줄어들었고, 수동태나 숙어, 말장난, 욕설 등은 빠졌다. 이런 과도한 편집은 오랫동안 지속되었다. "청각 장애인은 자막이 있다는 것이 너무 감격스러워 화면에 그것이 나온 것만으로도 기꺼이 받아들였기" 때문이었다(Jensema, McCann, & Ramsey, 1996: 285).

1979년에 미국 국립자막연구소(National Captioning Institute: NCI)가 설립되었다. 초창기에 정부의 지원을 받았던 이 기관은 궁극적으로 독립하도록 계획되었다(Downey, 2007: 73). 1980년에 개방형 자막에서 폐쇄형 자막으로 초점이 바뀌었다. 이는 자막을 부호화한 것으로 별도의 자막 수신기decoder가 있어야만 볼 수 있었다. 하지만 그 기기의 값이 너무 비싸 구입할 형편이 안 되는 사람이 많았기 때문에 폐쇄형 기술의 채택은 더디게 진행되었다(Downey, 2007: 73; Youngblood, 2013: 243). 국립자막연구소는 자막 수신기의 개발 및 판매뿐만 아니라 네트워크 방송사에게 자막을 제공하는 책임도 맡고 있었다. CBS를 제외한 PBS, ABC, NBC는 시험 방송에 동의했지만, 충분한 수요가 있을 거라는 확신이 들지 않아 자막 콘텐츠에 비용을 들이는 것을 주저하였다(Downey, 2007: 73~74).

1970년대 이후부터 청각 장애인 관련 활동가와 지지자는 공격적으로 텔레비전의 자막 의무화를 요구하는 캠페인을 개시했다. 이 주장의 초점은 공적 서비스에 대한 접근이 모든 시민의 권리라는 데 있었다. 1970년대 중반 PBS의 제휴사인 로스앤젤레스 TV 방송국 KCET가 이미 자막이 들어간 〈프렌치 셰프〉의 에피소드를 자막 없이 방영하는 것에 불만이 제기되었다(Downey, 2007: 74). 로스앤젤레스농인협회(Greater Los Angeles Council on Deafness: GLAD)는 방송사 앞에서 그 결정을 번복할 때까지 피켓 시위를 하였다. 이후 GLAD는 1973년 재활법Rehabilitation Act에 초점을 맞춰 텔레비전에 대한 미 연방 정부의 지원이 필요하다고 요구하고, 자막을 제공하지 않는 일은 이 법을 위반하는 것이라고 주장하였다(Downey, 2007: 74). 또한 FCC 설립을 명시한 1934년 커뮤니케이션법Communications Act을 근거로 '공익, 편의, 필요성'이라는 가치를 실현하는 방송사에 대해서만 FCC가 방송 면허를 승인하고 갱신해 주도록 권한을 부여받은 것이라는 의견을 내세웠다(Michalik, 1984; Downey, 2007에서 재인용). 따라서 FCC는 자막 콘텐츠를 제공하지 않는 방송 사업자의 면허 갱신을 거부해야 한다고 요구하였다. 결국 FCC는 차후 제기될 수 있는 소송을 피할 요량으로 행정 절차를 바꾸었다(Downey, 2007: 75). 이런 움직임은 일부 방송국으로 하여금 자발적으로 좀 더 많은 자막 콘텐츠를 제공하도록 이끌었다. 하지만 미국의 입법 자체의 진정한 변화는 20세기의 마지막 10년에 이르러서 나타났다. 배우 말리 매틀린Marlee Matlin[108]을 비롯한 청각 장애 활동가의 지속적인 노력에 힘입어 1990년 텔레비전디코더회로법Television Decoder

108 미국의 배우이자 작가이며 청각 장애 활동가다. 청각 장애인으로서는 처음 1986년 〈작은 신의 아이들*Children of a Lesser God*〉로 아카데미 여우주연상을 수상하였다. 그녀는 자막을 제공하는 것을 조건으로 TV 출연을 수락하는 등 청각 장애인의 권리를 위해 적극적으로 활동하고 있다.

Circuitry Act이 통과됨으로써 미국 내 13인치 이상의 텔레비전 수상기에는 반드시 자막 수신 장치를 의무적으로 내장해야 하는 것이 결정되었다. 이 법은 국제적으로도 영향을 미쳐 호주를 비롯한 여러 국가에서 이를 본받아 동일한 요건을 채택하는 법이 제정되었다. 그러나 미국에서 마침내 자막이 법적으로 의무 요건이 된 것은 1996년 통신법 Telecommunication Act의 제정 이후였다(Youngblood, 2013: 244).

이러한 변화는 서서히 전 세계로 퍼져나가 비슷한 상황이 되풀이되었다. 1980년 영국에서 열린 '청각 장애인을 위한 텔레텍스트teletext for the deaf' 심포지엄에서 심각한 청각 장애를 앓고 있는 한 여성이 다음과 같이 호소했다. "우리 모두가 원하는 것은, 말하자면 그저 우리를 연결해 달라는 것이에요. 우리에게 기회를 주세요. 침묵 속에서 텔레비전을 보는 매일매일은 아무것도 없는 나날이에요……"(Newell, 1982: 266). 영국에서 자막은 1970년대 중반 텔레텍스트[109] 시스템이 구축되면서 보다 널리 이용되었다. 처음에는 농인이나 난청 시청자를 위한 접근성 기능으로 고안되었지만, 곧바로 상업적 활용이 이루어졌다. 텔레텍스트의 콘텐츠는 모든 수용자를 대상으로 하였고 '뉴스, 스포츠 경기 결과, 주가, 날씨 등'이 포함되었다(Schlesinger, 1985: 474). 미국과 호주의 경우, 자막으로 표현되는 텔레텍스트 시스템을 꼭 필요로 했던 시청자 스스로가 그것을 마련하려 고군분투한 반면, 영국에서는 정부가 텔레텍스트 텔레비전에 필요한 보증금을 일반 텔레비전의 절반으로 줄여주는 정책을 시행하였다(Schlesinger, 1985: 475). 의무적인 자막 요구 조건을 통해 규제하려 했던 미국과 호주와 다르게 영국은 시장 기반의 정

109 TV 방송 전파의 빈틈 사이에 문자 혹은 도형 형태로 다양한 정보를 전달하여 TV 방송 프로그램을 시청하면서 관련 정보를 수용자가 찾아볼 수 있는 문자 다중 방송 서비스다.

부 정책을 통해 텔레텍스트 시장을 창출함으로써(p.475) 1980년대 동안 대다수의 시청자에게 텔레텍스트는 커다란 인기를 얻었다.

호주의 텔레비전 방송에서 자막을 처음 이용할 수 있었던 것은 공영 방송 SBS가 외국어로 된 프로그램에 자막을 제공하기 시작한 1980년대였다(adefinty2, 2015; Johns, 1993: 4). 그러나 방송 사업자가 자막을 제공해야 할 법적 의무가 없었기 때문에 이는 자율적인 형태로 더디게 추진되었다. 결국 호주 정부와 방송 사업자는 호주청각장애인협의회Australian Deafness Council의 항의에 부딪치게 되고, 알렉산더 하인즈Alexander Hynes와 애덤 샐저Adam Salzer에 의해 호주자막센터라는 비영리 기관이 설립되었다(Johns, 1993: 17). 호주 정부는 수상 직속의 중앙집권식 자막 기구의 설립을 위해 초기 자본금으로 62만 달러를 지원하였다. 1년 뒤에 열린 개소식에서 맬컴 프레이저Malcolm Fraser 수상은 자막 제공을 향상시키기 위해서는 변화하는 기술이 중요하다는 견해를 밝히면서도 자막의 필요성을 강조하였다.

> 항상 새로운 기술은 등장하기 마련입니다. 그리고 조금만 기다리면 늘 더 좋은 방법이 나오기도 합니다. 하지만 이미 이 일은 상당 기간 지체되었기 때문에 ABC나 상업 방송사가 기술적인 이유를 들어 더 이상 지연시키는 것은 변명의 여지가 없다고 생각합니다. (Fraser, 1982)

그는 호주의 청각 장애인이 지상파 텔레비전에 접근할 수 있을지를 결정하는 데 기술 변화뿐만 아니라 정치적 의지도 중요하다고 여겼다. 1982년 호주자막센터는 자신의 트레이드마크인 슈퍼텍스트supertext 자막을 ABC와 상업 방송사에 제공하기 시작했다(Senate Environment Communications Committee, 2015). 그러나 이 슈퍼텍스트 자막을 보기 위해서는 텔레비전 수상기와 연결된 텔레텍스트 해독기가 필요했고 초창기 이 기기의 가격은 상당히 비쌌다(adefinty2, 2015). 따라서 한정된 청각 장애인만이 텔레텍스트를 살 여유가 있었기 때문에 방송사는 시청자층이 늘어날 때까지 이 방식으로 자막을 제공하는 것을 꺼렸다. 결국 캐치22catch-22[110]의 상황이 되어 버리고 말았다. 수용자도 더 많은 자막을 이용할 수 있기 전까지는 텔레텍스트의 구매를 기피했기 때문이다.

오직 입법화만이 이 꽉 막힌 상황을 해결할 방안이라는 것이 분명해졌다. 1991년 관련 이익단체, 산업계, 정부 규제 기관(처음에는 호주방송위원회Australian Broadcasting Authority)과 함께 소비자인 청각 장애인 대표로 이루어진 전국자막실무협의체(National Working Party on Captioning: NWPC)가 구성되었다(Johns, 1993: 19; Scott, 1997). NWPC는 한편으로 ABC와 SBS의 뉴스 프로그램에 보다 많은 자막을 넣는 데 필요한 자금 지원을 호주 정부에 요청하는 로비를 하였으며, 다른 한편으로는 모든 프로그램에 자막을 점진적으로 증가시키는 데 중요한 역할을 하였다(Scott, 1997). 이외에 호주상업텔레비전연합(Federation of Australian Commercial Television Stations: FACTS)의 실행 지침도 자막을 늘리는 데 한몫하였다. 이 같은 산업계와 소비자 단체의 노력이 자막 프로그램의 비율을 올리는 데 기여했지만 그 진행 속도는 느렸다.

1992년 방송서비스법이 통과되면서 변화가 나타나기 시작했다. 이 법은 방송 사업자에게 프로그램에 청각 장애인을 위한 자막을 포함'할 수' 있도록 요구하는 실행 지침을 의회가 제정할 수 있게 해 주

110 미국 작가 조지프 헬러Joseph Heller의 소설 《캐치-22》(1961)에서 유래한 용어로, 문제 또는 규칙에 내재된 상황에 의해 유일한 해결책이 거부되는 것을 의미하는 상징으로 활용된다.

었다. 1998년 디지털 전환에 따른 방송서비스법 개정에 자막 프로그램에 대한 법적 요구 사항이 포함되었다(Senate Environment Communications Committee). 이 수정 법안에 따르면 디지털 TV 방송사는 프라임 타임(오후 6시~10시 30분) 프로그램뿐만 아니라 모든 뉴스와 시사 프로그램에 자막을 제공하도록 되었다. 영어 외의 외국어 프로그램과 실황 스포츠 중계에 대해서는 예외를 허용하였다. 2001년과 2010년 방송서비스법의 개정을 통해 자막 수준의 증가를 위해 내용과 시간에 대한 비율이 도입되었다. 예를 들어 2013년의 방송 서비스 (텔레비전 자막) 기준 Broadcasting Services (Television Captioning) Standard은 2016년의 개정을 통해 가독성, 정확성, 이해도를 비롯한 텔레비전 자막의 품질 기준에 대해 구체적으로 명시하고 있다.

방송 관련 법률의 제정 외에 1992년에 통과된 장애인차별금지법에도 자막이 포함되었다. 1999년에 현 호주인권위원회(Australian Human Rights Commission: AHRC)의 전신인 인권과평등기회위원회Human Rights and Equal Opportunity Commission는 자막에 있어 1992년의 결정을 위배하는 것으로 여겨지는 관행과 관련하여 여러 TV 방송사에 제기된 차별 불만에 대한 조사를 시작했다. 이 조사는 산업계와 NWPC를 비롯한 이익 단체 간의 협상 계약을 이끌어 냈다. 호주인권위원회는 지상파와 유료 방송의 자막 프로그램 비율을 단계적으로 늘리는 것에 동의한다는 조건하에 방송 사업자에게 2001년부터 2012년 동안 장애인차별금지법에서 부과한 의무를 면제시켜 주었다(Senate Environment Communications Committee, 2015). 이 협의된 목표치는 이후 수정된 방송서비스법에 포함되었으며, 자막에 대한 규제는 2012년의 방송서비스법에서 보다 명확하게 자리 잡게 되었다. 이에 따라 호주인권위원회가 해왔던 업무를 호주커뮤니케이션미디어위원회(Australian Communications and

Media Authority: ACMA)가 인계받아 자막과 관련하여 예외를 허용하고 불만을 처리하는 역할이 맡게 되었다.

이상에서 살펴본 호주의 모든 법률적 변화는 앞서 언급한 전 세계의 상황, 특히 미국의 자막 관련 법률 제정과 더불어 영국의 시장 기반의 기술적 유인책 등에 힘입은 바가 적지 않다. 종전에 제공된 단순한 수준보다 정확성이 유지되고 말한 그대로의 자막을 청각 장애인 시청자와 활동가가 요구하기 시작하면서 자막의 품질에 대한 관심도 점차 늘어났다. 더욱이 미국에서 텔레비전디코더회로법의 도입에 따라 자막 수신 장치를 탑재한 텔레비전 수상기가 제작됨으로써 별도의 기기가 필요 없게 되었다. 오늘날 모든 디지털 텔레비전 수상기에는 디지털 방송으로 전송된 자막을 수신하고 해독하고 표기할 수 있는 기능이 장착되어 있다. 그러나 이용 가능한 기술이 마련되었다고 해서 저절로 자막의 이용이 널리 이루어지는 것은 아니다. 다음 장에서 논의하겠지만, 방송 사업자는 여전히 다시 보기 텔레비전 포털과 같은 플랫폼에 자막을 제공하는 것에 별로 관심을 두고 있지 않다.

그러나 페이스북에 비디오 자동 재생 기능이 도입된 이후 자막은 좀 더 수용되고 보다 널리 이용 가능하게 되었다. 2013년 인피드in-feed 방식의 무성 자동 재성 비디오 광고[111] 서비스로 처음 출발한 이 기능은 모든 이용자 제작 비디오로 확장되고 있다. 그 결과 자동 재생은 '무성 스토리텔링silent storytelling' 시대를 촉진하고 있다(Spector, 2015). 많은 페이스북 이용자가 소음을 내면 안 되는 환경에서는 소리를 죽이길

111 인피드 광고는 방문자가 콘텐츠를 보기 위해 아래로 스크롤하면 표시되고, 콘텐츠의 디자인에 어울리도록 맞춤 설정할 수 있으며 피드와 자연스럽게 어울리므로 사용자 경험을 방해하거나 흐름을 끊지 않는다.

원하기 때문에 이런 상황에서 자막이 쓸모 있다는 것이 드러나고 있다. 실제로 페이스북은 기본 사양으로 자막을 재생하고, 자막 제작과 편집 방식을 간략하게 설명하는 지침서를 제공한다(Help Centre, 2018).

법률 결정론: 자막의 사례

사회 변화에 대한 기술 결정론자의 접근은 기술이 자동적으로 해방의 원천으로 이어진다고 가정하기 때문에 비판받고 있다. 디지털 장애 연구에서는 현실 세계에서 구축된 장애인 차별적 접근법이 대체로 온라인 환경으로도 이전한다는 점에서 기술 결정론의 논리가 타당하지 않다고 여긴다(Ellis & Kent, 2011; Goggin & Newell, 2003 참조). 자막의 사례는 사회 변화와 장애인 접근권에 대한 이른바 '법률 결정론자'의 시각이 무엇인지 잘 보여 준다. 법률 제정을 통해 방송의 시대 동안 전 세계적으로 자막의 이용 가능성이 증진되었지만, 텔레비전이 인터넷으로 옮겨감에 따라 활동가는 다시 접근권을 위해 투쟁해야만 한다. 사람들의 태도는 여전히 변하지 않았기 때문이다. 말리 매틀린은 미국의 상황에 대해 다음과 같이 설명한다.

> 지금 기술이 넘쳐나고 있는데, 여전히 구멍이 보이고 사람들은 배제되어 가고 있다…… 그렇게 많은 기술이 존재하는 오늘날 이 시대에 충분한 양의 100% 정확한 자막이 없다는 것에 대해 무슨 변명을 늘어놓을 수 있을까. (Fisher, 2014)

그녀가 언급한 구멍은 미국에서 법률로 규제한 자막 제공의 의무화를 면제받고 있는 넷플릭스, 훌루, 아마존과 같은 스트리밍 텔레비전과 관련된 것이었다. 활동가로서 그녀의 노력이 1990년대 텔레비전 디코더회로법을 통과시키는 데 기여한 바처럼, 그녀는 이미 구비된 자막 트랙을 넷플릭스가 활성화하지 않는 것에 대해 비판하였다. 이는 전국청각장애인협회 활동가의 조직적인 노력을 이끌어 넷플릭스에 편지와 이메일이 쇄도하게 되었다. 마침내 미국 장애인법에 의거하여 자막 프로그램의 제공이 부족하다는 이유로 넷플릭스에 대한 고소가 취해졌다. 그 결과 넷플릭스는 자신의 모든 콘텐츠에 자막을 제공해야 했다(Mullin, 2012; Wolford, 2012). 그러나 이후 연방항소법원이 넷플릭스는 어떠한 '실제적인 물리적 공간'과 연결되어 있지 않으므로 미국 장애인법을 준수할 의무가 없다는 판결을 내림에 따라 법률 전문가 간에 의견이 분분하게 갈렸다(Hattem, 2015). 이러한 혼란은 산업계와 규제자로 하여금 자막 제공을 보다 신중하게 고려하도록 하는 계기가 되었다.

비슷한 경우로 당시 영국에서 채널 3과 채널 4에 대해서는 90%, 여타 채널의 경우에는 80%라는 자막 제공을 의무적으로 규제했지만 온라인상의 TV 프로그램에서는 어떤 법적 요건도 존재하지 않았다(UK Government, 2003). 넷플릭스와 마찬가지로 스트리밍 플랫폼인 러브필름LoveFilm(현 아마존 프라임)이 페스키 피플Pesky People[112]이 주관한 #서브타이틀스나우의 날#subtitlesnow day 행사의 표적이 되었다(Pesky People, 2012). 이는 미국의 넷플릭스에 대한 조처와 함께 영국에서 일관성 없는 규제 환경에 대한 논의를 촉발하는 계기가 되었다(Hassell, 2014).

영국에서 이와 같은 논의가 계속되는 와중에 미국의 규제 환경에

112 디지털을 이용한 장애인의 창업, 디지털 접근성과 사회 통합을 위해 활동하는 영국의 단체다. 소셜 네트워킹을 광범위하게 활용하여 캠페인을 벌여 디지털 차별 문제를 제기하고 해결책을 모색한다.

변화가 나타나기 시작했다. 대표적으로 미국에서 2010년 21세기통신영상접근법이 제정되면서 모든 사전 녹화 및 생방송 콘텐츠에 의무적으로 자막이 들어가야 하며 동시에 온라인상에서도 이용 가능해야 한다고 규정되었다. 온라인에서 먼저 개시하고 그 후 텔레비전에 방송하는 경우에는 15일 이내에 자막을 제공해야만 한다. 이에 대한 기준은 처음엔 2014년 45일이었으나 점차 줄어들어 2015년 30일, 2016년 15일로 조정된 것이다(Federal Communications Commission, 2014). 이 법은 또한 케이블 사업자, 방송 사업자, 위성 방송 전송 사업자 그리고 여타의 멀티채널 비디오 프로그램 전송 사업자에게 새로 제작한 프로그램에 대해서는 100%, 규칙 제정 이전 프로그램의 경우에는 75%의 자막 제공을 요구한다.

호주의 사례: 자막에 대한 일관성 없는 접근

호주의 모든 지상파 채널은 온라인을 통해 다시 보기 포털을 운영하고 있다. 따라서 수용자는 정규 편성 시간대 외에도 인터넷 접속을 통해 TV 프로그램을 시청할 수 있다. 대체로 그것은 이미 지상파에서 방영된 프로그램이다. 그러나 이 포털은 방송서비스법의 영역 밖에 있는 것으로 간주되어 자막의 제공을 비롯한 동일한 법적 의무 요건을 적용받지 않는다. 따라서 의무 요건을 충족해야 하는 텔레비전 방송에서는 자막을 이용할 수 있지만 온라인에서는 그렇지 않게 된다. 다시 보기 포털을 통해 온라인에서도 자막을 이용하기 위해서는 별도의 다른 기술이 필요하다. 아직 용량의 한계 때문에 어려움은 있지만 이 기술은 현재 이용 가능하며 실제로 여러 방송사가 활용하고 있기도 하다.

여기에서는 호주의 다시 보기 텔레비전의 자막 이용 가능성에 대한 연구 결과를 개략적으로 살펴보고자 한다. 이는 2014년에 처음 시행

표 8-1 호주의 다시 보기 텔레비전의 자막 현황

다시 보기 서비스	자막 제공 유무	
	2014	2016
ABC '아이뷰'	- 가능	- 가능
채널 7 '플러스7'	- 가능(몇 개의 프로그램, 모든 에피소드는 아님) - "현재 이 프로그램은 플러스7 앱으로 이용할 수 없지만 우리는 계속 노력하고 있습니다"	- 가능(몇 개의 프로그램) - "불행히도 우리는 모든 에피소드에 대해 자막을 보증할 수는 없지만 모든 프로그램에 폐쇄형 자막을 제공하기 위해 최선을 다하고 있습니다. 이 프로그램은 현재 플러스7 앱에서는 이용할 수 없지만 우리는 계속 노력하고 있습니다"
채널 9 '9나우'	- 불가능	- 불가능 - "아직까지는 아니지만 우리는 계속 노력하고 있습니다"
채널 10 '텐플레이'	- 불가능 - 그러나 CC 아이콘은 볼 수 있음	- 불가능 - "폐쇄형 자막은 현재 텐플레이 사이트에서 작동되지 않습니다"
SBS '온 디멘드 On Demand'	- 가능(몇 개의 프로그램) - 그러나 온 디멘드 앱으로는 이용할 수 없음	- 가능(대부분의 사전 제작 콘텐츠) 그리고 - 온 디맨드 앱을 사용하는 iOS와 몇 개의 안드로이드 기기

되었고 2년 뒤인 2016년에 다시 조사된 것이다(표 8-1 참조). 재현, 제작, 규제가 서로 교차하여 문화 회로 내에서 함께 작동함으로써 자막은 저평가된 수용자층으로 간주되는 청각 장애인을 위한 것이라는 이미지를 지속시키고 있다. 결론적으로 자막의 소비 과정을 살펴보고, 그러한 (비)이용 가능성이 청각 장애인 집단 내 정체성에 어떤 영향을 미치는지를 알아보려 한다.

2014년 호주에서는 ABC를 통해 자막 이용이 가능했으며, 채널 7 및 SBS의 일부 작품에서 이용할 수 있었다. 방송 사업자는 "노력하고 있다"고 주장했지만 플러스7Plus7이나 SBS 앱을 통해서는 프로그램을 볼 수 없었다(Ellis, 2014). 채널 10의 텐플레이tenplay에는 폐쇄 자막Closed Caption이라는 표기(CC)가 있었지만, 실제로는 어떤 콘텐츠도 자막을 이용할 수 없었고, 채널 9의 9나우9Now 앱에서는 전혀 이용할 수 없었다.

'열심히 노력 중'이라는 2014년의 입에 발린 소리에도 불구하고 2016년까지 변한 것은 아무것도 없었다. 샘플을 수집하는 시기 동안 채널 7이 2014년 언급했던 온라인에서 이용 가능한 자막을 최근에 와서야 만들었지만, 여전히 일관성 없는 서비스가 운영되어 한 시리즈의 몇 개 에피소드에 그치며, 대체로 전 시즌에 해당되지도 않았다. 이 방송사업자는 이에 대해 별로 미안한 기색도 보이지 않았으며, 그저 지속적인 개선을 위해 최선을 다하고 있다는 말만 되풀이할 뿐이었다. 그러나 2014년 채널 7이 배포하기로 약속한 앱은 2016년에도 여전히 실현되지 않았다.

채널 7이 열심히 노력한다는 말만 되풀이하는 와중에 SBS가 진전이라 할 만한 성과를 보여 주었다. 2014년 '약간의' 콘텐츠에 자막을 제공하는 것으로부터 시작하여 2년이 지난 후 '대부분'의 사전 제작 프로그램에 자막을 제공하기에 이르렀다. 실제로 SBS는 18개월 동안 안팎으로 자문을 받아 자막을 표시할 수 있는 웹 포털을 개발하였다(Mikul, 2014). 또한 그 앱을 개선하는 데 노력을 기울여 2014년의 웹 사이트와는 다른 방식으로 자막이 들어간 주문형 프로그램에 접근할 수 있게 해 주었다. 하지만 2016년에도 채널 9과 채널 10에서는 다시 보기 서비스에 자막이 전혀 제공되지 않았다.

이렇듯 호주 지상파 텔레비전의 다시 보기 포털의 자막 (비)이용 가능성에 대한 지난 2년간의 연구 결과를 보면, 청각 장애인은 여전히 호주에서 저평가된 수용자임을 알 수 있다. 법률 제정이 지상파 텔레비전의 자막 방송을 활성화하는 데 효과적인 것은 분명하지만, 인식의 전환으로까지 이어지지 못하고 있다. 이미 자막이 제작되고 있음에도 불구하고 점점 더 호주인의 보편적인 텔레비전 접근 수단이 되어 가는 온라인에서는 자막이 제공되지 않고 있다는 점은 그것을 잘 보여 준다(Screen Australia, 2014). 방송 사업자가 돈이 없다고 죽는 소리를 할 때, 일회성이라도 소프트웨어나 플레이어를 업그레이드하기 위해 투자했다면 이는 곧바로 수용자의 혜택으로 돌아왔을 것이다. 방송 사업자가 제자리걸음만 할 때 수용자가 스스로 문제를 해결하기 위해 팔을 걷어붙이고 나섰다. 6장에서 언급한 중국 학생의 경우처럼, 미국에서는 말리 매틀린이 다시 선도적인 역할을 맡아 팬서빙 웹 사이트 비키Viki를 자막 품질을 제고하기 위한 온라인 배급자의 모델로 강조하였다(Fisher, 2014).

팬서빙

스스로 자신의 자막을 만든다는 생각은 그리 새로운 것이 아니다. 1950년대에 자원봉사자가 청각 장애 기숙학교에 등록한 학생을 위해 영화에 자막을 붙였다. 팀 버너스리Tim Berners-Lee가 월드 와이드 웹world wide web을 구상할 때 장애의 유무와 상관없이 모든 사람이 가능한 접근성을 강조했다(Berners-Lee, 1997). 그러나 더 많은 사람이 이 새로운 미디어에 자신의 동영상을 올리기 시작하게 되면서 자막을 붙이는 방법에 관해 질문이 던져졌다. 버너스리가 제안한 것은 청각 장애인 공동체의 자막 제작자가 자막을 필요로 하는 다른 구성원을 위해 자체적으로 자막을 만들고 수정하는 방안이었다. 이는 오늘날 우리가 알고 있는 팬서빙과 매우 흡사한 것이다(Berners-Lee, 2006; Ellis & Kent, 2010 참조). 실제로 디지털 미디어의 현장에서 비전문가로 구성된 강력한 공동체가 팬서빙에 참여하여 온라인 스트리밍 미디어와 주문형 비디오의 맥락에서 동료 텔레비전 팬을 위해 자막subtitle(최근에는 청각 장애인을 위한 자막caption)을 만들고 있다.

원래 팬섭fansub은 콘텐츠 제작자가 공식적으로 계약하여 고용한 번역가가 아니라 아마추어 팬이 만든 자막이 붙은 영화를 의미했다. 하지만 이제는 다양한 미디어 장르를 망라하여 이루어지는 자막 제작으로 확장되었으며, 자국어 자막으로 제작함으로써 온라인 시청각 미디어에 대한 청각 장애인의 접근성을 확대시킬 수 있는 잠재력을 높여 주고 있다. 예를 들어 비키는 언어와 문화의 장벽을 허문다는 기치 아래 크라우드 소싱으로 이루어진 전 지구적 텔레비전 사이트로서 200개 이상의 언어로 자막을 제공한다(Viki.com, 2018). 비디오video와 위키wiki의 합성어인 비키(Viki.com)는 아마추어 텔레비전 번역에 큰 기여를 하고 있으며, 국경과 언어의 경계를 넘어 콘텐츠를 이용할 수 있게 해 준다.

> '비키'는 전문적인 시청각 번역(audiovisual translation: AVT)과 대등할 정도의 매력적인 대안을 제공한다. 한국어로 된 텔레비전 드라마(이른바 'K드라마')가 대부분이기는 하지만 비키는 다수의 상이한 국가와 언어 공동체의 미디어를 포함하고 있다. 때로는 가끔 이런 것이 있나 싶을 정도의 영상물도 볼 수 있다. 예를 들어 네팔의 언더그라운드 밴드 비디오, 레바논의 유명 인사 인터뷰, 아일랜드 요리 쇼, 환경에 대한 미국의 연설 등도 있다. (Dwyer, 2012: 219)

넷플릭스가 결코 고갈되지 않는 텔레비전 콘텐츠의 롱테일long tail[113]이라고 한다면 비키는 훨씬 더 긴 꼬리를 갖고 있다. 자막에 초점

113 소비자가 인터넷 검색을 통해 스스로 원하는 물건에 접근하기 쉬워지면서 틈새 상품

을 두기 때문에 언어의 장벽을 뛰어넘는 접근이 가능하고 이를 통해 청각 장애인을 사회로 끌어들일 수 있다. 매틀린에게 이 사이트는 자막의 양과 질을 향상시킬 수 있는 지속 가능한 실행 모델의 표본이 된다. "우리에게 무엇이 필요한지를 알고 있는 이용자가 늘 있기" 때문이다(Fisher, 2014). 2014년 내내 비키는 청각 장애인을 위한 자막에 중점을 두고 빌리언 워즈 마치Billion Words March[114]를 펼쳤다. 이 캠페인은 미국의 지상파 방송과 유료 텔레비전에 폐쇄형 자막을 늘리겠다는 FCC의 의무 규제에 대한 응답으로 이루어진 행사였다.

실제로 매틀린은 비키를 높은 수준의 자막 제작에 대한 모범 사례로서 지지하고 있으며, 많은 사람은 이러한 팬서빙을 "시청각 번역 관행의 국제화"에 기여함으로써 중요한 문화적 기능을 수행하는 것으로 여긴다(Dwyer, 2012). 그러나 팬서빙이라는 개념이 공적 영역과 사적 영역의 경계를 무너뜨린다는 점 때문에 규제 환경과 부딪치고 있다. 이를 만드는 팬서버fansubber를 해적이라 조롱하고 법적 위협이 가해짐에 따라 그들은 지하로 숨어들고 있으며, 문화 산업계는 그런 행위를 미심쩍은 시선으로 바라본다(Bourdaa, 2013). 팬에 대한 이런 대접은 새로운 것이 아니다. 젱킨스는 이미 오랫동안 팬은 "미디어에서 조롱거리였고, 사회적 낙인이 씌어지고, 법적 위협에 의해 지하로 밀려났으며, 대체로 모자라 보이고 표현을 제대로 못하는 존재로 간주되어 왔다"고 설명

이 중요해지는 새로운 경제 패러다임을 지칭한다. 2004년 크리스 앤더슨Chris Anderson이 미국의 인터넷 서점 아마존의 새로운 비즈니스 모델을 설명하면서 1년에 단 몇 권밖에 팔리지 않는 '흥행성 없는' 책들의 판매량을 모두 합치면, 소수의 '잘 팔리는 책'의 매상을 추월한다는 온라인 판매의 특성을 지칭하여 명명되었다.

114 모든 온라인 TV 프로그램과 영화에 걸쳐 완전하고 정확한 폐쇄형 자막을 제공하기 위한 세계적인 캠페인이다. 이를 위해 비키는 말리 매틀린과 협력하여 모든 국가와 언어의 온라인 시청자에게 폐쇄형 자막에 접근할 수 있도록 노력한다는 취지를 알렸다.

한다(Jenkins, 2006).

젱킨스가 중요한 저서인 《텍스트 침입자: 텔레비전 팬과 참여 문화 *Textual Poachers: Television Fans and Participatory Culture*》를 쓰게 된 것도 '팬 문화의 대안적 이미지를 구축'하고자 했기 때문이다. 여기에서 소비자는 '적극적이고 비판적으로 관여하며 창조적인' 존재로 인식되었다. 그는 팬 (하위)문화의 상호 연관된 특성을 다음과 같이 다섯 가지로 설명한다.

> 특정한 수용 방식과의 관계, 시청자의 행동주의를 고취하는 역할, 해석적 공동체로서의 기능, 문화적 생산물의 특별한 전통, 대안적 사회 공동체로서의 지위⋯⋯ (Jenkins, 1992)

이러한 다섯 가지 특성은 팬서버와 온라인에서 활동하는 여타의 자발적인 자막 제작자를 살펴보면 분명해진다. 팬서버는 공유된 온라인 공동체를 통해 텔레비전 콘텐츠를 번역하고 배포하기 위해 팀을 이루어 작업하는 '문화적 중재자cultural mediator'다. 팬과 자막 또는 팬썹의 이용자는 저작권이 있는 자료를 더 널리 이용할 수 있도록 번역하는 이런 정치적 행위를 열렬히 환영한다(Bourdaa, 2013). 팬서버는 서로 상호 관계를 맺고 참여 문화를 인정하며 집단 지성을 공유함으로써 번역의 질적 향상과 효율성을 도모하기 위해 노력한다. 이를 멜라니 부르다Mélanie Bourdaa는 다음과 같이 설명한다.

> 이러한 행위는 협업적 노력으로 기술적이고 지적인 기량이 중요하다. 더욱이 이러한 실천을 통해 팬서버는 TV 시리즈의 문화에 정당성을 부여하는 데 도움을 준다. 아울러 새로운 지리적 공간에 이 문화를 전달하는 중재자의 역할도 수행하고 있다. (Bourdaa, 2013)

저작권은 이제 급성장하고 있는 팬서빙 공동체에 중요한 이슈가 된다. 자막 파일의 자동 다운로딩 및 공유는 보다 보편적인 접근의 기회를 제공하지만, 불법적 공유는 저작권 소유자로부터 의심의 눈총을 받게 된다. 최근 네덜란드의 사례를 보면, 팬서버 모임인 '자유로운 자막 운동Free Subtitles movement'은 자신들의 행위의 합법성을 해명할 목적으로 네덜란드의 반反해적행위운동연합인 브라인BREIN에 소송을 걸기 위한 모금을 펼쳤다. 반면 브라인은 팬서버는 불법적인 행동을 자행하는 것이며, 해적질이나 도둑질을 장려하는 것이나 다름없다고 주장하였다. 이에 대해 팬서버는 보다 많은 사람이 온라인을 통해 비디오 콘텐츠에 접근할 수 있게 해 주려는 이타적 동기라고 반박하였다. 하지만 법원은 오직 저작권 소유자만이 자막 제작을 허락할 수 있으며, 팬서빙은 저작권을 위반하고 해적질을 선동하는 것이라는 판결을 내렸다. 이러한 결정이 청각 장애인을 비롯한 소수자 집단을 위한 이용자 제작 자막이나 팬서빙의 실천에 어떤 광범위한 영향을 미칠지는 확실치 않다. 하지만 확대된 혜택이 분명히 존재함에도 불구하고 법원이 이를 마다하고 불법 행위로 인정했다는 것은 우려스럽기도 하다.

유튜브의 자동 자막

대체로 품질에 있어 차이를 보이는 아마추어와 전문가 간의 자막 넣기의 상관관계는 유튜브와 같은 비디오 공유 사이트가 자동화된 자막 기능을 제공하면서 훨씬 더 밀접해진다. 이 기능은 유튜브의 소프트웨어 엔지니어로 농인이기도 한 켄 하렌스티엔Ken Harrenstien에 의해 2006년 처음 도입되었다. 1982년 프레이저 호주 수상이 호주자막센터를 개소하면서 완벽한 기술 개발이 이루어지기 전이라도 우선 시작하는 것이 중요하다는 견해를 밝힌 것처럼 하렌스티엔도 자동 자막의 첫

세대를 괴롭힌 문제가 많았지만 "훗날의 완전하고 위대한 도약"을 기다리는 것보다 막 첫걸음을 떼었다는 점이 중요하다고 주장했다.

> 하지만 농담으로 하는 얘기가 아니에요 …… 아직도 가야 할 수광년의 시간이 있어요. 그리고 난 고통스럽지만 우리의 첫 번째 시도가 얼마나 한계가 있는지도 잘 알고 있어요. 예를 들어 브라우저에서 플래시 플레이어를 이용하는 영상에서만 작동해요. 미국의 시청자는 우리 자막이 TV의 폐쇄형 자막보다는 비장애인을 위한 개방형 자막에 가깝다는 사실이 신경 쓰일지 모르고, 미국 이외의 시청자는 [CC] 표식에 당황해할 수도 있어요. 기타 등등…… 이 모든 새로운 기능을 엉망으로 만드는 버그는 말할 것도 없고요. 그러나 단연코 가장 중요한 것은 아주 극소수의 비디오에만 현재 자막이 들어가 있다는 사실이고, 또한 품질이 항상 좋은 것도 아니라는 점이에요. (Harrenstien, 2006)

2009년에는 이 서비스가 여러 대학과 방송 사업자에게 선보였고, 결국 2010년에 이 서비스를 이용하고자 하는 모든 대중에게 공개되었다(Klie, 2010). 그러나 하렌스티엔이 최초로 언급한 지 10년이 지난 시점에서야 온라인 학습이라는 견지에서 유튜브 자동 자막에 대한 연구가 이루어졌다. 이에 따르면 분당 평균 7.7개의 오류가 나타나 아직은 온전하게 쓰기에 정확하지 않다는 결론이 내려졌다(Parton, 2016).

자동 자막에 대해 부정확하다는 평판이 널리 퍼져 있는 가운데, 자동 자막을 교정하길 원하는 이를 위한 다양한 지침서가 온라인에 나와 있다(Ellis, Kent, Locke, & Latter, 2017). #서브타이틀스나우#subtitlesnow 캠페인이라는 해시태그 운동으로부터 시작된 후 이어 #노모어크랩션즈#NoMoreCraptions 캠페인을 통해 비디오 콘텐츠에 정확하고 전문적인 자막의 제공을 요구하고 있다. 농인 블로거 리키 포인터Rikki Poynter는 2015년의 자막에 대한 경험을 다음과 같이 말한다.

> 대부분의 단어가 부정확해요. 문법도 안 맞고요(공식적으로 난 문법에 관한 전문가는 아니지만 구두점이 없거나 대문자로 표시되지 않은 것은 분명 아니죠). 기본적으로 모든 문장이 하나로 이어져 너무 길어요. 자막이라는 것은 말이 되게 서로 놓여 천천히 전개되어야 하죠. 그중에서도 내가 짜증스러웠던 것은 자막을 선택해야 한다는 것이에요(아직도 여전히 그래요). "동영상에 자막을 달아주세요!"라고 하면 누군가가 "CC 버튼을 눌러. 거기에 자동 자막이 있어!"라고 응답할 때마다 나는 움츠러들곤 했어요. 그럴 때마다 나는 그건 정확하지 않고 심지어 비슷하지도 않다고 답하곤 했어요. 이 때문에 내가 자동 자막은 자막이 아니라는 동영상을 만든 것이고, #노모어크랩션즈가 탄생된 것이에요. (Poynter, 2018)

그에 비해 2017년은 좀 나아졌지만 여전히 완벽하지 않았다(Poynter, 2018). #노모어크랩션즈 캠페인은 오픈 소스[115]의 플랫폼을 제공하여 유튜브의 부정확한 자막을 수정하고 있다. 또한 앞서 언급한 바와 같이 자동 자막을 교정할 수 있는 다양한 지침서를 온라인에서 공유할 수 있다. 그러나 페이스북 비디오와 여타의 소셜 미디어 플랫폼에서 자막을 점점 더 많이 사용함에 따라 유튜브도 자동 자막을 근본적으로 개선하는 것에 좀 더 관심을 갖게 된다. 페이스북이 처음 자동 재생 기능을 비디오에 도입하게 되면서 이용자는 뉴스 피드를 통해 스

115 오픈 소스 소프트웨어Open Source Software(OSS)를 뜻하는 것으로 자유롭게 이용하는 것을 넘어 직접 소프트웨어의 문제를 수정하거나 개선하는 것도 가능하다.

크롤링할 때 소리보다 자막을 선호하게 되었다. 그 결과 유튜브에 자동 자막이 도입된 이후 온라인 비디오에 자막을 포함시키는 것도 이제 일상화되었다. 많은 사람이 도서관과 같이 소리를 내기 어려운 환경에서 비디오를 보는 일이 많아짐에 따라 비장애인이 이러한 기능을 이용하는 새로운 시장이 만들어졌다. 이런 형식의 비디오 포맷은 페이스북이 게시 동영상에 자동 재생 기능을 도입하면서 특히 인기를 끌게 되었다. 또한 페이스북은 최근 시각 장애인에게 사진을 설명해 주는 '자동 대체 텍스트automatic alternative text'라는 소프트웨어를 도입하였다(Spinks, 2017). 이 기능은 시각 장애인뿐만 아니라 고령자에게도 유용할 것이다.

》》》》》》》》》》》》》》》》》》》》》

이 장을 통해 줄곧 자막의 이용 가능성은 활동가의 활동과 법제의 변화라는 틀 속에서 기술의 발전, 자원봉사자의 노력 그리고 정치적 의지 등이 복잡하게 얽혀 상호 작용하는 가운데 달성된다는 점을 주장했다. 사실상 많은 것이 이루어졌음에도 불구하고 자막에 대한 투쟁은 여전히 계속되고 있으며, 여러 기술적 진보가 이루어지고 미디어 전송에 변화가 나타남에 따라 그것은 대체로 처음부터 다시 시작하는 것처럼 보이기까지 한다.

지금의 호주 환경을 이해하려면 20세기 중반 미국에서 자막이 만들어지고 발전해 온 흐름을 되돌아볼 필요가 있다. 특히 그와 관련된 정부의 대응과 입법화에 초점을 맞추어야 한다. 매틀린은 미국의 자막 제공에 관한 두 가지 법률을 제정하는 데 중요한 역할을 하였다. 그리고 글로벌 텔레비전 환경이 점차 이루어짐에 따라 이는 전 세계에 영향을 주고 있다. 그녀가 내내 견지한 논점은 기술이 접근성을 가능하게 하여 결국 사회 통합으로 이어지도록 하는 방법에 관한 것이다. 이는 특히 그녀가 텔레비전디코더회로법의 통과를 위해 의회에서 했던 강력한 증언에 드러난다.

> 시카고에서 자란 어린 시절 내가 꿈꾸었던 것은…… 경찰이 되고, 댄서가 되고, 선생님이 되고, 배우가 되는 것 등등, 다른 아이와 다르지 않았습니다…… 나는 늘 이런 말을 들었습니다. "너의 꿈을 좇아라. 그러면 네가 되고자 하는 바가 이루어질 것이다." 하지만 내가 잡을 수 있는 꿈은 없었습니다. 나의 많은 꿈 중에서 어떤 단어도 이해하지 못한 채 나는 그저 곁에 서서 보고만 있을 수밖에 없었습니다. 어린아이였을 때, 나는 엄마를 통해서만 '텔레비전 방송'에 나타난 재미있는 내용을 이해할 수 있었습니다…… 자막이 들어간 텔레비전 같은 것은 아예 없었으며, 꿈을 꾸는 순간이라는 것은 나와 먼 이야기였습니다. (United States government, 1990)

나는 법률 결정론이라는 개념을 이 장에서 소개하면서 단지 법적 요구 사항이 있는 경우에만 어쩔 수 없이 방송 사업자와 제작업체가 자막을 제공하는 행동 방식을 분명히 보여 주었다. 방송 기술이 바뀌기 전까지는 청각 장애인을 바라보는 태도에 변화가 없어도 충분하지만, 새로운 기술이 등장하게 되면 다시 법적으로 그것을 요구할 때까지 그에 대한 자막은 제공되지 않는다. 호주와 전 세계의 자막 사례를 보면, 자막의 이용 가능성을 보장하기 위해서는 기술, 행동주의 그리고 자원봉사자의 노력 같은 여러 부수적인 측면이 중요하다는 것을 알게 된다.

텔레비전이 디지털 포맷으로 전환되었지만 그에 따른 법제의 변화는 사실상 동반되지 않았다. 이는 입법 행위는 기술에 따라 달리 이루어진다는 것을 시사한다. 예를 들어 자막의 제공을 법률로 의무화하여 텔레비전에 자막을 등장시켰지만, 스트리밍 포털과 기타 온라인 주문형 비디오에 대해서는 당초부터 똑같은 기대를 걸어 볼 소지가 거의 없었다. 그뿐만 아니라 이 장을 통해 논의한 바와 같이, 법률 제정과 행동주의로 인해 자막의 수준이 질적으로나 양적으로 상당히 개선되어 무엇을 쥐여주든 감지덕지할 것이라는 예상과는 달리 이제는 화면에서 들리는 모든 것을 자막으로 정확하게 묘사해야 한다는 요구가 나타나고 있다. 그러나 방송 사업자는 이에 귀 기울이기보다는 청각 장애인을 무시하고 겁박하는 방식으로 자막을 붙인다는 인상을 준다. 그들은 딱 법률이 요구하는 것만큼만 한다. 법적 요구 사항으로 인해 자막이 늘어났음에도 그에 상응하는 태도의 변화가 이루어지지 않았기 때문이다.

사실상 자원봉사자의 노력 덕분에 일찍부터 농학교에서 청각 장애 학생에게 자막을 제공하는 성과를 거둘 수 있었던 것이다. 최근 들어서는 팬서버의 참여 문화가 청각 장애인 공동체와 연대하여 자막을 보다 널리 퍼뜨리기 위한 활동을 주도하고 있다. 다음 장에서는 자막, 화면 해설, 클린 오디오에 초점을 맞추어 이러한 접근성 기능이 주류 시청자에게 주는 혜택에 대해 살펴보고자 한다. 이런 기능은 장애인을 위한 전문적인 보조 기술로 시작되었지만 이제는 창의적인 텔레비전 시청자에게 중요한 자원으로 인식되고 있기 때문이다.

9장

해석적 유연성

2018년 2월, 넷플릭스는 2000년대 초반 텔레비전 문화 현상을 이끈 〈퀴어 아이〉를 리부트[116]하였다. 이 스트리밍 서비스는 잔인한 리얼리티 TV 시대 사나이다운 우정을 긍정적으로 묘사했다는 것과 더불어 많은 수용자에게 불러일으킨 정서적 공명으로 인해 호평을 받았다.[117] 그러나 2018년 6월 청각 장애인 수용자들은 이 시리즈의 자막이 실제로 화면에 나타난 대화와 단어를 있는 그대로 정확하게 담지 못하는 등 자막의 기준을 제대로 지키지 않았다고 트위터를 통해 항의하였다. 이에 대해 이른바 문화 전문가이자 진행자인 카라모 브라운Karamo

116 컴퓨터 시스템의 재시동을 의미하는 '리부트reboot'에서 유래된 것이나, 대중문화에서의 리부트는 내러티브를 수정하여 등장인물이나 스토리를 이전의 작품과는 다르게 제작하는 방식을 말한다.

117 이 시리즈 역시 원작인 브라보 시리즈(2003~2007)와 같이 생활양식 5개 분야(음식 및 와인, 패션, 문화, 디자인, 미용 등)의 남성 동성애자인 전문가 5명으로 구성된 팹 파이브가 각자의 능력을 발휘하여 일반인의 힘든 상황을 해결하여 변신시켜 주는 이야기로 이루어진다.

Brown은 팬들에게 "마음이 아프다"고 하며 가능한 빨리 넷플릭스에 개인적으로 이 문제를 제기하겠다고 말했다. 브라운과 같이 인기 있는 텔레비전 유명 인사가 그러한 불만에 힘을 실어줌에 따라 넷플릭스는 신속하게 대응하여 문제를 살펴보고 해결할 것이라는 약속을 하게 되었다.

자막에 많은 하자를 드러냈던 〈퀴어 아이〉에 대한 분노가 고조됨에 따라 두 가지 점이 명확해졌다. 하나는 문제의 심각성이고, 다른 하나는 영향을 받는 수용자의 범위였다. 처음에 넷플릭스는 〈퀴어 아이〉가 '대본 없이' 진행되는 리얼리티 프로그램이기 때문에 말하는 것을 모두 자막으로 담을 수 없다고 해명하였다. 하지만 공방이 계속되면서 대본 없이 제작되는 프로그램(예를 들어 〈루폴즈의 드래그 레이스*RuPaul's Drag Race*〉[118])뿐만 아니라 대본이 있는 프로그램(예를 들어 〈루크 케이지*Luke Cage*〉[119])에서도 자막 문제가 발견되었다. 인지 및 청각 장애로 인해 자막을 이용할 수밖에 없었던 한 여성은 부정확한 자막에 대해 넷플릭스에 총 150여 차례나 지속적으로 불만을 제기하였다. 그럼에도 불구하고 브라운의 경우와는 달리 거대 스트리밍 서비스 기업인 넷플릭스로부터 아무런 대답도 듣지 못했다(Cooper, 2018). 이러한 상황이 진전됨에 따라 청각 장애를 갖고 있지 않은 사람도 이 대열에 참여하게 되었다. 그중에는 장애로 인해 자막을 사용할 수밖에 없는 청각 장애인의 친구와 가족, 시각 장애부터 인지 장애 등 여타의 다양한 장애가 있는

---

118 2009년부터 2016년까지 9개 시즌을 로고 TVLogo TV에서, 그 후 시즌 10부터 2021년 시즌 13까지 VH1에서 방영된 미국의 리얼리티 콘테스트 시리즈다. 남성 참여자가 '의상과 화장으로 여성으로 변신'하는 드래그 경연을 벌이고 우승자를 선발한다.

119 마블 코믹스의 슈퍼히어로의 하나인 루크 케이지를 주인공으로 한 넷플릭스 시리즈로 2016년 시즌 1과 2018년 시즌 2로 방영되었다.

사람 그리고 장애는 없지만 화면에서 벌어지고 있는 내용을 이해하는 데 자막이 도움이 된다는 것을 깨닫게 된 사람도 포함되었다. 특히 몰아 보기의 디지털 시대에는 자막의 중요성에 대한 인식이 더욱 높아졌다(Amatulli, 2018). 이들을 모두 합치면 잠재적으로 상당한 시청자 점유율을 이루게 되었다.

가장 마지막에 해당되는 사람의 경우, 그들을 주류라고 할 수 있을지는 논란이 있지만 비장애인 집단이 이 문제에 대해 목소리를 내기 시작했다는 것은 중요한 의미가 있다. 자막에 대한 관심이 더욱 높아지고 텔레비전을 시청하는 데 자막이 중요하다는 인식이 자리 잡게 된 것이다. 이는 스마트폰이나 태블릿 등의 기기를 통해 텔레비전을 볼 때 주변의 소음으로부터 방해를 받을 수 있기 때문이며, 또한 텔레비전 드라마의 내러티브에 대해 가능한 많은 정보를 얻고 싶은 시청자의 욕구에 기인한다(Farley, 2017). 이러한 현상은 복잡한 줄거리와 특이한 캐릭터의 이름이 나오는 이른바 명품 텔레비전이 등장하면서 특히 그러하다. 예를 들어 〈트윈 픽스〉나 〈왕좌의 게임〉의 열성 팬은 세밀한 줄거리를 따라가기 위해 자막을 이용하는 것으로 보고된다(Bradley, 2017; Ellis, 2014). 이렇게 오늘날의 텔레비전 수용자는 화면에서 벌어지고 있는 것을 좀 더 잘 이해하기 위해 자막을 이용하는 등 자신만의 시청 방법을 다양하게 선택하여 개인화하길 원한다. 제이슨 케헤Jason Kehe는 잡지 〈와이어드*Wired*〉의 기사에서 텔레비전 시청량이 늘어날수록 그만큼 놓치는 내용이 많을 수 있다고 지적한다(Kehe, 2018). 결국 이러한 수요는 주류 수용자로 하여금 자막을 더 접하도록 이끌고 그에 따라 이제 자막은 많은 시청자에게 일종의 기본 사양으로 인식되고 있다. 이는 특히 주문형 비디오의 경우에 두드러지게 나타난다. 그와 더불어 페이스북 같은 소셜 미디어에 게시된 동영상에서도 자막 수요가 크게 증가하고 있으며 이용 가능성도 눈에 띄게 향상되고 있다.

이 장에서는 먼저 기술의 사회적 구성(Social Construction of Technology: SCOT)에 대해 소개하고, 특히 접근성 기능이 주류 수용자에게 줄 수 있는 혜택을 이해하는 틀로 '해석적 유연성interpretive flexibility'이라는 개념을 살펴보고자 한다. 그 후에 전통적으로 장애인을 염두에 둔 세 가지 기능인 자막, 화면 해설, 클린 오디오를 중심으로 이러한 서비스에 대한 접근이나 포용이 더 광범위한 텔레비전 수용자에게 어떻게 도움이 될 수 있는지를 밝히고자 한다. 그러한 혜택을 개략적으로 살펴보면, 교육 환경을 한 차원 발전시키는 것뿐만 아니라 급변하는 오늘날의 미디어 세계에서 동시대의 (개인화된) 명품 텔레비전 콘텐츠에 좀 더 용이하게 접근할 수 있게 해 주며, 원고의 작성과 색인 작업을 촉진시켜 주는 것 등을 들 수 있다. 마찬가지로 이전에는 외면하였던 여타의 장애인 집단을 포함시켜 그 혜택을 살펴봄으로써 보다 널리 활용되는 이러한 접근성 기능과 대안적 양식의 중요성을 알 수 있다. 이에 대해서는 이 장에 걸쳐 지속적으로 논의할 것이다.

기술의 사회적 구성

바실리스 갈리스Vasilis Galis는 "장애의 제정: 과학 기술 연구가 장애 연구에 어떻게 영향을 미칠 수 있는가Enacting disabilities: how can science and technology studies inform disability studies"라는 논문에서 과학 기술 연구는 의료 모델이나 사회 모델과 같은 지배적인 접근법에 문제를 제기함으로써 장애 연구에 영향을 줄 수 있다고 주장한다(Galis, 2011). 장애 연구는 전통적인 기술 연구에 대해 명확하게 두 가지 측면에서 접근한다. 첫 번째는 기술이 장애의 문제를 '교정'하려 시도한다는 점에서 비판한다(Oliver, 1978; Stienstra & Troschuk, 2005). 기술, 특히 재활 기술은 의료 모델의 확장으로 간주된다. 두 번째는 최근에 들어와 점차 늘어나는 일련의 연구 작업으로서, 장애인의 접근성을 증진시켜 주는 기술의 잠재력에 대해서는 긍정적으로 평가하지만 실제로 이러한 기술에 접근하기 어렵다는 점을 비판한다(Ellis & Kent, 2011; Foley & Ferri, 2012; Goggin & Newell, 2003; Jaeger, 2012). 이 접근법은 3장에서 소개한 복합적 체화 이론을 인정한다. 이 장에서는 해석적 유연성의 영향을 고찰하는 세 번째 분석 영역에 대해 살펴보고자 한다.

기술의 사회적 구성은 인간의 행동이 어떻게 기술을 형성하는가에 초점을 두는 과학 기술 연구의 한 축이다. 예를 들어 로널드 클라인Ronald Kline과 트레버 핀치Trevor Pinch는 자동차에 대한 연구에서 대체로 혁신은 설계자가 처음에 의도한 대로 기술이 충분히 활용되지 않을 때 일어난다고 주장한다(Kline & Pinch, 1996). 기술의 사회적 구성은 기술의 설계와 활용을 사회적 영향과 각양각색의 (잠재적) 이용자 및 제조자 집단의 동기에 좌우되는 개방적 과정으로 인정한다. 따라서 다양한 사회 집단은 대안적 기술을 어떻게 사용할지에 대해 상이한 해석과 기대 그리고 인식을 갖는다. 혁신은 이러한 상이한 이용자 집단이 동일한 인공물에 대해 각기 다른 의미를 부여할 때 해석적 유연성의 과정을 통해 발생한다. 이를 클라인과 핀치는 다음과 같이 설명한다.

> 똑같은 인공물이라 하더라도 사회의 상이한 이용자 집단에게는 다른 대상물이 될 수 있다. [……] 그러한 의미는 새로운 인공물에 반영될 수 있으며, 이 의미가 강화되는 발전 경로를 찾을 수 있다. [……] 그러나 해석적 유연성은 영원히 이어지지 않는다. '종료closure'와 안정화stabilization가 나타나며, 그에 따라 어떤 인공물은 문제가 더 적은 것처럼 보여 점차 지배

적인 기술 양식이 된다. (Kline & Pinch, 1996: 766)

이는 전혀 새로운 현상이 아니다. 처음에 장애인에게 도움을 주기 위해 고안된 기술이 해석적 유연성이라는 과정을 거치면서 모든 사람에게 편익을 주게 되는 기술의 사례는 적지 않다. 전화, 축음기, 자동완성 문자 기능은 물론 개인용 문자 서비스, 개인용 영상 전화, 광학 문자 인식(OCR), 음성 합성, 음성 인식, 심지어 전동칫솔 등이 그것이다(Ladner 2015; Reena, 2009). 더욱이 오늘날 태블릿이나 스마트폰과 같이 개인화된 기기가 초점이 되고 선호되는 가운데 이러한 접근성은 새로운 전기를 맞고 있다. 예를 들어 시각 장애인을 위해 개발된 화면 읽기 기술은 스마트폰이나 오디오북 이용자가 활용하고 있고, GPS 내비게이션 시스템을 이용하는 운전자의 경우도 그러하다. 마찬가지로 음성 웹 브라우징이 인기를 얻고 있고, 특히 웨어러블 기기[120]와 사물 인터넷(Internet of Things: IoT)이 점점 더 관심을 끌고 있다.

또 다른 사례도 많다. 주의력결핍 과잉행동장애(attention deficit hyperactivity disorder: ADHD)를 가진 이를 위해 개발된 음악 앱은 일반 대중이 더 많이 이용하고 있다(Widen, 2017). 마찬가지로 웹 디자이너는 더 이상 장애인만을 위한 접근성을 고려하지 않는다. 검색 엔진 최적화 분야 전문가인 데이비드 캐럴론David Carrolon은 "웹 사이트의 모든 부분을 쉽게 검색할 수 있고, 자연스럽게 상호 작용을 할 수 있고, 시간을 내서 별도의 학습을 하지 않아도 누구나 웹 사이트를 이해할 수 있게 해 주는 것"이 접근성이라고 설명한다(CKEditor와의 인터뷰, 2015). 사실

120 기기를 들고 다니는 불편함을 없애기 위해 머리, 다리, 팔, 손목 혹은 몸 등에 간편하게 착용하는 정보 통신 기기다. 가장 상용화된 예로 스마트 워치를 들 수 있다.

상 대부분의 사람이 이용하는 중요한 웹이라 할 수 있는 검색 엔진은 쉽게 접근할 수 있는 가장 모범적인 웹 페이지의 성과로 간주된다. 캐럴론은 장애를 갖고 있는 이용자도 접근할 수 있게 검색 엔진 봇을 개발해야 한다고 권장한다(CKEditor, 2015). 모든 사람의 사용자 경험(User Experience: UX)을 제고한다는 점에서 이러한 접근법은 좋은 사업 전략이다. 실제로 애플이나 구글 같은 기술 관련 사업자는 접근성 문제를 해결하는 것이 상업적 이익을 낳을 수 있다는 점을 인정하고 있다(Bownlee, 2016; Reena, 2009).

주류의 편리한 접근성이라는 수사가 텔레비전이라는 미디어에서는 아직 강력하게 작동되지 않는다. 하지만 스크린의 개인화가 점차 이루어짐에 따라 자막, 화면 해설, 클린 오디오와 같은 보조 기술이 해석적 유연성의 과정으로 들어오고 있다. 그 결과 상이한 사회 집단 간에 협상의 과정이 가능하다는 것뿐 아니라 이러한 텔레비전 접근성이 모든 사람에게 혜택이 될 수 있다는 점도 점차 인식되고 있다. 예를 들어 자막은 처음에 청각 장애인이 시청각 영상물에 접근할 수 있도록 해 주기 위해 고안되었지만, 새로운 언어를 배우려는 사람이나 자신이 좋아하는 프로그램에 대한 정보를 더 찾아보려는 팬과 같은 다른 사회 집단이 이 자막의 기능에 새로운 의미를 부여하고 있다. 이렇게 자막은 텔레비전 콘텐츠와 온라인 비디오 모두에 있어 점점 더 많이 이용되고 있다. 마찬가지로 2015년 넷플릭스가 자사의 오리지널 프로그램에 화면 해설을 도입했을 때, 이 기능에 상이한 의미를 부여하는 이용자 집단이 새롭게 등장했다. 그들에게 화면 해설은 또 다른 의미의 층으로 다가왔다. 예를 들어 스토리를 따라가기 어려운 〈센세이트*Sense8*〉[121](Mancuso,

121 넷플릭스에서 시즌 1(2015)과 시즌 2(2016~2018)를 방영한 SF 드라마다. 세계 각지의

2015)나 여러 에피소드가 지나고 난 후에야 비로소 등장인물의 이름이 나오는 〈오렌지 이즈 더 뉴 블랙*Orange is the New Black*〉[122]과 같은 TV 프로그램의 경우에 그러했다. 동시에 연구자들은 화면 해설이 다른 이용자에게도 도움이 될 수 있는지 살펴보았다. 예를 들어 얼굴 표정과 감정을 읽는 데 어려움을 겪는 자폐스펙트럼장애(autism spectrum disorder: ASD) 청소년을 비롯하여(Garman, 2011) 시각적 내용을 말로 번역해 주는 것을 환영하는 고령자, 환자 그리고 새로운 언어를 배우려는 사람 등이다(Rai, Greening, & Petre, 2010).

그러나 오늘날 이러한 기능을 편리한 기술로 활용할 수 있게 된 것은 접근성의 개선을 위해 장애인 공동체가 무던 애를 쓰며 활동해 왔기 때문이라는 점을 알아야만 한다. 처음에는 이 운동이 전적으로 특정 장애인 집단에게 도움을 주기 위해 시작된 것이지만, 주류 수용자도 이 접근성을 이용할 수 있게 된 것은 바로 이들 활동가의 노력 덕분이라는 것이 밝혀졌다. 예를 들어 폐쇄형 자막의 기술이 본격적으로 도약하게 된 것은 활동가들이 청각 장애인을 넘어 더 많은 집단에게 자막이 도움이 된다는 것을 보여 준 이후 가능했다(Downey, 2008). 더욱이 넷플릭스가 2015년 오리지널 프로그램에 화면 해설을 도입했을 때, 그것이 주류 수용자에게도 도움이 된다는 것을 깨닫게 되면서 그 기능을 일반화하여 '여러 언어로 이루어진 음성 트랙 중의 선택 사항'으

다양한 계층의 이방인 8명이 정신적으로 연결되어 서로 감지하고 소통할 수 있으며, 지식, 언어, 기술을 공유하는 '감각'의 클러스터를 형성하는 내용으로 전개된다.

122 넷플릭스에서 가장 오래 방영된 오리지널 시리즈로서 2013년 7월부터 2019년 7월까지 7개 시즌을 방영한 코미디 드라마다. 뉴욕 북부 리치필드 교도소를 무대로 수감 중인 여성 주인공을 통해 이야기가 펼쳐진다. 다양한 부패, 기업의 횡포, 감옥의 사유화, 경비의 잔혹성, 인종 차별 등을 다룬다.

로 화면 해설 서비스를 이용할 수 있다고 소개했다(Wright, 2015). 물론 비장애인 수용자에게 이런 서비스의 이용은 아직 걸음마 단계임을 주목해야 한다. 한편 클린 오디오는 또 경우가 다르다. 이제 막 부상하고 있는 접근성 기능이지만, 이는 특정 장애의 유무와 상관없이 모든 이에게 적용할 수 있는 보조 장치로서 그 효용성에 관심이 쏠리고 있다.

자막의 주류적 이용

자막은 가장 널리 알려져 있으며 또한 가장 많이 이용되는 텔레비전 접근성 기능이다. 텔레비전의 자막 가용성을 의무화하는 법률의 제정뿐 아니라 월드 와이드 웹 컨소시엄(World Wide Web Consortium: W3C)의 웹 콘텐츠 접근성 가이드라인(Web Content Accessibility Guidelines: WCAG)에서도 자막은 가장 중시되고 있다(W3C, 2008 참조). 또한 UN 장애인권리협약에 따라 호주가 UN에 정례적으로 제출하는 활동 보고서에서도 자막은 특별히 언급된다(Australian Government, 2018). 하지만 자막의 이런 광범위한 가용성은 본래 대상층이었던 청각 장애인보다 오히려 비장애인 수용자에게서 눈에 띌 만한 혜택으로 나타나고 있다. 예를 들어 미국에서는 청각 장애인을 위한 활동가와 연대 조직이 1970년대와 1980년대 초반 텔레비전의 자막 제공에 대한 캠페인을 적극적으로 전개하여 정부가 이에 개입하도록 이끌었다. 미국 정부는 방송 사업자에게 자막 방송에 대한 준비(예를 들어 디코더 기술의 구매)를 요구하고 그에 대한 제공을 법률로 의무화함으로써, 자막이 청각 장애인 집단을 넘어 다수를 위한 공익의 장치로 재정의되었다. 그에 따라 자막은 이타적인 조치가 아니라 교육적이고 상업적인 성격으로 바뀌었다. 물론 청각 장애인은 여전히 경제적 취약층으로 남아 있지만 미국 정부는 읽는 법을 배우는 학생과 영어를 배우려는 이민자로 이루어진 더 많은 잠재적 수용자를 염두에 둔 정책을 취할 수밖에 없었다(Downey, 2008). 실제로 미국 국립자막연구소의 자막 운영 부서장인 배리 크로닌은 1980년에 쓴 글에서 자막의 미래 활용에 대해 다음과 같이 전망하였다.

> 새로운 '기술'의 개발은 청각 장애인 공동체에게 보다 혁신적인 것을 가져다줄 뿐만 아니라 다른 많은 사람에게도 도움을 줄 수 있다. 2개 언어를 사용하는 어린이나 어른, 난독증을 겪는 어린이 그리고 소음 수준을 낮추어야 하는 환경에 있는 병원이나 보호 시설의 사람 모두에게 폐쇄형 자막은 도움이 될 수 있다. 개방형 자막과 폐쇄형 자막을 동시에 전송할 수 있으며, 언어의 유형과 능력 수준에 따라 이러한 두 자막을 조합하여 이용할 수 있을 것이다. (Cronin, 1980)

40년 전에 쓴 글이지만, 크로닌은 용이한 정보 검색에 대한 오늘날의 욕구와 점차 증가하는 텔레비전의 개인화 및 공공장소의 텔레비전 접근의 맥락에서 자막의 중요성을 예측하였다. 다만 훨씬 더 늘어나고 있는 자막 수용자층의 부상에 대해서는 예상하지 못했다. 술집, 체육관, 비행기 등과 같이 소음이 심한 환경의 사적 및 공용 스크린에서 자막 기능이 이용되고 있다. 그뿐만 아니라 광장과 공원에 설치된 대형 도시형 스크린에 나타난 내용을 이해하기 위해서도 활용된다. 그는 또 소셜 미디어 이용자가 커뮤니케이션 흐름을 끊지 않고 유지하기 위해 자막에 의존할 수 있다는 것도 예측하지 못했다. 8장에서 언급하였듯이 유튜브에 자동 자막 기능이 도입됨에 따라 온라인 비디오의 자막은 이제 보편적인 현상이 되고 있다. 소리를 내면 적절치 못한 환경에서 동영상을 보려는 사람이 많아지면서 비장애인 이용자가 형성한 시장이 새롭게 마련되었다. 이런 유형의 비디오 포맷은 페이스북의 게시 동영상에 자동 재생 기능이 제공되면서 특히 유행하게 되었다. 페이스북은 또한 최근에 사진을 설명해 주는 '자동 대체 텍스트'를 도입하였다(Spinks, 2017). 이 기능은 시각 장애인뿐만 아니라 고령화 사회가 진전됨에 따라 비장애인 고령자에게도 도움이 될 것으로 여겨진다.

특히 중요한 것은 명품 텔레비전 시대에 정보 검색을 위해 자막이 한층 더 이용된다는 점이다. DVD 플레이어가 출시되고 몰아 보기가 가능하고 온라인 팬 공동체가 등장함에 따라 텔레비전의 대본이 극적인 변화를 겪고 있다. 이전에는 반드시 고정 시청자를 확보하지 않아도 일반 시청자들이 많이 있었기 때문에 몇 주가 지나도 캐릭터에 큰 변화를 줄 필요가 없었다(Metcalf, 2012). 하지만 다시 보기 텔레비전이 등장하고 몰아 보기가 가능해지면서 TV 시리즈의 각 에피소드는 독립적으로 존재할 수 없게 되었으며, 그에 따라 이제는 시리즈가 진행되면서 각 캐릭터가 커다란 변화를 겪고 있다(Ellis & Goggin, 2015). 명품 텔레비전은 프로그램의 난해함을 특징으로 하면서 오늘날의 대중 텔레비전을 주도한다. 많은 이에게 자막은 이를 놓치지 않고 따라가기 위한 필수적인 도구가 되고 있다. 예를 들어 데이비드 린치의 〈트윈 픽스〉 최근판[123]은 앞서 그레그 멧칼프Greg Metcalf가 언급한 것보다 훨씬 더 복잡하게 얽혀 있는 TV 프로그램의 대표적인 사례다. 캐릭터와 줄거리는 서로 느슨하게 연결되며 더 폭넓은 내러티브나 그전 시즌의 트윈 픽스 세계와도 잘 이어지지 않는다. 12번째 에피소드인 '귀환'에서 오드리 혼은 결국 집으로 돌아오기로 결정을 내리고 빌리, 티나, 척, 폴에 대해 그녀의 남편으로

123 2017년 5월부터 쇼타임에서 18개 에피소드가 방영된 〈트윈 픽스〉 시즌 3이다. 트윈 픽스에서 벌어진 여고생 살인 사건에 대한 조사가 있은 지 25년이 지난 후의 이야기를 다룬다.

보이는 찰스라는 사나이와 심각한 대화를 나눈다. 그런데 수용자는 그들이 누구인지 전혀 알 수 없다. 따라서 기존 영상물의 대본과 데이터베이스를 통해 그들의 이름이 나온 이전의 에피소드를 검색하여 오드리와 어떤 관계인지 추론해야 한다(Bradley, 2017).

5장에서 살펴보았듯이 팬 공동체는 인기 있는 TV 프로그램의 중요한 순간에 대해 온라인상에서 토론을 한다. 자막으로 제공되는 프로그램에 관한 정보와 아카이브를 통해 입수한 대본은 그런 장면을 좀 더 수월하게 재편집하는 데 중요한 자료가 된다. 1970년대에 이미 텔레비전 팬은 이러한 방식으로 TV 프로그램을 재편집하기 시작했다. 그러나 이 과정을 따라가기 위해서는 "TV 프로그램에 대한 철저한 지식이 필요"하였다(Blankinship, Smith, Holtzman, & Bender, 2004: 152). 자막은 장면을 보다 쉽게 찾아주는 검색 도구나 마크업 언어mark-up language[124]로 활용될 수 있다. 자막과 대본은 텔레비전의 창의적 전유를 가능케 해주며 공동체의 유대를 강화시키는 데 도움을 준다. 오늘날 자막에 대한 접근성이 증가함에 따라 이러한 과정은 좀 더 단순해질 수 있다.

앞장에서 논의하였듯이 자막은 교육적 차원에서도 중요한 역할을 한다. 오늘날 비교적 널리 퍼져 있는 자막의 이용 가능성은 일정 부분 이 분야 활동가의 적극적인 노력 덕분이다. 20세기 중반으로 거슬러 올라가면, 자신의 학생에게 자막을 통해 영상 문화에 접근할 수 있도록 해 주는 것이 교육적으로 적절하다고 인식했던 농학교 교사들이 있었다. 특히 현대의 수업 형태가 온라인 방식의 비디오를 점점 더 활용하게 되면서 오늘날의 교육에서 영상은 필수적인 요소로 자리 잡고 있다. 학생은 영상을 이용하여 공부하고 교사는 강의 자료를 온라인으

124 마크업 언어는 태그 등을 이용하여 문서나 데이터의 구조를 명기하는 메타언어이다.

로 전달하면서 온라인 자료와 면대면 교육이 결합된다. 나아가 오늘날의 교육이 점점 더 새로운 대형 온라인 공개 강좌, 이른바 무크(massive open online courses: MOOCs)[125]를 통해 국가 간 경계를 넘나들며 여러 나라에 걸쳐 디지털 캠퍼스가 확장되는 시대로 진입하면서 많은 학생 집단이 쉽게 접근할 수 있는 강의 영상물이 더욱 더 중요해지고 있다.

따라서 자막도 교육에 있어 주류적 혜택을 주는 것으로 인식되기 시작한다(Ellis & Goggin, 2015; Kent, Ellis, Peaty, Latter, & Locke, 2017; Merchant, Ellis, & Latter, 2017). 예를 들어 폐쇄형 자막은 대다수 학생의 이해도를 높여 줄 뿐 아니라 어휘력도 증진시켜 준다(Podszebka, Conklin, Apple, & Windus, 1998). 매우 빠르거나 사투리로 말할 때 혹은 중얼거리거나 소음이 있는 경우 자막을 통해 그 내용을 쉽게 이해할 수 있으며, 인물의 이름과 기술 용어도 명확하게 알 수 있다. 고등 교육의 국제화가 점차 늘어남에 따라 이 점에 대해 특히 주목할 필요가 있다(Montero Perez, Peters, Clarebout, & Desmet, 2014; Montero Perez, Van Den Noortgate, & Desmet, 2013). 온라인 비디오의 자막을 이용하는 사람 또한 더 높은 이용자 참여와 더 좋은 사용자 경험을 하는 것으로 보고된다(Griffin, 2015). 자막은 사무실과 도서관처럼 소리를 이용할 수 없거나 적절치 않은 환경에 있는 학생에게 유용하다. 또한 자막은 검색 엔진의 기능성을 높여 주는 기회도 제공한다(MIT, 2016). 예를 들어 과제를 검토하는 동안 자막을 이용하여 강의 내용에서 찾고자 하는 정확한 지점으로 바로 갈 수 있다. 결국 학생은 자막의 사회적 구성에 영향을 미치는 새로운 잠재적 이용자 집단이 된 것이다.

---

125 수강 인원 제한 없이 다수가massive 누구나open 온라인online을 통해 학습할 수 있는 강좌course를 의미한다.

화면 해설의 주류적 혜택

이 책을 통해 줄곧 논의하였듯이, 디지털 텔레비전 환경은 텔레비전의 소비 관행을 변화시키고 있다. 선택권이 확대되면서 수용자는 다양한 도구를 사용하여 자신에게 적절한 콘텐츠를 찾는다. 그 결과 오늘날 텔레비전은 다수의 동질적인 수용자에게 구애하는 대신 다양성을 인정하고 그에 가치를 부여하여 틈새 수용자를 찾아내는데, 그들을 모두 모으면 일반 대중에 견줄 만큼 막대하다(Napoli, 2011). 호주에는 57만 5,000명의 시각 장애인이 있는 것으로 조사되었으며(NDIS, 2015), 이들은 화면 해설의 확실한 수용자다. 7장에서 살펴본 것처럼 화면 해설과 관련하여 스크린 오스트레일리아가 취했던 제한된 접근법을 보면, 이 집단만이 화면 해설 서비스의 잠재적 수혜자로 간주되었고 그들 외의 다른 이용자에게는 별 도움이 안 되는 것으로 인식되었다. 그러나 주요 연구를 살펴보면, 화면 해설은 다른 장애인 집단을 비롯하여 주류의 소비자 및 제작자에게도 도움을 된다는 것을 알 수 있다. 화면 해설의 새로운 수용자층이 점점 더 드러나고 있는 것이다. 이들 수용자는 넷플릭스의 추천 시스템을 통해 더욱 고취될 수 있다.

정교한 기계 학습 알고리즘을 이용하는 이 시스템은 사람들이 전에 시청했던 프로그램, 그것을 시청한 시간 그리고 그들의 취향을 고려하여 차후 그들이 보았으면 하는 프로그램의 추천으로 이어진다. 그 결과 넥플릭스를 통해 시청하는 프로그램의 80%가 이 추천 시스템에 기반을 두는 것으로 나타난다(Plummer, 2017). 여타의 스트리밍 서비스, 다시 보기 텔레비전, 유료 텔레비전 플랫폼도 유사한 시스템을 도입하고 있다. 화면 해설의 가용성을 토대로 추천 시스템을 활용한다면 상당한 틈새 수용자층을 구축할 수 있다. 전 세계에 2억 5,300만 명의 시각 장애인이 있다는 점(World Health Organization, 2017)을 감안한다면 더욱 그러하다. 넷플릭스는 이러한 잠재성을 인식하고 모든 오리지널 프로그램에 화면 해설을 제공하고 있다. 하지만 만일 프로그램 제공자와 이용자가 좀 더 획기적으로 화면 해설의 주류적 혜택에 관심이 있다면 기존의 틈새 수용자를 능가하는 더 높은 수용자 점유율을 확보할 수 있었을 것이다. 그중에서도 특히 화면 해설의 존재를 인식하고 좀 더 접근하고자 하는 네 개의 잠재적 집단을 생각해 볼 수 있다. 즉 고령자, 지적 장애가 있는 사람, 영어가 모국어가 아닌 사람 그리고 주류 시청자가 포함된다. 예를 들어 7장에서 언급되었던 에크프라시스의 문학적 개념과 웹 문서 접근성 지침의 대체 콘텐츠라는 정의에 근거하여, 마라 밀스Mara Mills는 화면 해설을 새로운 미디어 이용 범주 내에 존재하는 것으로 제시한다. 즉 "새로운 작품을 창작하지 않고 원 자료에 콘텐츠를 덧입히는 번역translation overlay"이라는 것이다. 그녀는 화면 해설이 비장애인 중에서 특정 집단의 오락 및 교육 경험을 높여 준다고 밝힌다.

> 화면 해설이 붙은 영상물이 멀티미디어 리터러시, 비장애인의 '보지 않고 시청하기eyes-free viewing'(예를 들어 운전 중), 영상 기반의 의료 교육, 자폐증이 있는 사람의 얼굴 표정 읽기 훈련 등의 보조 수단이라는 점이 알려지고 있다. (Mills, 2015)

그러나 디지털 텔레비전 시대에는 특히 몰아 보기를 하려는 수용자에게 화면 해설은 매력적으로 다가간다. 사람들은 더 짧은 기간 동안 더 많은 텔레비전을 시청하고 있으며 종종 그들의 주의력이 분산되기도 한다. 말하자면 더 많이 소비는 하지만 주의를 덜 기울인다는 것이다. 영국에서 이루어진 한 연구에 따르면, 텔레비전 시청자의 16%가

동시에 여러 가지 일을 하면서 TV 시청을 하는 것으로 나타났다(Cass, 2013). 예를 들어 텔레비전을 보면서 요리를 하는 전통적인 상황뿐만 아니라, 온라인을 통해 텔레비전 시청을 하면서 팬 포럼에서 더 많은 정보를 찾거나, 위키를 통해 캐릭터에 관해 읽거나, 또는 자막을 켜는 등 다양한 행동을 동시에 한다는 것이다. 따라서 존패트릭 우도John-Patrick Udo와 데버라 펠스Deborah Fels는 다양한 일을 하면서 초점을 이리저리 전환할 때 화면 해설이 이해력을 높여 준다고 제시한다.

> …… '화면 해설'은 오락물을 시청하면서 시각적으로 몰두할 수 없는 비장애인에게 유용하다. 바느질이나 다림질을 하는 경우처럼 다른 것에 시각적 주의력을 기울여야 하거나, 빨래나 요리를 하는 동안 텔레비전의 소리를 들을 수 있는 방을 들락거려야 하기 때문이다. (Udo & Fels, 2010)

더욱이 앞서 폐쇄형 자막에 대한 논의에서 언급하였듯이 텔레비전의 품질이 향상됨에 따라 내러티브가 더 복잡해지고 이를 따라가기 어려워지고 있다. 따라서 수용자는 자신이 시청한 내용을 보완하기 위해 또 다른 대안적 접근 수단에 의지하게 된다. 예를 들어 전 세계에 퍼져 서로 감각을 공유하는 여덟 사람의 이야기를 시점과 공간을 끊임없이 넘나들고 변화시켜 전개하는 〈센세이트〉을 보는 시청자는 그 내러티브를 따라가기 위해 화면 해설 트랙에 의존한다고 한다(Mancuso, 2015). 또 다른 예로 잡지 〈라이프 해커*Life Hacker*〉의 한 기사에서는 운전 중이나 강아지와 산책할 때 TV 프로그램을 오디오북으로 전환하여 몰아 듣기를 할 수 있다는 점에서 화면 해설이 텔레비전 몰아 보기의 효과적인 수단이 될 수 있음을 강조한다(Price, 2018).

화면 해설의 주류적 활용의 또 다른 영역은 제작과 관련된다. 미디어 제작자는 화면 해설을 이용하여 보다 수월하게 정보를 검색하고 콘텐츠를 범주화할 수 있다. 예를 들어 시청각 영상물의 접근성에 대한 2007년의 연구에서 동영상 이미지를 범주화하고 그에 대한 데이터베이스의 색인을 만드는 데 화면 해설이 유용한 수단이 된다는 것이 밝혀졌다(Turner & Mathieu, 2008). 장편 극영화 2편, 다큐멘터리 2편, 단편 애니메이션 7편 등 총 11개 영상물에 대한 화면 해설을 제작하고, 그것을 통해 시각적 이미지를 색인화하여 기존의 화면 해설 트랙과 비교한 결과 양쪽 모두에서 중요한 키워드가 발견되었다. 따라서 대본을 작성하는 데 화면 해설이 효과적으로 활용될 수 있으며, 미디어 교육자나 보도국에서도 이러한 색인을 이용할 수 있을 것이라고 제안되었다.

> 동영상 데이터베이스의 해설 텍스트와 해당 이미지를 연결함으로써 우리는 영상에 대한 숏 단위의 색인을 만들 수 있다. 이는 영화와 TV 프로그램을 만드는 제작자나 그것을 연구하는 학자에게 대단히 유용하다. 또한 매일매일 뉴스 기사를 작성할 때 자료를 쉽게 이용하기 위해 숏 단위의 색인이 필요한 텔레비전 보도국에서도 매우 쓸모가 있다. (Turner & Mathieu, 2008: 2)

실제로 24시간 뉴스 채널에 대한 수요가 증가한다는 점에서 이런 데이터베이스가 제공하는 잠재적 기회는 점점 더 중요해지고 있다. 또한 연구자들이 제안하듯이 이 색인은 신속하고 효과적으로 다른 언어로 번역될 수 있다. 이러한 동영상 데이터베이스의 실제적 및 잠재적 활용은 스페인의 연구자가 수행한 논문에서도 발견된다. 그들은 시청각 영상물 데이터베이스가 새로운 색인 형식을 만드는 데 중요한 잠재력을 제공하며, 특히 기사를 작성하기 위해 문서화 서비스를 활용하여 소통하고 정보를 교환하는 방송 기자의 경우에는 더욱 그렇다고 밝힌다(Caldera-Serrano, 2010). 이들 연구를 통해 화면 해설에 대해 거부감을 갖는 방송 사업자가 실은 화면 해설을 통해 가장 많은 혜택을 볼 수 있는 집단이라는 것을 알 수 있다.

오락적인 상황 외에도 화면 해설은 자막의 경우와 마찬가지로 교육 현장에서 여러 집단에게 유용하게 쓰일 수 있다는 점이 밝혀지고 있다. 예를 들어 일군의 학생에게 화면 해설 없이 디즈니 애니메이션 〈라이온 킹*Lion King*〉의 오프닝 장면을 보여 주고 그것을 묘사해 보라고 하였다. 그 후 같은 집단에게 화면 해설이 제공된 동일한 내용을 보여 주고 마찬가지로 묘사하라고 한 후 비교해 본 결과, 후자의 경우에 좀 더 정확하고 생생한 표현이 이루어진 것으로 나타났다. 결국 이는 화면 해설이 이해도를 상당히 높일 수 있음을 시사하는 것이다. 이 연구를 시행한 국제리터러시협회International Literacy Association는 화면 해설이 학생의 쓰기 능력, 세부 사항에 대한 주의력, 미디어 리터러시 등을 증진시켜 줄 수 있다는 점에서 교육용 도구로서의 중요성이 크다고 인정한다(Hoffner, Baker, & Quinn, 2017).

지적 장애가 있는 사람 또한 화면 해설을 통해 시각 및 청각 정보를 수용하는 데 도움을 받는 것으로 보고되고 있으며(Mechling & Collins, 2012), 마찬가지로 자폐스펙트럼장애 학생의 경우 일부에게서 보이스오버 해설이 있는 교육 영상물을 매우 선호하는 것으로 나타난다(Bennett, Gutierrez, & Honsberger, 2013). 지금까지 살펴본 바와 같이 화면 해설을 통해 도움받을 수 있는 틈새 수용자가 다수 존재한다. 수차례 논의했듯 그들을 모두 합치면 일반 대중 못지 않다.

클린 오디오의 주류적 활용

클린 오디오는 기존의 오디오를 보다 쉽게 이해할 수 있게 제작하는 것을 말한다. 이는 청각 장애인을 주 대상으로 하지만, 소음이 있는 환경(예를 들어 비행기 안)에서 텔레비전 콘텐츠에 접근하고자 하는 비장애인에게도 도움이 될 수 있다. 디지털 미디어의 편의성과 이용 가능성에 있어 이런저런 이유로 텔레비전의 오디오와 관련된 어려움을 겪은 수용자가 적지 않다. 예를 들어 오디오의 '깨끗함cleanness'은 소리와 소음의 비율 혹은 소리 그 자체의 품질이라 할 수 있는데, 종종 깨끗하지 않은 경우가 발생한다. 게다가 대화의 속도가 너무 빠르거나 웅얼거리거나 사투리가 심하거나 심지어 배경 음악이나 주변의 소리에 묻혀 버리는 경우, 어떤 이는 그것을 제대로 따라가지 못한다. 또한 프로그램 간에 오디오 볼륨을 일관적으로 유지하는 것도 문제가 된다. 이는 대체로 밤에 볼륨을 낮춰 텔레비전을 시청할 때나 혹은 광고 시간에 의도적으로 프로그램의 볼륨을 높여 보낼 때 특히 뚜렷이 나타난다. 다른 배경 음악이나 여타의 소리 없이 대화만을 전달하는 클린 오디오(향상된 대화enhanced dialogue, 대화의 향상dialogue enhancement, 혹은 오로지 대화only dialogue 등으로도 지칭)로 이러한 문제를 완화시킬 수 있다.

영국의 모바일 텔레비전에 대한 접근 서비스를 살펴본 짐 슬레이터는 일찍이 클린 오디오가 상당히 많은 사람에게 적절한 편의를 제공할 수 있다고 제안하면서 모바일 텔레비전은 처음부터 클린 오디오 설비를 갖추고 출범해야 한다고 권고한 바 있다.

> 미래의 접근 서비스로서 한 가능성은 '클린 오디오' 채널을 제공하는 것이다. 이는 어떤 배경 음악이나 여타의 소리 없이 대화를 전달해 준다. 이

> 서비스는 별도의 오디오 채널이 요구되며, 전송을 위해 적당한 데이터 용량이 필요하다. 디지털 텔레비전의 등장으로 이러한 추가적인 오디오 채널을 제공하는 데 드는 비용이 적절한 수준으로 낮아졌으며, 이러한 장치를 통해 도움을 받게 되는 사람의 숫자를 감안한다면 추가 제작비도 그리 많이 드는 것이 아니다. (Slater, 2009)

그는 이후 이 서비스를 통해 혜택을 볼 수 있는 사람의 예를 제시했는데, 그 속에는 시각 장애인과 청각 장애인도 포함된다.

> 전맹이나 저시력자 중 일부는 청각 장애를 겪기도 한다. 난청을 겪는 많은 이들이 배경음이 있을 때 대화를 이해하는 데 어려움을 가진다. 또한 비장애인도 배경음 때문에 집중하지 못하는 경우가 있다. (Slater, 2009)

마찬가지로 유리 리우Yu-li Liu와 로버트 피커드Robert Picard는 '방송사 콜센터에 걸려온 전화와 시청자 불만'에 대한 분석을 통해 클린 오디오에 대한 수요와 연구 현황을 밝히고 있다(Liu & Picard, 2014). 이들은 클린 오디오에 대한 개인화된 접근법이 이용자가 겪는 심각한 문제, 예를 들어 오디오를 듣고 이해하는 데 있어서의 어려움이나 프로그램 안에서 혹은 프로그램 간에 볼륨이 갑작스럽게 변하는 것을 해결할 수 있다는 점을 찾아낸다. 또한 2012년 유럽장애인포럼European Disability Forum의 연구도 이 문제를 살펴보고 있다.

> 장애인의 가장 공통적인 불만의 하나는 클린 오디오와 연관된다. 수용자는 오디오 콘텐츠를 분명하게 구분할 수 있게 대사가 배경 소리나 음악과 분리될 수 있기를 바란다. (European Disability Forum, 2012)

이외에도 많은 연구에서 고령자나 지적 장애가 있는 사람이 클린 오디오의 수혜 대상이 될 수 있다고 지적한다. 따라서 고령화 사회가 진전됨에 따라 클린 오디오는 더욱더 중요하게 될 것이다(ITU, 2010; Itu, 2013). 지적 장애가 있는 사람의 경우, 유럽 국가의 디지털 텔레비전 전환기에 EU의 지원을 받아 수행된 '모든 이를 위한 디지털 텔레비전(Digital Television for All: DTV4ALL)' 계획과 연관된다. 이는 시각, 청각, 수족 장애가 있는 사람뿐 아니라 난독증이 있는 사람의 디지털 텔레비전 접근성을 보장하기 위한 목적으로 수행된 것이었다. 이들은 클린 오디오에 대한 연구를 시행하고 재생 속도를 늦추는 것을 포함하여 클린 오디오의 해결책에 대해 이용자 조사를 하였다. 클린 오디오는 "매우 다양한 청각 장애의 원인이 있음에도 하나로 묶여질 수 있는 다수의 잠재적 이용자 집단에게 유용한 최신의 접근 서비스"로 간주되었다(Brückner & Dosch, 2009: 16). 따라서 고령화가 진행되면서 연령과 관련된 청각 장애의 불편을 겪는 사람이 늘어나고, 아울러 다양한 장애인 수용자에게 주는 잠재적 효용성이 알려질수록 클린 오디오의 가용성은 주류적인 이슈가 될 수 있다.

그러나 입법적 관점에서 보면 클린 오디오는 텔레비전이라는 미디어에서 상대적으로 새로운 서비스이다. 영국, 스웨덴, 미국, 캐나다, 오스트리아, 독일, 일본을 비롯한 많은 나라의 사법 체계에서 클린 오디오의 기준을 분석하고 검토하고 있다(Liu & Picard, 2014). 하지만 아직까지 클린 오디오는 어떤 공식적인 규제 대상이 되고 있지 않으며, 자막이나 화면 해설과 같은 좀 더 보편적인 보조 서비스에 비해 대체로 간과된다. 그럼에도 불구하고 월드 와이드 웹 컨소시엄W3C의 웹 접근성에 대한 실무 보고서에서는 텔레비전 접근성의 맥락에서 클린 오디오를 특별히 언급하고 있다.

텔레비전 접근성에 있어 비교적 최근에 나타난 발전은 클린 오디오라는 개념이다. 이는 다채널 오디오가 널리 채택되면서 가능해진 것이다. 이 서비스는 무엇보다 청각 장애를 겪는 수용자를 염두에 두고 있다. 이는 구어로 된 대화와 중요한 비언어적 정보를 증폭하거나 수정해서 담아내는 오디오 채널을 따로 떼어놓고, 다른 채널에서는 음악이나 주변 소리를 약하게 낮추어 들려주는 방식으로 운영된다.

이렇게 별도로 오디오 트랙을 사용하면 보다 정교한 오디오 처리(예를 들어 프리엠퍼시스 필터pre-emphasis filter, 피치시프팅pitch-shifting 등)를 적용할 수 있어 이용자의 필요에 맞추어 오디오를 보낼 수 있다. 청력 상실은 주로 진동수와 관련된 것으로, 다른 대역에서는 전혀 들을 수 없지만 일부 대역에서는 청력을 가동할 수 있기 때문이다. (W3C working Group, 2015, sec.2.4).

또한 영국에서 오프콤의 지원하에 클린 오디오 프로젝트가 수행되었다. 이는 클린 오디오 시험 방송에 참여한 이용자가 텔레비전을 좀 더 잘 이해하고 즐거움이 향상되었는지를 측정한 것이었다(Shirley & Kendrick, 2006). 대화의 음질을 향상시켰을 때 청각 장애인과 비장애인이 느끼는 즐거움의 정도에 차이가 있는지 실험해 본 결과, 두 집단 모두 대화의 음질이 향상되었다는 것을 알아차렸지만 즐거움이 높아졌다는 것은 비장애인 집단에서만 지적되었다. 또한 스페인의 연구 프로젝트인 헤르메스-TDTHERMES-TDT는 접근 서비스에 대한 모니터링의 일환으로 텔레비전 이용자의 요구 사항을 조사하였는데, 여기에 오디오에 관한 것도 포함되었다. 클린 오디오를 디지털 비디오 방송 기준에 포함시키는 것에 대해 검토했지만, "이러한 서비스를 정규 방송화한다는 것은 아직은 유럽에서 시기상조이며, 이 문제를 진전시킬 필요성에 대해서는 연구자들만 지적하고 있을 뿐이다"라고 언급하고 있다 (Utray et al., 2012: 3). 아직은 준비가 부족하다는 이유로 그들은 클린 오디오에 대한 모니터링 시스템을 개발하지 않았다. 하지만 특정 장애가 있는 사람의 요구 사항이 무엇인지 살펴본 그들의 초기 프로젝트를 통해 청각 장애인이 드라마와 같은 픽션물을 시청할 경우 클린 오디오가 도움이 된다는 점은 분명하게 밝혀졌다.

현재까지 호주에서는 이와 관련된 공식적인 규제가 이루어지지 않고 있다. 그러나 국제적인 지침이나 특히 영국의 경우를 살펴보면 입법적인 개입이 필요하다는 것을 알 수 있다. 영국의 〈텔레비전 접근성 코드〉에 대한 2006년 오프콤 보고서에서는 그에 대한 규제의 필요성을 다음과 같이 강조한다.

> 클린 오디오가 청각 장애인에게 줄 수 있는 상당한 편익에도 불구하고, 법적 제도는 접근성의 장벽을 해소하기 위한 해법에 별로 관심을 기울이지 않고 있다. 현행 커뮤니케이션법하에서 오프콤은 클린 오디오에 대한 특정한 규칙을 제정할 어떤 권한도 부여받지 못하고 있다. (Varney, 2013: 149)

그뿐만 아니라 몇몇 지지 단체가 이 새로운 기술에 대해 좀 더 연구가 필요하다고 요구하고 있다. 소비자전문가그룹Consumer Expert Group은 디지털 텔레비전의 전환에 대한 보고서에서 "청각 장애를 겪고 있는 이용자가 음성 대화와 음악·효과음을 적절히 조합시키는 대안이라 할 수 있는 클린 오디오를 선택할 수 있게 제공해야 한다"고 주장한다 (Consumer Expert Group, 2006, sec.6).

클린 오디오는 방송 사업자가 특정 사양을 갖춘(예를 들어 대화 혹은 대화와 중요한 음향 효과만을 전달하는) 별도의 '클린 오디오' 채널을 제공해야 한다는 요건으로 간주할 수 있다. 하지만 그런 특정 사양의 성격에 대해서는 여전히 의문이 남아 있다. 예를 들어 주변의 중요한 음향 효과를 포함해야 하는가? 배경의 잡음을 제거하는 것이 늘 이해도를 높여주는가 하는 것이다. 따라서 이 새로운 영역에 대해서는 좀 더 많은 연구가 이루어져야 할 것이다.

>>>>>>>>>>>>>>>>>>>>

이 장은 장애와 디지털 텔레비전 문화라는 이 책의 주된 초점으로부터 벗어나 접근성 기능의 주류적 이용과 그 혜택을 살펴보고자 하였다. 접근성 기능은 처음에 특정 손상을 보완하려는 목적으로 개발되었지만 이제는 고령자, 지적 장애가 있는 사람, 영어가 모국어가 아닌 사람을 비롯하여 나아가 좀 더 주류 이용자를 포함한 광범위한 수용자층이 이를 찾고 받아들이고 있음을 알 수 있다.

이는 해석적 유연성이라는 개념의 한 사례이며, 각양각색의 이용자와 설계자가 함께 기술을 문화적으로 구성하고 해석하는 방식을 보여 준다. 기술의 사회적 구성은 기술이라는 것이 특정한 목적을 위해 고안되지만 관련된 여러 사회 집단이 등장하여 그 의미를 놓고 경쟁을 하는 이른바 해석적 유연성이라는 과정을 거친다고 상정한다. 하나의 인공물의 의미에 대한 합의가 이루어지면 마무리되고 안정화가 나타나지만, 이것으로 종결되는 경우는 거의 찾아보기 어렵다. 새로운 관련 집단이 등장하고 보다 광범위한 사회문화적 맥락에서 경쟁이 이루어지면 해석적 유연성은 다시 발생하게 된다. 주문형 비디오와 같이 프로그램의 선택권이 늘어나고 개별화된 장치에 대한 선호가 나타남에 따라 텔레비전의 개인화는 증가하게 되고, 이는 해석적 유연성을 가동시켜 접근성 기능을 하나의 선택지로 끌어들인다. 그러나 엘세서는 이러한 접근에 있어 경계할 점을 지적한다.

> …… 접근성 수단이 전적으로 '선택 사항'이나 맞춤화customization 혹은 그와 유사한 상황의 범주로 빠져버리게 되면, 접근성을 접근권, 시민권 그리고 정치적 참여의 문제와 지속적으로 연계하기 어려워진다. 대신에 접근성 기능이 소비자 선택이라는 이데올로기에 얽매이게 되고 소유자의 수단을 통해 제공되는 것이 되어, 결국 접근권의 문제가 아니라 개인적인 '선택'의 차원이 되어 버린다. (Ellcessor, 2015)

지금까지 논의하였듯이 자막과 화면 해설의 주류적 혜택은 넓게 보면 하나의 근본적인 주제, 즉 콘텐츠에 대한 향상된 접근으로 모아진다. 이 두 서비스 기능은 TV 프로그램의 내용에 관해 더 많은 정보를 제공한다는 점에서 주류 시청자에게 환영받고 있다. 예를 들어 〈왕좌의 게임〉이나 〈센세이트〉의 복잡한 이야기 구성이나 〈트윈 픽스〉의 얼기설기 얽힌 인물 관계를 파악하는 데 도움을 줄 수 있다. 따라서 이러한 접근성 기능은 고품질의 TV 프로그램이라는 새로운 품종에 대한 일종의 요약 노트를 제공하는 것이라 할 수 있다. 또한 팬 공동체가 인기 있는 TV 프로그램의 중요 순간을 토론하기 위해 온라인으로 모일 수 있는 것도 이 기능의 정보 검색 옵션이 늘어난 덕분이다. 교육적 맥락에서 이해도와 편의성이 향상된 이 기능의 정보 검색을 활용하여 연구를 수행할 수 있고, 또한 미디어 제작자도 검색 도구나 색인을 만들어 기존의 콘텐츠를 목적에 맞춰 다시 고쳐 새로운 창작 작업을 할 수 있다.

이 장에서는 클린 오디오에 대해서도 논의하였다. 이는 장애의 유무와 상관없이 모든 텔레비전 수용자에게 적용되는 기능으로서 아직은 두드러지지 않지만 점차 널리 알려지고 있다. 자막과 화면 해설의 경우와 마찬가지로, 장애를 갖고 있지 않다고 자처하는 사람도 이 서비스의 유용성에 대해 주목하기 시작했다. 이는 먼저 해석적 유연성의 과정을 거치고, 그러고 나면 주류적 수용과 수요로 이어질 수 있는 잠재력을 갖게 될 것이다. 고령화 사회가 이루어짐에 따라 이들 접근성 기능은 점점 더 중요해질 것이며, 따라서 이는 단순히 소비자의 선택이 아니라 계속 접근권의 영역 내에 남아 있어야 한다.

10장

미래는 디지털이다

〈디펜더스*Defenders*〉[126]의 첫 번째 에피소드의 앞부분에 전맹 변호사인 맷 머독(일명 '데어데블')이 자신의 의뢰인인 애런이라는 소년에게 충고를 해 주는 장면이 있다. 그는 사고로 부상당해 휠체어를 타게 되었으며 막 1,100만 달러의 보험금을 받았다.

> 그 돈은 너의 부모님에게 분명 큰 도움이 될 거야. 하지만 애런, 이제부터 너에겐 점점 힘든 일만 있을 거야. 넌 이제 겨우 마라톤의 1마일만 뛴 거야. 무슨 말인지 알겠니? 다들 너에게 기분이 어떠냐고 한마디씩 할 거다. 의사는 늘 긍정적으로 생각하라 할 거고, 네 가족은 의기소침해지지 말라고 할 거야. 치료사는 화내지 말라 하겠지.

---

126 마블 코믹스의 개별 슈퍼히어로이자 각자 별도 프로그램의 주인공인 데어데블, 제시카 존스, 루크 케이지, 아이언 피스트가 함께 연합하여 뉴욕시에서 슈퍼 빌런인 어둠의 세력 '핸드'와 싸우는 크로스오버 형식의 미국 텔레비전 미니시리즈다. 2017년 넷플릭스에서 8개 에피소드를 방영했다.

애런이 자기는 이미 화가 나 있고 자신의 삶을 되찾고 싶다고 강변하자, 맷은 말을 이어간다.

> 누구도 그것을 해 줄 수 없어. 네가 다시 걷게 될 수도 있겠지. 난 그러길 바래. 그러나 그렇게 안 될 수도 있어. 하지만 점점 더 힘들어지는 상황을 이겨 낸다면, 얼굴에 미소를 띠고 아무렇지 않은 척하는 것보다 너는 수백 배 더 강해질 수 있어…… 어느 누구도 네 삶을 되돌려 줄 순 없어, 애런 너만이 그것을 할 수 있어.

그렇게 데어데블은 장애인에게 발언하고 또 그들을 대변하는 슈퍼히어로가 되었다. 이러한 장애 재현은 사회적 제약과 신체적 손상의 결과 모두를 인정하는 것이었다. 이는 또한 텔레비전의 전형적인 장애 재현을 연상케 하는 모습(미소를 짓고 감화를 주는 초능력적 장애인)과 더불어, 한편으로 자신의 삶을 이어나가기 위해 애쓰는 실제 장애인을 묘사하는 과정에서 나타나는 문제점도 보여 주었다. 이 장면은 장애인 수용자를 염두에 둔 것처럼 보였다. 실제로 어떤 이들은 그것이 자신의 삶의 현실에 대해 말하는 방식을 두고 온라인에서 토론하였다(Matthew, 2017 참조). 나는 그에 대해 학술 서적에 기록하였는데 정말로 여러 생각을 들게 하는 장면이었다.

이런 재현을 통해 데어데블이 장애인 슈퍼히어로로 굳건해졌지만, 텔레비전이라는 미디어를 통한 사회적 장애화의 부정적 측면이 처음 언급된 것은 이때가 처음은 아니었다. 넷플릭스에 〈데어데블〉이 처음 공개된 2015년으로 돌아가 보면, 장애 활동가들은 이 프로그램을 스트리밍 서비스에서 화면 해설의 제공을 이루려는 자신들의 노력을 배가할 수 있는 절호의 기회로 여겼다. 그에 따라 '넷플릭스 접근성 프로젝트(Accessible Netflix Project: ANP)'와 '장애 가시성 프로젝트(Disability Visibility Project: DVP)'라는 온라인 공동체가 주도하여 트위터 캠페인을 기획하고 출범시켰다(Ellis, 2016 참조). 그전부터 ANP가 수년 동안 화면 해설의 도입을 강력히 요구해 왔음에도 불구하고 처음에 넷플릭스는 자신들의 슈퍼히어로 주인공도 접근할 수 없는 상태로 이 시리즈를 출시하였다. 하지만 캠페인의 시행을 통해 ANP와 DVP는 그들이 원하는 방향으로 상황을 돌릴 수 있었다. 2주 후, 넷플릭스는 자사의 모든 오리지널 프로그램에 화면 해설을 제공하겠다고 발표하였다(Wright, 2015). 그런 점에서 보면, 데어데블은 텔레비전의 장애 재현과 텔레비전 접근을 개선시키려는 최근의 노력에 중요한 공헌을 했다고 할 수 있다. 또한 주지하듯이 넷플릭스의 오리지널 프로그램은 전통적인 텔레비전을 위협하는 포맷으로 자리 잡고 있다.

이 책은 호주 장애인에 대한 낙인찍기 및 그들의 디지털 미디어 이용과 관련된 체화되고 맥락적이며 생생한 경험과, 텔레비전이 디지털 포맷으로 전환될 때 그것들이 어떻게 서로 얽힐 수 있는지에 초점을 맞추었다. 또한 장애에 대한 인권 기반 접근을 지향하였다. 이 작업은 텔레비전 화면 속의 재현과 그 미디어에 접근할 수 있는 능력을 통해 텔레비전이 장애인을 배제하는 사회적 공간을 구성했다는 가정에서 출발하였다. 시청각 미디어이기 때문에 텔레비전은 보거나 들을 수 없는 사람을 장애인으로 만든다. 그러나 경사로가 있으면 휠체어 이용자가 별 문제 없이 건물에 들어갈 수 있는 것처럼, 디지털 텔레비전은 장애인이 접근할 수 있는 대안적 수단을 제공함으로써 사회 통합을 증진시킬 것이라고 약속한다. 오늘날 수많은 채널이 다양한 재현의 기회를 보다 많이 제공하고 있으며, 한편으로 디지털 미디어는 자막, 화면 해설, 수어, 음성 자막, 클린 오디오를 통해 접근성을 증진하고 있다. 하지만 내가 이 작업을 처음 시작할 즈음에는 이런 접근성 기능 중 유일하게 자막만이 호주에서 지속적으로 제공되는 형편이었다. 2008년부터 2010년 사이에 이루어진 시각·청각 장애인의 텔레비전 접근성에 대한 호주 정부의 정책 검토를 보면, 텔레비전 접근이 인권의 문제라는 점을 인정하고 호주의 텔레비전에 화면 해설도 포함시킬 가능성을 제시하였다(Department Broadband Communications and the Digital Economy, 2010). 하지만 현재까지 이루어진 것은 거의 없다.

더욱이 디지털 전환이 되는 데 오랜 시간이 걸렸다. 이 작업을 시작했을 때 호주는 여전히 아날로그 신호를 통한 텔레비전 전송이 지배적이었으며, 인구의 60%만이 디지털 텔레비전으로 전환한 상태였다(ACMA, 2012). 정부는 국민에게 적응할 수 있는 시간을 주기 위해 아날로그와 디지털 텔레비전을 동시 전송하는 방법을 택하여 수차례에 걸쳐 아날로그 신호의 종료를 연기하였다. 2012년 경우에는 2008년의 전환 가구에 비해 10% 이상 더 늘어났지만(Ramsay, 2008), 완전한 디지털 방송으로의 전환은 아직 요원한 것처럼 보였다. 하지만 호주는 마침내 2013년 9월 디지털 전환을 마무리했으며, 그때 이 연구 작업도 탄력을 받기 시작하였다.

그 후 텔레비전은 더욱더 기술적 변화를 겪었으며, 더디게 추진되었지만 주문형 비디오도 2015년 호주에 도입되었다. 텔레비전이 점차 인터넷으로 전환함에 따라 호주는 물론 세계적으로도 텔레비전 접근 방식에 있어 커다란 변화가 나타났다. 사람들은 접근하기 쉬운 모바일 기술을 받아들이게 되었고, 그러한 상황에서 '평등한 인권equal human right'이라는 개념이 손에 잡힐 것만 같았다. 그에 따라 이 작업은 디지털 텔레비전(들)의 모든 양식에서 나타난 새로운 발전을 언급하는 것으로 확장되었다.

이 작업의 범위가 넓어지면서, UN 장애인권리협약의 중요성 또한 점점 더 분명해졌다. 재현을 개선시키려는 계획은 어렵지 않게 수용되었지만 화면 해설 제공 사례에서 보듯이 접근을 용이하게 하는 책임에 대해서는 방송 사업자가 회피하려는 경향이 호주의 상황에서 특히 두드러지게 나타났다. 이렇듯 장애인권리협약에서 재현과 접근의 중요성이 모두 강조되었음에도 불구하고 호주의 TV 방송 사업자가 다른 하나보다 또 다른 하나를 기꺼이 수용하려 했던 이유는 무엇일까? 재현의 수준에서 제기된 장애 다양성에 대한 요구를 수용한 것은 단지 사탕발림에 불과한 것인가? 따라서 나는 장애인권리협약과 호주 및 세계의 입법 기관의 역할에 대해 이 책 전반에 걸쳐 자세히 살펴보았다.

재현과 접근이라는 기본 주제는 특히 디지털 전환과 온라인 텔레비전 콘텐츠와 관련하여 이 책의 뼈대를 이룬다. 그 안에서 서로 교차하는 세 개의 역학 관계를 살펴보았다. 첫째는 명품 텔레비전을 통해 나타난 다양성으로 장애인 캐릭터가 대중 프로그램에 등장하게 되었고 여러 에피소드나 시즌에 걸쳐 변화하고 성장하였다. 그 결과 정형화되어 그려졌던 장애인 캐릭터에게 종전에 부과되었던 극적 제약을 벗어나 재현에 있어 뚜렷한 변화가 나타났다. 둘째로 텔레비전이 온라인 포럼으로 넘쳐흐르기 시작하면서 텔레비전 시청의 개념이 단지 화면을 보는 순간을 넘어 온라인을 통해 다른 이들과 대화를 나누는 것까지 포괄하게 되었다. 그에 따라 재현과 접근에 대한 토론의 장이 가능해졌다. 마지막으로 가장 중요하다고 여겨지는 것으로 인터넷 접속을 통한 텔레비전 시청 도구라는 개념이다. 이는 단지 장애인뿐 아니라 모든 사람이 텔레비전에 대한 접근을 개인화하고 향상시킬 수 있게 됨에 따라 이 과제의 핵심이 되었다.

사실상 텔레비전의 디지털화는 개인화를 문화적 접근성의 기회로 재구성하는 독특한 기회를 제공한다. 문화적 접근성은 재현, 대안적 접근 방법 그리고 다양한 스토리텔링을 가능케 해 주는 환경 간의 다면적인 상호 작용을 일컫는다. 따라서 이 책은 재현, 정체성, 제작, 소비, 규제를 아우르는 총체적 문화 회로를 고려하여 장애와 텔레비전에 대한 문화적 분석을 시도하였다.

재현

미디어와 문화에 나타난 장애의 재현은 비판 장애학에서 오랫동안 다루어진 연구 주제다. 연구자는 제작 방식과 더불어 텍스트 자체가 담고 있는 장애의 의미를 함께 살펴본다. 텔레비전과 관련해서는 이러한 접근법을 통해 장애인에 대한 부정적인, 나아가 때론 긍정적인 스테레오타입을 밝혀 텔레비전이 어떻게 비장애인의 세계관을 옹호하는지 고찰한다. 이는 장애인을 늘 배제하는 제작 현장뿐만 아니라 텍스트 자체에 담긴 의미의 수준에서도 발견된다. 이 책 전반에 걸쳐 각각의 텍스트에 대해 그 의미와 더불어 나아가 그것을 만들어 내는 사회 및 문화와의 관계를 심도 있게 살펴보았다. 또한 형식과 내용을 넘어 상황, 입법, 소비를 포함하는 여타의 여러 영향에 대해서도 좀 더 깊이 고찰해야 한다고 주장하는 바다.

텔레비전은 꾸준히 발전하는 미디어이고, 사회가 변화함에 따라 재현도 그것을 따라간다. 그런 점에서 호주의 텔레비전 지형은 방송업계의 상업적 요구 사항에 맞서 정부가 취한 입법 행위와 재정적 지원이 얽혀 서로 어떤 영향을 주는지를 살펴볼 수 있는 좋은 사례가 된다. 예를 들어 텔레비전 드라마 장르와 관련시켜 보면 호주의 상업 방송사는 여전히 스크린 오스트레일리아의 재정적 지원에 크게 의존하고 있다. 그러나 호주의 문화적 다양성을 모색하고 동시대의 사회적 관심사를 담아내는 드라마에 대한 후원을 책무로 2008년 설립된 이 기관의 제작비 지원을 받은 드라마에 있어 정작 다양성이 부족하다는 비판이 지속적으로 제기된다. 실제로 스크린 오스트레일리아의 2016년 연구 보고서에 따르면, 이 기관이 지원한 여러 드라마의 등장인물 중 단지 4%만이 장애인으로 나타났다. 하지만 이 책에서는 호주 텔레비전의 장애 재현에 대해 장애인 캐릭터를 따로 떼어놓고 살펴보기보다는 내용 분석과 더불어 호주의 국가 정체성의 영향도 고려하는 문화적 접근법을 취하였다. 이를 통해 텍스트에 대한 심도 있는 내적 분석뿐만 아니라 다수의 텍스트에 걸쳐 드러나는 상호 텍스트적인 재현 패턴도 살펴보았다.

3장에서 스크린 오스트레일리아의 지원을 받은 7개의 인기 텔레비전 드라마 및 영화에 등장하는 (대사가 있는 인물이든 그저 잠시 지나치는 단역이든) 잠재적 장애가 있는 모든 캐릭터를 분석하였다. 이 연구는 이들 작품에서 장애인 캐릭터가 얼마나 나왔는지에 대한 빈도를 밝히는 것뿐 아니라 정형화된 장애 묘사에 따라 장애인 캐릭터를 구축하고 재현하며 간주하는 방식도 분석하였다. 그 결과 분명하게 알아볼 수 있는 장애를 지닌 사람이 주인공으로 등장하는 경우는 극히 드물었으며 대부분 주변 인물에 그쳤다. 게다가 이미 한정된 소수만 등장하는 장애인 캐릭터조차도 주로 분노하거나 비통해하고, 피해자로 그려지거나 삶에 적응하지 못하고, 차라리 죽는 편이 더 낫고, 또한 남에게 부담이 되는 등 여러 부정적인 모습으로 묘사되었다. 이러한 재현은 모든 사람의 평등한 인권을 강조한 UN 장애인권리협약 8조의 전제를 대체로 위반한 것이라는 점을 강조하고자 한다.

그뿐만 아니라 스크린 오스트레일리아의 분석을 통해 정치적 관심사가 중요한 특성이라는 것이 드러났다. 예를 들어 이들 드라마는 많은 역사적 재현을 통해 전쟁을 겪은 호주 퇴역 군인의 정신 건강과 같은 동시대의 이슈를 다루었으며, 동시에 이 분야에 대해 정부의 조사가 시행되었다는 것도 밝혔다. 또한 이 연구에서 텔레비전의 장애 분석에 있어 트라우마의 재현에 대해서는 별로 탐구되지 않았다는 것도 발견되었다. 보다 많은 캐릭터가 신체적 장애보다 정신적 장애를 갖고 있는 것으로 묘사되었으며, 유명인사와 기업가의 치명적 질병이든 혹은 전쟁이나 범죄와 같은 심각한 사회적 사건과 연루되든 그 대부분은 트라우마와 관련된 것으로 나타났다. 특히 전쟁으로 인한 외상후스트레스장애가 여러 프로그램에 걸쳐 많이 등장했다. 이는 주요 인물에게 발견되는 유일한 장애 조건으로 세 명의 주인공이 이러한 증상을 보였다. 그러나 장애학에서조차도 트라우마에 대한 분석은 별로 이루어지지 않고 있다. 따라서 이 학문 분야 내에서 복합적 체화 이론을 발전시켜야 한다는 주장에 의견을 같이하고자 한다.

더욱이 이와 같은 공통적인 재현은 호주 사회에 이미 만연된 장애에 대한 부정적인 사회적 관점을 영속시키고 있다. 예를 들어 2014년 예산안 연설에서 호주 재무장관 조 호키Joe Hockey는 호주를 '의존하는 자가 아닌 견인하는 자로 이루어진 국가'로 묘사하면서(Hockey, 2014), 장애 급여, 장애 서비스, 지원 시스템의 예산을 삭감했다. 당시 장애차별금지위원회Disability Discrimination Commission의 위원이었던 그레임 이네스Graeme Innes는 기자 클럽에서 행한 연설에서 호키의 개념에 문제를 제기했다. 그는 "우리로 하여금 날마다 의존하도록 강요하는 사회의 장벽이 없다면 장애인도 견인차가 될 수 있다"고 주장했다(Innes, 2014). 호주의 텔레비전 드라마에 나타난 재현이 이 나라에서 장애를 지니고 살아가는 사람이 부딪치는 사회적 장벽을 거의 인식하지 못하고 있음에도 불구하고, 장애 재현이라는 이슈에 대한 정치인, 방송 사업자, 교육 기관 등의 관심은 점점 더 높아지고 있다. 그들 중 상당수는 호주 영상물의 다양성을 증진시키려는 영상다양성포용네트워크(Screen Diversity Inclusion Network: SDIN)에 지원을 약속한 이들이다. 이 조직은 호주의 영상 산업에 다양성을 증진시킬 목적으로 2017년 출범하였다. 방송 사업자와 여타의 미디어 기관은 곧바로 다양성 재현의 모범 사례를 보이는 데 지속적인 노력을 경주하겠다는 지지를 공약하였다. 이 조직은 2장에서 살펴본 영국의 다이아몬드가 견지한 초점과 연계시켜 국제적인 맥락에서 자신의 역할을 두고 있다. 하지만 이러한 약속이 빈말인지 아니면 실제적인 변화로 나타날지는 좀 더 두고 볼 일이다. 이 책에서 살펴보았듯이 다양한 재현에 대해 지원을 공약한 이들 기관이 접근과 관련하여 보여준 약속은 전혀 없기 때문이다.

이 책은 호주라는 지리적 영역의 텔레비전에 중점을 두었지만 마찬가지로 〈왕좌의 게임〉, 〈소프라노스〉, 〈트윈 픽스〉 같은 명품 프로그램을 통해 장애의 재현이 전 세계적으로 미치는 영향에 대해서도 살펴보았다. 특히 〈왕좌의 게임〉은 장애의 재현과 국제적 차원의 입법화에 대한 호주의 반응, 예를 들어 텔레비전 라이선스 협약을 들여다볼 수 있는 중요한 실마리를 제공한다. 5장에서 논의했듯이 이 협약과 관련된 제약 때문에 호주의 팬은 불법 복제로 〈왕좌의 게임〉에 접근하거나 아니면 다수의 유료 서비스에 가입해야만 했다. 그러나 인터뷰를 통해 나타난 것처럼 단지 좀 더 다양한 재현을 요구하고 자막 및 화면 해설과 같은 접근성 기능의 범위를 넓혀 주기 바라는 장애인에게 그것은 성가시면서 재정적으로도 지속 가능하지 않은 일이다.

디지털 전환과 그로 인해 협송(특정 수용자를 염두에 둔 편성)을 촉진할 수 있는 능력은 틈새 수용자로 특징되는 환경을 낳았으며, 그 결과 텔레비전에서 펼쳐지는 이야기도 달라지고 있다. 이제 텔레비전 오락은 더 이상 한 번 쓰고 버리는 일회용으로 간주되지 않는다. 오늘날의 수용자는 자신이 좋아하는 프로그램이 끝나고 오랜 시간이 지난 후에도 온라인의 대규모 데이터베이스와 위키를 통해 토론하려 든다. 그중에는 장애의 재현과 관련된 것도 포함된다. 따라서 팬은 비판적이고 지적이며 무엇보다 창의적이 되고 있다. 이런 포럼이 마중물이 되어 웹 시리즈 형식과 같은 완전히 새로운 텍스트가 나타난다. 또한 이 책을 통해 내내 주장하였듯이 이와 같은 팬의 참여는 장애 분석을 위한 중요한 지점이 되며, 문화 회로의 일부로서 소비와 재현에 대한 통찰력을 제공한다.

4장에서는 이러한 디지털 텔레비전 문화에서 중요하게 부각된 여타의 온라인 비디오를 살펴보고 논의하였다. 예를 들어 감화 포르노에 대한 영의 TEDx 토크는 온라인에서 폭넓게 공유되고 미디어의 재현에 대한 호주 및 세계의 장애 공동체의 비판을 결속시킨다. 이와 더불어 개즈비의 넷플릭스 코미디 〈나의 이야기〉는 호주의 문화적 정체성이 장애, 정신 건강 그리고 젠더와 관련된 다양한 형태의 낙인을 영속화시키는 규범적 정체성을 구축한다는 비판의 토대를 제공한다. 영과 개즈비 모두 장애를 갖고 있기 때문에 그들의 주장이 국내외 무대에서 다양한 이야기의 중요성을 강화한다는 점에서 의미가 있다.

이 책 전반에 걸쳐 논의하듯 대중 텔레비전의 접근에서 배제된다는 것은 자막이나 화면 해설과 같은 접근성 기능을 필요로 하는 장애인에게 심각한 사회적 결과를 낳는다. 텔레비전 재현은 중요한 문화적 데이터베이스를 구성하기 때문에, 텔레비전이 때때로 낙인화된 재현과 비접근성의 경향을 보임에도 불구하고 장애인은 특정 텔레비전 캐릭터와 자신을 동일시하는 것으로 알려져 있다.

텔레비전에 대한 장애계의 비판이 주로 재현과 텍스트에 담긴 의미의 유포에 초점을 두지만, 그것만큼 접근에 대한 고찰이 필요하다는 점을 강조하고자 한다. 이것이 이루어지지 않는다면, 수용자는 언제나 비장애인을 전제로 존재하기 때문이다. 이는 사회적 장애화와 사회 통합의 문제다. 기존의 삶의 환경이 비장애 시민을 전제로 하는 것처럼, 텔레비전도 보고 들을 수 있는 이용자를 선호한다. 디지털 텔레비전이 도래한 오늘날에도 때때로 그들만을 염두에 둔 복잡한 기술이 구축된다. 이런 면에서 접근은 디지털 텔레비전 문화 회로의 중요한 부분이 된다. 재현이 형식, 내용, 상황, 소비의 영향을 받듯 접근 또한 이러한 문화적인 영향의 교차점에 의존하는 것이다.

접근

이 연구를 진행하면서 만난 장애를 지닌 호주의 텔레비전 수용자는 자막과 화면 해설 같은 접근성 기능을 전혀 이용할 수 없거나 또는 일관적이지 않아 대체로 자신의 텔레비전 소비에 심각한 영향을 준다고 생각하였다. 주요 디지털 채널의 콘텐츠는 100% 자막이 의무화된 것은 사실이지만 그 외의 경우는 입법화가 이루어지지 않아 인터뷰 참여자는 디지털 멀티채널의 일관성 없는 대처법을 지적하였다. 더욱이 많은 이가 상업 TV 방송사에서는 자막을 제대로 이용하기 어려우며, 화면에서의 위치도 일관적이지 않다고 언급하였다. 여러 유형의 장애가 있는 인터뷰 참여자는 호주의 상업 방송에 대한 불만을 털어놓았으며, 주로 ABC나 SBS와 같은 공영 방송에 의존하고 있다고 응답하였다. 그러나 사실상 ABC도 호주 공동체의 모든 구성원에게 텔레비전 서비스를 제공한다는 스스로의 헌장을 충분히 이행하지 못하고 있다. 예를 들어 화면 해설은 현재까지 호주의 지상파 텔레비전에서 전혀 이용할 수 없다.

이는 대부분의 인터뷰가 2015년 아이뷰를 통한 ABC의 화면 해설 시험 방송 이후 이루어졌다는 점에서 심각한 문제라 할 수 있다. 많은 시각장애인에게 시험 방송을 경험하고 난 후 화면 해설을 접할 수 없는 예전의 텔레비전으로 돌아가라고 하는 것은 불가능하기 때문이다.

장애의 사회 모델은 장애가 개개인이 스스로 해결해야 하는 문제라는 인식에 정면으로 반대한다. 그러나 이 연구를 통해 사람들이 디지털 텔레비전 양식을 개인화하여 접근할 수 있다는 것을 깨닫게 되었다는 점이 밝혀졌다. 자막과 화면 해설 외에 대형 스크린 텔레비전 역시 다양한 장애가 있는 사람이 이용할 수 있는 유용한 접근성 기기로 언급되었다. 인터뷰 참여자는 또한 스마트폰, 태블릿, 스마트 텔레비전과 같이 인터넷으로 연결되는 기기를 선호한다는 점도 지적했다. 실제로 이제는 각각의 장애와 경제적 능력에 따라 그리고 기술 및 미디어 리터러시에 맞추어 다양한 사람이 다양한 방식으로 텔레비전에 접근할 수 있게 된다. 아이패드를 통해 밤에 침대에서 텔레비전을 보는 것으로부터, 같은 방에서 파트너가 다른 스크린을 통해 폭스텔을 보는 가운데 넷플릭스로 화면 해설을 이용하거나, 집에서 대형 스크린 텔레비전으로 자막에 접근하거나, 도서관에서 헤드폰을 끼고 컴퓨터 스크린을 보거나, '셋톱박스 없이' 애플 TV를 보거나, 혹은 심지어 어디에서든지 편하게 자리 잡고 끊김 없는 와이파이에 접속하여 텔레비전을 시청할 수 있다.

> 사실상 우리에게 장애라는 양상은 시간에 관한 것이다. 좀 더 일찍 잠자리에 들어 쉬어야 하기 때문에 실제로 나는 침대에서 무엇인가를 볼 수 있길 원하고 아침 7시에 텔레비전을 켜고 또 무엇인가를 볼 수 있기를 바란다. 그것도 늘어져서 편하게 침대에 있는 채로 보길 원한다. 그래서 그

것은 언제 어느 곳에서 볼 수 있는지를 선택하는 것과 매우 관련이 깊다.

> 거실에서는 만족스러울 만큼 편하지 않다 …… 아주 오랫동안 휠체어에, 그것도 같은 자리에 앉아 있을 때가 있다. 세상에서 가장 안락한 의자에 앉느냐는 그리 중요하지 않다. 그렇게 한곳에 오랫동안 앉아 있으면 더 이상 안락한 것이 아니기 때문이다. 나는 거실에 서로 다른 3개 의자를 놓고 한 시간에서 세 시간에 걸쳐 전혀 다른 의자에 앉는다. 그렇게 의자를 바꿔 가며 앉으면 그때마다 느끼는 안락감은 완전히 다르다.

또한 대체로 장애인은 접근성이 더 나아질 것이라는 기대를 갖고 새로운 뉴 미디어 기술을 빨리 받아들이는 초기 채택자의 모습을 갖는다. 이는 인터뷰 참여자에게 2013년 디지털 전환 당시의 경험을 기억해 보라고 요청했을 때 명백하게 드러났다. 적지 않은 참여자가 6장에서 논의한 가구 지원 계획을 건너뛰고 자신이 비용을 지불하더라도 빨리 새로운 디지털 텔레비전 수상기로 업그레이드하는 것을 선호했다고 말했다. 하지만 저소득 계층의 장애인에게 이것은 선택 사항이 될 수 없다는 점을 알아야 한다.

앞서 살펴본 것처럼 텔레비전은 각양각색의 사람에게 각각 다른 의미를 가지며, 디지털 플랫폼이 등장함에 따라 접근하고 싶은 내용뿐만 아니라 접근하는 방법에 있어서도 시청자의 선택권이 더 늘어난 것처럼 보인다. 예를 들어 넷플릭스, 폭스텔, 페치 TV와 같은 유료 서비스는 인터뷰 참여자에게 인기가 높았다. 반면 ABC와 SBS는 장애 재현의 견지에서는 좀 더 개선된 프로그램을 제공하는 것으로 보였지만, 자막 및 화면 해설의 이용 가능성 때문에 넷플릭스를 가장 다가가기 쉬운 것으로 여겼다. 개인 맞춤형 프로그램 추천에 대해서도 인터뷰 참여자 전반에 걸쳐 긍정적인 평가를 받았다. 그러나 폭스텔의 경우에는 대체로 파트너가 가입했지만 정작 자신은 별로 이용하지 않는 것으로 지적되었으며, 페치 TV는 인터넷 패키지 서비스에 포함되어 있기 때문에 이 집단에서 인기 있는 선택지가 되었다. 또 다른 참여자는 WWE(World Wrestling Entertainment)[127]와 같이 지상파 방송에서 볼 수 없는 프로그램에 대해 언급을 했다. 흥미롭게도 폭스텔에 가입하여 WWE의 콘텐츠를 부분적으로 시청할 수 있는 일부 참여자의 경우에도 보다 많은 콘텐츠를 볼 수 있다는 이유로 WWE 앱을 더 선호하는 것으로 나타났다.

그러나 디지털 분야에서 제공되는 선택권이 다양하게 있음에도 불구하고, 많은 인터뷰 참여자는 디지털 텔레비전을 설치하는 데 이런 저런 이유로 어려움을 겪는다고 지적하였다. 이해하기 어려운 메뉴와 복잡한 기술 때문에 설치를 완료하기 위해서는 가족이나 파트너에게 부탁할 수밖에 없었다고 털어놓았다. 그에 반해, 주문형 비디오는 훨씬 쉽게 접근할 수 있기 때문에 좀 더 즐거운 시청 경험을 가질 수 있다고 평가되었으며, 심지어 어떤 참여자는 '방탄bullet proof' 조끼를 입은 기분이라고까지 묘사하였다.

정체성

장애를 인권의 맥락에서 시민권 혹은 소수자의 정체성으로서 특히 중

127 미국의 종합 미디어 및 엔터테인먼트 회사로 영화, 미식축구 등 다양한 사업 분야를 운영하고 있다. WWE라는 이름은 프로레슬링 프로모션을 뜻하기도 한다. 매년 450개 이상의 라이브 이벤트를 개최하며 전 세계 9억 가구에 28개 언어로 서비스를 제공하고 있다.

시하는 것은 장애의 의료 모델로부터 벗어나 사회 모델을 지향하는 비판 장애학의 핵심이다. 그러나 어떤 경우에도 장애는 단일 경험으로 재단할 수 없다. 각양각색의 장애가 있는 사람들은 체화와 사회적 장애화 모두에 있어 완전히 다른 경험을 한다. 따라서 공통된 경험을 밝힌다는 것은 무척 어려운 일이다. 마찬가지로 심지어 하루에 불과해도 우리 개개인은 사회 참여의 능력에 영향을 미치는 상이한 장애 경험을 가질 수 있다. 나아가 장애가 여전히 문화적으로 무시되는 지점에 놓여 있기는 하지만, 이 연구를 처음 시작했을 때와는 달리 막바지에 이르러서는 장애 정체성에 대한 관점에 있어 분명한 변화가 나타났다.

예를 들어 2013년 조사에서 자신이 장애를 갖고 있다고 생각하는지 물어보았다. 장애인 단체를 통해 피조사자를 모집했음에도 불구하고 많은 사람이 '아니오'라고 부인하였다. 하지만 이들은 손상impairment의 유형에 대한 그다음 질문에 대해서는 응답을 하였다. 이것으로 미루어 볼 때, 장애로 분류될 수 있는 손상을 입은 사람이 접근성 기능의 필요성을 인정하더라도 자신을 꼭 장애인이라고 간주하는 것은 아니라는 점이 드러났다. 그에 따라 이러한 현상을 좀 더 탐색하기 위하여 2016~2017년 시행한 인터뷰에도 장애 정체성에 관한 질문을 포함시켰다. 그 결과, 대부분의 인터뷰 참여자는 스스로를 장애인[128]이라고 밝혔다. 그렇게 응답한 이유로 어떤 손상도 입지 않은 사람과 마찬가지로 동등하게 사회에 참여하는 데 필요한 도움을 받으려면 장애를 인정하

---

128 원문에서는 'person with a disability'와 'disabled person' 두 용어로 표기되어 있다. 이것은 장애의 책임을 어디에 두느냐에 따라 다른 의미를 내포하기 때문이다. 의료 모델에서는 자신의 몸의 손상 때문에 장애인이 된다고 보기 때문에 전자를, 사회 모델의 경우 그들의 몸이 아니라 사회적 장벽에 의해 장애를 당하게 된다는 의미를 담아 후자를 사용하는 경향이 있다.

는 것이 중요하다고 생각하기 때문이라고 설명했다. 몇 년이 지나면서 장애가 좀 더 정치화된 것인가? 시간이 좀 걸리기는 했지만 감화 포르노에 대한 영의 비판이 의미 있는 영향을 미친 것인가? 실제로 나는 이 연구를 수행하는 동안 많은 사람과 감화 포르노에 대해 이야기를 나누었다. 자신을 장애인으로 생각하는 어떤 이에게 이는 정치적인 결정이었으며, 또 다른 이에게는 필요한 혜택을 받기 위한 현실적인 이유였다.

> [자기 자신을 장애인이 아니라고 한다면] 바보 같은 짓일 거에요. 그건 사실을 외면한 채 세상을 살고 있는 것이에요…… 자신이 잘 적응할 수 없다는 사실을 무시하고 있다고 봐요…… 적응하는 것이 중요해요. 나는 늘 장애의 본질은 적응성이라고 말해 왔어요. 어떤 장애든 그것은 현실이라고 생각해요.

이는 훌륭한 조언이다. 하지만 호주의 디지털 텔레비전 문화의 맥락에서 시각 장애인은 거의 30년 동안 지원을 요구하며 적응하려고 노력해 왔다. 기술적 변화가 도움을 줄 거라 여겼지만 이 나라에서 여전히 화면 해설은 제한적으로 존재한다. 따라서 시각 장애인 집단의 텔레비전 접근성(7장 참조)과 관련하여 볼 때 새로운 변화가 이루어지지 않는 한, 인권이 실현되지 않은 것은 차치하더라도 호주는 접근할 수 없는 사회적 인식의 쳇바퀴 속에 여전히 머무르게 될 것이다. 그러나 UN 장애인권리협약에 대한 약속에 따라 호주 정부는 그것을 달성해야 할 책임이 있다. 자막에 대해서는 방송서비스법(1992) 및 장애인차별금지법(1992)에 따라 오전 6시부터 자정까지 방영되는 모든 프로그램에 의무적으로 제공해야 한다는 법적 규정이 적용되는데, 왜 화면 해설은 같은 방식으로 우선순위를 두지 않고 있는지 그 이유가 명확하지 않다.

이는 정부 부처인 정보통신예술부와 상업 TV 방송사업자협회인 프리 TV 모두 '모든' 호주인이 텔레비전에 접근하여 자신이 어떻게 재현되는지를 경험할 수 있도록 보장하는 것을 책무로 명시하고 있다는 점에서 더더욱 그렇다(Department of Communications and Arts, 2017; Free TV, 시기 불명). 예를 들어 정보통신예술부는 소비자의 접근을 가능케 하고 기업의 지속 가능성을 조성하는 것을 우선순위로 하면서 성장과 혁신을 도모하고 있다. 나아가 이 부처는 혁신, 예술, 창의성 간의 관계에 대한 지원을 포함하여 '생산성, 성장, 혁신을 권장할 수 있는 정부의 광범위한 의제'에 맞추어 공동 계획을 조정한다. 마찬가지로 프리 TV도 자신의 웹 사이트를 통해 '사회적 결과물을 전달'하는 데 장애인을 비롯한 모든 호주인을 포함시킨다는 것을 공공연히 밝히고 있다. 실제로 그들은 자신들의 회원, 즉 호주의 텔레비전 산업계가 디지털 시대에 '앞서가고 있다'고 주장한다. 그러나 호주의 화면 해설 제공을 다룬 화면해설특별조사위원회 보고서를 내세워 화면 해설은 자신들의 책임이 아니라고 회피한다(Department of Communications and Arts, 2017). 그러면서도 프리 TV는 "호주의 현대 디지털 미디어 환경이 공동체 기준을 지지하고 적절한 시청자 보호 장치를 보장할 수 있도록 한다"는 기치를 걸고 상업 텔레비전 산업 실천 강령을 제정하였다(Free TV, 2010). 이것으로 미루어 볼 때, 프리 TV는 텔레비전의 장애 재현에 대해서는 주목하고 있지만, 장애인을 위한 텔레비전 접근성은 언급하지 않는다는 것을 알 수 있다. 장애인에게 미디어에 대한 접근은 장애를 미디어에서 어떻게 재현하는지에 못지않게 중요하다. 양자 모두 장애인 집단의 사회적 지위에 실질적인 영향을 미치기 때문이다(Ellis & Goggin, 2015).

이 모든 것은 호주 정부도 서명한 UN 장애인권리협약의 정신에 위배되는 것이다. 그러나 이 협약이 서명국에 대해 의무를 부과하고 있음에도 불구하고, 이는 민간 영역이 협력하는 경우에만 충족될 수 있다. 이 협약의 제4조에 따르면, 당사국은 장애 차별을 제거하기 위한 '모든 적절한 조치를 취해야'만 한다(United Nations, 2006 참조). 미디어와 커뮤니케이션에 대한 접근을 명시한 조항(제4, 9, 21, 30조)과 특히 텔레비전을 염두에 두고 언급한 조항(제30조)과 더불어, 제9조(접근성)는 공중에 대한 서비스를 제공할 때 민간 기업이 반드시 접근성을 고려하도록 하려면 정부와 업계가 공동으로 책임을 져야 한다고 논하고 있다. 그러나 그동안 이루어진 일련의 정책 논의에서는 화면 해설에 대한 책임을 산업체나(아마도 더 적절한 것으로 보이는) 정부의 권한에 두기보다는 소비자의 요구, 경쟁 그리고 업계의 혁신에 놓고 있다.

이 연구를 통해 법률 제정의 문제가 갈등의 원천이라는 사실이 드러난다. 예를 들어 자막은 호주 텔레비전에서 가장 널리 이용할 수 있는 접근성 기능이지만 이는 호주와 세계적으로도 모두 자막의 제공을 의무화한 법률이 제정된 결과다. 하지만 기술의 변화와 새로운 텔레비전 양식 개개에 대해 미처 입법이 따라가지 못하기 때문에 그때마다 늘 청각 장애인은 다시 접근권을 위해 싸워야만 한다. 앞서 주장했듯이 입법 행위만으로는 태도의 변화를 가져올 수 없다. 그렇지만 또한 나는 여전히 화면 해설의 제공을 의무화하는 입법이 필요하다는 주장을 하고자 한다. 이 책을 쓰고 있는 시점에도 화면 해설은 지상파 텔레비전에서 이용할 수 없는 실정이다. 현재로서는 화면 해설의 교착 상태를 풀려면 정부의 지원이 필요하다. 그것은 지상파 텔레비전이 의무적으로 화면 해설을 제공하도록 하는 법률을 제정하거나, 아니면 그 기능을 제공해 주는 인터넷이나 유료 서비스를 이용할 수 있도록 시각 장애인에게 재정적 지원을 해 주는 것이다.

정체성은 텔레비전의 디지털화에 있어 핵심적인 개념이다. 특히 협송과 관련하여 더욱 그렇다. 이 책을 통해 줄곧 논의했듯이 우리는 수용자의 참여를 요구하는 명품 텔레비전의 시대를 경험하고 있다. 결국 수용자는 흔히 몰아 보기를 하고 온라인 포털에 자주 의지하며 복잡한 내러티브, 확장된 배경 이야기, 시리즈 간의 상호 관계 그리고 팬들이 펼치는 논의 등에 대해 좀 더 많은 정보를 얻는다. 또한 접근성 기능은 제작자가 대본을 작성하고 색인의 데이터베이스화를 이루도록 해 주는 데 필수적인 역할을 하고 있다.

미래는 디지털이다

처음 이 책을 출판사에게 제안했을 당시 호주는 아날로그 방송을 하던 시기였다. 그들은 텔레비전 접근성 기능이 비장애인에게 미치는 잠재력도 고려하는 것이 좋겠다고 권했다. 나는 그것이 미래의 연구에 중요한 부분이라는 점에 동의했고 이 책을 통해 그런 접근법이 갖는 혜택을 언급하였다. 아주 흥미롭게도, 내 원고를 검토한 이들이 무엇인가를 알아냈다. 청각 장애인을 위한 특별한 보조 기능이지만 비장애인에게는 '화면을 어수선하게 하는 것'으로 인식되었던 자막이 연구를 진행하는 동안 텔레비전의 주류적 기능이 되었다. 하지만 화면 해설은 여전히 주변부에 머물러 있다. 대부분의 호주인은 그것이 무엇인지 잘 모르고 있으며, 시각 장애인은 텔레비전을 시청하지 않는다고 여기는 인식도 여전히 만연되어 있다. 그러나 9장에서 논의했듯 화면 해설의 주류적 활용이 지적되고 있으며, 이는 주로 넷플릭스의 프로그램을 통해 밝혀지고 있다. 이에 반해 클린 오디오는 비장애인과 장애인 모두에게 관심을 받고 있다. 특히 향후 고령자에게 필요한 중요한 기능이 될 것으로 간주된다.

이 연구가 다양한 장애를 넘나드는 접근법을 취했지만 호주의 장애와 디지털 텔레비전 문화라는 맥락에서 보면 화면 해설에 가장 많은 관심을 가져야 한다는 점은 더욱 분명해졌다. 내가 처음으로 화면 해설을 우연히 접한 것은 2007년 호주의 장애인 영화제인 '또 다른 영화제The Other Film Festival'에 참가했을 때였다. 그 후 화면 해설이라는 것에 대해 다시 듣게 된 것은 슬레이터의 2010년 정책 보고서를 읽었을 때다. 이는 호주 장애인의 시청 경험을 바꾸어 줄 수 있는 디지털 텔레비전의 잠재력에 관한 것이었다. 나는 볼 수 있기 때문에 ABC의 화면 해설 시험 방송을 접하지 않았다. 그러나 이 연구를 진행하면서 이야기를 나누었던 시각 장애인을 통해 그들이 시험 방송 이후 화면 해설이 무엇인지 더 잘 알게 되었다는 것을 발견하였다. 그리고 외견상 어떤 뚜렷한 이유 없이 이들의 접근권이 방해받고 있다는 것도 알게 되었다. 하지만 화면 해설은 시각 장애인의 기본적인 인권일 뿐 아니라 모두를 위한 혁신의 기회가 된다. 역대 정권이 호주를 혁신 국가라고 미사여구를 늘어놓았던 것을 생각하면 이 나라에서 특히 기업과 정부가 이 서비스에 대해 무관심한 것은 당혹스러운 일이 아닐 수 없다.

최근 나는 넷플릭스에서 〈루크 케이지〉를 보았다. 그중 어떤 인물이 악당인 다이아몬드백으로부터 주석이 많이 달린 성경을 받는 장면이 있었다. 난 그 메모를 이해할 수 없어 화면 해설을 켰으며, 그제야 이 성경과 주석 그리고 강조한 것이 무엇을 의미하는지에 대한 실마리를 얻게 되었다. 솔직히 말하면, 나는 스마트 텔레비전을 갖고 있으며 넷플릭스에 접근성 기능이 있다는 것도 알고 있었음에도 불구하고 이를 실행하는 데 적지 않은 시간이 걸렸다. 사실 이런 종류의 탐색 작업은 색다른 것이 아니다. 이미 많은 비장애인 수용자가 본인의 이해를 돕기 위해 자막이나 화면 해설과 같은 접근성 기능에 의존한다(Bradley,

2017; Ellis, 2014; Mancuso, 2015). 이는 차후에 좀 더 정교한 조사가 필요한 연구 영역으로 떠오르고 있다. 이 분야에 대한 나의 예비 연구를 보면 텔레비전 팬은 화면 해설의 지원성을 시험해 보고 싶은 흥미를 갖고 있다는 점이 드러난다(http://audiodescriptionau.com.au/참조). 그들은 또한 이러한 기능이 시각 장애인에게 필요하다는 것을 알고 있으며, 텔레비전 팬으로서 어느 누구도 이러한 미디어에 접근하는 데 있어 배제되어서는 안 된다고 믿는다는 점이 중요하다.

텔레비전 연구자, 정치인, 기술 개발자는 흔히 미래의 텔레비전 모습과 차후 그로부터 기대할 수 있는 것에 대해 예측을 한다. 사물 인터넷의 발전으로 인해 텔레비전은 홈 오퍼레이션home operation과 편리한 인터넷의 핵심이 되고 있다.

> …… 이용자는 자신의 TV에 지시를 하여 조명을 어둡게 하거나, 보안 카메라에 찍힌 장면을 볼 수 있다. 이를 통해 문 앞에 누가 서 있는지, 또는 심지어 냉장고 안에 무엇이 있는지도 알 수 있다. 이 모든 기능은 이상적인 미래의 스마트 홈Smart Home의 지휘 본부로서 텔레비전을 상정하는 것이다. (Gray, 2018)

어떤 연구자는 이런 종류의 예측이 텔레비전 연구의 정당성을 획득하기 하기 위한 억지 증표에 불과하다고 거부 반응을 보이기도 한다. 그럼에도 SF 소설의 팬으로서 나는 이런 미래의 모습을 즐긴다. 장애인의 접근을 가능하게 해 주는 텔레비전, 인터넷 그리고 디지털화가 일어나기 아주 오래전인 1907년 〈뉴욕 타임스〉에서 언급한 미래의 기술적 능력의 지원성이라는 개념을 살펴보자.

멀리 떨어진 상태에서 대화를 나누는 연인이지만 직접 대면하는 것처럼 서로를 바라볼 수 있다. 의사는 다른 도시에서 환자의 혀를 진찰할 것이며, 경제적 여유가 없는 사람은 자신의 취향대로 눈으로라도 여행을 즐길 것이다. 무더운 날씨에도 고산의 빙하와 북극의 눈을 찜통 같은 도시에서 볼 수 있을 것이며, 살을 에는 북서풍이 불 때 난초와 야자가 가득한 열대 지역을 느긋하게 감상할 수 있을 것이다. (*The New York Times*, 1907: 39)

스마트 텔레비전과 함께 사물 인터넷은 이를 제공할 수 있으며 제공하기도 한다. 그러나 1907년의 예측이 여전히 사람과 기계를 연결하는 데 중점을 두었던 반면, 2018년의 사물 인터넷에 대한 예측은 기계들이 서로 연결되는 것에 관련된다. 인터뷰를 마치면서 나는 참여자에게 어떻게 하면 텔레비전이 장애인의 접근성을 보다 증진시켜 줄 수 있는지 생각해 보고, 최상의 텔레비전 경험이 무엇인지 묘사해 달라고 요청했다. 6장에서 살펴보았듯이 어떤 이는 텔레비전이 벽에 투사되는 앱이 될 수 있다는 마크 저커버그의 제안에 공감을 표하면서 그리되면 어떤 방으로 가든 텔레비전을 볼 수 있을 것이라는 기대를 드러냈다. 또 다른 이는 보편적 자막, 화면 해설 콘텐츠, 음성 리모컨, 전자 프로그램 안내 등에 초점을 맞추어 제안하였다. 그러나 가장 많은 이가 언급한 것은 쉽게 접근할 수 있고 개인화된 텔레비전이 주류 시청자에게도 분명한 혜택이 될 것이라는 점이었다.

…… 모든 것을 말로 쉽게 할 수 있게 해 주는 음성 조절 기술은 이 모든 것을 쉽게 끄고 켤 수 있게 해 줄 거예요. 내 생각엔 아마도 음성 리모컨이 최고가 될 것이에요.

> 모든 쇼나 프로그램의 화면 해설, 음성 리모컨, 음성 프로그램 안내, 음성 TV(리모컨을 잃어버렸을 때를 위해) 등…… 무슨 정보나 기능이든 모든 사람이 이용할 수 있다면 우리도 이용할 수 있겠죠.

> 나는 침대에서 사용할 수 있는 좀 더 휴대하기 쉬운 기기를 디자인해 보고 싶어요. 또한 와이파이가 더 잘 잡히는 구역을 지정하는 것도 좋을 것 같아요. 그러면 내가 공부하거나 TV를 보거나 무얼 하든 그곳에서 하고, 거실로 나오게 되면 다른 사람과 더 교류도 할 수 있고 말이에요.

이 책을 시작하면서 ABC가 청각장애인주간 축하 행사를 호주 수어로 방영한 저녁 6시 뉴스를 예로 들었다. 최근 들어와서 ABC는 완전히 디지털화된 포스트텔레비전 환경으로 전환할 것이라는 계획을 발표했다. 이를 통해 틈새 프로그램과 비선형 프로그램이 이루어질 것이며, 수용자가 각자 맞춤형 콘텐츠에 접근할 수 있도록 해 준다는 것이다. 이러한 전략은 ABC의 경영 구조에 혼란을 야기하고, 정부와의 껄끄러운 관계를 드러내며, 시청자의 의구심도 자아내고 있다. 하지만 그럼에도 불구하고 호주의 장애인이 인터넷 기반의 기기를 이용하여 텔레비전에 접근할 수 있고, 틈새 명품 프로그램이 다양성을 증진시켜 준다면, 그 혜택은 장애인 집단을 넘어 모든 사람에게 더욱더 확장될 것으로 기대한다.

감사의 말

이 책의 저자로 단지 내 이름만 올라가 있을 뿐, 후원자, 멘토, 동료, 학생, 친구, 가족 등 많은 이의 도움이 없었다면 이 책은 결코 완성되지 못했을 것이다.

장애는 학문의 끝자리에 놓인 미미한 존재이며, 텔레비전과 문화에서도 그다지 다르지 않다. 박사 과정에 있을 때 어느 학회에서 만났던 선배가 건넨 말을 지금도 기억한다. 장애는 단지 '유행'에 불과하고 그리 오래가지 않을 분야이니 다른 연구 주제를 찾아보라는 조언이었다. 그때 나는 터무니없는 소리라고 생각했다. 장애는 유행이 아닐 뿐 아니라 유행한 적도 없다. 15년이 지난 현재 비판 장애학이 하나의 연구 분야로 지속되고 있다는 사실에 감사한다. 어찌 보면 유행이 되고 있는지도 모른다. 그렇더라도 유행이란 말은 적절치 않다. 장애는 그때도 있었고, 지금도 단지 있을 뿐이다.

하지만 그런 식으로 폄하하는 자보다 옹호해 주는 이가 더 많았다. 이 책을 만들고 작업할 수 있도록 길을 닦아 준 여러 비판 장애학 연구자의 지도력에 감사드린다. 특히 나를 일깨워 주고 작업을 함께한 제라드 고긴, 베스 핼러, 로즈메리 갈런드톰슨에게 고마움을 전한다. 엘리자베스 엘세서, 메릴 앨퍼, 토비 밀러, 숀 번즈, 마이크 켄트의 활력과 기여가 이 분야를 이끌었다. 이들이 내 생각을 다듬어 주고 많은 사람의 삶에 커다란 변화를 가져다주었다.

이 책은 호주 텔레비전의 장애인 수용자에 대한 5년간의 연구를 기록한 것이다. 이는 주로 호주연구위원회(Australian Research Council: ARC)의 신진학자상과 ACCAN(Australian Communications Consumer Action Network)의 연구비 지원 그리고 커틴대학교의 교육혁신기금의 후원을 받아 이루어졌다. 내가 호주연구위원회의 연구비 혜택을 받을 수 있었던 것은 영광이었다. 이를 마무리하게 된 것은 지금까지 한 작업 중에서 가장 만족스러운 일이다. 나의 지원을 받아주고 피드백을 준 믹 브로더릭과 잉그리드 리처드슨에게 감사드린다. 또한 나에게 장애와 텔레비전 연구의 기회를 준 익명의 심사위원과 전문가에게도 고마움을 전한다. 아울러 기관의 요구를 처리하는 데 도움을 준 암나 시디키, 앤드루 매클린, 맨디 다우닝에게도 감사드린다.

이 작업을 진행하는 과정에서 장애와 미디어 및 문화에 관한 정부 정책을 평가할 기회가 있었다. 대부분은 최근의 화면해설특별조사위원회Audio Description Working Group의 참여로 이루어진 것이다. 나를 지명하여 이 중요한 작업에 포함시켜 준 웨인 호킨스와 ACCAN 그리고 정보통신예술부에 특히 감사의 말씀을 드린다.

또한 커틴대학교라는 아주 우호적인 환경에서 일을 할 수 있었던 것은 행운이었다. 이 대학은 연구 기간 내내 훌륭한 연구 보조팀을 운영하여 도움을 주었다. 그들은 멜리사 머천트, 캐서린 로크, 크리스 메이슨, 리앤 맥레이, 기네스 피티, 나탈리 래터, 테레사 밀러, 매디슨 마글라디로서 그들이 없었다면 나는 아무것도 성취할 수 없었을 것이다. 또한 이 책의 마지막 단계에서 편집을 맡아 도와준 세리드웬 클로처티에게도 감사드린다. 라우틀리지출판사의 펠리사 살바고키스, 에리카 웨터, 수잔 리처드슨, 엘리노어 캐치폴 시몬즈에게도 고마움을 전한다.

윤리적인 이유로 직접 이름을 밝힐 수는 없지만 나에게 의견을 주고 자신들의 일원으로 받아준 장애인 공동체의 자발적인 도움이 없었다면 이 책의 출간은 불가능했을 것이다. 그들의 너그러움과 기꺼이 나에게 말을 붙여 준 배려에 감사드린다.

마지막으로 사랑하는 나의 가족을 들 수 있다. '일을 핑계로' 영화를 지나치게 보고 텔레비전에 빠져 있으며 컴퓨터 앞에서 일만 하였던 나를 참고 견뎌 주었다. 이 연구가 진행되는 동안 갓난아이에서 어엿한 어린이로 성장한 스텔라와 코너 그리고 무슨 일이 있을지 정확히 알면서도 나와 결혼한 크리스에게 고마움을 전한다.

케이티 엘리스

옮긴이의 말

1

한때 텔레비전의 미래에 대해 비관적인 전망이 난무하였다. 그 동인은 인터넷이라는 신문물이었으며, 조만간 텔레비전을 흡수할 것이라는 예측에 적지 않은 이들이 동의하던 시절이 있었다. 다소 과장하자면, 종이 신문의 쇠락에 이어 텔레비전도 몰락하면서 올드 미디어는 사라질 것이라는 일종의 종말론이 횡행한 것이다.

하지만 이즈음의 현실은 전혀 다르다. 언제 그런 일이 있었냐는 듯 오히려 인터넷과 모바일 기술을 끌어들여 진화와 변신을 거듭함으로써 텔레비전의 위상은 전보다 더 공고해지고 있다. 다양하고 풍성한 콘텐츠를 언제 어디서나 자유롭게 접근할 수 있고, 편성 시간에 상관없이 마음껏 몰아 보기와 다시 보기를 하며, 온라인 공간을 통해 정보를 교환하고 의견을 공유하는 이른바 '명품 텔레비전'과 '확장 미디어'로서 굳건히 자리 잡고 있다.

이런 새로운 텔레비전 환경은 오랫동안 변방으로 밀려나 배제되었던 장애인에게도 단비가 될 것이라는 은근한 기대와 희망을 품게 해주었다. 하지만 이는 이론적인 예단이며 잠재적 가능성일 뿐 현실에서는 양날의 칼로 존재한다. 새로운 기회를 마련해 주는 든든한 토대가 될지, 아니면 도리어 기존의 불평등을 더욱 심화시키는 또 다른 장벽으로 작용할지 단언할 수 없다.

현대 사회에서 텔레비전은 공통의 삶의 환경이자 주요 사회 체계의 하나로 존재한다. '세상을 보는 창'으로서, 타인과의 소통의 기제로서 그리고 사회적 현실에 대한 인식의 배양이라는 견지에서 그러하다. 세계인권선언이나 UN 장애인권리협약과 같은 국제 헌장이 텔레비전 접근을 인권으로 강조하거나, 여러 나라가 텔레비전을 중심으로 장애인의 정보접근권 강화를 추구하는 이유도 이러한 일상으로서의 중요성과 연계성 때문이다.

《장애와 텔레비전 문화: 디지털 시대의 재현, 접근, 수용》은 바로 그 지점에서 출발한다. 그동안 수없이 되풀이 언급된 장애 재현의 문제와 한계를 지적하고 그 대안적 방향을 제시하며, 새로운 디지털 환경에서 장애인 — 특히 시각 및 청각 장애인 — 이 텔레비전에 접근할 수 있는 방안을 모색한다. 또한 미디어 접근권의 근본적인 변화에 대한 지침을 제공하는 동시에 장애인 공동체가 견지하고 있는 통찰력을 보여 줌으로써 이론과 현실의 접점을 시도한다. 종전의 아날로그 방식이 디지털 전송으로 전환됨에 따라 다양한 텔레비전 접근 방식이 가능해지면서 장애와 텔레비전 연구도 그러한 변화에 맞추어 새롭게 바뀌어야 한다는 것을 제안한다.

이 책이 붙잡고 고민하는 화두는 '차이'다. '차이'가, 다르다는 '다양성'으로 인정받지 못하고 틀리다는 '범죄'로 간주되어 결국 '정상'과 '비정상'의 차별로 이어지는 사회와 제도에 대해 이야기한다. 저자는 이를 어떻게 바꿀 수 있는지, 그 가능성에 대해 진단하면서 그 실마리를 미디어, 특히 가장 대중적인 커뮤니케이션 양식인 텔레비전에서 찾으려 한다. 우리 사회 곳곳의 차별과 배제의 현실을 깨닫게 하고 변화의 가능성을 도모하는 출발점으로 재현과 접근의 견지에서 디지털 시대의 텔레비전의 중요성을 강조한다.

2

《장애와 텔레비전 문화》는 특히 두 가지의 특징을 가진다. 먼저 대부분 영국과 미국에 치우친 기존 연구와 달리 호주라는 국가의 특성을 기반으로 장애인의 미디어 접근권을 살펴보고 있다. 호주의 연구자에 의해, 호주의 역사적 상황과 산업적 요인 그리고 국가 정체성의 영향을 받은 논의가 전개된다. 특히 호주의 디지털 TV 전환 과정에서 나타난 재현과 접근에 대한 장애인 수용자 중심의 연구 결과가 소개된다.

멀리 떨어져 있는 지정학적 위치만큼이나 호주는 우리에게 아주 친숙한 국가는 아니다. 영국으로부터 실질적인 독립성을 확보하고 있지만 그들 스스로 '호주에 거주하는 영국인'이라는 민족적 정체성으로 표현할 만큼 현재까지도 영연방의 일원으로 많은 부분 영국과 비슷한 제도를 받아들이고 있다. 아울러 같은 영어권 국가로 미국의 영향도 많이 받아 다른 어떤 국가보다도 이 두 나라와 밀접한 것도 사실이다.

하지만 호주는 영국이나 미국과는 다른 역사와 문화를 가진 공동체라는 인식을 토대로 여러 면에서 고유의 방식을 찾아간다. 우선 호주는 미국의 헌법과 영국의 관습법 체계가 혼합된 법체계를 가지고 있으며, 정책적 측면에서도 두 나라의 사례를 살펴보고 그 장단점을 분석한 후 자신들에게 적합하도록 절충한 정책을 가져가는 경향이 있다. 호주의 여러 정책은 성공한 사례로 평가되며 그 원인을 탐색하는 연구도 이루어진다. 그 배경의 하나로 정책 이슈나 사회적 문제의 해결을 위해 무조건 달리지 않고 성숙될 때까지 기다리고ripening, not running,

일단 결정이 되면 적기에 최적의 정책을 추진하는 실행력strike while the iron is hot이 거론된다.

방송 관련 정책에 있어서도 호주는 매우 신중한 입장을 취한다. 시기적으로는 우리보다 빨랐지만, 1941년 의회에 합동위원회가 결성되어 논의가 시작된 지 15년이 지난 1956년이 되어서야 비로소 텔레비전이 도입되었다. 또한 유료 방송은 1980년대에 권고되었지만 1995년에, 디지털 텔레비전은 2001년 도입이 논의되었지만 2013년에 비로소 본격적인 이용이 가능할 정도로 더디게 이루어진다. 그것은 산업적, 사회적, 정책적 의제를 골고루 살펴보는 과정을 거친 후 최종적인 판단을 내리는 장기적이며 거시적인 계획 수립과 실천 관행에 기인한다.

장애인의 미디어 접근권에 있어서도 이러한 경향이 이어진다. 영국이나 미국이 과감하게 선도적인 정책을 추진하는 것에 비해 호주는 일단 그들의 상황을 심도 있게 살펴보면서 최적의 정책을 찾고 접근하려 한다. 그 한 예로 영국이나 미국이 자막 방송의 품질 평가 지수로 수학적 산식 방법(NER 또는 WER·WWER)을 택한 반면, 호주는 이 두 방안을 검토한 후 유연성과 일관성이 높다는 판단하에 비계량적 방법으로 그 제고 방안을 모색하고 있다. 이렇듯 하나의 정책 의제에 대한 다양한 의견을 수렴하여 이를 토대로 최적의 정책 방안을 도출하고 최종적으로 정책을 수립하는 호주의 사례는 다른 나라의 장단점을 어떻게 자국의 현실에 맞추어 조정하고 적용하는지를 살펴볼 수 있는 유효한 기회가 될 것이다.

하지만 저자는 장애인 방송접근권에 대한 호주의 지나치게 더디고 일관적이지 못한 정책 집행에 대해서 신랄하게 비판한다. 아울러 상업적 견지에서 장애인 방송 접근 서비스의 제공을 부수적인 비용이 드는 부차적인 업무라고 여기는 방송 사업자들의 인식과 태도 역시 결림돌의 하나로 지적한다. 그런 점에서 어떻게 방송 사업자를 협력 거버넌스 과정에 참여시켜 합리적인 정책 결정을 이끌어 낼 것인가라는 유사한 과제를 안고 있는 우리로서도 호주의 사례는 타산지석으로서 의미가 있다.

이 책은 호주라는 특정 국가의 개별적인 사례 분석에만 머무르지 않는다. 여러 나라에서 이루어진 다양한 연구 결과와 미디어 보고서를 통해 전 지구적인 상황을 균형 있게 살펴본다. 장애와 관련된 기술 개발이나 법률 제정은 국내적 차원을 넘어 국가 간에 서로 영향을 미치는 국제적인 맥락에서 이루어지고 있다. 장애는 예나 지금이나 존재하며, 각 나라의 문화적, 산업적, 역사적, 사회적 환경의 차이에도 불구하고 그에 대한 인식과 정책은 그리 다르지 않게 하향 '표준화'되어 있다. 그런 견지에서 이 책의 논의는 어느 나라, 어느 시대에도 적용할 수 있는 보편성을 담보한다.

3

또 하나의 특징은 기존의 연구들이 대부분 미디어, 특히 텔레비전의 재현에 주안점을 두었다면 이 책은 그와 더불어 접근성을 다루고 또한 장애인 수용자의 인식도 함께 종합적으로 살펴보고 있다는 점이다.

신체의 장애 여부는 대체로 가시적으로 확인되기에 우리 문화에서 정상임normalcy을 규정할 때 가장 중요하게 작용한다. 아울러 삶의 불편함과 사회 참여의 한계도 포괄한다는 점에서 젠더나 인종과 같은 문화적 정체성으로 인한 사회적 낙인의 경우보다 더 어려운 현실적 국면을 갖는다. 따라서 중립적인 기준을 적용하는 것, 즉 부당하게 대우하거나 기회를 제공하지 않는 것을 금하는 것만으로는 해결의 실마리를 찾을 수 없다. 장애인 접근권의 달성에는 또 다른 대안적 수단이 요구되는 이른바 '미실현 권리의 실현'이라는 특성이 있기 때문이다. 그것이 바로 이 책에서 미디어와 장애 연구의 두 축으로 재현의 분석과 더불어 접근의 대안이 함께 이루어져야 한다고 주장하는 배경이다.

장애에 대한 재현은 장애인에 대한 우리의 인식에 대한 지적이다. 사회에서 발생하는 장애인 관련 문제들에 대한 해법을 제시하거나 아무리 좋은 정책을 만든다 하더라도 결국 그 이전에 우리가 근본적으로 해결해야 할 핵심은 장애인에 대한 우리의 인식이 바뀌어야 한다는 점이다. 우리 스스로를 바라볼 수 있는 장애인에 대한 인식이라는 거울이 필요하며, 그 거울에 대한 이야기가 바로 이 책에서 제시하는 장애의 재현에 대한 분석과 논의다.

이는 미디어에 대한 접근과 직결된다. 장애인에 대한 인식 전환이 이루어지기 전에는 접근의 문제는 겉돌 수밖에 없다는 것이 저자의 논지이자 주장이다. 그것은 기술 결정론과 법률 결정론의 맹점에 대한 지적에서 드러난다. 디지털 기술이 커다란 잠재력이 있는 것은 분명하지만, 기존의 디지털 격차의 현실을 보건대 그것만으로 장애인이 제약에서 벗어나는 것은 불가능하다. 기술이 환경의 장벽을 낮추는 데 도움이 되기는 하나 저절로 변화가 이루어지는 것은 아니기 때문이다.

마찬가지로 법률 결정론도 한계를 가진다. 우리나라를 비롯한 대부분의 나라에서 장애인 방송 접근 서비스의 제공을 방송 사업자의 의무로 입법화함으로써 상당한 환경 개선과 접근의 용이성이 이루어진 것은 사실이다. 하지만 기술의 발전에 따라 새로운 미디어가 출현하면 또 다른 입법 조치가 필요한 상황으로 돌아가 버린다. 우리나라에서도 이제 보편적인 시청 방식의 하나로 자리 잡은 OTT는 현재 장애인 접근 서비스의 의무에서 제외되어 극히 소수의 플랫폼에서만 자율적으로 제공될 뿐이다.

근본적으로 인식의 전환이 전제되지 않는다면 법률로 규정하는 것은 한계가 있으며, 결국 처음부터 다시 시작하는 악순환이 되풀이되고 만다. 장애에 대한 우리의 태도가 그에 걸맞게 변화하지 않고서는 기술적 진보나 법률 제정만으로 해결할 수 있는 장애인의 방송 접근권은 한계를 가질 수밖에 없다. 전통적인 시혜적 접근의 복지 수혜자에서 벗어나 주요한 행위자인 권리 보유자로 장애인을 바라보는 인권 기반 접근이 요구되는 이유이다.

오늘날의 디지털 텔레비전 환경에서 접근의 범위는 단지 시청 중의 '보기'에 그치는 것이 아니라 시청 전후의 '행동'까지 포괄하는 종합적 수용 행위를 뜻한다. 그러기에 시각·청각 장애인을 위한 자막이나 화면 해설 등의 보조적 수단과 더불어 온라인을 통한 정보 습득과 의견 공유의 참여도 요구된다. 아울러 접근의 의미는 소비 과정에서뿐만 아니라 생산 현장에서도 작동된다. 진정한 재현의 변화를 기대하기 위해서는 장애인이 직접 연기자와 제작 주체로 참여하는 또 다른 접근의 확대가 필요하다. 이는 재현의 개선을 도모할 수 있는 실마리가 되어 인식의 전환을 낳게 되고, 그것은 다시 접근성을 더 높여 주는 선순환의 과정으로 이어진다. 저자가 줄곧 '문화적 접근성'이라는 틀에서 재현과 접근이 함께 가야 한다고 강조하는 것도 바로 그 때문이다.

4

"아는 만큼 보인다"는 이 상투적인 문구가 적어도 장애와 미디어의 영역에 있어 우리의 사정을 가장 적확하게 말해 준다. 2011년 12월 제정된 「장애인 방송 접근권 고시」의 밑그림이 된 정책 연구에 참여할 기회를 갖기 전 우리의 장애 인식은 무지했으며 지식과 경험은 일천하였다. 10여 년이 지난 지금도 그리 큰 진전이 있다고 장담하긴 어렵다. 그러나 처음과는 다른 눈으로 바라보고 생각하게 된 것은 분명하다. 이는 장애인 미디어 접근권 연구를 하면서 얻게 된 지식과 정보 덕분이기도 하지만 현장에서 만난 시각·청각 장애인의 진솔한 발언을 통해 체득한 현실적 경험에 힘입은 바 크다. 이 책을 옮기게 된 가장 큰 계기는, 우리가 겪고 느꼈던 작은 변화를 다른 이들과 나눌 수 있기를 바라는 마음에서이다. 장애인의 방송 접근권이라는 이슈는 '그들만의 리그'가 아니라 이제 우리 사회 전체 구성원이 함께 고민하고 실천해야 하는 보편적이면서 개별적인 삶의 현실이 되기 때문이다.

텔레비전과 장애의 접점은 중요한 학문적 연구 의제일 뿐만 아니라 현실적인 삶의 요소로서 존재한다. 그런 견지에서 이 책은 장애와 텔레비전, 커뮤니케이션 그리고 문화에 관심이 있는 연구자와 전공 학생에게 미디어와 장애 연구의 범위를 더욱 확대하고 다양하게 만들어 줄 수 있는 토대를 제공할 것으로 본다. 아울러 일반 독자에게도 그동안 익숙한 삶 속에서 당연시 여겼던 우리 현실의 또 다른 면면을 접하고 주변을 돌아볼 수 있는 계기가 될 것으로 기대한다.

모든 문화적 산물은 사회적 관계와 언어라는 공유 자산의 결합이라는 혹자의 말처럼 이 자그마한 작업도 많은 이의 도움으로 이루어졌다. 장애와 장애 연구가 사회와 학문의 현장에서 끄트머리에 자리하기에 이러한 범주의 책에 대한 세인의 관심 역시 별로 높지 않은 어려움 속에서도 기꺼이 맡아 완성시켜 준 컬처룩의 이리라 대표와 이여진 편집장의 배려와 노고에 진심으로 감사드린다. 또한 책을 옮기는 과정에서 맥이 통하게 흐름을 잡아 준 자치분권위원회의 송동현 박사와, 꼴을 갖추도록 애써 준 사회적협동조합 하다(HADA)의 박정숙 이사장에게도 고마움을 전한다. 모든 문화적 산물이 사회적 관계와 언어라는 공유 자산의 결합이라는 혹자의 말을 새삼 확인할 수 있는 계기가 되었다.

저자도 밝히고 있듯이, 장애는 예전에도 있었고 지금도 있고, 또 앞으로도 있을 것이다. 그러기에 현실을 보다 잘 보고 읽어 내기 위해 좀 더 알아야 하는 것이 당위라고 한다면, 이제 보이는 만큼 장애를 만드는 장벽을 없애는 실천 역시 너무나 당연한 것이 아닐까 싶다. 해나 개즈비의 결연한 선언처럼 "다양성이 힘이며, 차이를 통해 배우기" 때문이다.

다시 봄날을 기다리며

옮긴이

참고 문헌

1장

ABC News. (2017). ABC News Auslan interpreted in National Week of Deaf People. Retrieved from http://www.expression.com.au/files/editor_upload/File/Newsletters/Communicate%2065%20Online%202.pdf

Australian Government. (2011). National disability strategy 2010–2020. Retrieved from https://www.dss.gov.au/sites/default/files/documents/08_2014/nds_fact_sheet.pdf

Barnes, C. (1992). Disabling imagery and the media: An exploration of the principles for media representations of disabled people. Retrieved from http://www.leeds.ac.uk/disability-studies/archiveuk/Barnes/disabling%20imagery.pdf

BBC. (2018). BBC iplayer signed zone. Retrieved from https://www.bbc.co.uk/iplayer/categories/signed/featured

Bugeja, M. (2005). *Interpersonal divide: The search for community in a technologicalage*. New York, NY: Oxford University Press.

Clark, C. (1969). Television and social controls: Some observations on the portrayals of ethnic minorities. *Television Quarterly*, 8(2), 18~22.

Clements, G. (2015, 2 April). Actors with disabilities. Retrieved from http://www.divine.vic.gov.au/arts-and-entertainment/film-tv-radio/actors-disabilities

Commonwealth of Australia. (2011, May). 2010–2020 National disability strategy. Retrieved from https://www.dss.gov.au/our-responsibilities/disabilityand-carers/publications-articles/policy-research/national-disability-strategy-2010-2020

Curthoys, A. (1991). Television before television. *Continuum*, 4(2), 152~170.

Curtin, P. A., & Gaither, T. K. (2007). *International public relations: Negotiating culture, identity, and power*. Thousand Oaks, CA: SAGE Publications.

Darke, P. (1998). Cinematic representations of disability. In T. Shakespeare (Ed.), *The disability reader: Social science perspectives* (pp.181~200). New York, NY: Continuum.

Dimopoulos, A. (2017). The representation of disability in the media in the UK and France: Implications for free speech and diversity in light of Article 8 ofthe Convention on the Rights of Persons with Disabilities. *Cambridge International Law Journal*, 6(1), 43. doi: 10.4337/cilj.2017.01.03

Dow, S. (2016, 24 September). Disability and the 'new normal': Why Australia needs to ramp up access to stage and screen. Retrieved from https://www.theguardian.com/society/2016/sep/24/disability-and-the-new-normal-whyaustralia-needs-to-ramp-up-access-to-stage-and-screen

Du Gay, P., Open, U., et al. (1997). *Doing cultural studies: The story of the Sony Walkman*. London, England: Sage Publications in association with the Open University.

Dunnett, P. J. S. (1990). *The world television industry: An economic analysis*. London, England: Routledge.

Ellis, K., & Goggin, G. (2015). *Disability and the media*. New York, NY: Palgrave Macmillan.

Ellis, K., & Kent, M. (2011). *Disability and new media*. New York, NY: Routledge.

Finkelstein, V. (1987). Disabled people and our culture development. Paper presented at the Disability Arts Forum, London, England. http://disabilitystudies.leeds.ac.uk/files/library/finkelstein-Cultural-Development.pdf

Free TV Australia. (2010). Commercial television industry code of practice. Retrieved from http://www.freetv.com.au/media/Code_of_Practice/2010_Commercial_Television_Industry_Code_of_Practice.pdf

Free TV. (n.d). Advisory note the portrayal of people with disabilities. Retrieved from http://www.freetv.com.au/Media/Advisory_Notes/THE_PORTRAYAL_OF_PEOPLE_WITH_DISABILITIES.pdf

Given, J. (2003). *Turning off the television: Broadcasting's uncertain future*. Kensington: University of New South Wales Press.

Goggin, G., & Newell, C. (2003). *Digital disability: The social construction of disability in new media*. Lanham, MD: Rowman and Littlefield Publishers Inc.

Hartley, J. (2010). *Digital futures for cultural and media studies*. United Kingdom: Wiley-Blackwell.

Hood, K. (2015). Equality of opportunity. Retrieved from https://issuu.com/meaa/docs/equity_mag_autumn_2015_faf1214fa330ad

Hoynes, W. (1994). *Public television for sale: Media, the market, and the public sphere*. Boulder,

CO: Westview Press.

Lorie, A. F. (2011). Forbidden fruit or conventional apple pie? A look at Sex and the City's reversal of the female gender. *Media, Culture & Society*, 33(1), 35~51.

Miller, T. (2010). *Television studies the basics*. London, England and New York, NY: Routledge.

Mott, M., & Dillon, M. (2018, 8 October). Beloved South Australian entertainer and disability advocate Quentin Kenihan dies, aged 43. Retrieved from https://www.news.com.au/national/south-australia/beloved-south-australianentertainer-and-disability-advocate-quentin-kenihan-dies-aged-43/news-story/9b0eb77cbae1a272d03c80daae24f3a8

Newcomb, H., & Hirsch, P. (1994). Television as a cultural forum. In H. Newcomb (Ed.), *Television: The critical view* (5th ed., pp.503~515). New York, NY: Oxford University Press.

Norden, M. (1994). *The cinema of isolation: A history of physical disability in the movies*. New Brunswick, NJ: Rutgers University Press.

Oliver, M. (1990). *The politics of disablement*. Basingstoke, England: Macmillan Education.

Pedlow, R. (2008). How will the changeover to digital broadcasting in 2009 influence the accessibility of TV for Americans with disabilities? *Disability Studies Quarterly*, 28(4). Retrieved from http://dsq-sds.org/article/view/130/130.

Rodan, D. (2009). Large, sleek, slim, stylish flat screens: Privatized space and the televisual experience. *Continuum: Journal of Media & Cultural Studies*, 23(3), 367~382.

Shakespeare, T. (1994). Cultural representation of disabled people: Dustbins for disavowal? *Disability & Society*, 9(3), 283~299.

Slater, J., Astbrink, G., & Lindstrom, J.-I. (2010). *Broadband solutions for consumers with disabilities*. Brisbane, QLD: Australian Communications Consumer Action Network (ACCAN).

Spigel, L. (1992). *Make room for TV: Television and the family ideal in postwar America*. Chicago, IL: University of Chicago Press.

Tate, J. W. (2015). The introduction of Australian digital television: Politics, policy and power. *Australian Journal of Political Science*, 1~18. doi:10.1080/10361146.2015.1035694

Thomas, J. (2016, 10 February). Discrimination in the media. Retrieved from https://www.youtube.com/watch?v=o8wqlvly-h4&noredirect=1

Tombleson, B., & Wolf, K. (2017). Rethinking the circuit of culture: How participatory culture has transformed cross-cultural communication. *Public Relations Review*, 43(1), 14~25. doi:10.1016/j.pubrev.2016.10.017

Turner, G. (2016). *Re-inventing the media*. London, England and New York, NY: Routledge.

United Nations. (1948). The universal declaration of human rights. Retrieved from http://www.claiminghumanrights.org/universal_declaration.html

United Nations. (2006). Convention on the rights of persons with disabilities. Retrieved from https://www.un.org/development/desa/disabilities/conventionon-the-rights-of-persons-with-disabilities.html

Vance, A. (2010). Watching TV together, miles apart. *The New York Times*. Retrieved from http://www.nytimes.com/2010/01/04/technology/internet/04couch.html?_r=0

Williams, B. (2009). Everyone gets a say: Changes in audience and community. In B. Williams (Ed.), *Shimmering literacies: Popular culture & reading & writing online* (pp.29~62). New York, NY: Peter Lang.

2장

Australian Government. (2018). Australia's combined second and third periodic report under the convention on the rights of persons with disabilities. Retrievedfrom https://www.ag.gov.au/Consultations/Documents/Convention-on-therights-of-persons-with-disabilities/Australias-draft-combined-second-andthird-periodic-report.pdf

Baldwinson, T. (2012). *Unacknowledged traces – Exploring through photographic records the self-organisation of disabled people in England from the 1920s to the 1970s*. Manchester, England: TBR Consulting.

Barnes, C. (1992). Images of disability on television. *Disability, Handicap & Society*, 7(4), 385~387. doi:10.1080/02674649266780481

Barton, S. (2015). Disability and television: Notes from the field. *Journal of popular television*, 3(2), 261~267.

Belt, R. (2012). "And then comes life": The intersection of race, poverty, and disability in HBO's The Wire. *Rutgers Race and the Law Review*, 13(2), 1~28.

Berman, E. (2018, 5 March). Here's what Frances McDormand meant by 'Inclusion Rider' in her Oscars speech. Retrieved from http://time.com/5185340/frances-mcdormand-inclusion-rider/

Bolt, D. (2012). Social encounters, cultural representation and critical avoidance. In N. Watson, A. Roulstone, & C. Thomas (Eds.), *Routledge Handbook of Disability Studies* (pp.287~297). New York, NY: Routledge.

Creative Diversity Network. (2018). Diamond: The first cut. Retrieved from http: //creativediversitynetwork.com/wp-content/uploads/2018/06/Diamond_theFirstCut_2018_v5.pdf

Cumberbatch, G., & Negrine, R. (1992). *Images of disability on television*. London, England: Routledge.

Davis, L. (1995). *Enforcing normalcy: Disability, deafness, and the body*. London, England: Verso.

Ellcessor, E. (2017). Kickstarting community: Disability, access, and participation in my gimpy life. In E. Ellcessor & B. Kirkpatrick (Eds.), *Disability Media Studies* (pp.31~52). New York, NY: New York University Press.

Elliott, T. R., & Byrd, E. K. (1984). Video depictions of blindness and attitudes toward disability. *Journal of Rehabilitation*, 50(1), 320~324.

Ellis, K. (2008). *Disabling diversity: The social construction of disability in 1990s Australian national cinema*. Saarbrücken, Germany: VDM Verlag Dr. Müller.

Ellis, K. (2012). Because of rather than in spite of: Friday Night Lights' important cultural work of intersecting disability and masculinity. *Interactive Media e-journal, 8* (Masculin/Feminin). Retrieved from http://nass.murdoch.edu.au/issue8/pdf/IM8-masculine-feminine-article-04-ellis.pdf

Ellis, K. (2015a). *Disability and popular culture: Focusing passion, creating community and expressing defiance*. Surrey, England: Ashgate.

Ellis, K. (2015b). Disability in television crime drama: Transgression and access. *The Journal of Popular Television*, 3(2), 243~259.

Ellis, K. (2016). *Disability media work: Opportunities and obstacles*. New York, NY: Palgrave Macmillan.

Ellis, K., & Goggin, G. (2015). *Disability and the media*. New York, NY: Palgrave Macmillan.

Farnall, O., & Smith, K. (1999). Reactions to people with disabilities: Personal contact versus viewing of specific media portrayals. *Journalism and Mass Communication Quarterly*, 76(4), 659~672.

Finkelstein, V. (1987). *Disabled people and our culture development*. Paper presented at the Disability Arts Forum, London, England. Retrieved from http://disability-studies.leeds.ac.uk/files/library/finkelstein-Cultural-Development.pdf

Garland-Thomson, R. (1997). *Extraordinary bodies: Figuring physical disability in American culture and literature*. New York, NY: Columbia University Press.

GLAAD. (2015). GLAAD – Where we are on TV report – 2015. Retrieved from http://www.glaad.org/files/GLAAD-2015-WWAT.pdf

Goffman, E. (1974). *Stigma: Notes on the management of spoiled identity*. New York, NY: J. Aronson.

Goggin, G., & Newell, C. (2005). *Disability in Australia: Exposing a social apartheid*. Sydney: University of New South Wales.

Goodley, D. (2011). *Disability studies: An interdisciplinary introduction*. Los Angeles, CA: Sage.

Gray, J. (2008). *Television entertainment*. New York, NY: Routledge.

Haller, B. A. (2010). *Representing disability in an ableist world: essays on mass media*. Louisville,

KY: The Advocado Press.

Haller, B. (2018). *Why authentic disability representation in TV and film matters*. Paper presented at the Disability, Media and Human Rights, Curtin University.

Hartley, J. (2010). *Digital futures for cultural and media studies*. United Kingdom: Wiley-Blackwell.

Hsieh, H.-F., & Shannon, S. E. (2005). Three approaches to qualitative content analysis. *Qualitative Health Research*, 15(9), 1277–1288. doi:10.1177/1049732305276687

John, J. A. (1993). *Integrating the student with a disability into student media*. Paper presented at the AEJMC Interest Group on the Status of Persons with Disabilities, Kansas City.

Kirpatrick, B., & Ellcessor, E. (2017). *Disability media studies*. New York, NY: New York University Press.

Kuppers, P. (2013). *Disability and contemporary performance: Bodies on edge*. New York, NY: Routledge.

LeBesco, K. (2006). Disability, gender and difference on The Sopranos. *Women's studies in communication*, 29(1), 39~59.

Lockyer, S. (2015). 'Its really scared of disability': Disabled comedians' perspectives of the British television comedy industry. *The Journal of Popular Television*, 3(2), 179~193.

Longmore, P. (1987). Screening stereotypes: Images of disabled people in television and motion pictures. In A. Gartner & T. Joe (Eds.), *Images of the disabled, disabling images* (pp.65~78). New York, NY: Praeger.

Mallett, R. (2009). Choosing 'stereotypes': Debating the efficacy of (British) disability-criticism. *Journal of Research in Special Educational Needs*, 9(1), 4~11. doi:10.1111/j.1471-3802.2009.01111.x

Mitchell, D., & Snyder, S. (2000). *Narrative prosthesis: Disability and the dependencies of discourse*. Ann Arbor: The University of Michigan Press.

Nelson, J. (2000). The media role in building the disability community. *Journal of Mass Media Ethics*, 15(3), 180~193.

O'Malley, M.-P. (2009). Falling between frames: Institutional discourse and disability in radio. *Journal of Pragmatics*, 41(2), 346~356. doi:10.1016/j.pragma.2008.07.008

Ofcom. (2018). Diversity and equal opportunities in television 2018. Retrieved from https://www.ofcom.org.uk/__data/assets/pdf_file/0021/121683/diversityin-TV-2018-report.PDF

Oliver, M. (1990). *The individual and social models of disability*. Paper presented at the Paper presented at Joint workshop of the Living Options Group and the research unit of the Royal College of Physicians on people with established locomotor disabilities in hospitals. Retrieved from http://disabilitystudies.leeds.ac.uk/files/library/Oliver-in-soc-dis.pdf

Popovich, M., Willis, S. C., & Blevens, F. (1988). Editing accuracy and speed by handicapped students, nonjournalism and journalism majors. *Newspaper Research Journal*, 10(1), 53~60.

Ross, K. (1997). But where's me in it? Disability, broadcasting and the audience. *Media, Culture & Society*, 19(4), 669~677.

Schatz, J., & George, A. (2018). *The image of disability: Essays on media representations*. Jefferson, NC: McFarland & Company Inc.

Screen Australia. (2016). Seeing Ourselves: Reflections on diversity in Australian TV drama. Retrieved from https://www.screenaustralia.gov.au/getmedia/157b05b4-255a-47b4-bd8b-9f715555fb44/TV-Drama-Diversity.pdf

Sgroi, M. (2016). 'I should at least be given a chance to try': The experience of media workers with disabilities in the United States during postsecondary education and early career. *Disability & Society*, 31(1), 64~83. doi:10.1080/09687599.2015.1127213

Shakespeare, T. (1999). Art and lies? Representations of disability on film. In M. Corker & S. French (Eds.), *Disability discourse* (pp.164~172). Buckingham, England: Open University Press.

United Nations. (2006). Convention on the rights of persons with disabilities. Retrieved from https://www.un.org/development/desa/disabilities/conventionon-the-rights-of-persons-with-disabilities.html

Walters, S. (2013). Cool aspie humor: Cognitive difference and Kenneth Burke's comic corrective in The Big Bang Theory and Community. *Journal of Literary & Cultural Disability Studies*, 7(3), 271~288, 356.

Wilde, A. (2004). Are you sitting comfortably? Soap operas, disability and audience. *Discover!* 2. Retrieved from http://disability-studies.leeds.ac.uk/files/library/wilde-Alison-Wilde-Discover-2-Adapted-Paper.pdf

Woodburn, D., & Kopi , K. (2016, July). The Ruderman White Paper on Employment of Actors with Disabilities in Television. Retrieved from http://www.rudermanfoundation.org/wp-content/uploads/2016/07/TV-White-Paper_7-1-003.pdf

Zhang, L., & Haller, B. (2013). Consuming image: How mass media impact the identity of people with disabilities. *Communication Quarterly*, 61(3), 319~334. doi:10.1080/01463373.2013.776988

Zonana, V. F. (1990, 22 February). Monitoring the media activist alliance exercises clout in fighting anti-gay images. *Los Angeles Times* (pre-1997 Fulltext), p.1. Retrieved from https://search.proquest.com/docview/280979233? accountid=10382

3장

Australian Government. (1992). Disability Discrimination Act. *Commonwealth Consolidated Acts*. Retrieved from http://www.austlii.edu.au/au/legis/cth/consol_act/dda1992264/

Australian Government. (2008). Screen Australia Act. Retrieved from https://www.legislation.gov.au/Details/C2008A00012

Bale, J. (2016, April 25). Anzac Day 2016: Spending on centenary is ignoring needs of recent veterans, opinion. Retrieved from http://www.theaustralian.com.au/opinion/anzac-day-2016-spending-on--centenary-is-ignoring-needsof-recent-veterans/news-story/567f5107cc4dc2b8d5f442300fd2bf37

Barnes, C. (1992). Disabling imagery and the media: An exploration of the principles for media representations of disabled people. Retrieved from http://www.leeds.ac.uk/disability-studies/archiveuk/Barnes/disabling%20imagery.pdf

Clive, F. (2015, 22 December). Top-rating TV drama in 2015. Retrieved from https://www.screenaustralia.gov.au/sa/screen-news/2015/12-22-top-ratingtv-drama-in-2015

Daley, P. (2010). ANZAC: Endurance, truth, courage and mythology. *Meanjin*, 69(3), 10.

Davidson, M. (2016). Cripping consensus: Disability studies at the intersection. *American Literary History*, 28(2), 433~453. doi:10.1093/alh/ajw008

Dawson, A. (2015, 20 April). Russell Crowe makes directorial debut with 'Diviner'. Retrieved from http://frontrowfeatures.com/features/film-features/russell-crowe-makes-directorial-debut-with-diviner-11598.html

Derby, J. (2014). Violent video games and the military: Recruitment, training, and treating mental disability. *Art Education*, 67(3), 19~25. doi:10.1080/00043125.2014.11519269

Dermody, S., & Jacka, E. (1987). *The screening of Australia volume II*. Melbourne, VIC: Currency Press.

Dunt, D. (2009). Review of the mental health care in the ADF and transition through discharge. Retrieved from https://www.dva.gov.au/sites/default/files/files/consultation%20and%20grants/healthstudies/ReviewofMentalHealth1May2009.pdf

Kafer, A. (2016). Un/Safe Disclosures: Scenes of Disability and Trauma. *Journal of Literary & Cultural Disability Studies*, 10(1), 1~20. doi:10.3828/jlcds.2016.1

McFarlane, A. C., Hodson, S. E., Van Hooff, S. E., & Davies, C. (2011). Mentalhealth in the Australian Defence Force: 2010 ADF Mental Health and Wellbeing Study: Full report. Retrieved from http://www.defence.gov.au/Health/DMH/Docs/1MHPWSreport-Frontmatter.pdf

Mitchell, D., & Snyder, S. (2000). *Narrative prosthesis: Disability and the dependencies of discourse*. Ann Arbor: The University of Michigan Press.

O'hehir, A. (2015, 21 April). What Armenian genocide? "The Water Diviner" Ruissell Crowe's disgraceful Turkish fantasy. Retrieved from https://www.salon.com/2015/04/21/what_armenian_genocide_"the_water_diviner"_russell_crowes_disgraceful_turkish_fantasy/

Screen Australia. (2016a, 24 August). Milestone study of diversity on television released. Retrieved from https://www.screenaustralia.gov.au/sa/media-centre/news/2016/08-24-study-of-diversity-on-tv-released

Screen Australia. (2016b). Seeing ourselves: Reflections on diversity in Australian TV drama. Retrieved from https://www.screenaustralia.gov.au/getmedia/157b05b4-255a-47b4-bd8b-9f715555fb44/TV-Drama-Diversity.pdf

Siebers, T. (2008). *Disability theory*. Ann Arbor: University of Michigan Press.

Slater, M. (2017). A quiet conflict: Post-traumatic stress disorder. In M. Jarman, L. Monaghan, & A. Quaggin (Eds.), *Barriers and belonging: Personal narratives of disability* (pp.163~168). Philadelphia, PA: Temple University Press.

Stout, A., & Schwartz, A. (2014). It'll grow organically and naturally: The reciprocal relationship between student groups and disability studies on college campuses. *Disability Studies Quarterly*, 34(2). Retrieved from doi:10.18061/dsq.v34i2

Torrell, M. R. (2016). Interactions: Disability, trauma, and the autobiography. *Life Writing*, 13(1), 87~103. doi:10.1080/14484528.2016.1129572

Union of The Physically Impaired Against Segregation. (1976, 9 August). Mission statement. Retrieved from http://disability-studies.leeds.ac.uk/files/library/UPIAS-UPIAS.pdf

Young, S. (2014). I'm not your inspiration, thank you very much. Retrieved from https://www.ted.com/talks/stella_young_i_m_not_your_inspiration_thank_you_very_much/transcript?language=en

4장

ABS. (2013). 4430.0- Disability, ageing and carers, Australia: Summary of findings, 2012. Retrieved from http://www.abs.gov.au/AUSSTATS/abs@.nsf/Lookup/4430.0Main+Features12012?OpenDocument

Alice, J. (2016). Clicking with audiences: Web series and diverse representations. *Metro Magazine: Media & Education Magazine* 187, 58~63.

Bastian, B. (2018, 24 August). Nanette, self-deprecation and when not to use it. Retrieved from https://pursuit.unimelb.edu.au/articles/nanette-self-deprecationand-when-not-to-use-it

Black Girl Nerds. (2015, 15 September). "Interrogation: A Scifi Webseries" –Kickass Diversity in a Scifi Package. Retrieved from http://blackgirlnerds.com/interrogation-a-scifi-webseries-kickass-diversity-in-a-scifi-package/

Buonanno, M. (2016). (Not Yet) the end of television. *Media and Communication*, 4(3). Retrieved from https://www.cogitatiopress.com/mediaandcommunication/issue/viewIssue/46/46

Chae, S., & Flores, D. (1998). Broadcasting versus narrowcasting. *Information Economics and Policy*, 10(1), 41~57. doi:10.1016/S0167-6245(97)00025-5

Christian, A. J. (2011). Fandom as industrial response: Producing identity in an independent Web series. *Transformative Works and Cultures*, 8. Retrieved from http://journal.transformativeworks.org/index.php/twc/article/view/250/237

Christian, A. J. (2012). The web as television reimagined? Online networks and the pursuit of legacy media. *Journal of Communication Inquiry*, 36(4), 340~356.

Day, F. (2009). Web series: Four things to ask yourself before starting. Retrieved from http://feliciaday.com/blog/web-series-4-things-to-ask-yourself-beforestarting/

DeFino, D. (2013). *The HBO effect*. New York, NY: Bloomsbury.

DeVido, S. (n.d.). Stare at Shannon. Retrieved from http://www.shannondevido.com/stare-at-shannon/

Ellcessor, E. (2015). Very special webisodes: Web series, disability, and cultural accessibility Retrieved from http://www.flowjournal.org/2015/03/veryspecial-webisodes/

Ellis, J. (2000). *Seeing things: Television in the age of uncertaintity*. London, England: IB Tauris Publishers.

Ellis, K. (2016). *Disability media work: Opportunities and obstacles*. New York, NY: Palgrave Macmillan.

Ellis, K., & Goggin, G. (2015). *Disability and the media*. New York, NY: Palgrave Macmillan.

Garland-Thomson, R. (1997). *Extraordinary bodies: Figuring physical disability in American culture and literature*. New York, NY: Columbia University Press.

Garland-Thomson, R. (2002). The politics of staring: Visual rhetorics of disability in popular photography. In S. Snyder, B. J. Brueggmann, & R. Garland-Thomson (Eds.), *Disability studies: Enabling the humanities* (pp.56~85). New York, NY: The Modern Language Association of America.

Garland-Thomson, R. (2009). *Staring: How we look*. Oxford, England: Oxford University Press.

Gilman, G. (2013, 13 June). Web series 'My Gimpy Life' gets a second life through kickstarter. Retrieved from http://tv.yahoo.com/news/series-gimpylife-gets-second-life-kickstarter-203245143.html

Greer, W. (2018). *Interview: Teal Sherer*. Retrieved from https://www.txdisabilities.org/interview-teal-sherer

Hudson, L. (2017, 13 January). FREQ #11: Teal Sherer talks. Retrieved from https://medium.com/feminist-frequency/teal-sherer-talks-fad79f2e8652

Hughes, A. (2014, 17 November). Hilarious lady-made web series that will help you forget it's Monday. Retrieved from http://hellogiggles.com/emale-comedyweb-series/2/

Jenkins, H. (2013). *Spreadable media: Creating value and meaning in a networked culture.* New York: New York University Press.

Katz, E. (2009). The end of television? *The ANNALS of the American Academy of Political and Social Science,* 625(1), 6~18.

LeBesco, K. (2006). Disability, gender and difference on The Sopranos. *Women's Studies in Communication,* 29(1), 39~59.

Lotz, A. (2018). *We now disrupt this broadcast.* Cambridge, MA: MIT Press.

Miller, S. (2012). Spinning a web series. *Back Stage – National Edition,* 53(30), 14~15.

Mitchell, D., & Snyder, S. (2000). *Narrative prosthesis: Disability and the dependencies of discourse.* Ann Arbor: The University of Michigan Press.

Monaghan, W. (2017). Starting From ··· Now and the web series to television crossover: An online revolution? *Media International Australia,* 164(1), 82~91. doi:10.1177/1329878X17708842

Napoli, P. M. (2011). *Audience evolution: New technologies and the transformation of media audiences.* New York, NY: Columbia University Press.

Rear, M. S. (2015, 10 March). A new webseries upsets pop culture portrayals of disabilties. Retrieved from https://bitchmedia.org/post/very-special-episodesinterview-disability-representation-web-series

Schwartz, D. H., & Hadley, C. (2016, 2 May). Disabled filmmakers breathe new life into storytelling through web series. Retrieved from http://www.huffingtonpost.com/david-h-schwartz/disabled-filmmakers-breat_b_9815188.html

Screen Australia. (2014). Online and on demand: Trends in Australian online video use. Retrieved from http://www.screenaustralia.gov.au/getmedia/0062da06-db04-4932-a3e1-20a81d383129/Online-on-demand-copy.pdf?ext=.pdf

Screen Australia. (2016). Seeing ourselves: Reflections on diversity in AustralianTV drama. Retrieved from https://www.screenaustralia.gov.au/getmedia/157b05b4-255a-47b4-bd8b-9f715555fb44/TV-Drama-Diversity.pdf

Semigran, R. (2015, 3 February). Comedian Shannon DeVido on being an actor with a disability & being yelled at by Billy Eichner. Retrieved from https://www.bustle.com/articles/62017-comedian-shannon-devido-on-being-an-actor-with-a-disability-being-yelled-at-by-billy

Valentish, J. (2018, 8 August). 'I broke the contract': How Hannah Gadsby's trauma transformed comedy. Retrieved from https://www.theguardian.com/stage/2018/jul/16/hannah-gadsby-trauma-comedy-nanette-standup-netflix

Van Schilt, S. (2014, 3 October). How to talk Australians and the rise of web series.Retrieved from https://killyourdarlings.com.au/2014/10/how-talk-australiansrise-web-series/

Wayne, M. L. (2018). Netflix, Amazon, and branded television content in subscription video on-demand portals. *Media, Culture & Society*, 40(5), 725~741. doi:10.1177/0163443717736118

Wright, T. (2017, 30 June). Why Hannah Gadsby is retiring from comedy after 'Nanette'. Retrieved from https://www.smh.com.au/entertainment/comedy/whyhannah-gadsby-is-retiring-from-comedy-after-nanette-20170628-gx0313.html

Young, S. (2012, 2 July). We're not here for your inspiration. Retrieved fromwww.abc.net.au/rampup/articles/2012/07/02/3537035.htm

Young, S. (2014). I'm not your inspiration, thank you very much. Retrieved from https://www.ted.com/talks/stella_young_i_m_not_your_inspiration_thank_you_very_much/transcript?language=en

Zinoman, J. (2018, 19 March). Introducing a major new voice in comedy (who also attacks comedy). Retrieved from https://www.nytimes.com/2018/03/19/arts/hannah-gadsby-comedy-nanette.html

5장

Blake, L. H. (2000, 17 May). Living outside oblivion. Retrieved from http://www.theatermania.com/new-york-city-theater/news/05-2000/living-outsideoblivion_692.html

Bowman, S. (2016, 5 May). Hodor's speech loss on 'Game of Thrones' could be due to a very real medical condition. Retrieved from https://www.bustle.com/ articles/158921-hodors-speech-loss-on-game-of-thrones-could-be-due-to-avery-real-medical-condition

Clapton, W., & Shepherd, L. J. (2017). Lessons from Westeros: Gender and power in Game of Thrones. *Politics*, 37(1), 5~18. doi:10.1177/0263395715612101

Cumberbatch, G., & Negrine, R. (1992). *Images of disability on television*. London, England: Routledge.

Davis, L. (1995). *Enforcing normalcy: Disability, deafness, and the body*. London, England: Verso.

Donnelly, C. E. (2016). Re-visioning negative archetypes of disability and deformity in fantasy: Wicked, maleficent, and Game of Thrones. *Disability Studies Quarterly*, 36(4). Retrieved from http://dsq-sds.org/article/view/5313/4470

Ellis, K. (2014). Cripples, bastards and broken things: Disability in Game of Thrones. *Media Culture*, 17(5). Retrieved from http://journal.media-culture.org.au/index.php/mcjournal/article/viewArticle/895

Ellis, K. (2015). *Disability and popular culture: Focusing passion, creating community and expressing defiance*. Surrey, England: Ashgate.

Fiske, J. (1989, 2010). *Understanding popular culture*. New York, NY: Routledge.

Game of Thrones Wiki (n.d.). Game of Thrones Wiki. Retrieved from http://gameofthrones.wikia.com/wiki/Game_of_Thrones_Wiki

Game of Thrones: About the Show. (2014). Retrieved from http://www.hbo.com/game-of-thrones#/game-of-thrones/about/index.html

Garland-Thomson, R. (1997). *Extraordinary bodies: Figuring physical disability in American culture and literature*. New York, NY: Columbia University Press.

Gore, K. (2015, 14 April). Hodor does not have aphasia. Retrieved from https://www.speechirl.com/hodor-does-not-have-aphasia

Gore, K. (2016, 30 May). Hodor, aphasia, and what it means IRL. Retrieved from https://www.speechirl.com/hodor-aphasia-and-the-irl-story

Gray, J. (2008). *Television entertainment*. New York, NY: Routledge.

Haller, B. (2010). *Representing disability in an ableist world: Essays on mass media*. Louisville, KY: Advocado Press.

Harrison, M. (2018). Power and punishment in Game of Thrones. In J. L. Schatz & E. G. Amber (Eds.), *The image of disability: Essays on media representation*. Jefferson, NC: McFarland & Company Inc.

Harvey, D., & Nelles, D. (2014). Cripples, bastards, and broken things: Disability in Game of Thrones. Retrieved from http://www.randomhouse.ca/hazlitt/feature/cripples-bastards-and-broken-things-disability-game-thrones

Hutchinson, J. (2017). *Cultural intermediaries: Audience participation in media organisations*. Cham, Switzerland: Palgrave Macmillan.

Jenkins, H. (2013). *Spreadable media: Creating value and meaning in a networked culture*. New York: New York University Press.

Gaines-Lewis, J., & Smith, D. (2015, 9 April). Why does Game of Thrones' Hodor only say "Hodor"? Retrieved from https://www.nature.com/scitable/blog/mind-read/why_does_game_of_thrones

Kay, D. (2017, 24 July). Alpha60 white paper: Piracy ratings for Game of Thrones season 7 episode 1 (701). Retrieved from https://alpha60.co/2017/07/24/alpha60-white-paper-piracy-ratings-for-game-of-thrones-season-7-episode-1/

Kornhaber, S. (2016, 27 May). The ethics of Hodor. Retrieved from https://www.theatlantic.com/entertainment/archive/2016/05/the-ethics-of-hodor/484643/

Lawrence, W. (2015, 12 September). How Game of Thrones changed Peter Dinklage's life. Retrieved from http://www.nzherald.co.nz/entertainment/news/article.cfm?c_id=1501119&objectid=11510137

Levy, P. (1997). *Collective intelligence: Mankind's emerging world in cyberspace* (R. Bononno,

Trans.). New York, NY and London, England: Plenum Press.

Macneill, K. (2017). Torrenting Game of Thrones: So wrong and yet so right. *Convergence: The International Journal of Research into New Media Technologies*, 23(5), 545~562. doi:10.1177/1354856516640713

Marsh, S. (2017, 30th June). A third of Aussies plan to illegally download latest Game of Thrones season. Retrieved from https://finance.nine.com.au/2017/06/30/16/50/30-percent-of-aussies-plan-to-download-game-ofthrones-illegally

Massie, P. J., & Mayer, L. S. (2014). Bringing elsewhere home: A song of ice and fire's ethics of disability. In K. Fugelso (Ed.), *Ethics and medievalism* (pp.45~60). Cambridge, England: D. S. Brewer.

Media Access Awards. (2013). Game of Thrones creator at the media access awards. Retrieved from https://mediaaccessawards.com/game-thrones-creatormedia-access-awards/

Ross, S. M. (2008). *Beyond the box: Television and the Internet*. Oxford, England: Blackwell Pub.

Sarikakis, K., Krug, C., & Rodriguez-Amat, J. R. (2017). Defining authorship in user-generated content: Copyright struggles in The Game of Thrones. *New Media & Society*, 19(4), 542~559. doi:10.1177/1461444815612446

Shakespeare, T. (2006). *Disability rights and wrongs* (1st ed.). New York, NY: Routledge.

Sheehan Perkins, M. (2017, 15 July). If Westeros had psychologists, Game of Thrones characters would have these mental illnesses. Retrieved from https://www.businessinsider.com.au/mental-illnesses-game-of-thrones-characters-2017-6?r=US&IR=T#/#game-of-thrones-returns-for-its-seventh-seasonon-july-16-honda-intends-to-continue-analyzing-more-characters-on-his-podcast-and-youtube-channel-during-the-new-season-6

Siebers, T. (2004). Disability as masquerade. Literature and Medicine, 23(1), 1~22. doi:10.1353/lm.2004.0010

Wilde, A. (2004). Are you sitting comfortably? Soap operas, disability and audience. *Discover!* 2. Retrieved from http://disability-studies.leeds.ac.uk/files/library/wilde-Alison-Wilde-Discover-2-Adapted-Paper.pdf

Winter Is Coming. (2013, 22 October). Game of Thrones wins award honoring disability awareness. Retrieved from http://winteriscoming.net/2013/10/game-of-thrones-wins-award-honoring-disability-awareness/

6장

Adda, J., & Ottaviani, M. (2005). The transition to digital television. *Economic Policy*, 20(41), 160~209. doi:10.1111/j.1468-0327.2005.00135.x

Aouf, R. S. (2017, 20 April). Mark Zuckerberg predicts the end of the TV as augmented reality takes over. Retrieved from https://www.dezeen.com/2017/04/20/mark-zuckerberg-facebook-end-tv-augmented-reality-takeoverdesign-technology-news/

Australian National Audit Office. (2012). Administration of the digital television switchover household assistance scheme. Retrieved from https://www.anao.gov.au/sites/g/files/net5496/f/201112%20Audit%20Report%20No%2055.pdf

Beltrame, S. (2011). The new world of selling content – Cricket as a case study. *Telecommunications Journal Australia*, 61(4), 63.61~63.67.

Bozios, T., Lekakos, G., Skoularidou, V., & Chorianopoulos, K. (2001). *Advanced techniques for personalized advertising in a digital TV environment: The iMEDIA system*. Paper presented at the Proceedings of the eBusiness and eWork Conference, Venice, Italy.

Carmichael, A., Rice, M., Sloan, D., & Gregor, P. (2006). Digital switchover or digital divide: A prognosis for useable and accessible interactive digital television in the UK. *Universal Access in the Information Society*, 4(4), 400~416.

Clarkson, J., & Keates, S. (2004, 18–21 May). *Exclusion by design: An assessment of the accessibility of digital television set-top boxes*. Paper presented at the International Design Conference – Design Dubrovnik.

Committee on Communications. (2010). *Digital switch over of television and radio in the United Kingdom*. London: Authority of the House of Lords.

Costa, D., & Duarte, C. (2017). Visually impaired people and the emerging connected TV: A comparative study of TV and web applications' accessibility. *International Journal*, 16(1), 197~214. doi:10.1007/s10209-016-0451-6

Dawson, M. (2010). Television between analog and digital. *Journal of Popular Film & Television*, 38(2), 95~100.

Department of Communications. (2014). Audio description trial. Retrieved from http://www.communications.gov.au/television/audio_description_trial

DigitalUK. (2012). Digital TV switchover 2008–2012: Final report. http://www.digitaluk.co.uk/__data/assets/pdf_file/0019/82324/DigitalUK_Switchoverfinal_report_Nov2012.pdf

Ellcessor, E. (2010). Bridging disability divides. *Information, Communication & Society*, 13(3), 289~308.

Ellcessor, E. (2011). Captions on, off on TV, online: Accessibility and search engine optimization in online closed captioning. *Television & New Media, published online before print*. Retrieved from http://tvn.sagepub.com/content/early/2011/2010/2024/1527476411425251.abstract?patientinformlinks=yes&legid=sptvn;1527476411425251v1527476411425251

Ellcessor, E. (2015). Blurred lines: Accessibility, disability and definitional limitations. *First Monday*, 20(9). Retrieved from http://firstmonday.org/ojs/index.php/fm/article/

view/6169/4904

Ellcessor, E. (2016). *Restricted access: Media, disability, and the politics of participation*. New York, NY: New York University Press.

Ellis, K. (2014). Television's transition to the internet: Disability accessibility and broadband-based TV in Australia. *Media International Australia, Incorporating Culture & Policy*, 153, 53~63.

Evans, L., Wu, Y., & Price, E. (2015). A new hope? Experiences of accessibility of services in deaf and hard-of-hearing audiences post-digital television switchover. *International Journal of Digital Television*, 6(3), 347~366. doi:10.1386/jdtv.6.3.347_1

Fearn, M., & Helliker, J. (2016). More screen, choice and activities across devices: IQ 2016 Australian multi-screen report.

Goggin, G. (2015). Disability and mobile communications. *First Monday*, 20(9). Retrieved from http://uncommonculture.org/ojs/index.php/fm/article/view/6171/4906

Hecht, J. (2014, 24 November). Netflix chief downplays Nielsen plans to measure streaming service viewership. Retrieved from https://www.hollywoodreporter.com/news/netflix-chief-downplays-nielsen-plans-751931

Jensen, J. F. (2005). *Interactive television: New genres, new format, new content*. Paper presented at the Proceedings of the second Australasian conference on Interactive Entertainment, Sydney.

Macdonald, S. J., & Clayton, J. (2012). Back to the future, disability and the digital divide. *Disability & Society*, 28(5), 702~718. doi:10.1080/09687599.2012.732538

Meese, J. (2017). The domestic ecology of Australian subscription video on demand services. *Media International Australia*, 164(1), 21~31. doi:10.1177/1329878X17694961

Pedlow, R. (2008). How will the changeover to digital broadcasting in 2009 influence the accessibility of TV for Americans with disabilities? *Disability Studies Quarterly*, 28(4). Retrieved from http://dsq-sds.org/article/view/130/130

Robare, J. S. (2011). Television for all: Increasing television accessibility for the visually impaired through the FCC's ability to regulate video description technology. *Federal Communications Law Journal*, 63(2), 553~578.

Roulstone, A. (1998). *Enabling technology: Disabled people, work, and new technology*. Buckingham: Open University Press.

Roy Morgan. (2016). 1 in 7 Australians now watch no Commercial TV, nearly half of all broadcasting reaches people 50+, and those with SVOD watch 30 minutes less a day 1 February. Retrieved from http://www.roymorgan.com/findings/6646-decline-and-change-commercial-television-viewing-audiencesdecember-2015-201601290251

Screen Australia. (2014). *Online and on demand: Trends in Australian online video use*.

Retrieved from http://www.screenaustralia.gov.au/getmedia/0062da06-db04-4932-a3e1-20a81d383129/Online-on-demand-copy.pdf?ext=.pdf

Simpson, J. (2009). Inclusive information and communication technologies for people with disabilities. *Disability Studies Quarterly*, 29(1). Retrieved fromhttp://dsq-sds.org/article/view/167/167

Sinclair, S., Bramley, G., Dobbie, L., & Gillespie, M. (2007, November). Social inclusion and communications: A review of the literature. Retrieved fromhttp://www.communicationsconsumerpanel.org.uk/downloads/Research/LowIncomeConsumers_Research/Social%20inclusion%20and%20communications/Social%20inclusion%20and%20communications.pdf

Sintumuang, K. (2012). OFF DUTY – Gear & Gadgets: Is a Tablet the Only TV You Need? – With the explosion of on-demand video and live streaming apps, the future of television might be closer (and smaller and lighter) than you think (pp.D.1). New York, NY.

Slater, J., Lindstrom, J.-I., & Astbrink, G. (2010). TV and broadband: Innovative applications for people with disabilities. *Telecommunications Journal Australia*, 60(2), 20.21~20.14.

Thomas, J. (2011). When digital was new: The advanced television technologies of the 1970s and the control of content (pp.52~75). In J. Bennett & N. Strange (Eds.), *Television as digital media*. Duke University Press.

Thompson, D. (2012, 12 July). The end of TV and the death of the cable bundle. Retrieved from https://www.theatlantic.com/business/archive/2012/07/the-end-of-tv-and-the-death-of-the-cable-bundle/259753/

Walters, C. (2010, 24 November). What television will look like in 10 years. Retrieved from https://www.smh.com.au/entertainment/tv-and-radio/whattelevision-will-look-like-in-10-years-20101124-186ts.html

Weber, I., & Evans, V. (2002). Constructing the meaning of digital television in Britain, the United States and Australia. *New Media & Society*, 4(4), 435~456. doi:10.1177/146144402321466750

Wigfield, M. (2009, 18 February). DTV call centers field over 28,000 calls Tuesday. Retrieved from https://docs.fcc.gov/public/attachments/DOC-288641A1.pdf

Wilbur, K. C. (2008). How the digital video recorder (DVR) changes traditional television advertising. *Journal of Advertising*, 37(1), 143~149.

7장

American Foundation for the Blind. (1997, 25 August). Who's watching? A profile of the blind and visually impaired audience for television and video. Retrieved from http://www.afb.org/

section.aspx?FolderID=3&SectionID=3&TopicID=135&DocumentID=1232#frustrating

AppleVis. (2016, 10 May). Apple highlights audio-described movies with new iTunes room. Retrieved from https://www.applevis.com/blog/apple-news/apple-highlights-audio-described-movies-new-itunes-room

Attorney General's Department. (n.d.). Rights of people with disabilities. Retrieved from https://www.ag.gov.au/RightsAndProtections/HumanRights/Human-rights-scrutiny/PublicSectorGuidanceSheets/Documents/Rightsofpeoplewithdisability-guidancesheet.pdf

Bernstein, A. (2009, 4 October). A local life: Margaret Pfanstiehl, 76, blind activist. Retrieved from http://www.washingtonpost.com/wp-dyn/content/article/2009/10/03/AR2009100302661.html

Blindness Sector. (2017). Report on the trial of audio description on ABC iview. Retrieved from https://www.visionaustralia.org/community/news/05-03-2017/sector-report-on-abc-iview-trial-

Carmichael, A., Rice, M., Sloan, D., & Gregor, P. (2006). Digital switchover or digital divide: A prognosis for useable and accessible interactive digital television in the UK. *Universal Access in the Information Society*, 4(4), 400~416.

Clarkson, J., & Keates, S. (2004, 18–21 May). *Exclusion by design: An assessment of the accessibility of digital television set-top boxes*. Paper presented at the International Design Conference - Design Dubrovnik.

Costa, D., & Duarte, C. (2017). Visually impaired people and the emerging connected TV: A comparative study of TV and Web applications' accessibility. *International Journal*, 16(1), 197~214. doi:10.1007/s10209-016-0451-6

Costa, L. C. P., Ficheman, I. K., Correa, A. G. D., Lopes, R. D., & Zuffo, M. K. (2012). Accessibility in digital television: Designing remote controls. *Consumer Electronics, IEEE Transactions on*, 58(2), 605~611. doi:10.1109/TCE.2012.6227466

Cronin, B. J., & King, S. R. (1998, September). The development of the descriptive video services. Retrieved from http://www2.edc.org/NCIP/library/v&c/Cronin.htm

DCMP. (2017). Description timeline highlights. Retrieved from https://dcmp.org/learn/193

Department Broadband Communications and the Digital Economy. (2010). Investigation into access to electronic media for the hearing and vision-impaired media access review final report. Retrieved from http://pandora.nla.gov.au/pan/124964/20110207-1015/www.dbcde.gov.au/__data/assets/pdf_file/0019/131527/Media_Access_Review-final_report_2-12-2010.pdf

Department of Communications. (2014). Audio description trial. Retrieved from http://www.communications.gov.au/television/audio_description_trial

Department of Communications and the Arts. (2017). *Audio description working group – final report*. Retrieved from https://www.communications.gov.au/documents/audio-description-working-group-final-report

Dolmage, J. (2014). *Disability rhetoric* (1st ed.). Syracuse, NY: Syracuse University Press.

Downey, G. (2008). *Closed captioning: Subtitling, stenography, and the digital convergence of text with television*. Baltimore, MD: The John Hopkins University Press.

Du Guy, P., Hall, S., Janes, L., Koed Madsen, A., Mackay, H., & Negus, K. (2013). *Doing cultural studies: The story of the Sony Walkman* (2nd ed.). London, England: Sage.

Edelberg, E. (2018, 4 January). Legal requirements for audio description. Retrieved from https://www.3playmedia.com/2017/03/22/legal-requirementsaudio-description/

Ellis, K. (2014). Digital television flexibility: A survey of Australians with disability. *Media International Australia Incorporating Culture and Policy*, 150, 96.

Ellis, K. (2015). Netflix closed captions offer an accessible model for the streaming video industry, but what about audio description? *Communication, Politics & Culture*, 47(3), 3~20.

Ellis, K., Kent, M., & Locke, K. (2018). The preferred user: How audio description could change understandings of Australian television audiences and media technology. *Cultural Science Journal*, 10(1). Retrieved from https://culturalscience.org/articles/10.5334/csci.5105/

Ellis, K., Kent, M., Locke, K., & Merchant, M. (2016). *Accessing subscription video on demand: A study of disability and streaming television in Australia*. Retrieved from https://accan.org.au/files/Grants/VOD%20tip%20sheets/VOD%20Accessibility_report_web_accessible.pdf

Federal Communications Commission. (1996). Closed captioning and video description of video programming. Retrieved from https://apps.fcc.gov/edocs_public/attachmatch/FCC-96-318A1.pdf

Federal Communications Commission. (1999, 23 February 2000). Notice of proposed rulemaking in the matter of video description of video programming. Retrieved from https://transition.fcc.gov/Bureaus/Mass_Media/Notices/1999/fcc99353.html

Frazier, G. (1975). The autobiography of Miss Jane Pittman: An all-audio adaptation of the teleplay for the blind and visually handicapped. Retrieved from https://www.acb.org/adp/docs/Gregory%20Frazier%20thesis.pdf

Henley, L. (2012). How audio-described TV has changed my world. Retrieved from http://www.humanrights.gov.au/how-audio-described-tv-has-changedmy-world

Kingett, R. (2014, 19 November). Will Netflix be inaccessible in Australia and New Zealand? Retrieved from http://netflixproject.wordpress.com/2014/11/19/will-netflix-be-inaccessible-in-australia-and-new-zeeland/

Kingett, R. (2015, 1 June). "Daredevil," audio description and the accessible Netflix project.

Retrieved from https://usodep.blogs.govdelivery.com/2015/06/01/daredevil-audio-description-and-the-accessible-netflix-project/

Kubitschke, L., Cullen, K., Dolphi, C., Laurin, S., & Cederbom, A. (2013). Study on assessing and promoting e-accessibility. Retrieved from http://ec.europa.eu/digital-agenda/en/news/study-assessing-and-promoting-e-accessibility

Lewis, D. (2017). A brief history of audio description in the U.S. Retrieved from http://audiodescriptionsolutions.com/about-us/a-brief-history-of-audiodescription-in-the-u-s/

Mancuso, V. (2015, 9 June). The descriptive audio narrator is the best part of Netflix's 'Sense8'. Retrieved from http://observer.com/2015/06/the-descriptiveaudio-narrator-is-the-best-part-of-netflixs-sense8/

Media Access Australia. (2012a). Audio description on TV in the US. Retrieved from http://www.mediaaccess.org.au/television/audio-description-on-tv/audiodescription-on-tv-in-the-us

Media Access Australia. (2012b). Statistics on DVD accessibility in Australia. Retrieved from http://www.mediaaccess.org.au/dvds/Statistics%20on%20DVD%20accessibility%20in%20Australia

Mikul, C. (2010). *Audio description background paper*. Retrieved from Ultimo NSW: http://view.officeapps.live.com/op/view.aspx?src=http%3A%2F%2Fmediaaccess.org.au%2Fsites%2Fdefault%2Ffiles%2FMAA%2520-%2520Audio%2520Description%2520Background%2520Paper.doc

New York Times. (1929, 28 August). Blind and deaf at the movies. *The New York Times*.

Nichols, S. G. (1989). The image as textual unconscious: Medieval manuscripts. *L'Esprit Createur*, 29(1), 7~23.

Orero, P. (2007a). Pioneering audio description: An interview with Jorge Arandes. *JoSTrans: The Journal of Specialised Translation*, 7. Retrieved from http://www.jostrans.org/issue07/art_arandes.php

Orero, P. (2007b). Sampling audio description in Europe. In P. Orero (Ed.), *Media for all: Subtitling for the deaf, audio description, and sign language* (pp.111~126). Amsterdam, New York: Rodopi.

Orero, P. (2008). Three different receptions of the same film. *European Journal of English Studies*, 12(2), 179~193. doi:10.1080/13825570802151454

Pedlow, R. (2008). How will the changeover to digital broadcasting in 2009 influence the accessibility of TV for Americans with disabilities? *Disability Studies Quarterly*, 28(4). Retrieved from http://dsq-sds.org/article/view/130/130

Price, E. (2018, 8 March). How to turn Netflix shows into audiobooks (and why you should). Retrieved from https://www.lifehacker.com.au/2018/03/how-to-turn-netflix-movies-into-audiobooks/

Robare, J. S. (2011). Television for all: Increasing television accessibility for the visually impaired through the FCC's ability to regulate video description technology. *Federal Communications Law Journal*, 63(2), 553~578.

Schuchman, J. S. (1984). Silent movies and the deaf community. *Journal of Popular Culture*, 17(4), 58~78. doi:10.1111/j.0022-3840.1984.1704_58.x

Screen Australia. (2011, 9 June). Improved access means more audiences for Australian films. Retrieved from https://www.screenaustralia.gov.au/sa/media-centre/news/2011/mr_110609_access

Screen Australia. (2013). Core conditions. Retrieved from https://www.screenaustralia.gov.au/getmedia/fbe48342-67aa-44b3-b9c7-d56ffad85788/CC0-TVdramaInvest-under1m.pdf?ext=.pdf

Screen Australia. (2017). Terms of trade. Retrieved from https://www.screenaustralia.gov.au/getmedia/2e7f34c9-1f1c-420e-a8d6-66e984ea3c92/Terms-of-trade

Simpson, J. A. (1999). *When a word is worth a thousand pictures: Improved television access for blind viewers in the digital era*. Prahran, VIC: Blind Citizens Australia.

Snyder, J. (2005). Audio description: The visual made verbal. *International Congress Series*, 1282(0), 935~939. doi:10.1016/j.ics.2005.05.215

Szarkowska, A. (2011). Text-to-speech audio description: Towards wider availability of AD. *The Journal of Specialised Translation*, 15, 142~162.

Wiquist, W. (2017, 11 July). FCC increases amount of required video described programming on top-rated broadcast and non-broadcast networks. Retrieved from http://www.acb.org/adp/docs/FCC%20Increases%20Hours%20of%20Video%20Description.pdf

World Blind Union. (2011, January 2016). International toolkit on providing, delivering and campaigning for audio description on television and film. Retrieved from https://www.itu.int/en/ITU-D/Digital-Inclusion/Personswith-Disabilities/Documents/International%20Audio%20Description%20Toolkit_updated%202016.pdf

Wright, T. (2015, 14 April). Netflix begins audio description for visually impaired. Retrieved from http://blog.netflix.com/2015/04/netflix-begins-audiodescription-for.html

8장

adefinty2. (2015, 27 March). Captioning – A history. Retrieved from https://therebuttal2.com/2015/03/27/captioning-a-history/

Berners-Lee, T. (1997). World Wide Web Consortium (W3C) launches international Web Accessibility Initiative. *Web Accessibility Initiative* (WAI). Retrieved from http://www.

w3.org/Press/WAI-Launch.html

Berners-Lee, T. (2006). Isn't it semantic? *BCS: The Chartered Institute for IT.* Retrieved from http://www.bcs.org/server.php?show=ConWebDoc.3337

Bourdaa, M. (2013, 15 October). Fansubbing, a cultural mediation practice. Retrieved from https://www.inaglobal.fr/en/digital-tech/article/fansubbingcultural-mediation-practice

Crawford, R. (2007). Disability coalition reports problems in digital television transition. *PR Newswire Association.*

Downey, G. (2007). Constructing closed-captioning in the public interest: From minority media accessibility to mainstream educational technology. *Info: The Journal of Policy, Regulation and Strategy for Telecommunications, Information and Media*, 9(2/3), 69~82. doi:10.1108/14636690710734670

Downey, G. (2008). *Closed captioning: Subtitling, stenography, and the digital convergence of text with television.* Baltimore, MD: The John Hopkins University Press.

Dwyer, T. (2012). Fansub dreaming on ViKi: "Don't just watch but help when you are free". *The Translator*, 18(2), 217~243. doi:10.1080/13556509.2012.10799509

Ellis, K. (2014). Television's transition to the internet: Disability accessibility and broadband-based TV in Australia. *Media International Australia, Incorporating Culture & Policy*, 153, 53~63.

Ellis, K., & Kent, M. (2010). Community accessibility: Tweeters take responsibility for an accessible Web 2.0. *Fast Capitalism*, 6(2). Retrieved from http://www.uta.edu/huma/agger/fastcapitalism/7_1/elliskent7_1.html

Ellis, K., & Kent, M. (2011). *Disability and new media.* New York, NY: Routledge.

Ellis, K., Kent, M., Locke, K., & Latter, N. (2017). Who is working on it? Captioning Australian catch-up television and subscription video on demand. *MediaInternational Australia*, 165(1), 131~145. doi:10.1177/1329878x17724606

Federal Communications Commission. (2014). Retrieved from https://www.fcc.gov/consumers/guides/captioning-internet-video-programming

Fisher, L. (2014, 29 April). How Marlee Matlin helped force streaming video closed captions into digital age. Retrieved from http://abcnews.go.com/Entertainment/marlee-matlin-helped-force-streaming-video-closed-captions/story?id=23503281

Fraser, M. (1982, 3 October). Address at the opening of the caption centre Sydney. Retrieved from http://pmtranscripts.pmc.gov.au/release/transcript-5907

Goggin, G., & Newell, C. (2003). *Digital disability: The social construction of disability in new media.* Lanham, MD: Rowman and Littlefield Publishers Inc.

Harrenstien, K. (2006, 19 September). Finally, caption playback. Retrieved from http://

googlevideo.blogspot.com/2006/09/finally-caption-playback.html

Hassell, J. (2014, 25 June). NAD vs Netflix captions lawsuit: Is LoveFilm in the UK even more exposed? Retrieved from http://www.hassellinclusion.com/2012/06/netflix-caption-lawsuit-uk-implications/

Hattem, J. (2015, 3 April). Court: Netflix doesn't have to comply with disability law. Retrieved from http://thehill.com/policy/technology/237829-court-netflixdoesnt-have-to-comply-with-disability-law

HelpCentre.(2018). HowdoIturncaptionsonforvideosonFacebook? Retrieved from https://www.facebook.com/help/427723640933279?helpref=uf_permalink

Jenkins, H. (1992). *Textual poachers: Television fans & participatory culture* (2nd ed.). New York, NY: Routledge.

Jenkins, H. (2006). *Fans, bloggers, and gamers: Exploring participatory culture.* New York: New York University Press.

Jensema, C. J., McCann, R., & Ramsey, S. (1996). Closed-captioned television presentation speed and vocabulary. *American Annals of the Deaf,* 141(4), 284~292. doi:10.1353/aad.2012.0377

Johns, B. (1993). Captioning in a new environment. *ABA Update,* 17~20.

Johnson, R. (2017). "Better Gestures": A disability history perspective on the transition from (Silent) movies to talkies in the United States. *Journal of Social History,* 51(1), 1.

Klie, L. (2010). YouTube expands video transcription option for all (Vol.15, p.11). Medford.

Mikul, C. (2014). *Captioning on video on demand services: It's time for Australia to catch up.* Retrieved from http://deafaustralia.org.au/wp-content/uploads/MAA-Video-on-Demand-report.pdf

Mullin, J. (2012, 11 October). Netflix settles with deaf-rights group, agrees to caption all videos by 2014. Retrieved from http://arstechnica.com/tech-policy/2012/10/netflix-settles-with-deaf-rights-group-agrees-to-caption-all-videos-by-2014/

Newell, A. F. (1982). Teletext for the deaf. *Electronics and Power,* 28(3), 263~266. doi:10.1049/ep.1982.0112

Parton, B. S. (2016). Video captions for online courses: Do YouTube's auto-generated captions meet deaf students' needs? *Journal of Open, Flexible and Distance Learning,* 20(1), 8~18.

Perkins, R. (1971, 14–16 December). Proceedings of the First National Conference on Television for the Hearing-Impaired. Retrieved from http://files.eric.ed.gov/fulltext/ED064828.pdf

Pesky People. (2012, 5 June). Subtitle now! Day of action: 6 June 2012. Retrieved from http://www.peskypeople.co.uk/2012/06/subtitle-now-day-of-action-6-june-2012/

Poynter, R. (2018, 18 January). Are automatic captions on YouTube getting better? Retrieved from http://www.rikkipoynter.com/blog/2018/1/18/auto-captions?rq=%23nomorecraptions

Schlesinger, P. (1985). From public service to commodity: The political economy of teletext in the UK. *Media, Culture & Society*, 7(4), 471~485. doi:10.1177/016344385007004005

Schuchman, J. S. (1984). Silent movies and the deaf community. *Journal of Popular Culture*, 17(4), 58~78. doi:10.1111/j.0022-3840.1984.1704_58.x

Scott, R. (1997, 1997/08//). Captioning in Australia. *Communications Update*. Retrieved from http://www.austlii.edu.au/au/journals/CLCCommsUpd/1997/88.pdf

Screen Australia. (2014). *Online and on demand: Trends in Australian online video use*. Retrieved from http://www.screenaustralia.gov.au/getmedia/0062da06-db04-4932-a3e1-20a81d383129/Online-on-demand-copy.pdf?ext=.pdf

Senate Environment Communications Committee. (2015). *Broadcasting and other legislation amendment (Deregulation) bill 2014 [provisions]*. Canberra, Australia: Australian Parliament.

Spector, N. (2015, 11 August). How Facebook's autoplay videos are ushering in a new era of silent storytelling. Retrieved from https://www.adweek.com/digital/how-facebooks-autoplay-videos-are-influencing-other-areas-digital-166344/

Spinks, R. (2017, 31 August). How accessible technology is moving into the mainstream. Retrieved from http://www.huffingtonpost.co.uk/robin-spinks/how-accessible-technology_b_11777792.html

UK Government. (2003). Communications Act 2003. Retrieved from http://www.legislation.gov.uk/ukpga/2003/21/contents

United States government. (1990). Television Decoder Circuitry Act of 1990. Retrieved from https://transition.fcc.gov/Bureaus/OSEC/library/legislative_histories/1397.pdf

Viki.com. (2018). About us. Retrieved from https://www.viki.com/about

Wolford, J. (2012, 11 October). Netflix will caption all streaming videos by 2014, per settlement. Retrieved from http://www.webpronews.com/netflixwill-caption-all-streaming-videos-by-2014-per-settlement-2012-10

Youngblood, N. E. (2013). Integrating usability and accessibility into the interactive media and communication curriculum. Global Media Journal, 12(23),1~37.

9장

Amatulli, J. (2018, 29 June). 'Queer Eye' Star Karamo Brown pledges to stand up for deaf and hard of hearing fans. Retrieved from https://www.huffingtonpost.com.au/entry/queer-eye-star-karamo-brown-i-will-stand-up-for-deafand-hard-of-hearing-fans_us_5b34e139e4b0cb56052010a5

Australian Government. (2018). Australia's combined second and third periodic report under the Convention on the Rights of Persons with Disabilities. Retrieved from https://www.

ag.gov.au/Consultations/Documents/Conventionon-the-rights-of-persons-with-disabilities/Australias-draft-combined-second-and-third-periodic-report.pdf

Bennett, K. D., Gutierrez, A., & Honsberger, T. (2013). A comparison of video prompting with and without voice-over narration on the clerical skills of adolescents with Autism. *Research in Autism Spectrum Disorders*, 7(10), 1273~1281. doi:10.1016/j.rasd.2013.07.013

Blankinship, E., Smith, B., Holtzman, H., & Bender, W. (2004). Closed caption, open source. *BT Technology Journal*, 22(4), 151~159. doi:10.1023/B:BTTJ.0000047594.85806.c9

Bownlee, J. (2016, 23 May). How designing for disabled people is giving Google an edge. Retrieved from https://www.fastcodesign.com/3060090/how-designingfor-the-disabled-is-giving-google-an-edge

Bradley, L. (2017, 31 July). Dissecting Audrey Horne's baffling twin peaks return: Who in the world are Billy, Tina, Chuck, and Paul? Retrieved from https://www.vanityfair.com/hollywood/2017/07/twin-peaks-episode-12-recapaudrey-horne-who-is-billy-tina-chuck-paul

Bruckner, W., & Dosch, C. (2009). Implementation and test plan. DTV4All. Retrieved from http://dea.brunel.ac.uk/dtv4all/ICT-PSP-224994-D32.pdf

Caldera-Serrano, J. (2010). Thematic description of audio-visual information on television. *Aslib Proceedings*, 62(2), 202~209. doi:10.1108/00012531011034991

Cass, S. (2013). More viewing, less attention [Data flow]. *Spectrum, IEEE*, 50(10), 80~80. doi:10.1109/MSPEC.2013.6607036

CKEditor. (2015, 8 July). Accessibility, usability and SEO go hand in hand. Retrieved from https://ckeditor.com/blog/Accessibility-usability-and-SEOgo-hand-in-hand-a-talk-with-David-Carralon

Consumers Expert Group. (2006). Digital TV equipment: Vulnerable consumer requirements (A report by the Consumers Expert Group to UK Government and Digital UK). Retrieved from http://ec.europa.eu/information_society/activities/ict_psp/documents/digital_tv_eq_consumer_requirements_paper.pdf

Cooper, K.-L. (2018, 29 June). Queer Eye host backs viewers on Netflix subtitle change. Retrieved from https://www.bbc.com/news/entertainment-arts-44643667

Cronin, B. J. (1980). Chapter 14: Closed-caption television: Today and tomorrow. *American Annals of the Deaf*, 125(6), 726~728. doi:10.1353/aad.2012.1099

Downey, G. (2008). *Closed captioning: Subtitling, stenography, and the digital convergence of text with television*. Baltimore, MD: The John Hopkins University Press.

Ellcessor, E. (2015). Blurred lines: Accessibility, disability and definitional limitations. *First Monday*, 20(9). Retrieved from http://firstmonday.org/ojs/index.php/fm/article/view/6169/4904

Ellis, K. (2014). Cripples, bastards and broken things: Disability in Game of Thrones. *Media Culture*, 17(5). Retrieved from http://journal.media-culture.org.au/index.php/mcjournal/article/viewArticle/895

Ellis, K., & Goggin, G. (2015). *Disability and the media*. New York, NY: Palgrave Macmillan.

Ellis, K., & Kent, M. (2011). *Disability and new media*. New York, NY: Routledge.

European Disability Forum. (2012). *What is your dreamed accessible television of the future?* Retrieved from Brussels: http://cms.horus.be/files/99909/MediaArchive/library/EdfTvRemainingAccGaps_FINAL.doc

Farley, R. (2017, 29 July). Get over your fear of subtitles, please. Retrieved from https://www.refinery29.com/tv-closed-captions-movie-subtitles-benefits

Foley, A., & Ferri, B. A. (2012). Technology for people, not disabilities: Ensuring access and inclusion. *Journal of Research in Special Educational Needs*, 12(4), 192~200. doi:10.1111/j.1471-3802.2011.01230.x

Galis, V. (2011). Enacting disability: How can science and technology studies inform disability studies? *Disability & Society*, 26(7), 825~838. doi:10.1080/09687599.2011.618737

Garman, J. (2011, 29 August). Autistic spectrum, captions and audio description.Retrieved from http://mindfulresearch.co.uk/2011/08/29/autistic-spectrumcaptions-and-audio-description/

Goggin, G., & Newell, C. (2003). *Digital disability: The social constructionof disability in new media*. Lanham, MD: Rowman and Littlefield Publishers Inc.

Griffin, E. (2015). Who uses captions? Not just the deaf or hard of hearing. Retrieved from http://www.3playmedia.com/2015/08/28/who-uses-closedcaptions-not-just-the-deaf-or-hard-of-hearing/

Hoffner, H., Baker, E., & Quinn, K. B. (2017). Lesson plan: Descriptive video: Using media technology to enhance writing. Retrieved from http://www.readwritethink.org/resources/resource-print.html?id=1116.

International Telecommunications Union (ITU). (2010). Accessibility to broadcasting services for persons with disabilities. Retrieved from http://www.itu.int/dms_pub/itu-r/opb/rep/R-REP-BT.2207-2-2012-PDF-E.pdf

Itu, S. G. (2013). *Methods for improving the intelligibility of audio* (Part 12). Retrieved from https://www.itu.int/dms_pub/itu-t/opb/fg/T-FG-AVA-2013-P12-PDF-E.pdf

Jaeger, P. (2012). *Disability and the internet: Confronting a digital divide*. Boulder, CO and London, England: Lynne Rienner Publishers.

Kehe, J. (2018, 26 June). The real reason you use closed captions for everything now. Retrieved from https://www.wired.com/story/closed-captionseverywhere/?mbid=social_fb

Kent, M., Ellis, K., Peaty, G., Latter, N., & Locke, K. (2017). *Mainstreaming captions for online lectures in higher education in Australia: Alternative approaches to engaging with video content at Curtin University*. Retrieved from Western Australia. Retrieved from https://www.ncsehe.edu.au/publications/4074/?doing_wp_cron=1493183232.7519669532775878906250

Kline, R., & Pinch, T. (1996). Users as agents of technological change: The social construction of the automobile in the rural United States. Technology and Culture, 37(4), 763~795. doi:10.2307/3107097

Ladner, R. (2015, April). Design for user empowerment. Retrieved from http://interactions.acm.org/archive/view/march-april-2015/design-foruser-empowerment

Liu, Y.-l., & Picard, R. G. (2014). *Policy and marketing strategies for digital media*. Florence, KY: Taylor & Francis.

Mancuso, V. (2015, 9 June). The descriptive audio narrator is the best part of Netflix's 'Sense8'. Retrieved from http://observer.com/2015/06/thedescriptive-audio-narrator-is-the-best-part-of-netflixs-sense8/

Mechling, L. C., & Collins, T. S. (2012). Comparison of the effects of video models with and without verbal cueing on task completion by young adults with moderate intellectual disability. *Education and Training in Autism and Developmental Disabilities*, 47(2), 223~235.

Merchant, M., Ellis, K., & Latter, N. (2017). Captions and the cooking show. *Media Culture*, 23(3). Retrieved from http://journal.media-culture.org.au/index.php/mcjournal/article/view/1260

Metcalf, G. (2012). *The DVD novel: How the way we watch television changed the television we watch*. Santa Barbara, CA: Praeger.

Mills, M. (2015). The cine-files » Listening to images: Audio description, the translation overlay, and image retrieval. Retrieved from http://www.thecinefiles.com/listening-to-images-audio-description-the-translation-overlayand-image-retrieval/

Montero Perez, M., Peters, E., Clarebout, G., & Desmet, P. (2014). Effects of captioning on video comprehension and incidental vocabulary learning. *Language Learning & Technology*, 18(1), 118~141.

Montero Perez, M., Van Den Noortgate, W., & Desmet, P. (2013). Captioned Video for L2 Listening and Vocabulary Learning: A meta-analysis. *System*, 41(3), 720~739. doi:10.1016/j.system.2013.07.013

Napoli, P. M. (2011). *Audience evolution: New technologies and the transformation of media audiences*. New York, NY: Columbia University Press.

NDIS. (2015, 1 October). A snapshot of blindness and low vision in Australia. Retrieved from http://www.everyaustraliancounts.com.au/research-reports/a-snapshot-of-blindness-andlow-vision-in-australia/

Oliver, M. (1978). The misuse of technology: Walking appliances for paraplegics. *Journal of Medical Engineering & Technology*, 2(2), 69~70.

Plummer, L. (2017, 22 August). This is how Netflix's top-secret recommendation system works. Retrieved from http://www.wired.co.uk/article/how-do-netflixsalgorithms-work-machine-learning-helps-to-predict-what-viewers-will-like

Podszebka, D., Conklin, C., Apple, M., & Windus, A. (1998). Comparison of video and text narrative presentations on comprehension and vocabulary acquisition. Retrieved from https://files.eric.ed.gov/fulltext/ED418382.pdf

Price, E. (2018, 8 March). How to turn Netflix shows into audiobooks (and why you should). Retrieved from https://www.lifehacker.com.au/2018/03/how-to-turn-netflix-movies-into-audiobooks/

Rai, S., Greening, J., & Petre, L. (2010). A comparative study of audio description guidelines prevalent in different countries. Retrieved from http://audiodescription.co.uk/uploads/general/RNIB._AD_standards1.pdf

Reena, J. (2009). How tech for the disabled is going mainstream. *Business Week*. Retrieved from https://www.bloomberg.com/news/articles/2009-09-23/how-techfor-the-disabled-is-going-mainstream

Shirley, B., & Kendrick, P. (2006). The clean audio project: Digital TV as assistive technology. *Technology & Disability*, 18(1), 31~41.

Slater, J. (2009). Watching the games on our mobiles. *John Gill Technology*. Retrieved from http://www.johngilltech.com/publications/phoneability/games/mobiletv_2012games.htm

Slater, J. (2012). *Guidelines: Television*. Retrieved from http://www.johngilltech.com/guidelines/television/index.htm

Spinks, R. (2017, 31 August). How accessible technology is moving into the mainstream. Retrieved from http://www.huffingtonpost.co.uk/robin-spinks/how-accessible-technology_b_11777792.html

Stienstra, D., & Troschuk, L. (2005). Engaging citizens with disabilities in eDemocracy. *Disability Studies Quarterly*, 25(2), online.

Turner, J., & Mathieu, S. (2008). Audio description text for indexing films. *International Cataloguing and Bibliographic Control*, 37, 52~56.

Udo, J. P., & Fels, D. I. (2010). The rogue poster-children of universal design: Closed captioning and audio description. *Journal of Engineering Design*, 21(2), 207~221. doi:10.1080/09544820903310691

Utray, F., de Castro, M., Moreno, L., & Ruiz-Mezcua, B. (2012). Monitoring accessibility services in digital television. *International Journal of Digital Multimedia Broadcasting*, 9. doi:10.1155/2012/294219

W3C. (2008, 11 December). Web content accessibility guidelines (WCAG) 2.0. Retrieved from http://www.w3.org/TR/WCAG20/W3C Working Group. (2015). Media accessibility user requirements (Note). Retrieved from https://www.w3.org/TR/media-accessibility-reqs/

Widen, S. (2017, 22 May). Inclusive design: Making the web accessible for all. Retrieved from https://www.forbes.com/sites/forbesagencycouncil/2017/05/22/inclusive-design-making-the-web-accessible-for-all/#7b82cfb42ab8

WorldHealthOrganisation.(2017,11October). Blindnessandvisualimpairment. Retrieved from http://www.who.int/news-room/fact-sheets/detail/blindness-andvisual-impairment

Wright, T. (2015, 14 April). Netflix begins audio description for visually impaired. Retrieved from http://blog.netflix.com/2015/04/netflix-begins-audiodescription-for.html

10장

ACMA. (2012). Television sets in Australian households 2011: Current stock and consumer expectations about replacing television sets. Retrieved from https://www.acma.gov.au/-/media/Research-and-Analysis/Research/pdf/Television-sets-in-Australian-households-2011.PDF

Bradley, L. (2017, 31 July). Dissecting Audrey Horne's baffling twin peaks return: Who in the world are Billy, Tina, Chuck, and Paul? Retrieved from https://www.vanityfair.com/hollywood/2017/07/twin-peaks-episode-12-recap-audreyhorne-who-is-billy-tina-chuck-paul

Department Broadband Communications and the Digital Economy. (2010). Investigation into access to electronic media for the hearing and vision impaired media access review final report. Retrieved from http://pandora.nla.gov.au/pan/124964/20110207-1015/www.dbcde.gov.au/__data/assets/pdf_file/0019/131527/Media_Access_Review-final_report_2-12-2010.pdf

Department of Communication and the Arts. (2017). 2017–2018 Corpoorate plan. Retrieved from https://www.communications.gov.au/sites/g/files/net301/f/doca_corporate_plan_2017-18_final.pdf

Department of Communications and the arts. (2017). Audio description working group – final report. Retrieved from https://www.communications.gov.au/documents/audio-description-working-group-final-report

Ellis, K. (2014). Cripples, bastards and broken things: Disability in Game of Thrones. *Media Culture*, 17(5). Retrieved from http://journal.media-culture.org.au/index.php/mcjournal/article/viewArticle/895

Ellis, K. (2016). #socialconversations: Disability representation and audio description on Marvel's Daredevil. In K. Ellis & M. Kent (Eds.), *Disability and social media: Global perspectives* (pp.146~160). New York, NY: Routledge.

Ellis, K., & Goggin, G. (2015). *Disability and the media*. New York, NY: Palgrave Macmillan.

Free TV Australia. (2010). Commercial television industry code of practice. Retrieved from http://www.freetv.com.au/media/Code_of_Practice/2010_Commercial_Television_Industry_Code_of_Practice.pdf

Free TV. (n.d). Advisory note the portraal of people with disabilities. Retrieved from http://www.freetv.com.au/Media/Advisory_Notes/THE_PORTRAYAL_OF_PEOPLE_WITH_DISABILITIES.pdf

Gray, S. (2018, 1 February). Seeing the big picture on smart TVs and smart home tech. Retrieved from https://fpf.org/2018/02/01/seeing-the-big-picture-on-smarttvs-and-smart-home-tech/

Hockey, J. (2014). Federal budget 2014 – Full speech. Retrieved from http://www.smh.com.au/business/federal-budget/federal-budget-2014--full-speech-20140513-3887i.html

Innes, G. (2014, 2 July). Graeme innes: I have never accepted the concept of 'lifters' and 'leaners'. Retrieved from https://www.theguardian.com/commentisfree/2014/jul/02/graeme-innes-i-have-never-accepted-the-concept-oflifters-and-leaners

Mancuso, V. (2015, 9 June). The descriptive audio narrator is the best part of Netflix's 'Sense8'. Retrieved from http://observer.com/2015/06/the-descriptive-audio-narrator-is-the-best-part-of-netflixs-sense8/

Matthew. (2017, 18 August). Hero in a wheelchair – The defenders spoke for me as a disabled person. Retrieved from https://superheroethics.wordpress.com/2017/08/18/hero-in-a-wheelchair-the-defenders-spoke-for-me-as-adisabled-person/

Ramsay, R. (2008, 14 August). Delays to Australian digital TV switch likely. Retrieved from https://www.cnet.com/au/news/delays-to-australian-digital-tvswitch-likely/

The New York Times. (1907). Sending photographs by telegraph. Retrieved from https://timesmachine.nytimes.com/timesmachine/1907/02/24/101855326.html?action=click&contentCollection=Archives&module=ArticleEndCTA&region=ArchiveBody&pgtype=article&pageNumber=39

United Nations. (2006). Convention on the rights of persons with disabilities. Retrieved from https://www.un.org/development/desa/disabilities/conventionon-the-rights-of-persons-with-disabilities.html

Wright, T. (2015, 14 April). Netflix begins audio description for visually impaired. Retrieved from http://blog.netflix.com/2015/04/netflix-begins-audiodescription-for.html

찾아보기